历史的智慧

LISHI DE ZHIHUI

李忠杰◎著

中国文史出版社
CHINA CULTURAL AND HISTORICAL PRESS

《政协委员文库》丛书
编辑委员会

李忠杰

目録

辑八 中国特色社会主义构图

辑九 国家发展战略远瞻

辑十 政协研究和建言

辑十一 世界社会主义史解谜

辑十二 人类文明探析

辑十三 书评选录

辑一

历史发展进程和基本规律试掘

坚持马克思主义的过程论思想*

中国共产党走过了90年的历程，新中国走过了60多年的历程，改革开放走过了30多年的历程。回望过去，如何看待这90年、60多年、30多年的成就、探索和经验教训？面对现实，如何看待当今社会生活中的各种困难、问题、任务和挑战？展望未来，如何解放思想、实事求是、与时俱进，继续开创新的更加光辉的未来？不同的人们、从不同的角度观察和思考，也许会见仁见智。但如果按照马克思主义的过程论思想，把我们所经历的一切、把我们将要继续的一切，都当作一个不断发展中的过程来看待，我们很可能会立即有一种登高望远、豁然开朗的感觉，我们的思路也许能打得更开，许多复杂的问题也就可能变得不那么复杂了。

一、马克思恩格斯的过程论思想

当年，恩格斯在《费尔巴哈论》里面论述马克思对黑格尔辩证法所作的变革的时候，曾经指出："世界不是既成事物的集合体，而是过程的集合体，其中各个似乎稳定的事物同它们在我们头脑中的思想映象及概念一样都处在生成和灭亡的不断变化中，在这种变化中，尽管有种种表面的偶然性，尽管有种种暂时的倒退，前进的发展终究会实现。"恩格斯认为这是一个"伟大的基本

* 本文写于2011年5月，发表于北京大学马克思主义学院《北大马克思主义研究》第1辑，社会科学文献出版社2011年12月版。

思想”。[①]在这种思想面前，“不存在任何最终的东西、绝对的东西、神圣的东西；它指出所有一切事物的暂时性；在它面前，除了生成和灭亡的不断过程、无止境地由低级上升到高级的不断过程，什么都不存在。”[②]

马克思恩格斯的这一思想告诉我们，整个世界，无论自然物质，还是人类自身；无论社会生活，还是意识观念，说到底，都是作为一种过程而存在的。从诞生、发展，到成熟、鼎盛，再到衰落、消失。任何事物，无不经历着这样一个发展演化的过程。无数事物，其内涵、特点、生存的周期会有无数的差别，表现出不同的特点，但归根结底，都是无数个发展演化的过程。一个过程在发展，另一个过程又在酝酿。一个过程完结了，另一个新的过程又接着开始。无数的过程相互交织，此伏彼起；无数的过程前后相继，推陈出新。世界就在这无数过程的演化中，完成着无限的新陈代谢的生命运动。

这样一个过程，从短暂的现时态来看，也许不很明晰。但如果从漫长的历史眼光，甚至用天文学的眼光来看，一切就非常浅显明白了。按照大爆炸理论，宇宙诞生在大约137±2亿年前。而在50亿年前，太阳系还是一团弥漫的缓慢转动的气体云。至于人类赖以生存的地球，它在约47亿年前诞生，由原始的太阳星云分馏、坍缩、凝聚而形成。经过早期分异阶段，地幔固结，原始地壳和大陆发育，形成大洋和大气圈。45亿年前，在受过无数的彗星和陨石撞击之后，开始出现生命。而人类，根据目前的研究，大约出现在200多万年之前。至于人类文明，出现的时间还不到1万年。再从空间来说，宇宙的大小为120亿—150亿光年，由大约1000亿个星系组成。不要说与宇宙相比，就是与太阳系相比，地球都只是一个微不足道的小天体。人类社会发展至今，从人类个体的眼光来看，似乎经历了多么漫长的时间，但从天文学的宏观、宇观角度来看，其实不就是微不足道的短短一瞬吗！连地球都并非永久，其他一切，包括人类、社会、国家、思想，更何来永久？一切的一切，都是一个过程！

所以，马克思恩格斯的过程论思想，从根本上界定了世间一切事物的历史方位，为我们在许许多多问题上解疑释惑提供了科学的方法和依据。

---

①《马克思恩格斯选集》新版第4卷，第244页。

②《马克思恩格斯选集》新版第4卷，第217页。

既然一切都是过程，世界上就不可能有任何绝对的东西、永恒的东西、达于顶峰而至高无上的东西。对任何物质来说是如此，对任何社会和国家来说是如此，对任何政治力量来说也是如此，对任何思想理论来说当然也同样如此。

在这样一个无限发展的过程面前，我们有可为之处，也有不可为之处。可为之处，在于可以发挥人类自身的主观能动性，不断由浅入深地认识事物、认识世界，积极主动地改造事物、改造世界，使外部世界朝着人类所需要和期望的方向发展，并尽可能地延长某些事物的生命周期。不可为之处，在于我们无法追求任何终结的东西、最终的东西，也不可能守护任何固定不变的东西、停止在任何所谓至善至美的水准。一切都在发展变化之中，一切也需要不断地发展变化。一个党也好，一个国家也好，一个民族也好，我们的生命，不在于静止，不在于停滞，不在于故步自封，不在于畏缩不前，而在于始终解放思想、实事求是、与时俱进，勇于变革、勇于创新，永不僵化、永不停滞，始终保持生命的动力和活力。

当然，过程论是与阶段论结合在一起的。任何事物都是一个发展演化的过程，但在这过程变迁中，随着事物的出现、发展、成熟，及至走向衰落，一般都会表现出一定的阶段性来。在不同的阶段上，事物的成熟程度，以及它们的特点，甚至在某些质的规定性上，是会有不同甚至很大差别的。从宏观甚至宇观的角度来看，这些特点和差别几乎可以忽略不计，但在现实中需要处理和解决这些问题时，就不能大而化之，忘记了它们的阶段性。如果忽略了这种阶段性，有时候会造成本质认定上的错乱，有时候会造成阶段区分上的混淆，在实践中都会造成不应有的错误和损失。因此，当我们坚持马克思主义的过程论思想时，还必须同时坚持马克思主义的阶段论思想。

二、马克思恩格斯对过程论思想的实际运用

从过程论思想出发，马克思恩格斯分析了大量事物，指明了我们应如何对待的科学态度。

一是正确对待共产主义和社会主义进程。

正是基于无限发展的过程论思想，马克思恩格斯坚信："历史同认识一样，永远不会在人类的一种完美的理想状态中最终结束；完美的社会、完美的'国家'是只有在幻想中才能存在的东西；相反，一切依次更替的社会状态都只是人类社会由低级到高级的无穷发展进程中的暂时阶段。"[①]社会主义共产主义是人类历史发展的一个重要阶段，它们具有无可争辩的优越性，但依然是一个不断发展的过程。因此，马克思恩格斯认为："共产主义对我们说来不是应当确立的状况，不是现实应当与之相适应的理想。我们所称为共产主义的是那种消灭现存状况的现实的运动。"[②]"共产主义现在已不再意味着凭空设想一种尽可能完善的社会理想，而是意味着深入理解无产阶级所进行的斗争的性质、条件以及由此产生的一般目的。"[③]

1886年1月，英国费边社的一位领导人爱・皮斯，请求恩格斯为该社准备出版的小册子《什么是社会主义？》写一篇文章，简要地叙述一下社会主义者提出的经济、社会和政治的基本要求。恩格斯回信表示难以承担这一任务。他强调指出："我所在的党并没有任何一劳永逸的现成方案。我们对未来非资本主义社会区别于现代社会的特征的看法，是从历史事实和发展过程中得出的确切结论；不结合这些事实和过程去加以阐明，就没有任何理论价值和实际价值。"[④]恩格斯明确表示："我认为，所谓'社会主义社会'不是一种一成不变的东西，而应当和任何其他社会制度一样，把它看成是经常变化和改革的社会。"[⑤]

二是正确对待自己创立的理论。

正是基于无限发展的过程论思想，恩格斯一再强调："马克思的整个世界观不是教义，而是方法。它提供的不是现成的教条，而是进一步研究的出发点和供这种研究使用的方法。"[⑥]他认为，用马克思主义作为指导思想，就

①《马克思恩格斯选集》新版第4卷，第216–217页。
②《马克思恩格斯全集》第3卷，第40页。
③《马克思恩格斯选集》新版第4卷，第197页。
④《马克思恩格斯选集》新版第4卷，第676页。
⑤《马克思恩格斯选集》第4卷，第693页。
⑥《马克思恩格斯选集》新版第4卷，第742—743页。

是“应该像马克思那样思考问题，只有在这个意义上‘马克思主义者’这个名词才有存在的理由。”[①]他还强调指出，把马克思主义教条化的“马克思主义”其实并不是真正的马克思主义。“关于这种马克思主义者，马克思曾经说过：‘我只知道我自己不是马克思主义者。’马克思大概会把海涅对自己的模仿者说的话转送给这些先生们：‘我播下的是龙种，而收获的却是跳蚤。’”[②]

所以，对自己创立的理论，马克思恩格斯始终采取科学的态度，从来不认为自己的思想具有绝对、神圣的意义。他们在自己的理论创立以后，总是不断地分析历史条件的变化，用实践来检验理论的科学性。在《共产党宣言》出版25周年之际，马克思恩格斯充分肯定：“不管最近25年来的情况发生了多大的变化，这个《宣言》中所阐述的一般原理整个说来直到现在还是完全正确的。”与此同时，他们也毫不隐讳地承认：“这个纲领现在有些地方已经过时了。”他们强调：《宣言》中一般原理的实际运用，随时随地都要以当时的历史条件为转移。1850年时，马克思恩格斯对革命形势的估计曾经发生过一次失误。但他们正确对待并及时纠正了这次失误，并与坚持错误的一些所谓“革命者”进行了必要的斗争。直到45年后，恩格斯还认真总结当初的教训，写下了他的最后一篇文章——《卡·马克思〈1848年至1850年的法兰西阶级斗争〉一书导言》，十分严格地剖析了发生失误的原因，从中得出了一些重要的经验和结论。在正确处理这一曲折失误的过程中，他们深化了对历史发展以及革命斗争规律的认识，使马克思主义的科学理论得到了进一步的丰富和发展。

三是正确对待时代和社会的发展变化。

正是基于无限发展的过程论思想，马克思恩格斯总是不断关注社会现实的发展变化，力求推动理论和实践的创新。马克思逝世以后，资本主义逐渐向垄断阶段过渡，欧美各国的政治经济生活出现了一系列新现象。恩格斯紧密结合各国工人政党和工人运动的实际，以敏锐的眼光把握时代的变动，从哲学、政治经济学和科学社会主义等方面，对这些新现象进行深入研究，作出了一系列新的理论概括。他在马克思主义史上第一次研究了原始社会问题，揭示了家庭、私有制和国家的起源及实质；他在《路得维希·费尔巴哈和德国古典哲学

①《马克思恩格斯选集》新版第4卷，第695页。

②转引自叶·斯捷潘诺娃：《恩格斯传》，人民出版社1961年版，第236页。

的终结》中，论述了马克思主义哲学产生的革命意义，第一次阐明了哲学的基本问题和历史唯物主义的许多原理；他考察资本积累加速发展的情况，指出自由竞争被垄断所代替是资本主义发展的必然趋势，无限制的竞争产生垄断，而垄断又产生竞争；他研究了股份公司、信用制度、交易所等新的经济现象，揭示了资本主义的新变化，指出："由股份公司经营的资本主义生产，已经不再是私人生产，而是由许多人联合负责的生产。如果我们从股份公司进而来看那支配着和垄断着整个工业部门的托拉斯，那么，那里不仅没有了私人生产，而且也没有了无计划性。"[①]这些紧跟时代所进行的研究，进一步把马克思主义推向了前进。

三、按过程论思想正确对待马克思主义理论

1888年，恩格斯携家人到美国旅行和疗养。其间以及回到欧洲后，写了几篇文章和几封信件，汇总起来，称为《美国旅行印象》。因为是恩格斯生前最后的几篇文章和书信，涉及对美国及资本主义的一些评价，所以具有重要的价值。

多年来，一些学者或领导人都认为，恩格斯在这些文章和书信中积极肯定了美国民族的务实和创新精神，值得学习和研究。所以，若干年前，中央党校在为领导干部学习编写的教材《马克思主义基本问题》中，专门介绍了《美国旅行印象》。但印发后，有同志提出疑问，认为教材的解释不符合恩格斯的原意。于是在正式出版前，我接受任务，负责对这篇著作的内容进行核查研究。我认真查阅了马克思恩格斯当年有关的文章和书信，作了认真研究，发现教材最初对这个问题的表述确实不太准确，以往人们对恩格斯有关思想的理解也确实存在偏差。

恩格斯在《美国旅行印象》一开始，就说了很长一段话。大意是说，美国是一个新世界，不仅就实践而言，而且就其制度而言，藐视一切继承和传统的东西，远远超过我们这些旧式的、沉睡的欧洲人。还说，美国人对每一个新

---

①《马克思恩格斯选集》新版第4卷，第408页。

的改进方案，会马上从其实际出发，进行实验，如果认为好的，差不多第二天就会付诸实施。在美国，一切都应该是新的，一切都应该是合理的，一切都应该是实际的，一切都跟我们不同。这段话，通常便认为是对美国民族特点的一个肯定。

发生解读和理解偏差的关键是，恩格斯在文章开头，即说这段话之前，首先写了一句非常重要的话，即："我们通常都认为……"这句话，实际埋下了对随后内容加以否定的伏笔。但以前，人们阅读恩格斯这篇文章时，只注意到对美国这一段接近一页的很长的肯定性评价，却没有注意到开头这样一句非常重要的概括和提示。结果，就把恩格斯的原意理解反了。

实际上，恩格斯是说："我们通常都认为"美国民族有很多好的特点，但他自己到美国走了一趟后，发现所看到的与原来认为的并不一样，甚至完全不是那么一回事。所以，他在文章开头说了"我们通常都认为"，意在引出后面他与此不同的实际观感。

那么，他所看到的美国究竟是什么情况呢？在有关文章和书信里，恩格斯说了很多评论性意见。概括起来，主要是认为，美国民族是一个暴发户，一下子有钱了，得意扬扬，但是有很多毛病，缺乏教养，缺少绅士的风度。对所有这些，恩格斯都很为鄙视，大不以为然。他甚至还作了一个很形象的比喻，说"美国人与欧洲人比较，就像外省人和巴黎人一样。"也就是说，在他看来，欧洲人就像巴黎人，比较文明；而美国人只是乡下人，缺乏教养。所以，总体上，恩格斯对美国民族的一些基本特点的评价是否定的。他认为，美国并没有"我们通常都认为"的那些长处。他引述这些通常的"认为"，只是为了否定这些"认为"。

所以，教材最初的评述，以及长期以来人们对恩格斯这些文章和书信的理解，与恩格斯的原意是不相符的。为了尊重恩格斯的原意，我对教材做了一些修改和处理，强调恩格斯到美国后，实际看到了两种矛盾的现象。既有一些充满活力的现象，也有一些非常落后的地方。不要误以为恩格斯对美国民族、美国社会给予了高度评价。这样一种改动，虽然还是有点牵强，但照顾到了方方面面，避免了对恩格斯原著原意的较大误解。

这样一件事说明，对马克思主义的经典著作，首先要尊重原意，准确理解，而不要发生误解或随意曲解。扩而大之，对马克思主义，首先要“搞清楚”。即首先认识和掌握“老祖宗”的基本思想。以老老实实的态度，认真阅读原著，真正掌握“老祖宗”的原意，搞清楚“老祖宗”讲了哪些话，有哪些思想观点，有哪些基本原理，体现了什么样的思想方法。包括翻译，必须准确，符合原意。要在真正搞清楚原意的基础上，准确把握马克思主义的基本观点和思想方法。不要因己所好，各取所需；不要断章取义，割裂肢解；不要牵强附会，任意曲解；不要越俎代庖，层层传销。中央组织马克思主义理论研究和建设工程的一个重要目的，就是要搞清楚到底什么是马克思主义、“老祖宗”们各种论述的原意到底是什么。

但是，仅仅到此为止，还是不够的。恩格斯做过的评价和论述，是不是就完全正确呢？按照过程论思想，这需要用发展中的实践来加以检验。如果用100多年来的实际情况加以检验，我们可以发现，恩格斯《美国旅行印象》中对美国民族特点的否定性评价，并不是完全科学、准确的。100多年来的历史事实已经说明，美国一贯趾高气扬、为所欲为，奉行帝国主义和霸权主义的政策。但作为美国民族、而不是作为一种社会制度，它又确实是一个新兴的民族，比较务实，比较富于创新精神。对此，列宁等人都做过肯定，世界上也几乎都有公认。这些特点，正是世界其他民族和国家可以学习的。因此，按照实践标准，不准确的不是恩格斯所否定的“我们通常都认为”的那些观点，而恰恰是恩格斯自己对于美国民族的那些否定性评价。

作这样的结论，不是否定恩格斯的一生功劳，更不是否定马克思主义。恩格斯不是神，而是人。当时恩格斯去美国，主要是去治病、疗养的。走马观花，看了一些现象，但考察还是比较粗，比较表面，对美国的了解还不是那么深入。所以，对美国的评价不是非常全面、客观。这是可以理解的，并没有什么可以大惊小怪的地方。

最重要的是，我们必须充分认识到，按照马克思主义的过程论思想，人类社会始终是一个不断发展变化的过程。生活在变动，社会在发展，人类的实践活动一刻也不会停止。特别是当今世界，无论是科学技术、生产力状况、物质文明与精神文明的发展水平，还是社会阶级结构、组织管理体系、政治上层建筑等等，其变动、发展的程度和烈度，都达到了前所未有的水平。面对这种发展变化，我们有必要，也有条件，站在当今时代发展的高度，用实践这样一个最根本的标准，来检验马克思恩格斯的各种思想和观念。看其是否经受住了100多年社会实践的检验。或者，哪些经受住了检验，被证明是科学的、正确的，哪些是不科学、不正确的。在此基础上，再确定对“老祖宗”著作中的思想，哪些要继续坚持，哪些不必再继续坚持，哪些应该进一步发展和创新。

这也就提示我们，搞清楚马克思恩格斯著作的原意，不是要再搞“句句是真理”，不是要再搞新的“两个凡是”，认为老祖宗的每一句话都是正确的，每一句话都要不折不扣地执行，认为今天搞改革开放和社会主义现代化建设，每一件事都要到书本上去找根据，书本上有的，就干；书本上没有的，就不干；书本上说的，就是对的；书本上没说的，就是错的。用这样的态度来对待马克思主义，那就大错特错了。

因此，对待马克思主义理论，一定要用过程论的方法和观点来看待。坚持用科学的态度对待马克思主义，始终把马克思主义当作科学，而不要当成宗教；坚持用与时俱进的态度对待马克思主义，始终与时代同行，与实践相伴，使马克思主义始终充满青春的活力；坚持用实践的态度来对待马克思主义，始终把理论与时代和实践相结合，解放思想、实事求是，勇于变革，勇于创新，不断随着实际生活的变动开拓马克思主义发展的新境界。

四、按过程论思想看待党的历史和中国特色社会主义进程

中国共产党成立已经90年，执政已经62年，改革开放已经33年。中国共产党90年的历史，是领导全国各族人民为实现民族独立、人民解放和国家富强、人民幸福而不懈奋斗的历史；是坚持把马克思主义基本原理同中国实际相结合、不断探索适合中国国情的革命、建设和改革道路，推进改革开放和社会主义现代化建设，推进马克思主义中国化、实现理论创新和飞跃的历史；是不断加强和改进自身建设、经受住各种风险和挑战考验、保持和发展党的先进性、提高领导水平和执政能力的历史。用过程论思想来看，这样一部历史，就是一段为期已经90年的奋斗的过程、探索的过程、自身建设的过程。

在这样一段恢宏壮阔、艰难曲折的过程中，中国共产党团结全国各族人

民，领导了两次革命，干了三件大事，实现了两次飞跃。

第一次革命，把一个半殖民地半封建的旧中国变成了一个社会主义新中国。第二次革命，正在把一个经济文化比较落后的社会主义中国变成一个富强民主文明和谐的社会主义现代化中国。

与此相应的第一件大事，是在新民主主义革命时期，经过28年艰苦卓绝的斗争，推翻了帝国主义、封建主义、官僚资本主义的反动统治，实现了民族独立和人民解放，建立了人民当家作主的新中国。第二件大事，是在社会主义革命和建设时期，确立了社会主义基本制度，建立起独立的比较完整的工业体系和国民经济体系，使古老的中国以崭新的姿态屹立在世界的东方。第三件大事，是在改革开放和社会主义现代化建设时期，开创了中国特色社会主义道路，坚持以经济建设为中心、坚持四项基本原则、坚持改革开放，建立起社会主义市场经济体制，大幅度提高了我国的综合国力和人民生活水平，为全面建设小康社会、基本实现社会主义现代化开辟了广阔的前景。

两次飞跃，是以波澜壮阔的实践为基础，把马克思主义基本原理与中国实际相结合所实现的两次历史性飞跃。第一次飞跃形成了毛泽东思想，第二次飞跃形成了包括邓小平理论、“三个代表”重要思想和科学发展观的中国特色社会主义理论体系。

按照过程论思想，将90年、60多年、特别是30多年这一过程的现时状态与初始状态相比较，可以明显地看出中国社会的巨大变化。两次革命、三件大事、两次飞跃，从根本上改变了中国人民的命运，决定了中国历史的发展方向，在世界上也产生了广泛而深刻的影响。这一过程取得的成就，是客观的，也是巨大的。它既是我们的宝贵财富，也是强大的精神力量，是能够对全党和全国人民产生巨大激励作用的重要资源。

按照过程论思想，我们也可以看到，党的发展和党领导的事业，同时也是一个探索的过程。在中国这样一个经济文化比较落后的发展中大国搞革命、建设和改革，没有现成的道路好走，必须在实践中不断地进行探索。探索，有成功，也必然有失误，有曲折。所以，党在这一过程中也走了一定的弯路。这是不必讳言的，也是不奇怪的。关键是要正确地认识它，特别是科学地总结它的经验教训，进一步提高我们的理论和实践水平，避免重犯过去的错误，力求使我们在未来的道路上走得更好一点、更顺一点。

经过90年、60多年、特别是30多年革命、建设、改革的过程，我们最大的收获，是走出了一条中国特色社会主义的道路，形成了中国特色社会主义理论体系。鲁迅先生说："什么是路？就是从没有路的地方践踏出来的，从只有荆棘的地方干出来的。"人类的历史发展，在很大程度上，是与路联系在一起的。千年沧桑，百年岁月，走出一条正确的道路，很不容易，甚至非常艰难。探索这样一条道路的过程，告诉了我们三个深刻的启迪：一是，无论革命、建设还是改革，都要独立自主走自己的路，照抄照搬别国经验、别国模式从来不能成功。二是，要敢于和善于把马克思主义基本原理同新的实际和时代条件结合起来，坚决走充满生机活力的新路，决不走实践证明是封闭僵化的老路，也决不走那种改旗易帜、放弃共产党领导、放弃社会主义的邪路。三是，在道路问题上，中央领导集体要坚定不移，全党同志要坚定不移，全国人民要坚定不移。

经过90年、60多年、特别是30多年的奋斗、探索和自身建设，我们取得了辉煌的成就。这种成就，不仅使我们倍感自豪，也引起了世界的赞叹和热议。各种赞誉之声蜂拥而至。在这种形势下，保持冷静的头脑就格外重要。按照无限发展的过程论以及阶段论思想，我们迄今走过的，仅仅是漫长过程中一个很小的阶段。总体上，我们处在社会主义初级阶段这个基本的国情还没有根本改变。历史、现实，目标、任务，都表明，我们党未来的路还很长很长，建设中国特色社会主义的路还很长很长。1949年，毛泽东曾经说，我们仅仅是万里长征走完了第一步。从1921年到1949年，28年，是第一步。从那以来62年，翻了一番多，算两步。合起来，就算走了三步。万里长征才走了三步，可以自豪，但实在不能骄傲。用把尺子量一量，三步距离是万里长征的多少分之一？微不足道。所以，我们的整个事业，"好像只是一出长剧的一个短小的序幕。剧是必须从序幕开始的，但序幕还不是高潮。中国的革命是伟大的，但革命以后的路程更长，工作更伟大、更艰苦。"

因此，我们切不可骄傲、懈怠。按照过程论思想，我们一定要倍加珍惜、长期坚持和不断发展党历经艰辛开创的中国特色社会主义道路和中国特色社会主义理论体系。一定要坚持解放思想、实事求是、与时俱进，勇于变革、勇于创新，永不僵化、永不停滞，不为任何风险所惧，不被任何干扰所惑。一定要沿着中国特色社会主义道路，不断开创新的更大的辉煌。

论社会发展的动力与平衡机制*

人类的各种活动和现象，纷纭复杂，但却能够作为一个庞大的社会有机体，世代延续，生生不息，必有其一定的内在的运行机制。要认识和掌握人类社会发展变化的规律，包括今日全面贯彻落实科学发展观、构建社会主义和谐社会等问题，必须深入研究这种决定社会发展方向、轨迹和各种表现形式的内在运行机制。

一、动力与平衡是决定社会发展状态最根本的两种机制

人类社会发展到今天，经历了不同类型的社会形态，在不同的时期、阶段，不同的领域、范围，其运行机制是不一样的。正因为运行机制的不同或差异，人类社会才表现出千姿百态。但无论怎么千变万化，无论不同层面、方面的机制具有什么样的特点，人类社会，必有某种最基本的运行机制。它决定和制约着其他一切运行机制，成为所有不同层面和方面运行机制的基础。这种机制，归结起来无非两种，一种是动力机制，一种是平衡机制。

所谓动力机制，是指一个社会赖以运动、发展、变化的不同层级的推动力量，以及它们产生、传输并发生作用的机理和方式。所谓平衡机制，则是指一个社会的各个组成要素和部分之间如何协调相互关系，保持平衡，以有序、

* 本文发表于《中国社会科学》2007年第1期。1994年，本人在《构建有中国特色的社会主义运行机制》一文中，首次提出原创的“社会发展的动力与平衡机制”理论，此后在多篇论文、著作及很多报告中作了进一步介绍、论述，受到广泛关注和肯定。本文是其中论述最为完整的一篇。

稳定状态运行的机理和方式。

两种机制，都是由一定的社会制度和体制、规范表现出来的。两种机制，将社会的各个部分和要素组合起来，使之成为具有内在逻辑的统一整体，规范并决定着整个社会发展的方向。任何社会的制度、规范、行为、现象，事实上都是建立在动力机制和平衡机制之上的，都是在这两种机制作用下持续不断地运行的过程和表现。动力机制和平衡机制，是人类社会赖以运行的两种最根本、最基础、最普遍的机制。一个社会能否正常和健康地运行，从根本上来说，取决于它有没有通过一定的制度和体制表现出来的良好的动力机制和平衡机制。

社会需要动力。在一定的动力作用下，社会的每个成员或群体不断发挥主观能动性，积极从事以生产劳动为主的社会活动，创造日益增多的物质财富和精神财富，整个社会才能不断发展进步。社会也需要平衡，每个成员或群体都按照一定的规范各处其位，各得其所；社会的经济、政治、文化、生活的各个领域和部分都紧密联系，互相协调，整个社会才能始终保持有序和稳定的状态。一个社会的成熟程度，关键就是要看这两种机制能否有机地结合起来，互相配合。协调稳定地发挥总体功能。

动力机制的最重要社会表现是活力。其衡量尺度之一是效率。在经济领域，主要表现为劳动生产率，而作为社会整体，则集中表现在发展上。平衡机制的最高社会表现是和谐。在经济领域的主要表现，是资源配置的结构比例和财富分配上的公平公正。在人的社会关系上，主要表现为平等。作为社会整体，则集中表现为有序和稳定。

效率与公平，是当今世界几乎所有国家都面临的一对重要矛盾，也是需要解决的一个中心课题。动力机制与平衡机制的关系，往往突出地表现在效率与公平的关系上。

机制，作为潜藏于各种社会表象之后的运行机理和内在逻辑，本身是抽象的。但它的具体表现却是实在的。无论动力机制还是平衡机制，都是通过一定的制度、体制、规范、政策等表现出来的。或者说，无论我们意识到还是没有意识到，发现还是没有发现，一切成为整体的制度、体制、规范、政策背后，都存在着动力和平衡两种机制，都有这两种机制在发挥着作用。揭示一切制度、体制、规范、政策的本质，根本上在于揭示其客观存在着的这两种机制。设计和建立某种制度、体制、规范、政策，根本上也在于首先从这两种机制的角度，审视和理清其赖以运行的内在逻辑和机理规则，从一定的价值目标出发，选择适当形式的制度、体制、规范和政策，使动力与平衡两种机制达到最佳的状态。

任何社会的经济、政治、文化、社会制度，根本上都是要以一定的方式来保持社会的动力和活力，同时，又保持社会的平衡和稳定。制度、体制、规范和政策不同，各自所赖以依循的动力机制和平衡机制就有不同。或者，反过来说，动力机制和平衡机制不同，各自的制度、体制、规范和政策也会不同，它们的社会效果就会有很大的差别。

比如，不同的生产资料所有制形式，对社会动力的激励机理和方式是很不相同的，激励的对象和范围也有很大差别。农耕时代的封建土地所有制，激发的是土地所有者保有土地和扩大土地收益的积极性，依靠的手段是土地的占有和扩张。这种时代和制度下的人们，为了获得利益，追求财富，就会以土地为目标展开自己的行动，表现出从事农业生产和土地经营的积极性，从而使整个社会形成一种以追求土地为主要特征的社会动力和活力，并依靠这种动力产生更大的收益和财富，推动农耕封建社会的不断发展。工业化时代的资本主义所有制，激发的是资本所有者从事生产经营和资本积累的积极性，而依靠的则是联结和运营生产要素的中介——资本。资本，被当作利益和财富的标志。为了获得利益，追求财富，人们就会以极大的热情追求和积累资本，从而使资本成为激发社会动力的强大源泉。两种不同的动力机制，共同的原动力，都是利益、财富；不同的，是利益和财富的表现形式——一个是土地，一个是资本。

需要注意的是，动力机制与平衡机制，不是完全独立存在的。同样的制度、体制、规范和政策，一般都会同时在动力和平衡两个方面发生作用，既会影响动力，也会影响平衡。只是侧重点不一样，在动力和平衡方面的作用力也不一样。尤其重要的是，动力与平衡不是一种必然的正向连带关系，很多时候难以做到共同潮涨潮落。两者在运行过程中，会有相当的差异。甚至可能在某种程度上此消彼长，呈现一种反比例关系。因此，如何建构适当的制度、体制、规范和政策，将动力和平衡两种机制恰当地结合起来，使之产生最大的同向效应，就是任何社会都不能不实际考虑的最大问题。

一个理想的社会，当然应该是动力强劲、活力勃发，而又同时平衡有序、稳定和谐的社会。因此，检验一个社会理想化程度的标准，根本上，是考察它的动力机制和平衡机制以及两者结合的程度。一方面，要考察动力机制是否强劲，考察基于这种动力机制而形成的制度、体制、规范和政策能否最大程度地激发、调动社会全体成员的积极性、主动性和创造性，能否使社会各个领域和方面充满创造和发展的活力，能否使社会的运行效率不断提高、生产力不断发展、社会财富不断增长、人民生活水平不断提高。另一方面，又要考察平衡机制是否健全，考察基于这种平衡机制而形成的制度、体制、规范和政策能否最大程度地保持社会的有序和稳定，能否使社会各个阶级、阶层的成员大体上各得其所、和睦相处，能否使社会经济政治文化等各方面的关系处于比较协调的状态，能否使社会秩序比较规范、公平正义得到保障、社会矛盾比较平缓、社会生活比较安定、人民群众能够安居乐业，社会没有大的动荡或战乱等等。

当然，根本上还是要考察两种机制结合的程度，光有动力而没有平衡，或光有平衡而没有动力，都不是真正理想的社会。所以，动力与平衡的状态尤其是它们有机结合的程度，应该是我们考察和检验一切社会的根本标准。

二、从动力与平衡角度解析不同社会发展状态及其长短优劣的深层原因

任何社会的发展进程和运行状态，都是由其内在的运行机制决定的。所以，世界上几乎所有类型的社会和国家，都可以从动力和平衡机制上找到它们的长短优劣及其深层次原因。

先从资本主义的社会运行机制来说。

在研究资本主义的历史进程时，人们往往会提出问题：为什么资本主义能够创造出远远超过封建主义的劳动生产率？为什么资本主义几百年来发生过多次危机，但至今却垂而不死、腐而不朽，仍然没有退出历史舞台？

原因是什么？往深层次就要从它独特的运行机制、特别是动力机制上来

考察。马克思的《资本论》中有一条注释：资本害怕没有利润或利润太少，就像自然界害怕真空一样。一旦有适当的利润，资本就胆大起来。如果有10%的利润，它就保证到处被使用；有20%的利润，它就活跃起来；有50%的利润，它就铤而走险；为了100%的利润，它就敢践踏一切人间法律；有300%的利润，它就敢犯任何罪行，甚至冒绞首的危险①。这幅图画描绘的是资本的贪婪性，实际上也揭示了：追求自身物质利益，进而谋取剩余价值及其转化形式——利润，是资本主义社会人们，特别是资本家一切行为的根本动力。

处于私有制条件下的资本家，受自身物质利益的驱使和资本主义内在规律的支配，总是力图获取最大的利润。生产什么、生产多少、怎样生产，无不以剩余价值和利润的多少为转移。在剩余价值规律作用下，资本家总是要竭力争夺市场、原料和投资场所，也就是互相之间展开激烈的竞争。这种竞争的原则是“物竞天择，适者生存”，甚至是“弱肉强食”。谁的条件好，谁的劳动生产率高，谁就能取胜；谁的条件差，谁的劳动生产率低，谁就可能被淘汰。这种近乎残酷的竞争规律，像是悬于每一个人之上的达摩克利斯之剑，迫使每一个企业自动地、持续不断地提高生产和经营的效率。而资本家又通过严密的组织和严格的管理，迫使企业的每一个成员提高其工作的效率。这样，整个社会的效率或效益也相应得到了提高。与此同时，资本主义社会庞大的产业后备军，实际上发挥着蓄水池的功能，自动地调节着生产要素在各部门、各企业以及在不同时期的分配，保持着企业和社会劳动生产率的相对稳定，同时，也对每一个生产者、管理者产生强大的压力，迫使他们在自己的岗位上十分勤勉地工作，尽可能创造良好的业绩。简而言之，资本主义社会的动力机制建立在私有制的基础上，依赖的是物质利益原则。它通过普遍存在的竞争规律，对社会的每一个成员都产生强大的压力。这些成员时时、处处都感受到生存的危机，同时，又有着尽量发挥个体创造性的自由，于是，不得不自动地、不断地提高自己的劳动生产率。其结果，客观上促进了社会生产力和现代化的发展。

很显然，这种动力机制，以物质利益为中心，虽然近乎残酷，但对生产力的发展来说却十分有效。资产阶级之所以如马克思所说：“在它的不到一百

---

①参见《资本论》第1卷，人民出版社1975年版，第829页。

年的阶级统治中所创造的生产力，比过去一切世代创造的全部生产力还要多，还要大”①，几百年来，历经风险，至今仍保持着强劲的势头，其根本的奥秘，就在于这样的动力机制。

但这并不是说资本主义没有弊病。尽管资本主义的动力机制十分强劲，但在与其对应的平衡机制上，至少就其原始形态来说，却存在着致命的弱点。

第一，社会财富特别是生产资料的占有是不平衡的。少数人拥有生产资料，多数人却是无产或少产。少数人凭借对生产资料的垄断，占有多数人的剩余劳动甚至一部分必要劳动。虽然企业和社会的效率、效益不断有所提高，但这种提高的大部分成果却被生产资料的占有者获得，直接的生产者只能得到其中较小的一部分。两极分化十分显著，社会财富日益在少数人手中积聚，大多数人却受到贫困的威胁。社会财富的分配和占有从总体上看处于不平衡的状态。

第二，社会资源的配置和运用是不平衡的。由于私有制和竞争规律的存在，整个社会的生产（曾经）在相当程度上处于无政府、无组织状态。社会资源的配置主要依靠市场机制的调节。而这种市场机制在资本主义发展的初期缺乏预见性、计划性和均衡性，采用的基本是试错法，带有相当的盲目性。其结果，社会劳动和生产资料不断遭到严重的浪费和破坏。周期性的经济危机就是这种不平衡性的集中表现。

第三，社会成员的条件、机会和地位是不平衡的。一般来说，在这种机制下，比较有才能、勇于创新、敢于冒险的人，比较容易找到发展的机会。但多数普通人，就不一定能有那么幸运。特别是每个社会总有一批成员，由于各种因素，如老弱、病残、移民、孤儿等，在生存能力上处于弱势。在冷酷的金钱原则面前，往往被抛到社会的底层，有时甚至连生存的权利都被剥夺。家族背景、地域优劣、教育程度、遗产继承等非个人因素，在相当程度上制约着一个人的发展道路和成功机遇。

第四，单体效率与社会效率的关系是不平衡的。企业或个人的单体活动效率总是较强。但整个社会经常性地存在着利益的冲突，因而相互间不断地发

---

①《马克思恩格斯选集》第1卷，人民出版社1995年版，第277页。

生矛盾、争斗，甚至尔虞我诈。无序冲突的结果，单个生产和经营单位效率的提高，就很难全部表现于社会整体效益的提高上。

当然，今天的资本主义已经不是当年的资本主义了。发达国家的资本主义，比起原始的资本主义来说，确有许多变化、发展，不能与一两个世纪前的资本主义相提并论。如果从社会运行机制的角度看，千变万化，首先和最大的，还在于平衡机制上的调整和完善。所有变化，说到底，都是在减少平衡机制上的种种弊病。而在动力机制上，主要是减少了早期那种过于野蛮和无序的色彩。由于这样的调整，过去资本主义社会平衡机制的四大弊病逐步地有所抑制和改进，因而在相当程度上减少了它的不良反应。

这些调整、变化、进步，是否证明资本主义变得更加优越了呢？当然不是。这里的问题在于，这种变化是何以发生的？原因到底在哪里？应该归功于谁？

作为一种生产关系和社会制度，资本主义当然能够自我调节，在一定程度上消除自身的弊端和矛盾。但我们更要指出的是，资本主义的许多变化，其实都是社会主义的要求和社会主义运动推动的结果。在资本主义发展过程中，人们发现了它的许多弊病，因此，提出社会主义的要求和共产主义的理想，力求从根本上改造这种社会，消除资本主义种种不平衡的现象。工人阶级以及其他一些进步阶级，特别是它们的政治代表共产党、社会民主党、工会组织等，不断揭露资本主义的弊病，为实现这些要求进行了长期的斗争。日积月累，到今天，就使西方发达国家的面貌发生了很大的变化。比如，民主的具体表现形式——平等的普选权，就是工人阶级和其他人民群众通过上百年的斗争才争取到的。所谓从摇篮到坟墓的一整套社会福利政策，更是社会主义的基本目标，也是通过社会各种力量的斗争、磨合，才逐步成为现实的。

因此，发达资本主义国家的许多变化和进步，特别是平衡机制上各种弊病得到抑制，在很大程度上恰恰是依靠了社会主义力量的推动，是汲取了社会主义思想和价值的结果。因此连罗马的前教皇都不得不承认："当今资本主义与利奥十三世时代的资本主义有很大的不同。它改变了，而这在许多方面是靠了社会主义思想的影响。"[①]西方社会运行机制的改进，根本上应该归功于社

①《教皇约翰·保罗二世说：马克思主义有"合理的内核"》，俄罗斯《在国外》周报1993年第46—47期，转载意大利《新闻报》文章。

会主义。

当然，即使在当代西方发达国家，动力与平衡两种机制也不能说完全结合了起来。比如，西方国家总是左翼政党与右翼政党轮流上台。何以如此？其实就是社会在动力与平衡之间不断摆动的表现。左翼上台，比较多地代表中下阶层的利益，强调平衡机制，一般奉行凯恩斯主义等等，主张国家干预，维持和发展社会福利政策，把重点放在满足中下阶层人们的要求上。一段时间，平衡改进了，但动力往往会衰减，效率会下降，动力机制上有了问题。于是，社会情绪偏转，右翼上台。右翼较多地代表上层阶级的利益，更为关注发展问题，在政策上一般选择货币主义和供应学派等等，把重点放在提高效率上。几年一过，经济会有发展，但社会平衡又会出现问题。如此等等，效率与公平，动力和平衡，顾此往往失彼，顾彼又往往失此。两党轮换，几年河东，几年河西，总是处于两难之中。这，就是今日发达国家两种机制的矛盾仍然没有解决的最重要表现和证据之一。

那么，社会主义的运行机制又如何呢？

社会主义是与资本主义相对立的一种新型的思想理论和社会制度。近代以来的思想家们，在资本主义运行过程中，发现了许多极不合理的现象。正是针对这些弊端，他们提出了社会主义的主张和构想。数百年来，工人群众和其他劳动者，不断开展反对资本主义的斗争，其目的，就是要建立一种完全消除了资本主义弊端的美好社会。社会主义国家在世界上出现后，立即将这样的理想和方案付诸实施。经过大规模的革命性的变革，所有社会主义国家的基本制度及其运行机制都发生了巨大变化，并在相当程度上显示了高于资本主义的许多优越性。

社会主义的合理性和优越性到底是什么？如果从社会运行机制的角度来说，社会主义所要解决和初步解决了的，正是平衡机制上的问题；社会主义最大的合理性和优越性，就在于它提供了一个相对优越于资本主义的崭新的平衡机制。这包括：社会主义建立了不同形式的生产资料公有制，实现了生产资料和财富占有上的平衡。社会主义以不同方式将所有单个的生产者和生产要素组成了一个统一有序的整体。社会主义奉行公正平等的价值观和社会政治政策，强调消灭社会压迫、剥削，实现社会成员的普遍平等。社会主义改善了人的生活质量，更为全面地满足了人的物质和文化需求。

社会主义国家建立之后，都普遍实现了伟大的社会变革，将整个国家的资源集中起来，促进了生产力的发展，办成了很多大事，大幅度地增强了国家的综合实力。千百万人民群众翻身解放，成了国家的主人，革命精神极大焕发，社会面貌发生了天翻地覆的变化，社会关系曾经处于相当稳定协调的状态。但是，从20世纪50年代开始，社会主义国家逐步发现自己在发展过程中也存在一些不容忽视的问题。这些问题主要集中在体制上。

在经济体制上，所有制形式过于整齐划一，管理体制过于集中。片面强调指令性计划，排斥市场机制。经济管理方法以行政手段为主，忽视其他手段尤其是经济手段。经济生活时常受到政治斗争的干扰，许多经济政策违背经济规律。分配上吃大锅饭，具有浓厚的平均主义。企业和个人都缺乏改善经营管理、提高生产效率、改进产品质量、增加经济效益的积极性。经济发展战略片面，国民经济比例安排不当。在政治体制上，领导体制高度集中，民主制度不健全，法制不完备，人民民主权利得不到应有保障，发生过很多冤假错案。国家行政机构庞大臃肿，管理体系不合理，官僚主义盛行，缺乏有效的监督体制。

长期以来，我们一直将传统体制的这些弊病概括为“高度集中”“统得过死”“平均主义”“缺少活力”“停滞”“僵化”等。其实，所有这些，都属于动力机制的范畴。由于社会主义所直接针对的，是资本主义在平衡机制上的弊病，所以一开始就比较注重实现社会的平衡，但对社会动力机制却没有给予足够的重视。发展生产，提高效率，宏观上，主要靠国家的指令和计划。微观上，主要靠生产者的精神、觉悟。至于内在的、长久的、自觉的动力是什么，则缺乏研究和探索。特别是对物质利益所起的动力作用，不仅没有重视，而且长期持批判态度。全社会都吃国家的大锅饭，企业和个人的行为，都要等国家来安排，缺乏自身的责任，也缺乏自身内在的动力。社会主义国家的劳动生产率，赶不上发达资本主义国家，根本原因就在于动力机制的欠缺。在社会政治关系上，也是如此。高度集中的政治体制，其主观目的，是为了保持整个社会的统一、有序、稳定，亦即平衡。但过于集中，在相当程度上压缩了人们进行思考、探索、创造的空间，限制了人民的自由民主权利，使人民群众的责任感和创造力受到压抑，不能得到充分的发挥。这样，作为社会整体虽然能够运转和发挥功能，但是组成社会整体的万千个体，却缺乏足够的内在动力和活力，长此以往，整个社会的发展便逐渐迟缓下来。

总之，传统社会主义模式的各种弊病和矛盾，归根结底，是偏重于平衡机制，却在相当程度上忽视了动力机制，以平衡压抑了动力，将活的平衡机制变成了僵硬的平衡机制，结果在平衡机制与动力机制之间失去了平衡，以致发展的动力逐渐趋于衰退。

正因为如此，传统社会主义模式虽然在历史上发挥了很大作用，但随着社会生产力水平的提高、科学技术的进步、国际国内环境的变化，内在矛盾逐渐暴露，社会发展和进步的动力越来越弱。社会主义国家在经历一个快速发展时期之后，都逐步放慢了速度，甚至出现了停滞和动荡的局面，与外部世界一比较，问题就出来了。于是，不得不提出改革的要求。不改革旧的僵化的体制，不冲破传统模式的束缚，社会主义就难以向前发展，甚至有失败的危险。改革，成了时代的要求，人民的呼唤，历史的必然，成了坚持、完善、发展社会主义的必由之路。

三、当代中国社会变革的内在逻辑和各种问题的深层原因

以1978年的十一届三中全会为标志，中国进入改革开放和社会主义现代化建设的新时期。经过迄今28年的改革，我们开创了中国特色社会主义道路，初步建立起社会主义市场经济体制，社会主义物质文明、政治文明、精神文明建设和党的建设不断加强，综合国力大幅度提高，人民生活显著改善，社会政治长期保持稳定，为全面建设小康社会、基本实现社会主义现代化开辟了广阔的前景。

28年的改革开放，我们经历了很多探索，作出了很多尝试，采取了很多措施，实行了很多新的政策。集中起来，是在改什么？回过头来思考和总结一下，实际上，不管我们已经意识到还是没有意识到，迄今为止所有的改革，其实都集中在动力机制上。所有的改革举措，所着力解决的，都是以往动力机制上的缺陷。因此，改革开放，实际上是社会运行机制的大调整。从动力配置来

说，是从国家统筹包办转向焕发自主动力，从政府行政调配转向主要由市场调节，从单一的机械的平衡机制转向建立新型的动力机制并实现动力与平衡的协调发展。这样的改革和探索，既要使每个社会成员都享有充分的生存条件和福利保障，又要使每个人、每个企业、每个单位都能有发展生产、改善经营、提高效率的积极性；既要保持整个社会体系的平衡、稳定，又要保持竞争的压力和引力，促使人们更有效地利用资源、创造更多的社会财富并走向共同富裕。

改革的中心目标，是建立社会主义市场经济体制。经过28年的努力，社会主义市场经济体制的框架已经基本确立。这种转轨变型，是经济领域社会运行机制的大调整，也为其他领域运行机制的调整奠定了基础，为社会所有人们的创造活力搭建了一个广阔的平台。

在社会主义市场经济条件下，人们的行为与其利益之间有了更加紧密的联系。利益、收入、财富等，不再是丑恶和禁忌的东西，而是可以努力谋取的对象。根据按劳分配为主体、多种分配方式并存的分配制度，人们可以合理合法地用自己的劳动、经营和创造，得到应得的报酬和收入。劳动、技术、土地、资本等生产要素，都可以按贡献参与分配。致富本身不是坏事，任何人只要付出了劳动、实现了价值，就可以获得属于自己的利益和财富。

在社会主义市场经济条件下，人们创造的价值必须是有效的可以实现的价值。所有产品都要通过市场进行交换，而不能像在计划经济下只管生产而不必考虑销路。只有卖出去，创造的价值才能真正得到实现。为此，人们就不能不精心考虑效益问题。实行这种机制，社会资源可以得到更加充分的利用，生产的效益可以大大提高，人们从事创造、革新、应用先进科学技术的积极性也可以大大增强。

在社会主义市场经济条件下，各种生产要素可以在全社会乃至全球更加自由地流动。城乡二元结构被打破，劳动力可以流动，农民可以进城打工，城里人可以下乡投资，大学生可以选择自己中意的岗位，科技工作者可以寻找最有价值的项目，也可以选择最适合发挥自己才能的环境，资本、技术、土地、劳动力等可以投向最有效益的地区和项目，甚至走向国外。

在社会主义市场经济条件下，竞争的压力也大大增强。职工不能吃企业的大锅饭，企业不能吃国家的大锅饭。每个人的利益都要与自己的表现挂钩。

企业考核职工，学校考核教师，政府考核公务员，领导干部也要被上下左右考核。企业经营不善，就可能破产。职工工作不力，就可能下岗。科技创新失败，就可能遭受损失。投资决策失误，就可能遇到巨大风险。而且，随着对外开放的扩大，生产要素还可以在国际国内更大的范围流动，用行政手段保护落后已经很难。凡此种种，都成为一种巨大的压力，迫使人们更加努力地工作，更加精细地筹划。

所有这些，都使整个中国社会的动力机制大大加强。改革开放以来，中国社会的最大变化是什么？一言以蔽之：搞活了。这个“活”，表现在社会的方方面面。体制活了，机制活了，管理活了，政策活了，思想活了，社会资源的流动活了，整个社会和国家都活了，尤其是人们的自主性和创造力活了。当代中国的许许多多变化，都与这个“活”字有关。这个“活”是什么？就是社会运行机制的大调整、大变革，就是社会动力机制的大改善、大增强。

在动力机制增强的同时，平衡机制也发生了变化。比如，过去主要靠行政手段，靠集中统一的管理，靠限制人们自由和创造的空间，来保持社会的有序和稳定。但现在已经更多地转向依靠法治。依法治国成为党和政府的治国方略。经济和社会各个领域的法律规范逐步健全。法律意识的觉醒，法律权威的增强，使社会平衡的调节和保障机制有了新的更加坚实的基础。

当然，在充分肯定改革开放带来社会巨大变化和进步的同时，我们也要清醒地看到，新形势下，改革发展稳定的任务仍然非常艰巨。28年来，经济体制深刻变革，社会结构深刻变动，利益格局深刻调整，思想观念深刻变化。这种空前的社会变革，给我国发展进步带来巨大活力，也必然带来这样那样的矛盾和问题。如，城乡、区域、经济社会发展很不平衡，人口资源环境压力加大；就业、社会保障、收入分配、教育、医疗、住房、安全生产、社会治安等方面关系群众切身利益的问题比较突出；体制机制尚不完善，民主法制还不健全；一些社会成员诚信缺失、道德失范，一些领域的腐败现象仍然比较严重。对此，人民群众很不满意。近年来的社会舆论，大多集中在这些问题上。

所有这些问题，归结起来，仍然是社会运行机制的问题。

第一，当社会动力机制发生巨大变革之后，与之相应的平衡机制还没有能及时健全起来，因而社会出现了很多不平衡的现象。

社会发展的动力机制和平衡机制不是完全分离的。在一定社会和一定历史条件下，两者共处一体，相互之间有着内在的关联关系，并大致处于相对平衡的状态。但当社会的制度、体制、规范、政策发生较大规模的变动时，社会的运行机制也必然发生变化。动力机制变动，要求平衡机制相应调整；平衡机制变动，也要求动力机制相应调整。如果不能及时调整和适应，就会产生某种失序和失范现象。由于种种复杂的原因，目前平衡机制的建立还处于比较滞后的状态。近年来社会热点的一系列问题，多数属于平衡机制方面的问题。如城乡差距、地区差距、居民收入差距，就业和社会保障压力增加，教育、卫生、文化等社会事业发展滞后，人口增长、经济发展同生态环境、自然资源的矛盾加剧，都是平衡机制上的问题。它说明，当我们致力于加强动力机制建设、使社会活力得到增强的时候，平衡机制上的问题又开始凸显了，社会随之出现了一系列新的不平衡现象。

第二，由物质利益激发的动力，具有“善”“恶”两种效应，如果约束不够，就会造成混乱现象。一方面，它可以朝“善”的方向发展，造成积极、健康的结果，即促使人们沿着真善美的方向，在法律和道德的规范之下，为社会创造更多的财富，自己也从中获得正当的利益。另一方面，它也可能朝“恶”的方向发展，造成不良的、消极的结果，即促使人们沿着假恶丑的方向，违背法律和道德的规范，不择手段地谋取个人的私利，造成社会生活一定程度的失序、失范、失信，严重损害他人和社会的利益。这就是物质利益构成的人的动力的双重效应。

市场经济发展之后，社会生活和人们思想意识中正面和反面的两种变化，都是由这种动力的双重性所决定的。所有走私贩毒、欺诈行骗、卖淫嫖娼、行贿受贿、制售假冒伪劣产品等社会丑恶现象，都是在社会机制转变过程中，被物质利益激发起来的动力，没有受到有效的约束和规范，不断向着假恶丑的错误方向发展的结果。在思想领域，那些过度追求个人物质利益的拜金主义、享乐主义、极端个人主义、狭隘功利主义等，也是由这种动力机制的双重性决定的。这些错误思想，与那些损公肥私、损人利己、权钱交易、尔虞我诈的不良行为，互为表里，使改革开放以来的社会生活出现了泥沙俱下、鱼龙混杂的现象。人民群众极为不满的那些社会不良风气，根本上都是由此而来的。

概言之，在社会运行机制变动过程中，某种程度的平衡机制欠缺、动力机制失范，就是当今中国一系列社会问题的深层病因。

四、全面把握治国理政的基本思路，建立和完善中国特色社会主义的动力与平衡机制

邓小平一再说，社会主义可以集中力量办大事。这个力量可以理解为组织的力量，合理的结构、体制和机制的力量。

社会主义应该发挥整体组织的功能，实现整体的协调平衡，但同时，也应该建立一种动力机制，使每一个人，每一个企业，每一个单位，都能自觉地、不断地、甚至拼命地去提高效率、去改革创新、去发展科技、去创造新的生产力、去推动社会的进步。建设中国特色社会主义，最大的课题、深层的任务，是既构建强劲的动力机制，又构建完善的平衡机制，尤其是将这两种机制最大限度地结合起来，形成融为一体的总的社会运行机制。

在改革过程中，我们已经越来越深入地触及到如何将动力机制和平衡机制结合起来的问题。如，正确处理市场机制与宏观调控的关系；建立社会保障体系，既实行破产兼并、下岗失业等制度，又制定最低生活保障线，帮助解决再就业问题，等等。在政治领域，在发展民主自由的同时，加强法制建设，实行依法治国。在社会领域，维护稳定，打击犯罪，正确处理人民内部矛盾，等等。所有这些，都是要使两种机制能够互相协调和保持平衡。在实践中，这两者的关系并不是都处理好了。社会生活中种种急迫的课题，都表明了在两种机制的结合及其相应的体制设计上还有大力改进的必要。现实的任务，则是要在这两种机制中间，努力寻找尽可能最佳的平衡点和结合点。

我们要努力建设一种中国特色社会主义的动力机制。这种机制，应该是一种能够持续不断地产生强劲动力和活力的综合性的动力机制。

第一，它应该以人的物质利益为中心，以适当的分配形式，把社会成员的物质利益与其经济行为及其社会价值联系起来，通过物质利益的驱动，增强社会发展的动力和活力。同时，又要看到物质驱动并不是唯一的动力。除了物

质之外，人的精神也是一种重要的动力，是动力机制中不可或缺的因素。因此，必须高度重视人的精神状态、精神境界的能动作用，不断加强思想文化建设，提高人的思想觉悟，做到物质动力与精神动力的统一。

第二，它应该既充分发挥人的自身内在的自觉动力，又辅之以外部的教育、管理、纪律、法规的约束和竞争的压力。任何制度的设计，都要首先着眼于焕发每个人的内在动力，通过制度的引导和约束，使社会的每一个细胞和组织充满活力。但与此同时，必须加强外部环境的建设，加强外部的规范和引导，如同建设一条条水渠，把自由的流水限定在正确的道路上，从而做到内部动力与外部动力的统一。

第三，它应该既充分发挥社会每一个成员的个体动力，又最大限度地发挥和利用国家、集体、社会的整体动力。个人是社会的细胞，没有活力，整个社会当然就难以有活力。但单个的细胞事实上不可能存活。只有将无数的细胞组合成为一个生命的整体，才能使它们焕发出蓬勃的活力。国家、集体、社会和个人，每一个层次上，都有各自的动力和活力。因此，必须注意激发每一个层次的活力，使它们在不同层次上发挥各自的作用，做到个体动力与整体动力的统一。

第四，它应该既注意利用由当前利益体现的短期动力，又充分挖掘和强调具有根本性、持续性的长远动力。社会的利益问题是个大系统。既有长远利益，又有当前利益；既有根本利益，又有具体利益；既有全局利益，又有局部利益。激发社会的动力和活力，不能仅仅单讲一个方面的利益，而必须将各个方面的利益统筹兼顾起来，使每一个方面的利益都发挥效用，从而做到短期动力与长远动力的统一。

总之，中国特色社会主义的动力机制，既不能像传统体制那样只强调精神和国家的力量而忽视个人物质利益的作用，也不能像资本主义那样把个人的物质利益乃至金钱作为唯一的动力，而要把各种机制的长处结合起来，努力动员和利用社会全部领域、全部主体、全部层面上的力量资源，构建一个新的综合性、系统化、立体的、统一的动力系统。

中国特色社会主义的平衡机制也要在原有机制的基础上加以调整和改造。最大的任务，是要从传统的计划经济的轨道转移到社会主义市场经济的轨道上，以市场机制为基础构建起新的经济乃至社会的平衡状态。

第一，这种平衡机制最大的特点应该是与新型的动力机制紧密结合在一起，在保持强劲动力的前提下实现平衡，在讲求效率、活力的基础上实现平等、和谐，在调动千百万人积极性的同时保障每个人的利益和全社会的稳定。

第二，它既不像资本主义那样自由放任、盲目无序、在试错基础上趋向平衡，也不像传统的高度集中体制，以行政手段勉强实现主观色彩浓厚的平衡，而是要在客观条件基础上发挥主观指导作用，实现主观与客观相统一的平衡。

第三，在手段上，它既发挥国家和社会的宏观调节作用，又利用个体成员的自我调适及相互间的协调制约作用，既发挥法律、法规和行政干预的硬性强制作用，又利用文化教育、伦理道德的软性约束作用。

第四，它要实现的是全面和综合的平衡，而不是片面和局部的平衡，它要使经济、政治、文化、教育、科技、社会生活等各个方面都协调发展、全面进步，使社会全体成员都在政治权利上平等、社会关系上融洽、经济生活上共同富裕，而决不是只顾某个领域的发展而造成整个社会的畸形，也不是只顾少数人的富裕而造成社会的两极分化。

治国理政，根本上，必须始终全面认识和把握动力与平衡两方面的关系，以此为标准和基点，制定和实施正确的路线纲领、国策战略、方针政策，推动社会朝着既有动力活力、又较平衡和谐的方向发展。提高执政能力，根本上应该提高这方面的能力。检验治国理政的效果，也要将两方面结合起来加以考察。既不能只讲动力活力而不讲平衡和谐，也不能只讲平衡和谐而不讲动力活力。

以胡锦涛同志为总书记的党中央，以马克思列宁主义、毛泽东思想、邓小平理论和“三个代表”重要思想为指导，从国际国内大局出发，提出了科学发展观和构建社会主义和谐社会的战略思想，深化了我们对共产党执政规律、社会主义建设规律和社会发展规律的认识。从社会运行机制的角度来说，这些战略思想，体现了动力与平衡的有机结合。把这些思想付诸实施，也应该从动力与平衡相结合的角度，全面认识、理解和把握。

首先，科学发展观的实质是把动力推动的发展与发展过程中的平衡结合起来。

科学发展观的基本内涵和精神实质是什么？归结起来两句话。一句是：坚持发展；另一句是：又好又快地发展。这两句话，往深层次说，就是要处理好动力与平衡的关系。第一句话要求我们，继续激发动力，焕发活力，从而保持发展的势头；第二句话则要求我们，注意各方面的平衡协调，不要顾此失彼，失衡失范。

从第一句来说，科学发展观的第一要义是发展。我国是一个有13亿人口的发展中大国，现在处于并将长期处于社会主义初级阶段，我国的主要矛盾依然是人民日益增长的物质文化需要同落后的社会生产之间的矛盾。我们要实现全面建设小康社会的宏伟目标，就必须继续坚持发展是硬道理的战略思想，把发展作为解决中国一切问题的关键，抓好发展这个党执政的第一要务，坚持以经济建设为中心，聚精会神搞建设，一心一意谋发展。只有保持经济又好又快的发展，我们才有更好的物质基础促进社会的全面发展和进步，才有更大的财力对贫困地区和贫困人口给予扶持，才能逐步缓解就业人口不断增加的巨大压力，才能处理好涉及利益关系的各种社会矛盾。所以，根本上，还是要用发展和改革的办法解决前进中的问题。

从第二句来说，我们要求的发展，不是片面的发展，不是只为少数人的发展，不是畸轻畸重不协调的发展，不是竭泽而渔难以持续的发展，不是造成生态环境严重破坏的发展，而是科学的发展，是以人为本、全面协调可持续的发展，一句话，是科学发展观指导下又好又快的发展。所以，我们要转变发展观念，创新发展模式，提高发展质量，更加注重优化结构、提高效益、降低消耗、减少污染，更加注重实现速度和结构、质量、效益相统一，更加注重经济发展和人口、资源、环境相协调。尤其要坚持立党为公、执政为民的本质要求，以人为本，把最广大人民的根本利益作为一切工作的出发点和落脚点，把改善人民生活作为经济社会发展的目的和归属。坚持发展为了人民、发展依靠人民、发展成果由人民共享。切实保障人民群众的经济政治文化权益，不断实现好、维护好、发展好最广大人民的根本利益。只有这样的发展，才是我们真正坚持和需要的发展。

其次，构建社会主义和谐社会，关键也是要处理好动力与平衡的关系。

提出构建社会主义和谐社会，本身就是讲平衡。和谐就是平衡，平衡才能和谐。但平衡有不同类型的平衡。在充满活力、生机勃勃的基础上，能够实现平衡；而停滞僵化、死气沉沉，也是一种平衡。我们所需要的，是前一种平衡，而不是后一种平衡。建设社会主义和谐社会，并不是就和谐讲和谐，就和谐建和谐。和谐、平衡，只是社会一个方面的状态。对于一个健康的社会来说，还有动力、活力这更为重要的一面。在计划经济年代，我们的社会表面上是很和谐、稳定的。但最大的缺陷，是把人管死了、管懒了，社会缺少了动力和活力，因而，社会发展难以持久。这不是我们真正需要的稳定和平衡。对这样的教训，我们决不能轻易忘记。

从激发活力来说。党的十六大提出“和谐”概念时，就兼顾了活力的要求，指出要“努力形成全体人民各尽其能、各得其所而又和谐相处的局面。”[①]十六届四中全会的《决定》，明确提出要“注重激发社会活力”。要全面贯彻十六大提出的尊重劳动、尊重知识、尊重人才、尊重创造的方针，坚决破除各种障碍，使一切有利于社会进步的创造愿望得到尊重、创造活力得到支持、创造才能得到发挥、创造成果得到肯定。社会各方面人群的积极性主动性创造性都能够充分发挥出来。胡锦涛总书记还把“充满活力”直接纳入了和谐社会的范畴。指出：“构建社会主义和谐社会，必须最广泛、最充分地调动一切积极因素，发挥各方面的创造活力，不断推动经济社会发展。”“支持人们进行理论创新、制度创新、科技创新和其他方面的创新。”[②]十六届六中全会进一步强调，要“增强全社会创造活力，形成万众一心共创伟业的生动局面。”

从保持和谐来说。十六届三中全会提出科学发展观，强调以人为本、全面协调可持续发展，要求实现五个“统筹”，都是要努力实现整个社会各方面的和谐。十六届四中全会的《决定》明确指出：要“妥善协调各方面的利益关系，正确处理人民内部矛盾”，“健全工作机制，维护社会稳定”。十六届六中全会则对如何构建社会主义和谐社会作出了全面的部署，强调要“把构建社会主义和谐社会摆在更加突出的地位”，“坚持党的基本路线、基本纲领、基本经验，坚持以科学发展观统领经济社会发展全局，按照民主法治、公平正义、诚信友爱、充满活力、安定有序、人与自然和谐相处的总要求，以解决人民群

---

①《江泽民文选》第 3 卷，人民出版社 2006 年版，第 540 页。

②《十六大以来重要文献选编》中，中央文献出版社 2011 年版，第 713 页。

众最关心、最直接、最现实的利益问题为重点，着力发展社会事业、促进社会公平正义、建设和谐文化、完善社会管理、增强社会创造活力，走共同富裕道路，推动社会建设与经济建设、政治建设、文化建设协调发展。”

在贯彻落实科学发展观、建设社会主义和谐社会的过程中，社会不同方面的人们，包括理论界，对改革评价、收入分配、区域差距、效率公平等问题，有很多不同的意见，甚至发生了比较激烈的争论。这些分歧和争论的基本原因是，一方只注意到动力及在此基础上的发展，而忽视了平衡和稳定机制的要求；另一方则只注意到平衡以及现实中的很多不平衡现象，而忽视了动力和活力机制的要求。所以，解决这些争论的关键，是双方都向对面看一看。看重动力和发展的同志，应该想一想车子开快的时候怎么防止翻车；看重平衡的同志应该想一想怎么使社会保持动力和活力。只要全面认识和把握动力与平衡的关系，思想就比较容易统一了。

面对当今社会存在的种种不良乃至腐败现象，有人羡慕50—60年代的社会状况，认为整个社会今不如昔，不如回到当年那种社会去。其实，当年的社会之所以没有现在这么多问题，某种意义上是由当时的“超稳定”机制和状态决定的。虽然社会消极面不多，但社会的活力也严重缺乏。今天，我们反对消极腐败现象，不可能用回到当年“超稳定”状态的办法。经过28年改革开放，我们社会的动力机制已经有很大改善，社会的活力也已经大大激发。这是非常重要的进步和成果，不能轻易否定，更不能倒退。

今天我们面临的任务，并不是简单地否定社会已经形成的动力和活力，而是辩证地认识和对待这种动力和活力。充分认识在市场机制下激发起来的动力，有着天然的两重性。从这一基本的认识出发，一方面，继续鼓励和发展那种朝着真善美方向发展的动力、活力。坚决破除各种障碍，使全社会创造能量充分释放、创新成果不断涌现、创业活动蓬勃开展。营造鼓励人们干事业、支持人们干成事业的社会环境，共同致力于建设中国特色社会主义伟大事业。另一方面，又加大对动力机制的规范，对利益驱动的约束，对违法犯规行为的打击，对守法行为的鼓励，对先进道德的弘扬，逐步将人们追求利益的动力和行为限定在正确的方向和轨道上。这就犹如加强公共交通以及交通规则的建设，既积极发展先进的交通工具，鼓励人们享受先进文明的便捷和乐趣，同时又把所有的交通行为都限制在社会容许的范围内，坚持红灯禁，绿灯行，谁违反规则，谁就要受到处罚。怎样规范？一种是法律，这是硬规范；一种是道德，这是软规范；再加上管理，三位一体，构成社会规范的体系。坚持不懈地进行这样的规范和教育，人们的文明素质就会逐步提高，对法律和道德的权威就会更加敬重，社会的动力和活力也就会越来越多地朝着正面的方向发展，整个社会就会既充满活力，又平衡和谐了。

集中起来，结论是：作为一个政党、一个政府，治国理政，一定要始终保持清醒的头脑，深刻认识社会发展的基本规律，注意全面把握和处理好动力与平衡之间的关系，按动力机制与平衡机制紧密结合的要求，制定和实施好治国理政的纲领、战略，建立和完善相应的制度、体制，保证中国特色社会主义始终朝着正确的方向发展，防止出现这样那样的偏向。

辑二

党史工作大事选辑

开创党史工作的新局面*

日前，党中央召开了全国党史工作会议。这是党的历史上第一次专门研究党史工作的会议。胡锦涛总书记亲切会见会议代表，向全国党史工作者表示诚挚问候和崇高敬意。习近平同志作了重要讲话。此前，党中央还专门制定和颁发了加强和改进党史工作的文件。通过会议和文件，党中央对进一步加强和改进新形势下党史工作作出了全面部署。我们一定要认真学习领会党中央的精神，围绕中心，服务大局，认真扎实开创党史工作的新局面，充分发挥党史工作以史鉴今、资政育人的作用。

一、党的历史是我们党不懈奋斗的光辉历程，也是中华民族的宝贵财富

开创党史工作新局面，首先要正确认识和对待党的历史，充分认识党的历史的宝贵价值和重大意义。

中国共产党是中国工人阶级的先锋队，同时是中国人民和中华民族的先锋队，是中国特色社会主义事业的领导核心。党自诞生以来，以改造中国、振兴中华为己任，团结带领全国各族人民，战胜各种艰难险阻，不断推进革命、

*2010 年 6 月，中共中央颁发《关于加强和改进新形势下党史工作的意见》，并召开全国党史工作会议。这是党的历史上第一个关于党史工作的文件和第一个专门研究党史工作的会议。在中央领导下，本人具体负责文件的起草和会议的筹备工作。为了更好地学习、宣传、贯彻中央精神，本人在全国党史研究室主任会上对文件作了解读，同时于 9 月撰写了这篇文章，发表于 2010 年第 12 期《党建研究》。

建设和改革进程，取得了举世瞩目的辉煌成就。党的历史，概括起来，可以说，是领导全国各族人民为实现民族独立和人民解放、国家富强和人民幸福而不懈奋斗的历史；是把马克思主义基本原理同中国实际相结合、不断推进马克思主义中国化、实现理论创新和飞跃的历史；是不断探索适合中国国情的革命、建设和改革道路，创立和建设中国特色社会主义、推进社会主义现代化的历史；是不断推进党的建设伟大工程、经受各种风险和考验、努力保持和发展党的先进性、不断提高领导水平和执政能力的历史。

党的历史既是中国共产党的宝贵财富，也是中华民族的历史瑰宝，是中国文化软实力的重要组成部分。将近90年来，总数将近1亿的党员，数百万牺牲和殉难的英烈，用自己的英勇奋斗和奉献精神，书写了中国共产党可歌可泣的奋斗史、探索史、自身建设史。在这样一部辉煌而又包含曲折、英勇而又包含悲壮的历史中，蕴含着极其丰富的思想内涵、精神力量、宝贵经验和重要启迪。这部历史，无论从什么样的角度解读，对于党和国家，对于人民大众，对于中华民族，对于人类文明，都具有极其重要的价值。它是智慧的宝藏、力量的泉源、中华文明不可忽略的重要组成部分。作为历史，它既是以往历程的丰碑，又是开辟未来的起点。虽然发生于过去，但却奠基和启迪着现在，引导和昭示着未来。它是推动中国特色社会主义经济政治文化社会建设的重要资源，是加强党的执政能力建设和先进性建设的不竭动力，是建设学习型政党、推动社会主义核心价值体系建设的生动教材。认真总结党的历史经验，是坚持党的基本理论、基本路线和基本纲领，不断推进理论创新、实践创新和制度创新的重要前提；正确认识党的历史方位，是居安思危，增强忧患意识，更加自觉执政为民的思想基础；充分运用党的历史资源，进行鲜活生动的思想教育，是帮助广大党员和领导干部发扬党的优良传统，坚持讲党性、重品行、作表率的有效方式。从党的历史中，我们可以汲取很多的力量和智慧，不断深化对共产党执政规律、社会主义建设规律、人类社会发展规律的认识，不断提高治国理政的能力和水平。因此，党的历史是可以转化运用于现实的强大物质和精神力量，是推进中国特色社会主义伟大事业和党的建设新的伟大工程的重要资源。

党的历史是存留于史、客观存在的历史轨迹。它不能否认、不能抹杀，也不能歪曲、不能篡改。国际国内、历史现实的许多经验教训都证明，能不能正确认识和对待党的历史，关系党的形象，关系党的生命，关系党的执政地位，关系国家长治久安。否定党的历史，就否定了党过去所做的一切，否定了党对于中华民族的伟大贡献。歪曲党的历史，也就歪曲了历史的真实，歪曲了党所走过的道路，并且丢弃了应该从党的历史中获得的教益。这不仅是一本严肃的历史，更是一个严肃的政党、一个严肃的民族所不能允许的。我们要在实现中华民族伟大复兴的历史征程上不断前进，就要清醒认识如何对待党的历史的重要性，坚持正确认识和对待党的历史财富，无论在什么情况下，都能够准确记录党的历史，全面认识党的历史，倍加珍惜党的历史，把党的昨天、今天和明天联结起来，从历史的新起点出发，不断续写党的历史一页一页接续、传承、发展的新篇章。

二、党史工作是党的事业的重要组成部分，迫切需要进一步开创新的局面

开创党史工作新局面，要充分认识党史工作的重要意义，增强做好党史工作的自觉性和责任感。

党史工作是党的一项具有全局意义和深远影响的重要工作。它虽然专业性很强，但与经济、政治、文化、社会建设和党的建设有着紧密的联系，在党和国家发展的大局中起着不可替代的重要作用。做好党史工作，对于借鉴党的历史经验，提高党的治国理政水平，推动科学发展，促进社会和谐；对于推进党的建设新的伟大工程，始终保持和发展党的先进性，巩固党的执政地位；对于建设学习型政党，提高领导干部素质和能力；对于加强思想理论建设，推进马克思主义中国化、时代化和大众化；对于发展先进文化，教育广大党员和人民群众，建设社会主义核心价值体系；对于夺取全面建设小康社会新胜利，不断开创中国特色社会主义事业新局面，都具有极其重要的意义。

注重修史是中华民族的优良传统，也是中华文明延续传承的重要条件。我们党历来珍惜自己的历史，始终重视和关心党史工作，把正确认识党的历史、总结党的历史经验当作治国理政和党的建设的思想基础、重要原则和智慧源泉。善于从历史经验中汲取营养和智慧，已经成为我们党在长期奋斗中形成

的优良传统和政治优势。在新民主主义革命时期和改革开放初期，党先后作出了两个关于历史问题的决议。党的代表大会和很多重要会议，都要对一定时期的历史及其经验教训给予总结。在不同历史时期，以毛泽东、邓小平和江泽民同志为核心的三代中央领导集体和以胡锦涛同志为总书记的党中央，对党史工作作出了一系列重要指示，体现了对共产党执政规律、社会主义建设规律、人类社会发展规律的认识。在新形势下，中华民族和我们党注重修史的传统要不断发扬光大。党中央关于党史工作的重要指示精神，必须结合现实坚定不移地贯彻执行。

当今世界处在大发展大变革大调整时期，全球思想文化交流交融交锋呈现新的特点。国际国内意识形态领域的斗争错综复杂，很多都涉及党的历史。国内外敌对势力往往通过歪曲党的历史来制造思想混乱，攻击党的领导和社会主义制度；社会上“左”和右不同思潮常常对党的历史作出不同解读，借以宣传错误主张；陆续发现和公布的一些历史资料，也不时成为社会关注的热点，需要正确引导；不少党员对党的奋斗历程及其经验缺少基本了解和深刻体验，少数人理想信念动摇。党面临的执政考验、改革开放考验、市场经济考验、外部环境考验不同程度地反映在党史问题上。要坚持党的基本理论、基本路线、基本纲领、基本经验，增强党对中华民族的感召力和凝聚力，落实党要管党、从严治党的任务，就必须妥善处理涉及党史的各种问题，正确应对来自各方面的风险和挑战。

改革开放以来，党史工作取得了巨大成绩。我们党坚持马克思主义思想路线，作出了《关于建国以来党的若干历史问题的决议》，全面推动和开展了对党的历史的研究、总结、宣传和教育工作。各级党史部门以邓小平理论和“三个代表”重要思想为指导，深入贯彻落实科学发展观，紧紧围绕党的中心任务，服务党和国家工作大局，深化党史研究，推进党史工作，取得了显著成绩，在党的建设、宣传思想工作、马克思主义中国化进程、经济政治文化社会建设等各方面发挥了积极作用。但与党的事业发展的要求相比，党史工作还有很大差距。党史工作面临着前所未有的大好机遇，也遇到了许多新的挑战。在复杂的国际国内形势和繁重的改革发展稳定任务面前，党史工作的领域亟待拓展，职责亟待加强，人才亟待培养，水平亟待提高，机制亟待理顺。按照党的十七大和十七届四中全会的精神，进一步加强和改进党史工作，努力开创党史工作的新局面，已经成为一项非常紧迫的战略任务。

因此，我们一定要从保证党长期执政和国家长治久安的战略高度，充分认识党史工作的重要地位和作用，高度重视和抓紧抓好党史工作，更好地发挥党史工作对理论创新的推动作用、科学决策的资政作用、凝聚人心的教育作用、社会进步的促进作用。

三、全面加强和改进党史工作，更好地发挥党史资政育人的作用

开创党史工作新局面，要认真贯彻党中央的部署，全面推进各项党史工作，充分发挥党史资政育人的重要作用。

加强和改进新形势下的党史工作，必须把以史鉴今、资政育人作为根本任务。围绕“什么是马克思主义、怎样对待马克思主义，什么是社会主义、怎样建设社会主义，建设什么样的党、怎样建设党，实现什么样的发展、怎样发展”等重大理论和实践问题，深入研究和总结党领导革命建设和改革、加强党的自身建设的历史经验，特别是党长期执政的经验和领导改革开放和现代化建设的新鲜经验。坚持不懈用党的伟大成就激励人，用党的优良传统教育人，用党的丰富经验启迪人，用党的历史教训警示人，为党和人民事业不断前进提供强大的精神动力和智力支持。

加强和改进新形势下的党史工作，必须坚持服从和服务于党和国家科学发展的大局，以社会主义时期包括改革开放新时期为重点，以研究、总结、宣传中国特色社会主义的历史进程和经验为主线，全面做好党史研究、征编、咨询、宣传、教育、纪念、遗址保护、红色旅游、编审出版、业务指导等各项工作，展示党的奋斗历程，总结党的历史经验，弘扬党的伟大精神。加强党史工作领导，履行党史部门职责，拓展党史工作领域，创新党史工作方式，加强组织协调和业务指导，提高党史工作科学化水平。

党史研究是党史工作的基础和关键关节。加强和改进新形势下的党史工作，要深化党史研究，准确记录和展示党的历史。深化对新民主主义革命时期

党史的研究，加强对社会主义革命和建设时期党史的研究，特别是开展对改革开放和社会主义现代化建设新时期党史的研究。从不同层面和角度深化对党领导革命、建设和改革以及党的自身建设历史经验的认识，善于运用这些经验为现实服务。有计划地组织编写出版各级党史基本著作以及编年史、专题史等其他著作，全面准确反映党的历史，充分展示党的伟大成就，大力弘扬党的优良传统和作风。积极开展服务大局、贴近现实的专题资政研究，为党中央和各级党委提供咨询意见。

学习党史是加强全党思想理论建设的重要途径。加强和改进党史工作，要加强党史学习教育，推动建设学习型政党。要落实十七届四中全会精神，把党史作为党员、干部学习的重点内容之一。按照建设学习型政党的要求，开展广泛深入的学习党史活动。领导干部要通过党校教育、中心组学习和个人自学等，带头学习党史、研究党史，着力提高思想政治素质，提高领导水平和执政能力。广大党员要通过学习党的历史，了解党不断探索和奋斗的历程，加深对党章和党的路线方针政策的理解，提高为党的事业奋斗的自觉性和坚定性。要创新和运用多种灵活生动的学习教育方式，增强学习教育的成效。

党史宣传是党的宣传思想工作的重要内容。加强和改进党史工作，要扩大党史宣传，普及党史知识，充分发挥党史在社会主义核心价值体系建设中的作用。坚持正面宣传为主的方针，重点宣传党的奋斗历史和成就，宣传党的历史经验，宣传马克思主义中国化的历程和成果，宣传党的优良传统和作风，宣传老一辈革命家的精神风范，宣传英雄模范人物的事迹和精神。充分利用报纸、刊物、书籍、电视、广播等形式，高度重视互联网的重要作用。组织各种形式的报告会、座谈会、知识竞赛和宣讲活动。增强党史宣传的科学性、有效性，防止简单化、片面性和庸俗化。

开展党史重大事件和重要人物的纪念活动，不仅能够表达对于历史的尊重和缅怀，而且能够激发当代人们为党的事业不懈奋斗的决心和信心，是被多年实践证明行之有效弘扬党的优良传统、加强宣传思想工作的重要方式。加强和改进党史工作，要搞好党史纪念活动，深化党史人物研究，以鲜活生动的方式弘扬党的优良传统和精神。按照中央统一部署，有计划地围绕节庆日、纪念日和重要党史事件开展纪念活动并做好相关工作，搞好已故党和国家领导同志的诞辰纪念活动。制定规划，统筹协调，组织指导各部门及各方面专家学者，加强对党史重大事件和重要人物的研究。

党史资料是党的历史活动的重要载体，也是从事党史研究、宣传、教育的基础，具有重要的历史和文献价值。加强和改进党史工作，要搞好党史资料征编，妥善保存党的历史财富，为子孙后代留下宝贵的历史文化遗产。按照有关法律和规定，做好涉及党史资料的征集、保护和利用工作。系统地收藏、整理和出版党的重要文献。组织开展领导干部个人留存的党史资料的征集、保管、整理和利用工作。有计划地征集和组织撰写反映党的历史的回忆录和口述史资料。

党史遗址以及有关文物资料，是中华民族物质和非物质历史文化遗产的重要组成部分。加强和改进党史工作，要加强党史遗址的保护。与国家文物普查相结合，组织开展对党史遗址的普查，重点摸清革命遗址的底数。对重要的党史遗址，要给予切实的保护。注意调查、征集、保护涉及党史的非物质文化遗产，运用现代手段给予适当的存留、整理和开发、利用、传播。把党史遗址的保护利用与开展红色旅游结合起来。通过必要的指导，提高红色旅游的质量和水平。

正确处理党史工作中的十对关系*

开创党史工作新局面，使党史工作更好地服务于科学发展的大局、更好地实现自身科学发展，需要进一步解放思想，更新观念。根据党史部门的实际，需要注意强化十个意识，处理好十对关系。

一、强化大局意识，处理好服务大局与自身发展的关系

2002年中央批准的“三定方案”，规定中央党史研究室“是中国共产党党史研究部门，也是中央主管党史业务的工作部门”。这是进入新世纪后，中央根据事业发展的新需要，对中央党史研究室作出的新的科学定位，是对党史部门性质、职能的一次重要调整和新的规定，也是党史部门在新的历史条件下开展工作的基本依据。

中央党史研究室作为中央主管党史工作的部门，当然要为党和国家工作的大局服务。地方党史部门则既要为党和国家的大局服务，也要为各地党和政府的工作大局服务。所以，各级党史部门都必须自觉树立牢固的大局意识，积极主动地围绕大局、服从大局、服务大局。同时，由于党史工作的专业性很强，有自身的规律和特点，尤其是需要做很多基础性的研究和工作，所以必须大力促进自身的发展。服务科学发展大局与自身科学发展是辩证统一的关系。服务科学发展大局需要自身科学发展。只有自身科学发展，才能更好地服务科

* 本文是2008年学习实践科学发展观活动中在本室的发言，曾被中央督导组选编在有关交流资料中。

学发展大局。

对服务大局，大家总体上是赞成的。但也有人担心：服务大局是不是就是跟着形势转，上面布置什么任务就干什么活，整天忙忙碌碌，过后什么成果也没有？这种担心主要是对服务大局的认识不够全面准确。其实，党史工作与其他工作服务大局是有所不同的。就党史工作而言，完成短平快的日常任务是服务大局；做好基础性的工作，完成长线项目也是服务大局。党史工作服务大局的项目和任务，其实都是有很高的学术要求和含量的，并不是纯粹的行政事务。比如编写重大纪念活动的宣传提纲，就是学术性很高的事情，对很多复杂的问题都要作全面深入的研究，在一定意义上代表了这方面学术研究的最高水平。如纪念抗战胜利60周年、长征胜利70周年、改革开放30周年的宣传提纲，都是如此。做好了这些工作，也提高了自身的学术水平，扩大了学术影响。

服务大局，要处理好完成上面布置的任务与发挥自身主观能动性的关系。有些事情需要中央或各级党委直接部署。有些事情则是在我们的职责范围内，应该主动发挥作用。如宣传提纲，就是我们根据实际需要主动做的，现在则成了中央部署重大纪念活动中的一项常规项目。纪念已故党和国家领导同志，原来也是等中央布置，现在都是我们先向中央提建议、提方案。另外，为了更好地服务大局，我们需要中央和有关部门提供相应条件，但这种条件不能完全被动地等待上面给予。很多情况下还要靠自己争取，主动向中央和有关部门提出要求。如果我们自己都不提，上面或别人很难会想到这些问题。所以，主观努力是不可或缺的。

二、强化工作意识，处理好党史研究与其他工作的关系

党史研究室既是党的历史研究部门，又是主管党史业务的工作部门。这一性质，决定了我们既要抓好党史研究，又要抓好研究以外的其他工作。要准确把握党史工作的全部内涵，把党史当作党的一项重要工作来看待，管好涉及党史的各项业务，确保党史工作全面协调发展。

首先，要始终把党史研究当作工作的重点抓紧抓好。党史部门的专业性很强。所有的工作都要以研究为基础。完成任何任务、部署任何工作，都要以

研究的成果做支撑。没有对于党史的深入研究和全面把握，是不可能做好党史工作的。比如，中央经常会向我们提出一些咨询性的问题，如某某称谓是怎么来的，某某人的生平怎么写，某某事件是怎么回事，等等。如果不了解这类情况和成果，就无法回答中央提出的问题。我们纪念各种事件、人物，都要对这些事件和人物非常熟悉，全面掌握这方面的研究成果。所以，研究工作是做好其他一切党史工作的基础，也是我们整个党史工作的重点，必须一如既往地给予高度重视，多出成果，多处精品。

但同时也要注意，党史研究室又是各级党委主管党史业务的工作部门，我们的工作范围并不仅仅是研究。如果仅仅是研究，那就是社科院的研究所，而不是党史研究室了。我们的任务，是要在研究的基础上，做好涉及党史的各项工作，为中央和各级党委把好党史这个口子。中央编办规定中央党史研究室有七项职能。2006年的中办23号文件又做了进一步的扩展。概括起来，包括党史研究、党史资料征编、党史问题咨询、党史事件和人物纪念、党史宣传教育、党史图书和影视作品审读审看、党史遗址保护、党史业务指导、推进红色旅游、整合社会党史研究力量等等。所有这些，都需要我们强化工作意识，按照全面协调发展的要求，统筹兼顾，全部做好，不能单打一。

有些同志只愿意做研究工作，不愿意承担中央布置的任务，也不愿意过问地方党史工作。很大一个原因，是不了解我们党史研究室的职能，不知道我们除了研究之外，还是一个工作部门，我们所做的，不仅是研究，还是工作。历史上，党史研究室主要抓了“本子”“房子”“班子”，特别是集中力量写本子。这是由当时的历史原因决定的。但现在，中央已经明确规定了我们的工作职能，我们就要全面地负起党史工作的责任来，处理好党史研究与其他工作的关系，既要抓住重点，又要把涉及党史的所有工作都做好。

三、强化政治意识，处理好学术探讨与政治把关的关系

党史学科本身的政治性很强，党史工作的政治性就更强了。我们的工作，不仅在于通过研究，得出关于党史问题的科学结论，写出关于党史的基本著作，还在于要从党的工作大局出发，组织实施好整个党史工作，尤其是掌握好党史宣传教育的基调和方向。比如，中央党史研究室每年要审读几千万字的出

版物，审看大量的影视作品，布置和审查很多的展览，等等。所有这些，都要求我们有强烈的政治意识和政治责任，处理好学术探讨与政治把关的关系。

学术探讨与政治把关，本质上是一致的。学术探讨的最终目的是揭示历史真相，总结历史经验，寻求科学真理，它的基本特点和价值在于科学性。而政治把关的基础正在于这种科学性。任何政治把关都不是主观的、随意的、无原则的，它必须坚持实事求是的原则，尊重科学，服从真理。深入的学术探讨可以为正确的政治把关提供良好的基础。所以，两者完全应该统一起来。只要我们坚持马克思主义的思想路线，这两者也应该能够统一。

当然，由于现实生活的复杂性，这两者也会有不完全一致的地方。原因很复杂。一方面，有政治方面的原因。因为政治从来都是一个不断发展和进步的过程。现实的政治并不都是完美无瑕的。所以，一定阶段一定环境下的政治或领导对于学术的要求就不一定会百分之百正确，有的甚至到后来还可能被证明是错误的。另一方面，也有学术方面的原因。因为从事学术研究的人，受视野、知识、接触面等影响，他对事物的了解、特别是对政治的了解并不都是准确和全面的，因而他的学术研究的成果不可能都是真理。如果以为凡是领导的指示都是正确的，都要作为学术取舍的标准；或凡是学术研究的成果都是正确的，都要作为衡量政治的标准，那就错了。对这样两种不一致，必须具体分析，很难简单地要求谁服从谁。

对于我们党史研究室来说，坚持政治方向，最重要的是把握好政治的大局。改革开放，是政治的大局；建设中国特色社会主义，是政治的大局；确保党的先进性、提高党的执政能力，是政治的大局；保持国家的发展和稳定，是政治的大局。所有这些政治的大局，对于国家和社会来说，都是极其宝贵和重要的。所以，必须自觉地加以维护。这样的政治，必须体现在我们所有的党史工作中。党史领域的各项工作，都要从这样的大局出发，服务于这样的政治。为此而把好政治关，应该是理直气壮的。这样的把关，并不是不讲科学性，而是要妥善处理好政治性与科学性的关系，尽最大的努力把两者统一起来。

四、强化资源意识，处理好党史工作与中心任务的关系

党史工作不是党的中心工作，党史工作也不应该要求取得这样的地位。

但是党史工作要为党的中心工作服务。为什么能够服务？怎样才能更好地服务？一个重要的原因和要求，就是要充分认识到，党史是我们党的宝贵财富，也是今天我们党可以充分利用的宝贵资源。

为什么文物可以用来促进文化发展、繁荣旅游经济？为什么很多地方为某一历史人物的故里籍贯争论不休，就是因为它们都是一种宝贵的资源。古代历史是一种资源。党史，为什么不可以成为一种资源呢？事实上，党史已经作为一种重要的资源在党和国家的很多工作中发挥特殊的作用。推进党的建设新的伟大工程，提高党的执政能力，保持和发展党的先进性，需要利用这种资源；推进精神文明建设、发展社会主义文化，建设社会主义核心价值体系，需要利用这种资源；总结历史经验，推动理论创新，学习和发展中国特色社会主义理论体系，需要利用这种资源；研究经济建设的经验教训，认识和驾驭发展规律，提高领导建设社会主义市场经济的能力，推进经济社会又好又快发展，需要利用这种资源。诸如此类，党史可以利用的资源很多很多。

所以，党史工作为党和国家工作大局服务，不是简单地硬挤进中心工作的行列，而是要正确处理党史工作与中心工作的关系，充分利用党史这种特殊的资源为现实的中心工作服务。比如，纪念抗战、长征、建军、改革开放等等，都是在把这些历史的资源转化为现实的精神和力量。很多地方建立的党史革命史的展览馆、纪念馆，不仅创造了良好的社会效益，也产生了良好的经济效益。通过保护和开发利用革命遗址，促进红色旅游的发展，这已经成为很多地方共同的做法和经验。

一些地方的党史部门，有的不知道自己如何发挥作用，有的则很有生气和活力，一个重要原因，就是懂不懂得党史也是一种资源、会不会利用这种资源。

所以，党史工作者，特别是各地的党史部门，应该进一步强化党史的资源意识，经常思考和研究：党的工作哪些与党史有关？哪些需要党史资源？党史可以在哪些方面发挥作用？这样，就比较能够找到自己的位置，发挥出应有的作用。地方党委和政府也应该具有这种资源意识，善于利用党史资源来为现实的工作服务。

五、强化统筹意识，处理好室内工作与指导地方的关系

中央党史研究室有室内自己的工作，也有对地方党史实行业务指导的职能。实际上，对地方实行业务指导本身就是中央党史研究室自己的本分工作。因此，对这两方面的工作要注意统筹协调。

党史方面的很多工作，包括撰写重要专著、举办重要纪念活动、审读党史图书和影视作品、开展某一问题的宣传，等等，当然要首先依靠自己的力量，履行好自己的职责。但党史方面的很多工作，光靠一个中央党史研究室是不够的；如果让各地党史部门各自为政，也是不行的。全国党史部门是一个统一的整体，现在有14000多名工作人员。如果把这支队伍组织好、锻炼好、使用好，能够使党史部门在党和国家的工作大局中发挥更大的作用。中央党史研究室必须发挥组织指导作用，把全国的党史部门凝聚成为一个统一的整体。为此，对于地方党史部门的业务指导，只能加强，不能削弱。

近些年来，我们对于地方党史的指导，已经在逐步加强，受到了全国各地党史部门的欢迎。比如，经常检查、指导和部署全国党史部门的工作，组织各地开展重大课题的调研，组织跨省区市项目的研究，召开各种类型的研讨会，推动开展党史遗址普查、保护和建设，评选全国党史部门的先进集体和先进个人，等等，都收到了良好的效果。地方党史部门从来没有认为我们的指导多了，而是认为还远远不够，需要大大加强。这方面的呼声一直非常强烈。我们有责任理解他们的心情和处境，更有责任从党和国家的工作大局着想，把对地方党史部门的业务指导进一步抓好。在做各项工作时，都要有全局的眼光，努力把中央、地方，室内、室外结合起来，统筹兼顾，团结协调，使党史部门形成更大的合力。

六、强化合作意识，处理好本室力量与社会力量的关系

党史部门是一支重要力量，但全国的党史工作又不仅仅限于党史部门这样一支力量。除了全国的党史部门外，高校有一大批从事党史教学科研的人员，党校有一大批从事党史教学科研的人员，社科院和军队也都有一大批从事党史、军史、近现代史工作的人员。这些都是做好党史工作的重要力量。

中央党史研究室当然主要应做好自己的工作。但我们的职能和规划中也有一条：加强横向联系与交流，整合党史工作队伍，发挥各方面党史工作者的作用，推动全国党史工作的协调发展。其中包括加强对中共党史学会和中共党史人物研究会的指导，加强与中央有关部门，党校、高等学校、部队党史工作部门，社会科学研究单位及专业工作者的联系、交流与合作。

这样的规定，对中央工作大局来说，是需要的。因为党史工作有一定的全局性、整体性，党史战线也是一个不小的系统，必须有序、规范、稳定地发展。因此，涉及党史业务时，必须有一个适当的部门发挥联系、组织、协调和指导作用。这个部门当然就是中央党史研究室。党史研究室不能取代这些单位和个人各自的主管和领导机关。但从党史业务上做一些适当的联系、协调工作，不仅是必要的，而且是不可缺少的。

从党史研究室自己来说，党史研究内容丰富，党史工作头绪很多，光靠党史研究室自己的力量，肯定是不够的。但如果发挥了组织协调作用，以适当的方式把全国各个部门的党史工作者组织起来，引导他们开展不同课题的研究，及时汲取他们的研究成果，组织他们开展某些方面的宣传、教育、咨询工作，那力量就大多了，影响也大多了。就此角度说，中央党史研究室也决不仅仅是一个研究所，而是一个需要对社会各方面的党史工作者发挥组织协调作用的工作部门。加强这方面的联系、协调工作，这是我们应尽的职责。

当然，不管什么时候，做好室内的工作，始终是主要的。所以，要处理好室内工作与社会力量的关系。但目前，我们与社会力量之间的联系，不是偏多，而是偏少。需要的，是进一步加强。

七、强化互补意识，处理好集体任务与个人钻研的关系

如何处理集体任务与个人钻研的关系，始终是党史研究室工作人员关心的一个重要问题。多年来，一直有不少议论。如果不把两者的关系说清楚、位置摆正确，在价值取向、业绩评估、单位风气上就会出偏差。

党史研究室不同于一般的研究所，它是党中央主管党史业务的工作部门。所以，所有的工作人员，都要首先完成本机关、本部门的各项工作任务。研究工作，也要首先服从于单位整体的安排和计划。即使在科研院所，当有集体项

目也有个人项目时，一般也都是集体项目优先，首先要完成集体项目的。因此，所有的党史工作者，都要把集体任务放在第一位。

但也要注意，党史研究室也是党的历史研究部门，专业性很强。党史方面的所有工作都要以研究为基础。真正做好党史工作，必须有很高的专业水平。这种水平哪里来？既要靠组织的帮助，更要靠自己的努力。所以，每一个工作人员，都要刻苦钻研，精通业务。这就必须鼓励和支持个人从事研究工作，努力成为精通某一个方面的专家，甚至是国内顶尖的专家。因而，我们就要鼓励和支持大家撰写著作、发表文章，深化在党史某一个方面的研究，并在国内外发生较大的影响。

原则上，集体任务与个人钻研是统一的。一方面，完成集体任务的过程，也是提高我们每一位个人业务水平的过程。如果编成和出版了什么好书，既是党史研究室的光荣，也是每一位同志个人的光荣。另一方面，个人钻研取得了进展，提高了水平，出了什么书或文章，也有利于发挥党史研究室的影响和作用，有利于提高集体任务的水平和影响，有利于做好本单位其他各项党史工作。所以，两者是互补的关系，在本质上是不矛盾的。不能对个人的研究限制太紧，弄得一些人不敢出书、写文章；即使出了、写了，也往往用化名、笔名，好像做了什么亏心事一样。这是不正常的。

当然，在具体的位次和时间安排上，应该处理好。任何时候，都要把集体任务放在第一位，首先保证集体任务的完成。不能对集体的任务敷衍了事，不能为赶自己的计划而延误集体项目的时间，更不能因为个人的计划而拒绝室内布置的任务。每一个人都要处理好这种主次关系，不能把它弄颠倒了。我们在政策上，也要体现出这种既是互补、又有主次的关系来。所以，我们现在每年评选优秀科研成果时，既有集体成果，也有个人成果。既有学术性的成果，也有工作性的成果。尤其是都把集体成果放在首位。在评职称等时，也都优先考虑在完成集体任务中的贡献和水平。今后这方面的关系要继续处理好。

八、强化理论意识，处理好学术水平与理论素养的关系

党史研究学术性很强。存史、治史，都要打好学术功底，提高研究能力，遵守学术规范。要会选题，会查资料，会写文章。学术态度要严谨细致，一丝

不苟。无论在文字上还是史料上，都要杜绝一切可能的差错。党史研究室的同志，从事了多年研究工作，多数还是学士、硕士、博士，对学术规范和要求应该说有所了解，但从实际表现来看，也有很多不足。所以，必须加强学术锻炼和学术修养，进一步提高研究能力和学术水平。

与此同时，还必须大力提高理论素养。这些年来，在组织有关工作、起草重要文稿的过程中，我们发现有些同志缺少理论素养，不知道基本的理论观点，不知道党和国家的很多方针政策，不知道一些理论观点的来龙去脉和变化发展。在写涉及理论问题、涉及党和国家方针政策的文章时，经常是凭自己想象，与中央精神对不上号，有时连基本的话语体系都不一样。对于承担的写作任务，感到非常吃力。今年报送参加纪念改革开放30周年研讨会的文章，一开始都有这种情况。后来用了半年多的时间，一共磨了六遍，才修改得比较像样。

之所以缺少理论素养，与对理论的轻视有关。有的认为党史就是学术研究，不需要理论；或者认为理论都是一阵风，过去就算了，没必要了解它。这类认识都是不正确的。党史学科不仅有很强的学术性，而且有很强的理论性。因为我们的党史，不仅是一部实践的发展史，也是一部理论的发展史。理论的发展和创新贯串着党的实践的全部发展过程，甚至决定着实践的成败得失。研究党史，如果不知道党在各个时期的理论观点和主张、不知道这些理论的来龙去脉，那是不可想象的。党史研究室的同志，并不要求每个人都会写纯粹的理论文章，但至少要知道党和国家基本理论、基本观点、基本政策的基本表述，不能在涉及这些内容时全靠自己想象，更不能任意瞎编。

为此，就要注意学习党和国家的各种文件，领导人的有关著述。主要应吃透文件精神。起码要了解文件的语言，掌握重要的观点，记住基本的表述。在自己的著作和文章中，要会准确地表述这样的语言。要使自己的话语体系靠上党和国家的话语体系，而不要远离这种体系。

九、强化创优意识，处理好单项专才与全面通才的关系

党史研究室到底需要专才还是通才？我们的专业人员，到底是成为专才，还是通才？这不能一概而论。

作为党史研究室来说，当然既需要专才，也需要通才。专才，对某个时期、某个事件、某个人物，非常熟悉和精通，这是需要的。唯有非常熟悉和精通，才能在这个领域达到最高水平，才能胸有成竹地做好涉及这方面的工作，处理好这方面的复杂问题。但是，党史工作实际涉及的领域又比较宽，不可能仅仅了解几个阶段、几个事件、几个人物。凡是涉及党史的问题我们都要能够处理。这样，我们就不仅需要专才，也需要通才。没有通才，我们工作就会有很多盲点，就难以从全局上把握好，难以做到全面协调可持续发展。

对于每一个个人来说，到底做专才还是做通才？没有一定之规。取决于各人的具体情况，包括天赋、教育背景、成长的环境、以往的经历、工作的需要、实践的锻炼等等。有的人愿意当专才，有的人愿意当通才；有的人能够成为专才，有的人能够成为通才。全都要看各人的实际情况而定，没法人为设定。无论是专才还是通才，我们都要给予鼓励、支持。

从目前党史部门的情况看。两种人“才”都欠缺。专才，还不是十分精通。真正深入到历史的细节，很多人就不甚了了，说不清楚。通才，目前还不多。真正对整个党史都比较熟悉，能够有清楚见解、随时完成有关任务的专家，总的还是偏少。根据我们的工作任务看，比较急需的还是通才。其实，在党史部门，所谓通才，远远不是对社会科学各个学科都通晓，只不过仅仅是对整个党史比较熟悉一点而已。这个要求，可以说很高，也可以说不很高。每一个研究人员，都应该尽力达到，至少对三个历史时期中的一个时期有比较全面的了解。不然，连干部调整、换岗、提拔、任用都比较困难。

当然，无论是哪一种“才”，都应该真正是“才”。就是说，无论是专，还是通，都要是这方面的顶尖专家。中央党史研究室的工作性质和地位，决定了必须具有全国一流的水平，拥有一批在全国党史领域数得着的一流专家。中央咨询某个问题，我们的答复必须是最准确的。我们去审查某个展览、某部电视片，表达的应该是最权威的意见。我们委派哪位专家去参加各种会议，一发言，人家就很关注，因为你是中央党史研究室的专家，或干脆就是代表中央党史研究室的。如果发言稀里糊涂、没有水平，人家会作何感想？对党史研究室会作何感想？

所以，客观条件和工作任务决定了我们室的每一个专业人员都应该是、必须是、可以是某一个方面的全国顶尖专家。每一个专业人员都要有这样的创优意识、一流意识。当然，到底能不能真正成为这方面的一流专家，就要看每一个人自己了。所以，大家都要加倍努力，按照一流专家的标准要求自己、锻炼自己、提高自己。

十、强化和谐意识，处理好自身发展与团结共事的关系

党要建设和谐社会，我们要建设和谐机关。真正和谐不容易。但要朝这个方向努力。除了客观环境之外，每一个人也都要作出自己的努力。突出的一点，是处理好个人与他人的关系。

无论专业人员，还是行政人员，都希望自己能有所发展，有所进步。这种要求是可以理解的。与此同时，大家都要能合作共事。就像现在常说互利共赢一样，大家的发展也是一个互利共赢的问题。如果整天琢磨别人，挑别人的毛病，说别人的坏话，甚至在背后整别人，所损害的，不仅是别人，其实也是自己。

作为一个单位来说，团结出生产力，团结出干部，团结出好环境，团结出好心情。所以要提倡正气，抵制歪风，形成大家团结和谐、蓬勃向上的环境。要引导大家干事，鼓励大家干事，把精力和心思都放在干事上。对干事的人要给予支持，对无事生非的人要给予批评。选拔干部，首先要看人品，看做人做得怎么样。同时要看干事，看是不是干事、能不能干事。

对于每一个个人来说，做人做事都要厚道。要有帮人之心，不要有害人之意。不要一逮着机会就说别人坏话。相反，要多看别人的长处，多说别人的好话。一个单位，只有大家互相关心、互相支持、互相理解、互相帮助，才能成为真正的和谐单位、和谐机关。

《抗日战争时期中国人口伤亡和财产损失调研丛书》总序*

发生在20世纪三四十年代的中国人民抗日战争，是中华民族抵抗日本帝国主义侵略的一场规模巨大的战争，是世界反法西斯战争的重要组成部分和东方主战场，是近代以来中国反对外敌入侵第一次取得完全胜利的民族解放战争。中国人民抗日战争的胜利，成为中华民族由衰败走向振兴的重大转折点，也对世界各国人民取得反法西斯战争的胜利、争取世界和平的伟大事业产生了巨大影响。

这场战争，作为世界反法西斯战争的一部分，从根本上来说，是反法西斯正义力量与法西斯侵略势力之间的一场大决战，是文明与野蛮的一场大搏斗。日本侵略者，站在法西斯阵营一边，不仅与中国人民为敌，而且与世界人民为敌，肆意践踏人类的公理和正义，企图以残暴杀戮的手段，将中华民族置于自己的铁蹄之下。日本侵略者先后占领了中国、东南亚、南亚、大洋洲许多国家的领土，杀害居民，掠夺物资，强征劳工，施放毒气，蹂躏妇女和儿童，毁坏和窃取文物，造成了大量人员和财产的损失，给中国人民和亚洲其他许多国家人民留下了巨大的创伤，给世界文明造成了空前的破坏。

中国是受战争摧残最为严重的国家。从1931年到1945年的14年间，日本

* 从2004年开始，中央党史研究室组织全国60多万人，用10多年时间，开展了“抗日战争时期中国人口伤亡和财产损失”的调研。本人一直负责这项大规模调研的筹划、论证、部署、组织、协调、指挥，以及全部调研成果的最终审定工作。从2014年开始，经中央批准，总数约300本的《抗日战争时期中国人口伤亡和财产损失调研丛书》开始正式出版。本文是我作为主编为该套丛书所写的总序，定稿于2014年1月15日，2014年12月10日在《人民日报》用整版全文发表，以配合12月13日在南京举行的国家公祭仪式。

侵略者先后占领了东北、华北、华中、华南等大片中国最重要的经济政治文化战略地区。在整个战争进程中，日军到处屠杀、焚烧、抢掠、奸淫，使中国人民的生命财产惨遭蹂躏；大量使用生化武器，进行残酷的细菌战和化学战；把大批中国平民和俘虏当作细菌和毒气的试验品；对无辜的中国平民施放毒气，或在河流、湖泊、水井中投毒；掠走大批中国劳工，强迫他们筑路、开矿、拓荒，从事大型军事工程，使其大批冻、饿、病、累而死；强征中国妇女作为慰安妇，严重残害妇女的身心健康；对抗日根据地实行“烧光、杀光、抢光”政策，企图摧毁抗战军民起码的生存条件；在许多地方还制造了一系列触目惊心的大惨案。直至今天，日本侵略所造成的后果还难以消除，日本遗留的毒气弹还不时地威胁着中国人民的生命安全。

日本侵略者的罪行，违背了起码的人类良知和国际公法，不仅是对人权和人道主义的践踏，而且是对人类文明的挑战。它决不是如某些日本右翼分子所说是解放亚洲和太平洋地区人民的行动，而是亚洲和太平洋地区历史上最黑暗的一幕，是人类文明史上的一场浩劫。第二次世界大战结束后，根据《波茨坦公告》的规定，远东国际军事法庭在东京对日本首要战犯进行了国际审判，确认侵略战争为国际法上的犯罪，策划、准备、发动或进行侵略战争者为甲级战犯。此外，盟军还在马尼拉、新加坡、仰光、西贡、伯力等地，对日本的乙、丙级战犯进行了审判。中国也先后对日本的有关战犯进行了审判。这些审判，与欧洲的纽伦堡审判一起，使发动侵略战争的罪犯受到了应有的惩处，代表了全世界一切爱好和平人民的共同愿望。这是正义的审判，历史的审判！这一审判的结果是不容挑战的！

策划和制造当年这场战争的，是一小撮日本军国主义和法西斯分子。而日本人民，从根本上来说，也是受害者。所以，日本人民也用不同方式对这场战争进行了抵制和反抗。不少参加侵华战争的士兵认识到战争的性质，幡然悔悟，积极参加了国际和日本国内的反战活动。战后，很多人勇敢面对历史事实，以见证人的身份揭露了日本军国主义的罪行。还有很多当年的士兵，真诚忏悔战争的罪行，以实际行动推动世界和平和中日友好，做了很多有益的工作。他们的良知和勇气，应该得到充分的肯定和赞赏。

相反，日本国内一些右翼势力，直到今天仍然否认侵略战争的性质和罪行，竭力推卸侵略战争的责任。对早已由当年远东国际军事法庭作出严正判决的南京大屠杀一案，始终企图翻案。历史不容改变，事实岂能抹杀！企图歪曲历史，掩盖罪行，这是中国人民绝对不能同意的！

中国人民在当年那场战争中的胜利，是正义战胜邪恶、光明战胜黑暗、进步战胜反动的伟大胜利！是正义的胜利、人民的胜利、和平的胜利！既是中华民族永远值得纪念的胜利，也是世界人民永远值得纪念的胜利！但是，在纪念胜利的同时，我们不要忘记，这一胜利是用极为惨重的代价换来的。在这一伟大胜利的背后，是中华民族遭受的巨大人员伤亡和财产损失！中华民族，既为这场战争的胜利作出了巨大的贡献，也在这场战争中付出了巨大的民族牺牲。

第二次世界大战结束以后，也包括近年来，世界上不少国家都以不同方式对战争期间本国军民的伤亡和损失进行过调查，也相继公布了一些具体的材料和数字。对于中国在战争期间的人口伤亡和财产损失，国民党政府曾经做过一些调查，但后来由于放弃索赔要求，有关的调查不了了之。新中国成立后，虽然做过很多控诉和揭露，但由于种种原因，一直没有在全国范围内进行过全面、广泛、严格遵循法律规范的调查取证工作。虽然搜集过日本战犯的罪证，但资料比较零散。对这段历史的研究，先后取得了很多成果，也整理出版了很多资料。但总体上来说，围绕具体事件、过程的较多，完整地反映历史全貌的较少。对大量资料也缺少非常系统、全面、具体的统计核查。

1995年，江泽民同志在首都各界纪念抗日战争暨世界反法西斯战争胜利50周年大会上宣布，据不完全统计，在抗日战争中，中国军民死伤3500万人；按1937年的比值计算，中国直接经济损失1000亿美元，间接经济损失5000亿美元。这一基本数据，从整体上揭示了中国人口伤亡和财产损失的规模，有力地揭露了日本军国主义侵略的罪行。

数据，是历史的抽象。数据的背后，是大量的事实、确凿的证据，是无数人们的惨痛记忆和血泪控诉。为了更直接、更具体、更全面、更系统、更立体地还原当年的历史，展示中国人民遭受的灾难和损失，揭露日本军国主义的罪行，驳斥日本右翼势力否认侵略罪行的种种言论，我们必须通过更多档案资料的展示、历史文书的挖掘、具体事实的考查、当事人的证词证言、各种各样的物证书证，等等，将侵略者的罪行昭告天下。因此，作为炎黄子孙，作为郑重的历史工作者，有必要、有责任、有义务、也有权利对战争期间中国的人口伤亡和财产损失进行更加系统、详尽、具体的调查研究，将当年中国人民的巨大牺牲和惨重损失永远地记载下来。

这项调查研究工作，本来在抗日战争结束之后，或者在新中国成立之后，就应该进行。但由于种种历史原因，未能很好地进行。由于年代久远，资料散失，在世的证人越来越少，现在进行这方面的调查和研究已经有很大困难。但是，无论早晚，这项工作总得有人来做。现在才做，已经晚了几十年。但如果现在再不做，将来就更晚，也更困难了。所以，无论再困难，做，都是必要的。做好这项调研，是对历史负责、对人民负责、对当年的牺牲殉难者负责、对我们的子孙后代负责。根本上，是对整个中华民族负责，也是对国际社会和人类文明负责。

因此，2004年，中央党史研究室决定开展《抗日战争时期中国人口伤亡和财产损失》的课题调研工作。从2005年开始，组织全国党史部门围绕这一重大课题，开展了系统深入的调研工作。其基本任务，是按照实事求是的原则，调查更加扎实、有力、具体、准确的档案、材料、事实，更加清楚准确地掌握日本军国主义的侵略罪行，更加清楚准确地掌握日本侵略在各个不同领域、地区和方面对中国造成的破坏和损失。其中包括：各个省区市在抗战中的人口伤亡和财产损失情况；历次重大战役中中国军队的伤亡情况；日本从中国掠走的各种资源的情况；日本从中国掠走和破坏的文物情况；日军在中国制造的一系列重大惨案；中国劳工的损失情况；中国妇女遭受日军性侵犯的情况，包括慰安妇的情况；日本在中国使用细菌武器、化学武器的情况；日本侵略在其他方面给中国造成的破坏情况等。

课题调研的整体布局，实行块块和条条的结合。每个省区市党史研究室，主要负责把本区域内的情况调查清楚。也可根据实际情况，选择一些重点，进行专题性的调研，形成专题性的研究成果。一些重要专题，单靠某个省区市做不了，就采取条条的办法，组织专题性的调研。还有一些，则是条条与块块相结合。如毒气，日军在不同区域使用过。有关的省区市都调查。但作为一个专题，由相关的区域进行协调，配合进行，并形成专项的调研成果。如劳工、性侵犯等，就大致属于这种类型。

课题调研的方式方法，主要是查阅和搜集档案文献资料，包括不同历史时期的统计报表。同时查阅当时有关的报刊资料，查阅多年来涉及本地本课题的研究成果。对一些特殊的重大事件，特别是重大惨案等，也同时进行社会调查，对当事人、知情人、有关研究人员等进行走访，记录证词证言。对于特别重要的事件，有条件的，还进行必要的司法公证，如南京大屠杀，潘家峪惨案等，使这些调查都成为在法律上可以采信的证据。根据需要与可能，也到国外境外以及台湾地区查阅档案资料。

中央党史研究室进行了大量组织和指导工作。在课题确定前，首先进行了必要的论证，得到了许多专家的支持。随后，制定了详细的工作方案，向各地党史研究室发出正式通知和实施意见，明确了工作的指导思想、组织领导、调研项目、工作步骤、基本要求、注意事项等等。为了提高认识，振奋精神，交流经验，落实措施，专门召开了工作培训会议，就课题的总体规划、调研方法、需要把握的问题等，作了全面部署，特别是提出了把调研工作做成“基础工程、精品工程、警世工程、传世工程”的要求。几年来，一直分阶段、有步骤地把这项课题调研推向前进。有关领导和专家分别到各地参加会议，指导培训，提出要求，统一规格，解答疑难问题。在调研过程中，随时就有关问题进行具体指导。工作班子及时编发简报和简讯，交流情况和经验。

各级党委和政府高度重视。多数地方成立了由党史研究室领导负责的课题组。各地先后召开工作会议、电话会议等，培训人员，落实任务。许多地方形成了由党史研究室牵头，档案、民政、财政、司法、地方志、社科院以及高校等部门单位联合攻关的局面，保证了调研工作扎扎实实、有计划有步骤地向前推进。

《抗日战争时期中国人口伤亡和财产损失》课题调研先后经历了六个阶段。第一，酝酿启动。第二，全面调研。这是最重要的阶段。各地组织专门人员，查询档案，实地走访，搜集了大量资料。第三，起草报告。凡参加调研的县以上单位，都要在搜集整理、考证研究档案文献资料和进行实地调查的基础上，写出调研报告，全面、准确地反映调研成果。同时，将调研中搜集的档案文献资料进行分类整理，制作统计表、大事记和人员伤亡名录等。第四，分级验收。为保证调研成果的科学性、准确性、严肃性，各省自治区直辖市调研报告都要经过4级验收。首先由课题领导小组审查通过，然后聘请所在省份资深专家审读验收，合格后报送中央党史研究室课题组。中央党史研究室课题组审读各省自治区直辖市的调研成果，认为合格后，再聘请有全国影响的专家学者审读，写出书面意见并亲笔署名。根据审读意见，各地都要反复认真进行修改，只有达到规定要求才能通过验收。第五，上报成果。完成调研工作的省自治区直辖市，都按统一要求，将调研中收集的档案文献资料等所有文件，精心整理，分类成册，向中央党史研究室提交调研成果。各市县也要逐级向省级报送。第六，反复审核。中央党史研究室召开审稿会，组织各省区市按照标准自审，相互间互审，将各种材料进行比对，将有关数据核实，解决带有共性的问题，进一步统一标准、统一规范、统一格式。

这项课题调研，作为一项浩大的工程，到目前为止，进行了9年之久。前后共有60多万党史工作者、史学工作者和其他各类有关人员参加。9年来，各个地方都周密组织，采取有力措施推动工作开展，保证调研质量。如山东省，先在30个县（市、区）进行试点，然后在全省普遍推开，形成了纵向省市县乡村五级联动、步调一致，横向十几个部门优势互补、携手攻关的工作格局。共查阅档案67857卷，复印档案资料111074页，查阅抗战期间及战后出版的书报刊物5730种，查阅文献资料57876册，复制文献资料123710页。走访调查8万余个行政村、609万名70岁以上老人中的549万余名，分别占总数的95%和90%以上，收集证言证词151万余份。拍摄照片资料14812页、录像资料2266小时，制作光盘1500余张。全省1931个乡镇，每个乡镇都建立了包括证人证言证词、伤亡人员名录、财产损失清单、人员伤亡和财产损失数字统计、人员伤亡和财产损失大事记、重大惨案证据材料以及证人和知情人口述的录音、录像、照片等内容的抗战时期人口伤亡和财产损失材料卷宗，共12892个。

这项课题调研，也得到了社会各界特别是档案部门、专家学者的普遍支持。许多档案馆为这次调研提供各种方便。不少专家学者在教学科研任务繁重、经费困难的情况下，承担专题研究任务。有的外请专家利用学校假期全力以赴做课题，缺少交通工具，就以自行车代步，到档案馆和图书馆查阅文献资料。

为了扩大搜寻面，中央党史研究室还组织查档小组，分赴美国、俄罗斯、日本，搜集了许多抗战史料。很多地方的课题组都到台湾查档。在台北“国史馆”、党史馆、中央研究院近代史研究所档案馆等，找到了数量巨大、整理比较细致的抗战档案。台北“国史馆”馆藏的国民党时期行政院赔偿委员会档案，涉及抗战时期中国人口伤亡和财产损失的有8924卷，内容十分翔实具体。既有中央机关、军队系统人口伤亡和财产损失情况，也有地方省、市、县、区和个人填报的资料，包括台湾和华侨的档案资料。新疆防空委员会也报送有财产损失，如修筑防空工事、疏散费等财产损失。重庆有日机空袭慰恤重伤难胞姓名卡，上面有卡号、伤员姓名、性别、年龄、籍贯、受伤时间、受伤地点、犒金额、发犒金时期、所住医院名称、医院地址、入院时间等，受伤部位还配有图片加以说明。所有这些，为查明当时各方面的人口伤亡和财产损失，提供了重要证据。

这项重大课题调研的成果，均编成《抗日战争时期中国人口伤亡和财产损失调研丛书》公开出版。为国内外学者提供并为子孙后代留下一份关于抗战时期中国人口伤亡和财产损失的系统资料。经过验收、审核合格的调研报告和主要档案文献资料，都按统一体例，编辑成为A、B两个系列。A系列为每个省自治区直辖市各一本调研成果，以及重要专题的调研成果，由中央党史研究室负责审核。B系列为各个省自治区直辖市的其他大量调研成果，由各省自治区直辖市党史研究室负责审核。全部成果统一设计、统一规格、统一版式、统一编号，由中共党史出版社统一出版。全部出齐之后，将有300本左右。

为了集中反映日本侵略者在中国制造的各种重大惨案，我们专门编辑了一套《全国重大惨案》，收录全国抗战时期死伤平民800人以上的重大惨案127个，配以档案、文献、口述及照片等作为有力证据。日本一些右翼分子，常常攻击中国为什么不拿出伤亡人员名单。我们专门安排了一个省，即山东省，公布该省具体的伤亡人员名录，共达40多万人。包括姓名、籍贯、年龄、性别、伤亡时间、伤亡地点、伤亡原因、资料来源等多项要素。以此说明，中国的伤亡人员都是有根有据、铁证如山的。

历史的生命在于真实、客观、准确。《抗日战争时期中国人口伤亡和财产损失》这一课题调研的生命也在于真实、客观、准确。所以，在开展这一课题调研的过程中，我们始终把保证调研质量，保证所有材料、事实、成果的真实性、客观性和准确性放在第一位，并在五个重要环节上严格要求、严格把关。第一，严格要求。一开始就明确规定，课题调研工作坚持实事求是的原则和科学严谨的态度。整个调研工作必须尊重历史事实。档案怎么记录的，就怎么记载，不能随意改变。当事人知情人怎么说的，就怎么记录，不能随意加工。所有的材料、事实都要经得起法律上和学术上的质证。在需要与可能的情况下，对当事人知情人的证词证言要进行司法公证。各种数据，都要确有根据，不能随便乱填。不许追求任何高数字、高指标。第二，统一规范。对课题调研的项目、内容，都做了认真细致的研究，提出了统一要求和严格规范。全部调研设计了统一的表格，对调研报告的内容和格式做了统一规定。每个数字的内涵外延，包括如何计算、如何换算等等，都有明确的规定。事前对调研人员进行了培训。调研过程中，对没有理解的问题、疑难的问题等，都由专家给予统一的解释、说明。第三，责任到人。对所有参与课题调研的人员，都实行责任制。查档的、笔录的、整理的、起草调研报告的、审读的……每个环节的人员都要签名，以示对这一环节自己的工作负责，对子孙后代负责。明确规定，今后凡遇到质疑，有关环节的调研人员都要能够站出来进行证明、解释和辩论。第四，客观撰写。在汇总情况、起草报告阶段，要求所有的调研报告、数据统计，都必须客观、真实、准确。一律用事实说话，材料要具体、实在。不允许像写文艺作品那样来写调研报告；不允许作任何想象、编造和煽情性的描写；不允许刻意追求语言的生动华美；不允许用任何带有夸张性、主观推断性的文字；不允许用“不计其数”“无恶不作”这类抽象的形容词来概括；经过调研，凡是能够说清的事实、数字都予采用，但仍然说不清的情况、数据，就客观地说明未查清楚，在汇总和整理数据时充分考虑这些因素，绝对不得编造数字。第五,四级验收。除了在调研过程中专家随时给予指导外，对各地提交的调研报告和相关材料，都实行四级验收制度。每一环节都要有专家审读、验收、签字。凡存在问题和不符合要求之处，都要退回重新核查和修改。

由于自始至终都高度重视和强调调研的质量问题，所以，对于这一项目的真实性、客观性、准确性，我们有充分的信心。当然，无论如何，历史已经过去了六七十年，很多当事人已经去世，很多档案资料已经散失。现在再对发生在六七十年前的灾难进行大规模的调查，其困难是可想而知的。所以，即使做了最大的努力，我们仍然充分预计在调研成果及其有关材料中，还是会有不足和差错之处，出版之后，肯定会有不同意见。所以，我们真诚地欢迎所有看到这些调研成果的人们，对其中的内容、材料、数据等进行审查、讨论。如此，必将有更多的人们关心和参与对当年那场灾难的调查，必将会提供和发现更多的档案、更多的资料、更多的见证，必将对我们调研成果中的很多内容进行不断的推敲琢磨，从而使我们能够更加准确、系统地展示当年中国的人口伤亡和财产损失，使我们为子孙后代留下的资料更为完整、更为丰富。我们也欢迎日本和其他国家的人们对这些调研成果进行阅读、审查、讨论、质疑。如此，将会有更多的国家和人们关注中国当年所遭受的灾难，也将会有更多的存留于国外的档案资料出现在世界面前，也将会使对当年这段历史和灾难的记录、研究更加准确和科学。

《抗日战争时期中国人口伤亡和财产损失》课题调研，是一项学术性的工作。开展这项课题调研，是为了更加准确和详尽地记录这场战争和灾难的历史，更加充分和有力地揭露日本军国主义的侵略罪行、反击日本右翼势力否认侵略战争的言行，更加充分和有效地进行爱国主义教育，勿忘国耻、振兴中华，更加积极地促进两岸交流、推进祖国和平统一进程，同时，也是为了给全世界所有关注当年这场战争和灾难的国家、政府和人们一个更加负责任的交代，为子孙后代继续研究当年中国人民抗日战争和日本军国主义的侵略罪行留下一笔丰富翔实的历史遗产。因此，虽然是学术性调研，但具有重大的历史意义、现实意义、国际意义、政治意义。作为历史工作者，我们有责任、有义务，实事求是地把中华民族那场巨大的战争和灾难尽可能完整地记载下来。推动和开展这项课题调研，是良心所在，是责任所在！ 每每读到那些令人震颤的历史事实，每每想到那数千万死难者的冤魂亡灵，每每掂量我们今人特别是历史工作者的责任，我们都禁不住潸然泪下。9年来，所有调研人员本着对历史和民族负责的精神，殚精竭虑，无私奉献，千方百计寻找各种线索，逐字逐页翻阅档案资料。为了做好当事人、知情人的调查取证工作，顶酷暑，冒严寒，深入村镇，一家一户进行走访。也许，随着时间的流逝，这样的调研工作，以后再也不可能如此全面深入大规模地进行了。所以，对于能够基本完成这一课题的调研，我们极为欣慰，对能够取得今天这样的成果，我们极为珍惜。9年来，调研工作遇到过重重困难，调研人员付出了巨大心血，但只要能够对国家、对民族、对人民有一个负责任的交代，我们所有的努力、辛劳、甚至痛苦都是值得的！

现在，《抗日战争时期中国人口伤亡和财产损失调研丛书》就要出版了，但这项课题调研的工作并没有结束。很多专题性调研还要继续进行，对大量档案资料还要进行分析研究。所有这些，都还需要我们继续不懈地进行工作。我们将继续以对历史负责的精神，一如既往地将这项课题调研工作做好。

历史，是现实的基础，更是未来的起点。打开尘封的记忆，重温昔日的往事，我们可以得到很多的启示和教诲，增长很多的聪明和智慧。所以，研究历史，形式上是向后看，但根本目的是向前看。作为一种科学的学术研究，我们调查历史的真相，记录历史的灾难，不是为了延续旧时的仇恨，不是为了扩大中日之间的裂痕，不是为了煽动狭隘民族主义的情绪，而是为了以史为鉴，不让历史的悲剧重演；面向未来，书写更加友好合作的美好篇章。经历了太多的苦难和挫折之后，我们更加坚定地热爱和平，更加执着地追求正义，更加珍惜国家的主权与独立，也更加关注世界的文明发展和进步。我们真诚地希望，世界各国能够携手努力，平等协商，求同存异，友好相处，共同推进世界的发展，共享人类文明的成果；我们真诚地希望，中日两国人民能够更多地加强交流、理解和合作，共同开辟中日关系的新局面，使中日关系更加健康稳定地向前发展，使中日两国人民真正世世代代地友好下去；我们真诚地希望，中华民族能够始终以坚韧不拔的努力，坚定不移地走和平发展之路，全面建设小康社会，努力实现社会主义现代化，为推动建设一个和平发展、文明进步的世界作出自己的贡献！

《全国革命遗址普查成果丛书》总序*

中国共产党在领导各族人民进行新民主主义革命的斗争过程中，留下了许多珍贵的革命遗址。这些遗址（有的也称旧居、故居、故址、史迹、胜迹等），包括党的重要机构旧址；重要党史人物的故居、旧居、活动地；重要事件、重大战役战斗遗址；具有重要影响的革命烈士事迹发生地或墓地。也包括新中国成立以来兴建的内容涉及新民主主义革命时期的各类纪念馆、展览馆等纪念设施，以及能够反映革命时期党的重要历史活动、进程、思想、文化的各种遗迹等。

这些革命遗址，铭刻着中国共产党人和中国人民为民族独立和人民解放而英勇奋斗的光辉历程，蕴含着中国共产党人和中国人民艰苦奋斗、不屈不挠、一往无前、敢于胜利的革命精神，是中国革命的重要历史见证，是宝贵的革命历史文化遗产，是中华民族物质和非物质文化遗产的重要组成部分，也是人类文明史上独特的文化遗存。

新中国成立以来，很多重要的革命遗址得到了有效的保护、利用和开发，一些新的缅怀革命历史的纪念设施也陆续建立起来，成为爱国主义教育和革命传统教育的重要基地。但是，全国各地到底有多少革命遗址？分布在哪些地方？保护利用得怎么样？现状如何？这些底数还不是很清楚、很完整。在新的历史条件下，为了更好地保护、利用和开发革命遗址，迫切需要对全国的革命

---

*从 2008 年开始，中央党史研究室组织全国党史部门对 1949 年前的革命遗址进行大规模普查。为了使普查所得到的全部成果能够永久保存，使每个遗址所记载的历史信息能够留传后世，我们组织全国党史部门统一编纂了《全国革命遗址普查成果丛书》，采取统一规范，陆续审定出版，总数约 100 本。本文就是我作为这项工作的负责人和丛书主编为该套丛书所作的序言。

遗址进行一次全面、深入、准确的普查。

开展革命遗址普查，是党史工作“存史、资政、育人”的一项重要内容，是认真挖掘、整理和研究党史资源的重要途径。通过普查，全面了解各地丰富的党史资源，掌握各地革命遗址的基本情况及其生存状态，不仅有助于党史研究的深化和党史宣传教育的开展，而且还将为准确判断革命遗址保护形势、科学制定革命遗址保护利用政策提供依据。开展革命遗址普查，对于进一步继承和弘扬党的光荣传统和革命精神，培育和弘扬以爱国主义为核心的民族精神和以改革创新为核心的时代精神；对于建设和巩固社会主义思想文化阵地，大力发展社会主义先进文化；对于服务全国红色旅游，促进经济社会发展，都具有十分重要的意义。

党史部门，是党的历史的研究机构，又是主管党史业务的工作部门。做好革命遗址普查和保护工作，是党史部门的重要职责之一。2006年，中共中央办公厅转发《中共中央党史研究室2006—2010年五年工作规划》，明确把开展革命遗址普查作为党史工作的一项重要任务，要求中央党史研究室“制订规划，指导地方党史工作部门对本地区革命遗址进行普查，掌握现状，向同级党委、政府或有关部门提出意见和建议，对重要革命遗址特别是濒危遗址加强保护、酌情合理开发利用；对保护措施不力的要督促整改”。

2006年9月，中央党史研究室召开全国党史研究室主任会议，传达贯彻中发23号文件精神。此前，个别省区市做过一些革命遗址调查工作。此后，各地党史部门普遍将开展革命遗址普查工作列入了工作规划。在2007年12月召开的全国党史研究室主任会议上，确定在革命遗址数量多、类型多、范围广的江西省开展试点，取得经验后，再在全国推开。2008年6月，中央党史研究室向江西省委党史研究室下发了革命遗址普查试点工作通知和方案。自此，革命遗址普查工作正式启动。2009年6月，江西省试点工作圆满结束，为全国普查工作的开展提供了丰富的经验。

2009年 11月，中央党史研究室在江西南昌召开全国革命遗址普查工作会议，总结江西试点的经验，就开展革命遗址普查工作作出具体规定，并要求利用媒体大力宣传普查工作，使加强革命遗址保护的理念深入人心。会议印发的《全国革命遗址普查工作实施方案》，规定了革命遗址普查的范围和具体内容、组织机构和职责、普查的方法和要求、普查的时间与实施步骤，以及普查成果的提交和普查成果的保存利用等。此次会议之后，全国各级党史部门在各级党委的重视和支持下，迅速落实专项经费、进行工作部署，使普查工作在全国迅速推开。

2010年，中央印发了《中共中央关于加强和改进新形势下党史工作的意见》（中央2010年10号文件），召开了全国党史工作会议。中央10号文件明确要求："加强党史遗址保护，搞好纪念场馆建设"，"组织开展党史遗址普查，重点摸清革命遗址底数，同时注重调查党史方面的非物质文化遗产。"2010年11月，中央党史研究室在广西南宁召开全国革命遗址普查工作会议，学习贯彻中央10号文件和全国党史工作会议精神，检查各地普查工作进展情况，对下一阶段工作，特别是提交普查成果和编辑出版《全国革命遗址普查成果丛书》作出了具体部署。会议要求全体普查人员深入学习《中共中央关于加强和改进新形势下党史工作的意见》和全国党史工作会议精神，坚持高标准、高质量地完成各项任务。

在中央党史研究室的组织、指导、推动下，全国的革命遗址普查工作广泛展开，深入推进，取得了显著的成果。

这次革命遗址普查，我们把它界定为对1949年新中国成立之前所有新民主主义革命遗址的普查。1949年之后的党史遗址、旧址等等，内容、范围非常广泛，也非常复杂，暂时难以准确界定，所以不在本次普查范围之内。遗址普查的具体内容包括，每处革命遗址的名称、地址、面积、建筑样式及材质、形成时间、利用时间等基本情况；遗址本体的历史由来、使用状况、保存状况、陈列物品情况；遗址使用管理的所有权属、经费来源、工作人员状况；遗址周围的环境状况（包括自然环境和人文环境）等信息，以及图片资料和文字资料。此外，一些已被损坏的不复存在的重大遗址、遗迹也在普查之列。普查工作以县（区）为基本单元，实行全面普查与重点调研相结合的方法。为保证普查成果的真实、完整和科学，要求采取实地调查与档案资料、图书资料、报刊资料、口述资料等互证的办法，对每处遗址的相关信息严格核实，力求准确无误，确保普查资料、信息登记、汇总等各项环节有依有据。

革命遗址普查工作是一项十分艰苦繁杂的工作，普查人员需要熟悉统一的规范和要求，填写普查登记表，撰写革命遗址的历史背景，搜集历史图片，拍摄现状图片等。为了保证普查成果的质量和数据的准确无误，普查人员要亲自到每个遗址去进行测量、登记，还要走访当事人，深入档案资料馆，搜集资料，核实该遗址的来龙去脉。在一些条件艰苦的地方，特别是山区，普查人员只能靠双腿走进深山老林，在酷暑严寒中跋涉登攀，经常只能吃方便食品。全体普查人员以党史工作者崇高的责任感和使命感，排除万难，辛勤工作，坚持高标准、严要求，保证普查成果的质量和水平，为普查工作的顺利完成作出了巨大贡献。

经过全国2万余普查人员的共同努力，普查工作已经顺利结束，普查成果已经全部提交中央党史研究室。通过普查，基本摸清了全国革命遗址的底数，掌握了全国党史资源的分布情况；通过普查，新发现了许多革命遗址和相关资料，填补了历史空白；通过普查，锻炼了党史队伍，培养了艰苦奋斗的精神。

为了使普查所得到的全部成果能够永久保存，为了使每个遗址所记载的党的历史信息能够留传后世，中央党史研究室组织全国党史部门统一编纂了《全国革命遗址普查成果丛书》，采取统一规范，将所有普查成果全部编辑出版。

革命遗址普查工作的结束和《全国革命遗址普查成果丛书》的出版，只是贯彻落实中央10号文件有关精神的第一步。开展革命遗址普查的主要目的，还是为了更有针对性地保护和利用革命遗址。要充分利用普查成果，在媒体上宣传革命遗址的历史背景和历史地位，宣传新发现的革命遗址，让更多的干部和群众了解革命遗址的价值，认识到革命遗址的重要性，增强保护意识，使保护革命遗址成为全社会自觉自愿的行动。要充分利用革命遗址这个独特的历史文化资源，积极推动红色旅游，广泛开展爱国主义和革命传统教育，大力弘扬和培育伟大的民族精神，为全面建设社会主义现代化作出贡献！

辑三

中共党史党建总揽

准确把握党的历史的基本内涵*

中国共产党已经走过了90年的历程。90年的历史，如同一幅壮丽的画卷，五彩斑斓，丰富多彩。既书写着英勇，又记录着艰辛，既放射着光芒，也不失有悲壮。重温党的历史，一定要抓住历史发展的主题和主线、主流和本质，深刻认识和理解党的历史的基本内涵。

三个历史

中国共产党成立以来90年的历史，是一部什么样的历史？根据《中共中央关于加强和改进新形势下党史工作的意见》的界定，概括起来，可以说，是一部始终以实现中华民族伟大复兴为已任，团结带领全国各族人民进行革命、建设、改革事业，并不断取得辉煌成就的历史。如果按基本线索展开，则可以进一步分解为“三个史”，即：奋斗史、探索史、自身建设史。这“三个史”，就是三条基本的线索，始终贯串于90年的发展过程中。

首先，党的历史是一部奋斗史，即党领导全党同志和全国各族人民不断为实现民族独立、人民解放和国家富强、人民幸福而不懈奋斗的历史。

这样一部奋斗史，是由中华民族近代以来的基本国情和历史任务决定的。

中华民族有5000年的文明史，其中延续3000年的封建社会，曾经发展到

---

*本文为庆祝中国共产党成立90周年而作，发表于2011年4月25日《人民日报》，总体上概括了党的历史的主要内容。

高度成熟的程度。但从明朝末年开始，西方先后兴起工业革命和资产阶级革命。而中国的封建统治者夜郎自大，闭关自守，固守封建专制主义的腐朽制度，使中华民族痛失了发展机遇。从鸦片战争开始，中国一步步变为半殖民地半封建社会。中华民族蒙受巨大屈辱，国家濒临灭亡的边缘。

历史，向进入20世纪的中国提出了两个重大的任务：一个，是求得民族独立和人民解放；一个，是实现国家富强和人民幸福。两大任务各有不同，但又互相联结。前一任务是为后一任务扫清障碍，创造必要的前提；后一任务是前一任务的继续，是逻辑发展之必然。

中国共产党顺应这样的任务而诞生和成长。90年来，中国共产党正确认识和分析中国的基本国情，科学把握中国社会在不同时期的复杂矛盾，令人信服地承担起历史赋予的重任，解决了中国面临的一系列重大而紧迫的任务。中国共产党以自己的无私奉献精神，为着中华民族的复兴，不屈不挠，艰苦奋斗，前仆后继，流血牺牲，创造了辉煌的业绩，作出了巨大的贡献。这样一部奋斗史，构成了中国共产党90年历史的主题和主线。

党的历史，同时也是一部探索史，即党坚持把马克思主义基本原理同中国实际相结合、不断探索适合中国国情的革命和建设道路，推进改革开放和社会主义现代化建设，推进马克思主义中国化、推进理论创新的历史。

在中国这样一个经济文化比较落后，社会矛盾极其复杂的大国干革命、搞建设，没有现成的道路好走，书本上不可能给出直接和完整的答案，照抄照搬任何外国的模式也不能成功。因此，必须靠自己坚忍不拔、一往无前的探索。

90年来，中国共产党坚持科学的思想路线，深入研究中国国情，不断把马克思主义基本原理与中国的实际相结合，在实践中探索自己革命和建设的道路。新民主主义革命时期，党制定了无产阶级领导的，工农联盟为基础的，人民大众的，反对帝国主义、封建主义和官僚资本主义的新民主主义革命的路线和纲领，走出了一条独特的农村包围城市、武装夺取政权的道路，形成了毛泽东思想。新中国成立后，在建立社会主义基本制度的基础上，又不断探索经济、政治、文化等各方面建设的规律，试图走出一条自己建设社会主义的道路来。成就令人鼓舞，但也历经曲折。十一届三中全会之后，实行改革开放，确立社会主义初级阶段的基本路线和基本纲领，制定分“三步走”基本实现社会主义现代化的战略，逐步走出了一条中国特色社会主义道路，形成了中国特色社会主义理论体系。正是因为不断在奋斗中探索，在探索中奋斗，中国社会的发展进步才有了方向，中国共产党领导全国各族人民进行的艰辛努力才取得了成功。

既然是探索，就不免有磕磕碰碰。所以，党也摔过跟头，有过失误。但最后都是党自己认识和纠正了错误，从而也变得更加聪明起来。把这样一些复杂的经历放到探索的历史中来把握，我们就很容易对它作出客观评价并正确总结它的经验教训了。

党的历史，还是一部自身建设史，即党加强和改进自身建设、保持和发展党的先进性、不断经受住各种风险和挑战考验、发展壮大的历史。

中国共产党是中国工人阶级的先锋队，同时是中国人民和中华民族的先锋队，是中国特色社会主义事业的领导核心。中国的历史变迁证明，只有中国共产党才能领导中国人民取得民族独立、人民解放和社会主义的发展，才能开创中国特色社会主义的道路，实现民族振兴、国家富强和人民幸福。

坚持共产党的领导必须同时改善党的领导。所以，党历来重视加强自身建设。无论战争年代还是和平时期，党的建设都是党的事业取得胜利的一个法宝。民主革命时期，以毛泽东同志为代表的中国共产党人，将党的建设豪迈地称为“伟大工程”。改革开放以来，党进一步形成了思想、政治、组织、作风、反腐倡廉、制度各方面建设相辅相成、全面推进，新形势下加强党的建设的整体部署。这也是一个工程，而且是极其豪迈壮阔的“新的伟大工程”。

在新时期党的建设过程中，党逐步将执政能力建设和先进性建设明确为党的建设的主线。历史和现实、理论和实践都证明，先进性是马克思主义政党的根本特征，也是中国共产党的生命所系、力量所在。党的先进性建设是党自身建设的根本任务。在党掌握全国政权并长期执政的情况下，党经受着新的考验，必须进一步加强执政能力建设。

围绕这条主线，党逐步形成了自身建设的基本格局，坚持党要管党、从严治党，贯彻为民、务实、清廉的要求，以坚定理想信念为重点加强思想建设，以造就高素质党员、干部队伍为重点加强组织建设，以保持党同人民群众的血肉联系为重点加强作风建设，以健全民主集中制为重点加强制度建设，以完善惩治和预防腐败体系为重点加强反腐倡廉建设，努力使党始终成为立党为公、执政为民，求真务实、改革创新，艰苦奋斗、清正廉洁，富有活力、团结和谐的马克思主义执政党。

90年来，党之所以能够在革命、建设、改革的事业中，不断克服一个又一个困难，取得一个又一个成就，自身又一步接一步地成长起来，根本原因就在于，坚持代表中国先进生产力的发展要求、代表中国先进文化的前进方向、代表中国最广大人民的根本利益，不断加强党的先进性建设和执政能力建设，努力保持和发展了自己的先进性。

两次革命

中国共产党90年历史最显著、最亮丽之处，镌刻着“革命”两个大字。

近一个世纪以来，中国先后发生了三次革命。

第一次革命是孙中山先生领导的辛亥革命。它推翻了统治中国几千年的君主专制制度，为中国的进步打开了闸门。其时，中国共产党还没有诞生，所以，不在中国共产党的历史之列。但它在某种意义上却是中国共产党的前史。因为这场革命带来了中国社会的巨大变革，但同时留下或提出了事关中国命运的一系列难题。这些难题交给了中国共产党。所以，在此之后，就有了由中国共产党领导的两次伟大革命。

中国共产党领导的第一次革命，亦即中国近代以来的第二次革命，就是新民主主义革命和社会主义革命。这场革命推翻了帝国主义、封建主义以及官僚资本主义在中国的统治，成立了中华人民共和国，建立了社会主义的基本制度，从而为当代中国一切发展进步奠定了根本政治前提和制度基础。

这次革命，实际上包含两个革命。一个是新民主主义革命，一个是社会主义革命。近代中国社会的性质决定了中国共产党领导的革命必须分为两个步骤，第一步，先进行民主主义革命，改变中国半殖民地半封建社会形态，使之变成一个独立的新民主主义社会。然后第二步，再进行社会主义革命，建立社会主义社会。民主革命是社会主义革命的必要准备，社会主义革命是民主革命的必然趋势。两个革命，既有联系，又有区别。相同之处，都是由中国共产党领导的。不同之处，解决的主要矛盾及其内容和任务不同。联系之处，两者是中国历史发展链条中两个阶段、两个过程，它们不是相互割裂的，而是前后相继的。所以，我们党总体上也将它们称为中国共产党领导的第一次革命。

中国共产党领导的第二次革命，亦即中国近代以来的第三次革命，是我们党领导的改革开放这场新的伟大革命。改革开放是决定当代中国命运的关键抉择，是发展中国特色社会主义、实现中华民族伟大复兴的必由之路。邓小平同志明确指出："改革是中国的第二次革命。"中国共产党领导的第一次革命把半殖民地半封建的旧中国变成社会主义新中国；第二次革命是要把一个经济文化落后的国家变成富强民主文明和谐的社会主义现代化国家。第二次革命在第一次革命的基础上，引领中国人民走上了中国特色社会主义广阔道路，迎来了中华民族伟大复兴光明前景。

两次革命，对象不同，形式不同，就其性质和任务来说，也有很大不同。但它们的基础和原因，都是生产力与生产关系在不同历史条件下具有不同特点的矛盾运动，都是为了打破在不同程度上以不同方式阻碍生产力发展的桎梏，进一步解放和发展中国社会生产力，包括实现人的不同程度的解放，推动社会以更快速度、更大程度实现历史性的变革和进步。

两次革命，都工程浩大，气势如虹，同时也异常艰难、错综复杂。第一次革命，动荡之激烈，牺牲之巨大，变革之广泛，在中华民族的历史上绝无仅有。第二次革命，在第一次革命的基础上进行，它不是要实现政权的更迭，也不是要否定过去革命和建设的成就，而且始终是在党的领导下有秩序有步骤地进行。但就其深刻性和广泛性来说，也并不亚于一场爆发式的革命。两次革命，都引起了整个社会经济、政治、社会、文化、观念等广泛而深刻的变革。因此，它们是中国共产党90年历史中两个极其重要的里程碑，也是中国社会近代以来历史发展进程中继辛亥革命之后第二、第三个里程碑。

第二次革命还在进行之中。中国共产党的历史画卷必将在继续推进这场伟大革命的进程中向前不断地挥毫泼墨、舒卷推展。

三件大事

90年中，中国共产党干了哪些大事？ 1991年，在庆祝建党70周年时，江泽民同志概括了三件大事。在庆祝建党85周年时，胡锦涛总书记再次概括和强调了这三件大事。

三件大事，横亘三个时期。中国共产党的90年，因这三件大事而分成三个历史时期。大致上30年左右一个时期。每个时期主要干了一件大事。但相互之间也有一定的交叉和重合。

第一件大事，是在新民主主义革命时期，经过28年艰苦卓绝的斗争，推翻了帝国主义、封建主义、官僚资本主义的反动统治，实现了民族独立和人民解放，建立了人民当家作主的新中国。

第二件大事，是在社会主义革命和建设时期，确立了社会主义基本制度，建立起独立的比较完整的工业体系和国民经济体系，使古老的中国以崭新的姿态屹立在世界的东方。

第三件大事，是在改革开放和社会主义现代化建设时期，开创了中国特色社会主义道路，坚持以经济建设为中心、坚持四项基本原则、坚持改革开放，建立起社会主义市场经济体制，大幅度提高了我国的综合国力和人民生活水平，为全面建设小康社会、基本实现社会主义现代化开辟了广阔的前景。

这三件大事，用三个词概括，可称为革命、建设、改革。当然，第二个时期的第二件大事，也包括社会主义革命。而第三个时期的改革，也是在进行建设。这就是说，建设这件事，实际上从第二个时期一直延伸到第三个时期，并且还将继续延伸下去。但由于我们党一直非常明确地强调，十一届三中全会以来新时期最鲜明的特点是改革开放。所以，为了突出亮点并与第二个时期有所区别，第三个时期所干的大事可以用改革加以标志。

三件大事，与两次革命有重叠，有时候几乎就是一回事。而两次革命和三件大事都始终贯串着奋斗、探索和自身建设。所以，它们是奋斗史、探索史、自身建设史在三个历史时期的横向展开和有机结合。

这三件大事，是渐次推进的。革命是建设的清道夫和前奏曲。没有革命的胜利，我们就难以在新的制度平台上和新的理念指导下进行建设。但光干革命，不搞建设，或忽略建设，这也不是革命的初衷。革命的目的，是为了更好更快更顺利地进行建设。这个道理，我们不是不懂，所以，曾经以巨大的气魄和规模展开建设；但中间也曾有过迷茫，结果没有始终一贯地抓好建设，走了一段不小的弯路。但汲取经验教训之后，以十一届三中全会为标志，我们实现工作中心的转移，始终坚持聚精会神搞建设、一心一意谋发展，并且通过改革开放为更好更快地建设创造条件，开辟通道。这30多年的改革开放是在以往建设成就的基础上进行的，但又带有某种质的意义上的突破和飞跃，所以，这30多年建设和发展的成就令世界为之惊叹。

因此，这三个大致上的30年以及所干的三件大事，既不能简单等同起来，也不能相互割裂甚至对立起来。犹如攀登一座巍峨的高山，一个台阶连着一个台阶。每个台阶都有自己的标高、特点。每个台阶都要谨慎地行走。每个台阶都取得了辉煌的成就，但也可能留下过趔趄和遗憾。所以，每个台阶都要总结前一个台阶的经验或教训，以便使下一个台阶走得更好。台阶是依次的，不能急躁冒进。企图跨越中间台阶而直接跃上更高的台阶，很可能欲速不达。但上了一个台阶之后也不能徘徊或停留在原来的台阶上，而必须继续不断地攀登。一个台阶接着一个台阶，永不止步，永不僵化，永不骄傲，永不懈怠，我们就将越来越接近期望的高程。

两次飞跃

中国共产党是在接受了马克思主义（包括列宁主义，下同）基本主张的基础上出世的。成立之后又逐步将马克思主义的基本主张付诸实践。但这些基本主张与中国国情、中国实践之间到底应该是一种什么样的关系？进而，从根子上来说，到底什么是马克思主义、怎样正确对待和运用马克思主义？始终成为中国共产党必须面对和作出回答的问题。党的90年奋斗，始终与对这一问题的回答紧密相关；而党的90年探索，也首先围绕着这一基本问题而展开。

在这种探索中，中国共产党确立了把马克思主义基本原理同中国实际相结合的原则，提出了马克思主义中国化的任务并不断推进这一进程。在这种探索中，党开辟了马克思主义在中国发展的新境界，并指导党的事业取得了一个接一个的胜利。聚集在这种探索史上最重要的成果，是推动马克思主义中国化实现了两次历史性飞跃，形成了两大理论成果。

第一次飞跃和成果，是以毛泽东同志为主要代表的中国共产党人，把马克思列宁主义的基本原理同中国革命的实践结合起来，创立了毛泽东思想。

毛泽东同志确立了实事求是的思想路线。

在七大上的口头报告中，毛泽东同志在说到对于马克思主义的态度时，特别说到，马克思主义有香的马克思主义，有臭的马克思主义，有活的马克思主义，有死的马克思主义。我们到底要什么样的马克思主义呢？毛泽东要求我们选择的，毫无疑问，当然是香的、活的马克思主义，而不是臭的、死的马克思主义。正因为如此，中国共产党没有被书本上的条条吓倒，也没有一直对外国经验和共产国际的指令盲从，而是在不断探索中形成了毛泽东思想。

毛泽东思想是马克思列宁主义在中国的运用和发展，是被实践证明了的关于中国革命和建设的正确的理论原则和经验总结，是中国共产党集体智慧的结晶。

第二次飞跃，发生在改革开放以来，主要成果，是形成了包括邓小平理论、“三个代表”重要思想和科学发展观在内的中国特色社会主义理论体系。

十一届三中全会以来，以邓小平同志为主要代表的中国共产党人，总结新中国成立以来正反两方面的经验，解放思想，实事求是，实现全党工作中心向经济建设的转移，实行改革开放，开辟了社会主义事业发展的新时期，逐步形成了建设中国特色社会主义的路线、方针、政策，阐明了在中国建设社会主义、巩固和发展社会主义的基本问题，创立了邓小平理论。

十三届四中全会以来，以江泽民同志为主要代表的中国共产党人，在建设中国特色社会主义的实践中，加深了对什么是社会主义、怎样建设社会主义和建设什么样的党、怎样建设党的认识，积累了治党治国新的宝贵经验，形成了“三个代表”重要思想。

十六大以来，以胡锦涛同志为总书记的党中央，坚持以邓小平理论和“三个代表”重要思想为指导，根据新的发展要求，集中全党智慧，提出了以人为本、全面协调可持续发展的科学发展观。

中国特色社会主义理论体系，坚持和发展了马克思列宁主义、毛泽东思想，凝结了几代中国共产党人带领人民不懈探索实践的智慧和心血，是马克思主义中国化的最新成果，是党最可宝贵的政治和精神财富，是全国各族人民团结奋斗的共同思想基础。它的形成和发展，表明我们党对共产党执政规律、社会主义建设规律、人类社会发展规律的认识达到了新高度，开辟了马克思主义中国化的新境界。

两次飞跃，是辩证把握理论与实践关系的两次历史性飞跃，是对中国国情和马克思主义认识的两次历史性飞跃。两大成果，是党的指导思想的两次历史性创新，是对在中国这样的国家如何革命、建设、改革规律性认识的两大成果。两次飞跃及其成果，又是两次革命、三件大事的灵魂。它们在两次革命、三件大事的实践中产生，但又反过来赋予了两次革命、三件大事以无限的生机和活力，开辟了两次革命、三件大事通向胜利的广阔前景。

党的90年历史，用这样简单的几组数据来概括，总是会有某种不甚精细的缺憾，但也有助于我们抓住最重要、最基本的内涵。无论繁与简，深与浅，只要正确地解读它，领悟它，我们就会深切地感受到，党的历史既是中国共产党的宝贵财富，也是中华民族的历史瑰宝，是中国文化软实力的重要组成部分，是可以转化运用于现实的强大物质和精神力量，是推进中国特色社会主义伟大事业和党的建设新的伟大工程的重要资源。回望90年，我们有责任倍加珍惜它，更有责任继续正确、流畅和潇洒地书写它。

从党的历史中汲取营养和智慧*

党的历史，是中国共产党的宝贵财富，也是中华民族的历史瑰宝、中国文化软实力的重要组成部分，是可以转化运用于现实的强大物质和精神力量，是推进中国特色社会主义伟大事业和党的建设新的伟大工程的重要资源。在新的历史条件下，党中央总揽全局，作出了加强和改进党史工作的部署。按照党中央的要求，我们一定要倍加珍惜党的历史，认真学习党的历史，坚持不懈地用党的伟大成就激励人，用党的优良传统教育人，用党的成功经验启迪人，用党的历史教训警示人，努力从党的历史中汲取丰富的营养、智慧和开拓前进的力量。

一、用党的伟大成就激励人

党的历史，是党领导全国各族人民为实现民族独立、人民解放和国家富强、人民幸福而不懈奋斗的历史；是党坚持把马克思主义基本原理同中国实际相结合、不断探索适合中国国情的革命、建设和改革道路，推进改革开放和社会主义现代化建设，推进马克思主义中国化、实现理论创新和飞跃的历史；是党不断加强和改进自身建设、经受住各种风险和挑战考验、保持和发展党的先进性、提高领导水平和执政能力的历史。

中国共产党自诞生以来，以实现中华民族伟大复兴为己任，团结带领全

*本文发表于2010年8月3日《人民日报》。

国各族人民，战胜各种艰难险阻，成功地领导了两次革命，干了三件大事，实现了两次飞跃。第一次革命，把一个半殖民地半封建的旧中国变成了一个社会主义新中国。第二次革命，正在把一个经济文化比较落后的社会主义中国变成一个富强民主文明和谐的社会主义现代化中国。与此相应的第一件大事，是在新民主主义革命时期，经过28年艰苦卓绝的斗争，推翻了帝国主义、封建主义、官僚资本主义的反动统治，实现了民族独立和人民解放，建立了人民当家作主的新中国。第二件大事，是在社会主义革命和建设时期，确立了社会主义基本制度，建立起独立的比较完整的工业体系和国民经济体系，使古老的中国以崭新的姿态屹立在世界的东方。第三件大事，是在改革开放和社会主义现代化建设时期，开创了中国特色社会主义道路，坚持以经济建设为中心、坚持四项基本原则、坚持改革开放，建立起社会主义市场经济体制，大幅度提高了我国的综合国力和人民生活水平，为全面建设小康社会、基本实现社会主义现代化开辟了广阔的前景。两次飞跃，是以波澜壮阔的实践为基础，把马克思主义基本原理与中国实际相结合所实现的两次历史性飞跃。第一次飞跃形成了毛泽东思想，第二次飞跃形成了包括邓小平理论、“三个代表”重要思想和科学发展观的中国特色社会主义理论体系。

这两次革命、三件大事、两次飞跃，从根本上改变了中国人民的命运，决定了中国历史的发展方向，在世界上也产生了广泛而深刻的影响，是中华民族和世界历史上值得永远记载的伟大成就。这些成就，既是我们的宝贵财富，也是强大的精神力量，是能够对全党和全国人民产生巨大激励作用的重要资源。这些成就，可以激励我们更加清楚地认识历史发展的规律，准确把握社会前进的方向；更加深切地感受中国发生的历史巨变，增强对中国特色社会主义伟大事业的信心；更加具体地体会党和人民不懈奋斗的艰难，坚定继续开拓奋进迎接各种风险挑战的决心。

因此，我们一定要坚持不懈地用党的伟大成就激励人。把党的历史放在1840年以来中国170年的大背景中，认真研究和大力宣传党所取得的历史性成就，深刻揭示党在革命、建设、改革各个历史时期对中华民族作出的重大贡献，深刻揭示中国共产党历史地位和核心作用形成的历史必然性，深刻揭示通过改革开放实现社会主义现代化的历史必然性，深刻揭示高举中国特色社会主义伟大旗帜的历史必然性，把党的历史转化为推动中国特色社会主义伟大事业和党的建设新的伟大工程的强大动力。

二、用党的优良传统教育人

人类文明是一个不断积淀又不断发展的过程。党的历史也是不断地继承传统又不断地开拓创新的统一。筚路蓝缕，凝集着无数的艰难曲折，也凝集着辉煌的文明成果；凝集着留待解决的大量课题，也凝集着开拓未来的宝贵启示；凝集着极其宝贵的优良传统，也凝集着发展创新的广阔空间。一个成熟的政党，只有科学地继承优良传统又不断地与时俱进，才能更加坚实地走向新的未来。

在将近90年的奋斗、探索历程中，中国共产党不断锤炼和形成了许多优良传统。这种传统，既包括制度规范，又包括价值理念；既包括组织体系，又包括精神文化。通常我们习惯性地强调的，主要有作风和精神两大类。

作风，是大至一个党、小至一个人，在其思维和活动中表现出来的行为取向和风格特点，包括学风、思想作风、工作作风、领导作风、生活作风等等。将近90年来，中国共产党坚持把作风建设作为党的建设的重要内容，在不同时期，有针对性地解决不同的问题，从而逐步形成了一系列优良的作风。它们包括：自党成立起就开始形成的勇担历史使命、深入工农群众、英勇奋斗、不怕牺牲的作风；1945年党的七大系统总结和概括的理论联系实际的作风、和人民群众紧密地联系在一起以及自我批评的三大作风；七届二中全会上毛泽东同志强调的两个“务必”继续保持的“谦虚、谨慎、不骄、不躁”和“艰苦奋斗的作风”；十一大上邓小平同志强调“一定要恢复和发扬”的群众路线、实事求是、批评与自我批评、谦虚谨慎戒骄戒躁、艰苦奋斗和民主集中制五个作风；十五届六中全会提出的“八个坚持、八个反对”；2007年胡锦涛总书记大力倡导的“八个方面的良好风气”；以及十七届四中全会要求大兴的密切联系群众、求真务实、艰苦奋斗、批评和自我批评四个作风，等等。

在形成一系列优良作风的同时，中国共产党还培育形成了许多富有内涵和特色的各种精神。在革命时期，主要培育形成了以坚定信念、救国救民、敢于斗争、勇于探索、实事求是、艰苦奋斗、严守纪律、维护团结等为基本内容的革命精神。如井冈山精神、长征精神、抗战精神、延安精神、红岩精神等等。在社会主义革命和建设时期，主要培育形成了以建设国家、无私奉献、自力更生、艰苦创业等为基本内容的建设精神，如大庆精神、大寨精神、雷锋精神、两弹一星精神、红旗渠精神等等。在改革开放新时期，主要培育形成了以解放思想、实事求是、与时俱进、求真务实、敢闯新路、开拓创新等为基本内容的新的时代精神，如“六十四字创业精神”、抗洪精神、航天精神、抗震救灾精神、奥运精神等等。

这些作风和精神，以中国化马克思主义的世界观、价值观为核心，以革命、建设、改革的伟大实践为基础，以全心全意为人民服务的宗旨为灵魂，继承、改造和弘扬了中华民族的优良传统，也吸收了世界其他文明类型的优秀成果，成为中国共产党人一切行为活动的基本规范，也成为中国共产党夺取一切胜利的强大精神力量。这些作风和精神，融汇形成了以爱国主义为核心的民族精神和以改革创新为核心的时代精神，成为中华民族伟大精神的重要组成部分。这些优良传统，不仅在过去发挥了重要作用，对未来继续推进中国特色社会主义伟大事业和党的建设新的伟大工程，仍然具有十分重要的现实意义。

因此，我们一定要坚持不懈地用党的优良传统教育人。要充分利用各种历史资源，组织开展多种形式的学习宣传活动，大力弘扬党在发展进程中逐步形成的优良作风和精神，并结合新的时代条件加以充实、丰富和创新。要使党的优良传统渗透到广大干部党员的思想和行为中，并成为重要的精神力量，外化为积极向上的行为方式。要通过党的优良传统的学习和宣传，推动中华民族文化软实力和共有精神家园的建设，进一步巩固全党全国各族人民团结奋斗的共同思想基础。要使党的优良传统代代相传、发扬光大，使中国共产党和中华民族的伟大文明不断得到提升和发展。

三、用党的成功经验启迪人

历史经验，是一个郑重的党对于自身活动、经历的思考和总结。它既是昨天的记录，也是今天的认识，更是明天的向导。善于总结历史经验，并从这些经验中汲取营养和智慧，已经成为中国共产党在长期奋斗中形成的优良传统和政治优势，也是党能够由小到大、由弱变强，在遭遇各种挫折时顽强奋起，在战胜各种困难中经受考验，不断开拓、不断前进、不断从胜利走向胜利的重要原因之一。

以毛泽东同志为主要代表的中国共产党人，总结革命斗争的经验，走出了一条农村包围城市、武装夺取政权的革命道路。毛泽东同志通过总结经验，把武装斗争、统一战线、党的建设概括为中国革命的三大法宝。在开始大规模社会主义建设之时，毛泽东同志总结中国和苏联的经验，提出了处理好十大关系的思想。1981年，党的十一届六中全会作出《关于建国以来党的若干历史问题的决议》，用“十个必须”总结了新中国成立32年来的历史经验。1982年，邓小平同志提出走自己的道路、建设有中国特色的社会主义的重要思想，强调这就是我们总结长期历史经验得出的基本结论。1992年，党的十四大总结了从十一届三中全会到十四大14年的基本经验。1998年，江泽民同志用“十一个必须”总结了改革开放20年的主要经验。2001年，江泽民同志用“三个必须”概括了党的80年实践给我们的启示，并强调：“总结八十年的奋斗历程和基本经验”，归结起来，就是必须始终坚持“三个代表”。2002年，党的十六大用“十个坚持”总结了13年的基本经验。2004年，十六届四中全会用“六个必须坚持”总结了党执政55年的基本经验。2007年的十七大，用“十个结合”总结了改革开放30年的宝贵经验。2009年的十七届四中全会，用“六个坚持”总结了党执政60年来加强党的自身建设的基本经验。

党在不同时期总结的历史经验，有不同的时段、环境、背景和角度，但总体上来说，都是一个不断思考、不断深入的过程。所有这些经验，都是中国共产党的宝贵财富，不仅深刻揭示了党的基本历史轨迹及其本质，反映了党不断探索适合中国国情的革命、建设和改革道路的过程，而且逐步深化了对共产党执政规律、社会主义建设规律、人类社会发展规律的认识，对于党更好地制定和坚持正确的纲领路线方针政策具有重要的指导意义。

因此，我们一定要坚持不懈地用党的成功经验启迪人。要倍加珍惜党经过艰辛探索取得的这些经验，认真学习和深入思考这些经验。要深刻认识这些经验都是经过长期艰难的探索、甚至是付出了巨大的代价而获得的，是我们终于找到的正确的革命、建设和改革道路，是终于形成的正确的路线方针政策。一定要时刻牢记和善于运用这些经验，用之启迪、指导每一个干部、党员。特别是要用这些经验启迪、指导我们工作中的每一个决策、每一项政策、每一个举措，启迪、指导我们加强和改进党的建设特别是先进性建设和执政能力建设，启迪、指导我们不断提高治国理政的水平，更加成熟和科学地领导推进改革开放和社会主义现代化建设，领导推进中国特色社会主义伟大事业。

四、用党的历史教训警示人

在将近90年的历程中，中国共产党在书写巨大辉煌和伟大成就的同时，也曾经在不同时期、不同程度上犯过错误，遭受过不同类型的挫折甚至失败。如何正确认识和对待这些曲折、失误、教训，是一个非常复杂的问题，需要我们正确认识和对待。

在中国这样一个发展中大国进行革命、建设和改革，是一场史无前例的大探索。中国国情的复杂性，大大超出任何一种书本知识和外国经验。没有现成的道路可走，在探索过程中当然就不可能一帆风顺。这样那样的曲折、失误、甚至失败也就难以避免。1927年大革命的失败，30年代革命根据地的丢失、红军被迫进行长征，特别是“文化大革命”的十年内乱等等，都是重大的挫折甚至失败。用辩证唯物主义和历史唯物主义的观点来看，发生这些失误和挫折，并不是不可理解的事情。

对这些挫折、失误，首先要坚持实事求是的原则和态度。实事求是，首先要正视现实，既充分肯定党所取得的成就，也敢于承认党所遇到的失误和挫折。正视历史，正视事实，这是一个诚实的、郑重的党应该采取的正确态度。只有正视现实，才能勇敢地面对现实、科学地研究现实、正确地对待现实。实事求是，当然并不是仅仅停留在具体的事实，而是要进一步研究和认识蕴含在这种事实背后的内在联系，即本质和规律。也就是说，要认真思考和研究造成失误和挫折的原因，有哪些值得记取的教训，从这些教训中汲取营养和智慧，防止再犯任何类似的错误。只要采取这样的态度，失误、失败，就能够转化为成功之母。

中国共产党的伟大、光荣，并不在于从来不犯错误、从来没有曲折，而是在于能够勇敢地承认和正视自己的失误和挫折，郑重、科学地对待这些失误和挫折。我们党正是正确地认识和对待了大革命的失败，才终于选择和走上了农村包围城市、武装夺取政权的道路；正是正确地认识和对待“文化大革命”的严重错误，从中汲取深刻的教训，正本清源、拨乱反正，才实现了从“以阶级斗争为纲”到以经济建设为中心，从封闭半封闭到对外开放的历史性转变。邓小平同志说：“我们根本否定‘文化大革命’，但应该说‘文化大革命’也有一‘功’，它提供了反面教训。没有‘文化大革命’的教训，就不能制定十一届三中全会以来的思想、政治、组织路线和一系列政策。”相反，如果否认“文化大革命”的错误和挫折，实际上也就否定了改革开放的必要性，否定了改革开放以来中国特色社会主义的一切路线纲领方针政策。将近90年来，中国共产党正是在总结经验、汲取教训的过程中，才变得更加成熟。我们的事业不但没有因此而受到损失，反而变得更加兴旺发达、蒸蒸日上。

对党在历史上曾经遇到的失误和挫折，必须站在党和人民的立场上，科学、辩证地加以分析和看待。要始终牢牢把握党的历史的主流和本质，分清主流与支流、成就与失误的关系。充分认识党所从事的伟大事业和艰辛探索，充分肯定党所取得的伟大成就和历史贡献。决不能因局部的、一时的失误和挫折而否定党的历史的本质和主流。更不能允许敌对势力肆意歪曲和捏造事实，抹黑党的历史，制造思想混乱，借以否定中国共产党的领导和中国特色社会主义事业。

因此，我们一定要在坚持激励人、教育人、启迪人的同时，在分清是非和性质的基础上，也善于用党的历史教训警示人。要正确认识，失误和挫折本身是坏事，但在一定的条件下也可以转变为好事。每个失误和挫折里面都包含着值得记取的教训。这种教训，是苦涩的、但也是深刻的。虽然令人痛心，但却刻骨铭心，可以让人永世不忘。要用这样一种独特的教科书、或者教科书上独特的篇章来警示我们自己、警示我们党。通过这种警示，深刻认识发生失误和挫折的原因，时时提醒我们在未来的工作中全力加以防止和避免。尤其是通过历史的比较、分析、启迪和警示，充分认识在当代中国，既不能走老路，更不能走邪路，唯一的选择只能是，坚定不移地走通过改革开放走出来的中国特色社会主义新路。将经验的启迪和教训的警示恰当地结合起来，我们从历史中汲取的营养和智慧将更为丰富，获得的力量也将更为持久和强大。

思考党龄*

——庆祝建党85周年

人有年龄，党也有党龄。中国共产党建党85周年了，论党龄，正好85岁。通常我们说党龄，往往是指一个党员入党已有多少年。但对于党这个整体，却很少用党龄这个词。其实，党的年龄问题，不仅客观上存在，而且还可以引发出很多重要的启迪来，所以，很值得我们认真思考和研究。

思考之一：党龄与生命

毛泽东是经常考虑党龄问题的，而且把它与党的成长历程、生命周期联系在一起。

1939年，建党18年，毛泽东同志在《〈共产党人〉发刊词》中，很全面地回顾总结了到当时为止党的18年的历史，并将其分为三个时期。称，党曾有过不成熟的“幼年时期”，经过18年的锻炼，党才掌握了三大法宝。今日回顾18年历史的任务，目的就是“集中十八年的经验和当前的新鲜经验传达到全党，使党铁一样地巩固起来，而避免历史上曾经犯过的错误”。

1949年6月30日，建党28年，毛泽东在《论人民民主专政》一文中，又从党龄开始，说：“一九四九年的七月一日这一个日子表示，中国共产党已经走过二十八年了。像一个人一样，有他的幼年、青年、壮年和老年。中国共产党已经不是小孩子，也不是十几岁的年青小伙子，而是一个大人了。”

这种拟人化的笔法，给我们以无穷的遐想。

---

*本文写于2006年6月，发表于2006年6月27日《中国教育报》。

为什么党龄需要关注或应该关注？因为党龄就是党的成长过程，就是党一年一年地走过的历史。党的历史是客观存在的，党龄也是客观存在的。关注党龄，就是关注党的历史，就是关注党所走过的道路，甚至是关注党的生命。

按照马克思主义的基本观点，任何事物都是作为一个过程而存在的。人是这样，党也是这样。所以，毛泽东在党28岁生日时，就落落大方地坦承，人到老年就要死亡，党也是这样。全人类都要走这一条路。只不过共产党人懂得事物生存和发展的规律，看得远些，所以公开声明，要努力工作，创设条件，使阶级、国家权力和政党很自然地归于消灭，使人类进到大同境域。毛泽东表达的这种态度，体现了彻底的辩证唯物主义和历史唯物主义的精神。

当然，我们说政党必然消亡，只是指历史的发展趋势，并不是说，所有的政党在一个短时间内都会很快消亡。政党，作为一种社会历史现象，是与人类历史的发展进程联系在一起的。只要阶级、国家、政治没有消亡，政党现象就不会很快消亡。而且政党现象存在的时间，现在看来，大概不会以十年计，而很可能以百年、数百年，甚至上千年计。

从这里，我们也可以看出，党的年龄与人的年龄，既有相同之处，也有不同之处。

相同之处——无论人还是党，其年龄都是与它们的生命周期联系在一起的，是人或党的生命历程的一个记录、一种量度、一个标志。年龄增长，都意味着生命的存在，意味着生命在存在基础上的不断延续。

不同之处——作为一个生物个体，人的生命是有限的。这个“限”，在现在的生理和医疗水平下，至多百来年。过去说“人生七十古来稀”。现在预期寿命延长了，但能超过100岁的，毕竟还是少数。而党，其生命周期要比人长得多。我们党今年85岁，其实还只是走过了党的生命周期的很小一段。党的生命的历程还长得很，党未来要走的路还长得很。

所以，我们思考和研究党龄，眼光和思路都要加长，要以比人长得多的历史过程为标尺和参照系，从中思考问题，从中寻找规律，从中获得感悟。

思考之二：回顾与前瞻

在建党80周年时，我曾按照毛泽东称党有幼年、青年、壮年和老年这个形象的思路，将80华诞的党界定为壮年时期。现在五年过去了，党处在什么时期呢？我的回答依然是：毫无疑问，壮年！

壮年意味着什么？我当时引用了《新概念英语》中的一句话："There is only one difference between an old man and a young one : the young man has a glorious future before him and the old has a splendid future behind him." 翻译过来，意思是，老年人与青年人之间只有一个差别：青年人的辉煌在他的前面，而老年人的辉煌在他的后面。一个"before"一个"behind"，一字之差，既形象，又深刻。

这种很有哲理的表述，自然引出一个问题：作为壮年的我们党，辉煌在何处呢？我的答案是：既在它的后面，又在它的前面。现在，五年过去了，我想，这个答案仍然是恰当的。

85岁回首看，我们党已经创造了巨大的历史性的辉煌。

85年来，中国共产党遵循社会发展的规律，制定符合于中国国情的路线、纲领、方针、政策，并努力付诸实践，为中华民族的历史性进步指明了方向；发挥强大的组织和领导功能，改变了中国一盘散沙的局面，把全国人民紧密地团结起来，为推动中华民族的历史性进步而努力奋斗；倡导和建立了一整套先进和高尚的价值体系，继承、吸收和弘扬了中外先进文化，改变了中国人民的精神面貌，推动了中华文明的发展和进步；以自己的无私奉献精神，为着中华民族的复兴，不屈不挠，艰苦奋斗，前仆后继，流血牺牲，成为了中华民族理想人格的旗帜和化身。经过85年的艰苦奋斗，中国共产党以一支7080万党员的队伍，屹立于当今世界，被证明不愧为先进的马克思主义的政党。

中国共产党所创造的业绩，辉煌何在？原因何在？意义何在？根本上，就在于始终走在时代的前列，保持和发挥了党的先进性。85年来，中国社会风云变幻，各种矛盾错综复杂。谁能解决中国社会面临的最大课题，谁能引领中国实现民族独立、人民解放、国家富强和人民幸福，谁就能得到中国人民的欢迎和拥护。许多政治势力都曾跃跃欲试，但最终都没有成功。唯有中国共产党做到了这一点。事实证明，在千帆竞发、百舸争流的历史大潮中，中国共产党确实走在了前面，创造了先进和一流的业绩。

但是，作为壮年之人、壮年之党，身体总是朝向前方，眼睛也总是朝向前方的。向后看，只能偶尔为之。如果成为一种常态，除非像张果老骑毛驴朝圣那样有特异功能，否则就只能算是沉湎过去、不思进取，甚至是后退、倒退了。

显然，更多、更主要的，是向前看。邓小平的一句名言，就是“团结一致向前看”。

向前看，看什么？

其一，看目标。目标就是指向，目标就是任务，目标就是动力，目标就是信心。多少年来，我们陆陆续续已经提出了许多的目标。最远，有共产主义最高理想。次之，有中国特色社会主义。到本世纪中叶，是基本实现社会主义现代化。本世纪前20年，是全面建设小康社会。“十一五”期间，是实现刚刚制定和确定的发展规划。看目标，就要坚定地朝着这些目标前进。过去的成就只能算是过去的了。对我们来说，更紧要的，还是要实现摆在前面的目标和任务。

其二，看道路。过河要有桥。实现目标要有路。走了85年，我们已经形成了中国特色社会主义的道路，形成了社会主义初级阶段的基本路线、基本纲领、基本经验。这些路，被实践证明是正确的，我们必须坚定不移地走下去。当然，路，是不断延伸的，身后的路总是通向前方的。未来之路，还需要我们一步步行走，而且，越是新路，就越没有现成的可走。这就需要不断探索。在行走中探索，在探索中行走。我们的路就会不断向前方延伸，而且会越来越宽广。

其三，看课题。未来之路，不会非常平坦。向前开拓，会遇到各种各样的困难和课题。作为一个严肃、郑重的政党，对未来，既要充满信心，更要尊重现实。要非常认真、仔细地研究我们已经遇到和可能遇到的各种课题，切切实实地找到解决的办法，采取改进的措施和对策。国际的、国内的、党内的课题很多。以胡锦涛同志为总书记的党中央提出了我们现在和未来需要面对的一系列重大课题。我们一定要以科学冷静的态度，加强对于这些课题的研究。

其四，看自身。我们党是中国特色社会主义事业的领导核心。中华民族未来的路走得怎么样，要看我们党自身建设得怎么样。先进性建设是党的建设的长期任务和永恒课题。提高执政能力，是我们紧迫的任务。保持共产党员先进性教育活动取得了显著的成绩。但先进性不是通过一次教育活动就一劳永逸的。庆祝建党85周年，我们最需要考虑的，应该是如何总结先进性教育的经验，继续把党的先进性建设推向前进。这才是对我们党的生日的最好的庆祝。

思考之三：比较与警示

历史、现实，目标、任务，都表明，我们党未来的路还很长很长。1949年，毛泽东曾把已经走过的路与未来要走的路相比较，称为万里长征走完了第一步。28年是一步。从那以来57年，翻了一番，也只是两步。合起来，就算走了三步。万里长征才走了三步，可以自豪，但实在不能骄傲。用把尺子量一量，三步距离是万里长征的多少分之一？微不足道。所以，还是毛泽东说得好："好像只是一出长剧的一个短小的序幕。剧是必须从序幕开始的，但序幕还不是高潮。中国的革命是伟大的，但革命以后的路程更长，工作更伟大，更艰苦。"

空间与时间互相转化，路程与党龄互相转化。现在，我们党是85岁，未来，还会有多少岁呢？我们党已经走过了85年，未来，还应该走多少年呢？

如前所述，党的政治生命，不同于一个人的生理生命。理论上、逻辑上，一个政党的政治生命应该是很长的，不到历史使命完成之时，党是不会、也不应该消亡的。所以，对于党未来会有多少岁、该走多少年，我们始终充满着信心。不到历史使命完成之时，我们是不会退出历史舞台的。

当然，我们也必须承认，在现实中，一个政党具体有多长的政治生命，并不是天定的，也不是绝对的。

美国的民主党、共和党，英国的保守党、工党，都是较早出现的现代政党。最长的，到现在大约一个半世纪左右。其间，经历了不少分化组合。当年的不少政党，早就烟消云散了。

社会民主党，最早的是19世纪60年代成立的德国社会民主工党。随后，欧洲等国家出现了各种各样的社会党或社会民主党。这些党大体上也延续了下来。但中间遇到的坎坷、灾难，并不在少数。

从共产党来说。共产主义者同盟算是第一个在马克思主义指导下的共产党，但其只存在了5年。最早按列宁先锋队理论建立起来的共产党，自然是苏联共产党，其前身是1898年成立的俄国社会民主工党，随后是1903年出现的布尔什维克。十月革命之后，世界上出现了一大批共产主义政党。各国共产党经历过最艰难的考验，也取得过在许多国家执政掌权的胜利。但到20世纪八九十年代，普遍受到了大挫折，特别是苏联共产党随着苏联的解体而垮台。

屈指算来，苏联共产党存在93年，执政74年，没有能超过100岁。其他一些共产党，按出生年月算，都不到100岁。有的已经衰亡了。有的还存在并在发展，生命力还比较强。

从实际情况看，很难说哪一种政党的寿命就特别地强，或特别地弱。但无论哪种政党，都有早衰的现象。20世纪末，我们党中央，已经非常警觉地注意到这种现象，要求认真观察和研究一些大党老党垮台的教训。

政党早衰，到底是偶尔出现的现象，还是客观存在的规律呢？如果仅仅是偶尔的现象，为什么会在不少政党身上出现？如果说是规律，我们还能跳出这个规律吗？

我想，可以这么说：国家兴衰，政党交替，既有必然性的规律在支配，又有非必然性的各种因素在影响。说必然，是因为新陈代谢是自然万物、人类社会的根本规律。新的事物不断出现，旧的事物逐渐衰亡。整个自然和人类的历史，都是这样一部新陈代谢的历史。没有什么政党是不会退出历史舞台的。这是历史的必然。但，具体哪个政党、在什么时间衰亡和退出历史舞台，这并不是命中注定的。早退、晚退，均有各种各样的原因。而根本上，则是在于自身是否具有强大的生命力。如果自身衰朽，便会很快被新事物取代；如果生命力旺盛，便可以获得蓬勃的发展。

而且，社会规律与自然规律有一个重要的差别：社会活动是人参与的，人的认识和活动，能够在一定程度上改变社会运动的进程和条件，使这种规律作用的方式和时间等发生改变。也就是说，人只要认识了规律，在一定程度上就可以利用和驾驭这个规律。

因此，对我们来说，最根本的问题是，找出政党兴衰交替的原因，始终保持自己的生命活力。所谓活力，从深层次上说，就是能否始终站在时代潮流的前头，始终保持自身的先进性。纵览人类历史，任何一个阶级、一个政党，一个集团，能否具有和始终保持自己的生命活力，归根结底，在于能否与时代发展的方向和趋势相吻合，始终走在时代潮流的前列。

基于这种认识，江泽民同志提出了“三个代表”重要思想。也是基于这种认识，胡锦涛总书记提出了“加强党的先进性建设”的战略思想，明确指出：“先进性是马克思主义政党的根本特征，也是马克思主义政党的生命所系、力量所在。”“党的先进性建设是马克思主义政党自身建设的根本任务。”“是关系马克思主义政党生存发展的根本性问题。”

所以，计算一下党的年龄，并且前后左右作一点比较，可以有很大的警示作用。它提醒我们，要高度重视党的先进性建设。“抓住了先进性建设，就抓住了党的建设的根本，就抓住了加强党的执政能力建设、巩固党的执政地位的关键。”

思考之四：轨迹与方程

85年党龄，85年路程，不仅有前后看的问题，还有一个上下看的问题。站在山顶上，或者坐在飞机上“瞰”路，又是一种感觉。站在路上看路，往往只看到路的局部。而站在山顶上和飞机上“瞰”路，更容易看到路的全部。这种高度，其实就是时代高度问题。

世上每一条路，都是曲曲弯弯的，很少有两点之间的一条纯粹的直线。站在路上看路，对每一个弯道，都有可能以为它是直的。但如果站在高处“瞰”路，把所有的弯道连接起来，就不仅能知道它们是弯的，还能知道，贯穿这曲曲弯弯的一条直线，到底指向何方。

所以，站在更高的基点上，站在时代的高处，看党的年龄、看党走过的道路，更容易辨清正确的方向，更易于少走弯路。

这个道理，在数学中，其实就是解方程的问题。在几何学上，曲曲折折的线条、密密麻麻的图形，似乎零乱得很，但其实很多都可以用“点”的运动轨迹来描述。通过描绘一个点在坐标系中运动的轨迹，就可以建立一定的方程式，确定它是一条直线还是一条抛物线，是一个椭圆还是一对双曲线，等等。进而，我们又可以根据一定的方程式，在满足其各项条件的情况下，描绘出圆形、椭圆、抛物线和双曲线等各种图形来。

一个人，一个党，就像几何学中的一个“点”，在不断运动的过程中，形成着一定的轨迹。当一些历史事件发生的当时，可能它仅仅是一个点，我们未必能马上认识它的内在规律。但当这些事件和现象累积到一定程度，并与其他很多现象相联系时，我们便能够逐渐发现它们运动发展和变化的轨迹，发现它们相互之间的内在联系，从而发现隐藏在它们深处的内在规律。一旦通过描述它们的轨迹掌握了这些规律，我们就能在一定程度上把握趋势，预见未来，从而掌握行动的主动权。用流行的一句话来说，就是“让历史告诉未来”。

“述往事，思来者。”为了更加顺利快捷地达到目标，就要尽可能地少走弯路。于是，也就要仔细研究自己或旁人所走过道路的轨迹，总结其中的规律，描画出作为某种方程式形象表现的线路来。

这个道理，用我们党已经使用的语言来说，就是要深化对人类社会发展规律、社会主义建设规律和共产党执政规律的认识。

对这些规律，我们在不断认识，也不断取得成果。毛泽东思想是成果，邓小平理论是成果，“三个代表”重要思想也是成果。十六大以来，以胡锦涛同志为总书记的党中央提出的科学发展观、构建社会主义和谐社会、建设创新型国家、加强党的先进性建设和执政能力建设、社会主义荣辱观、走和平发展道路、建设和谐世界等一系列战略思想，则是与时俱进、理论创新的最新成果。特别是党的先进性建设和执政能力建设的理论，是直接探索党的建设规律、指导党的建设伟大工程的理论成果。曾庆红同志说：加强党的先进性建设战略思想的提出，标志着我们党对于同社会主义建设规律、人类社会发展规律相联系的共产党执政规律的认识和实践达到了新的高度，具有重大的理论意义和实践意义。

当然，85年的历程，还只是万里长征的“前三步”，前面要走的路还很长很长。所以历史的轨迹远远没有画完，据以形成的方程式当然只能是初步的，而不可能是最终的。从诸多曲曲弯弯的轨迹中勾勒出一条直线来，是不能仅以路程上的某一段为依据的。它需要的是凌空俯视的“鸟瞰”，是超越一时一地局限的宽广视野。所以，我们无论在理论方面，还是实践方面，都还需要有“会当凌绝顶，一览众山小”的气概和胸怀。

思考之五：成熟与活力

孔子有言：吾十有五而志于学，三十而立，四十而不惑，五十而知天命，六十而耳顺，七十而从心所欲，不逾矩。这一千古名言，揭示了人的成熟程度与年龄的关系，是很有一些道理的。

其实，党多少也是这样。随着年龄的增长，阅历广了，见过的世面多了，各种复杂的事情都经历了，积累的经验增加了，于是，对事物的认识大致会更全面一点，更深入一点。这样，就像一个人一样，逐渐走向了成熟。

我们党85岁，进入壮年，所以，从各方面来说，都已进入成熟期。我们所取得的成绩，我们所形成的理论、路线、纲领、方针、政策，我们把马克思主义与中国实际相结合所取得的三大理论成果，我们执政地位的稳固，我们在世界上的影响和地位，都证明了我们党的成熟。

成熟来之不易。它是经历了风霜雨雪各种考验的结果，是走过了各种直道弯路的结果，是遍尝了各种酸甜苦辣的结果。所以，成熟是经验，成熟是财富。成熟是值得骄傲的，也是值得尊敬的。所以，在中国，壮年人、老年人、年长的人，往往都处在受人尊敬、比较有影响力的地位。

当然，用历史唯物主义和辩证唯物主义的观点来看，成熟也是相对的。年龄大了，会成熟；年纪较轻，也未必都不成熟。年龄大些，有成熟的一面，也可能会有不成熟的一面。而且，在不同的时期遇到的问题和解决的任务不同，其成熟与否也会有所不同。

比如说，我们党到1945年的七大时，几乎都公认是成熟了。但是，这种成熟实际上仅仅是相对于新民主主义革命而言。到了社会主义革命和建设时期，党又遇到了新的问题。按理是应该继续成熟的，但没有想到，“左”的错误却逐步发展，以至后来栽了个大跟头。连亩产10多万斤粮食的指标都能出现，连拳打脚踢还认为是造反有理，可见实际上幼稚得很。如果向今天的年轻人介绍当年的一些情况，他们简直难以理解，认为不可思议。可见并不成熟。到改革开放，证明我们在汲取教训的基础上成熟了，但改革开放本身对我们来说，是未曾经历的事，也很难成熟，所以，很多事情还得“摸着石头过河”。到今天，我们在诸多方面成熟了，但切不可以为又成熟了，便飘飘然起来。

其实，成熟本身是好事，也未必是好事。果子成熟了，就要掉下来。稻谷成熟了，就要当作食物进入人的肌体。自然万物中的这类例子不胜枚举。在社会发展进程中，某种社会形态或制度过于成熟了，就会形成超稳定的结构，反而阻碍新的社会因素的生长，从而减弱社会内部发展的动力和活力。

所以，真正的成熟应该是告诫自己：我们现在还不成熟。只有知道自己不成熟，才会不断警示自己，不断进行探索。只有达到如此境界，恐怕才是真正的成熟。

根本的问题，在于处理好成熟与活力的关系。我们讲成熟，往往是与年龄、资历、经验、老到、稳重、谨慎相联系，但却很少与活力相联系。青春、活力、朝气、创造、勇敢、创新，等等，似乎都是年轻人的专利。现在看来，这种价值标准恐怕有点问题了。

确实，从生理上来说，年龄越大，新陈代谢的过程越发缓慢，生命力也就愈益衰退。这是自然规律。但现在，人们也已认识到，越到老年，越需要活力。越是生命力衰退，就越要与这种衰退的现象抗衡，从而延缓衰老的过程。所以，现在，城市、农村，街道、公园，热衷于唱歌跳舞、坚持各种体育锻炼的，往往是年龄较大的人。这应该认为是一种积极的现象。至于中年人、壮年人，远不到衰退的时候，更不能把成熟与衰老、与衰退联系起来。那些未老先衰的种种现象，是应该竭力避免的。

对于我们党来说，更应该是如此了。

首先，我们党还处在中年、壮年，远不到老年时期。而且，从政党的生命周期来说，这种壮年将会持续相当长的历史时期。所以，我们的成熟决不能与衰老相联系，更不能与未老先衰相联系。应该联系的，恰恰应该是青春、朝气、活力、创造、创新，等等。作为壮年，本身就兼具年长与年轻两重特点。年长，就是经验、成熟；年轻，就是活力、朝气。如果失去了活力和朝气，那就不是壮年，而是老年了。

从党的先进性来说，我们在走向成熟的同时，更应该注重活力。因为，党的生命周期，根本上是与活力相联系的。历史上，一些新兴的阶级、集团，刚刚登上历史舞台时，都是生气勃勃的。但时间一长，惰性增加，活力就慢慢减退。对此，黄炎培先生曾有过生动的描述：“大凡初时聚精会神，没有一事不用心，没有一人不卖力，也许那时艰难困苦，只有从万死中觅取一生。既而环境渐渐好转了，精神也就渐渐放下了。有的因为历时长久，自然的惰性发作，由少数演为多数，到风气养成，虽有大力，无法扭转，并且无法补救。”到了此时，气数也就尽了。

中国共产党是顺应历史需要而出现的党，是基于历史规律而发展的党。中国共产党的性质、宗旨和任务，是与中华民族的历史命运和发展方向相一致的。这就从根本上决定了我们党必然具有蓬勃的生命力。但这并不能保证我们不会遇到生命力衰退的问题。活力与衰退，始终是处在博弈之中的。稍有不慎，就容易出现衰退现象，如果不加遏制，任其发展，就会发生危险。

所以，每庆祝一次党的生日，就意味党的年龄长了一岁。岁岁叠加，既意味着我们的成就在增加，我们的经验在积累，我们的事业更辉煌，但同时，也会隐含着，我们的活力与朝气可能在减弱。所以，越是庆祝党的生日，我们就越要注意党的生命力问题，越要注意保持青春年华的问题。

今年庆祝建党85周年，我们党所做的大文章，是党的先进性建设。这个主题，抓住了党的建设新的伟大工程的根本。永远与时俱进，永远不断创新，我们党才能永远保持生命的活力，永远处于生机盎然的状态，永远走在时代的前列。

思考党龄，归结到一句话：愿我们的党永远年轻！

永远处在进行时*

庆祝党的生日，忽然想起了语言表达中的时态问题。

在语言学中，描述人和事物的行为动作，都有一个时态问题。即用适当的方式，说明这些行为动作何时发生，处于何种状态。时态有多种，其中的进行时态，表示的是在某一时段正在进行中的某种行为和动作。在汉语中，这种进行时，常用“正在”等词来表现。而在英语中，一般都是在动词原形后面加“ing”构成。对这些语词或表现形式恰当地加以运用，可以将人或事物正在进行中的活动状态准确而鲜明地展示出来。

任何人或事物，都有其一贯进行中的某种行为和动作。对其加以观察和研究，常常能发现某些带有本质性的特征。

那么，对中国共产党来说，有没有时态问题呢？有没有一贯进行中的活动和行为呢？应该是有的。考察和研究中国共产党走过的85年历程，有一种行为可能是贯穿始终的——这就是党的先进性建设和先进性作用的发挥问题。先进者，先行也。所以，党的先进性也可以集中表现为一个词：“前进”——向前行进，在前行进，不断前进。从过去85年，到现在的即时状态，再到将来的10年、50年、85年……中国共产党始终以先进性为目标和要求，处在不断进行着的前进状态之中。过去在前进，现在在前进，将来仍将继续前进！

这就是我们党的一种特殊而重要的进行时态。具体又表现为三种时间状态：

---

*本文发表于2006年6月30日《人民日报》。在建党85周年和先进性教育活动即将结束之际，文章借用英语中的进行时态，形象地说明了党要不断前进、不断加强先进性建设的道理。

其一是过去进行时：我们党过去在前进。

85年来，我们党作为中国工人阶级的先锋队和中国人民、中华民族的先锋队，为求得民族独立和人民解放、实现国家繁荣富强和人民共同富裕，奋斗不息。领导全国各族人民，取得了新民主主义革命的胜利，建立中华人民共和国，成为全国范围的执政党；建立社会主义基本制度，开展大规模的社会主义建设，不断探索中国式社会主义发展的道路；实行改革开放，推进社会主义现代化建设，全面建设中国特色社会主义。其间，也有过重大的失误和挫折。艰难跋涉，萦回曲折，但仍如百川归海，从总体上保持和发挥了自己的先进性。我们党的队伍，也从最初的50多人，增加到现在的7080万人。党的事业不断前进，党自身的先进性建设也在前进。

当然，如果按语法界定，我们似乎也可以将过去一直进行的先进性建设和发挥的先进性作用，用过去一般时（过去某一时间发生的动作或存在的状态），或现在完成时（发生在过去而对现在有影响）来表达。这里用过去进行时，不过是借用一下，意在突出一贯进行而已。

其二是现在进行时：我们党现在正在前进。

过去的，无论多么辉煌，都属于过去。现在，才是最大和最直接的现实。党的十六大以来，以胡锦涛同志为总书记的党中央，把伟大事业与伟大工程更加紧密地结合起来，在全面建设小康社会的进程中，全面推进党的建设新的伟大工程。提出以人为本、全面协调可持续的科学发展观，深化了对社会主义现代化建设规律的认识；坚持立党为公、执政为民，大兴求真务实之风；把执政能力建设作为党的建设的重中之重，作出全面部署；特别是提出加强党的先进性建设的战略思想，在全党开展了保持共产党员先进性教育活动。所有这些，都使我们党的先进性建设得到了进一步加强，使全党展现出更加生气勃勃的面貌。我们党在如何加强党的先进性建设方面也取得了新鲜的经验，对于共产党执政规律的认识达到了一个新的境界。

其三是将来进行时：我们党将来仍将继续前进。

人类历史是一个不断向前发展的过程。党的发展、建设和前进，也是作为一个过程而存在的。一个过程完结了，一个过程又将开始。自然万物、人类社会都处在永无止境的发展过程中。随着时代的进步，党的先进性也要不断发展。只有永远走在时代潮流的前头，党才能始终保持先进性。如果哪一天怠惰了、停步了、不思进取了，党的先进性就衰退了，党就可能要落后于时代了。所以，胡锦涛总书记提醒我们："一个政党过去先进，不等于现在先进；现在先进，不等于永远先进。"党在过去前进了85年。在未来的85年、乃至更长的年代中，党更要继续前进。

未来的世界五彩斑斓。党面临的国际国内环境错综复杂，肩负的使命任务艰巨繁重，所需解决的课题众多紧迫。迎接所有这未来状态和课题的根本对策，就是继续加强党的先进性建设。先进性建设是加强和改进党的建设的长期任务和永恒课题。因此，必须坚持发展地而不是静止地、具体地而不是抽象地看待党的先进性，不断赋予党的先进性以新的内容，推动党在先进性建设的道路上朝着一个又一个的新目标前进。先进性教育活动是先进性建设的一种形式，但还不等于先进性建设的全部。建党85周年之际，我们将要对先进性教育活动的成果进行检阅总结。未来的任务，不是结束先进性建设，而是要继续扩大先进性教育的成果，把先进性建设贯穿于执政兴国的全部过程中，进一步加强党在思想理论、治国理政、奋斗纲领、组织队伍、党风廉政、制度体系等方面的先进性建设，推动全面建设小康社会和中国特色社会主义事业取得更大的成绩。

这就是借助时态概念对党的先进性建设的描述和期盼——党的先进性建设，过去在进行，现在在进行，将来仍要继续进行。超越时间界限，永远处在进行时。

奋进，向着百年梦想*

1840、1900、1931、1937……这是一个个令中华民族刻骨铭心的数字！

这些数字昭示：曾经创造了辉煌文明的中华民族，到近代却失去了光彩。在汹涌澎湃的近代文明大潮中，我们成了落伍者；在剧烈竞争的世界舞台上，我们成了挨打者。落后贫困的境地，任人欺凌的耻辱，激起了中华民族顽强奋斗的信念和决心。

于是，救亡和进步，就成为近代中国的两大历史任务；在此基础上走向现代化、实现中华民族的伟大复兴，就成为无数志士仁人追求的理想和目标。

这个理想和目标，像一个梦想，一直萦绕在中国人民的脑中、铭刻在各族同胞的心中、流淌在一代接一代炎黄子孙的血液之中。

这个理想和目标，是一个梦想，但决不是虚无缥缈、转瞬即逝的梦想，而是一个给人以期待和力量，可以一步一步转化为现实的梦想。

为了实现这个伟大梦想的转化，中华民族奋斗了上百年、奋进了上百年。

于是，与1840、1900、1931、1937等数字相对应，又出现了1911、1921、1945、1949、1978……这样一个个令人欢欣、永载史册的数字。

而今天，赫然跳跃到我们面前、最为闪亮的数字之一，是1921。

1921年，中国共产党为着实现这个梦想降临于世；90年来，又为将这个梦想转化为现实而不懈奋进。

奋起、奋斗、奋进、奋勇……构成了中国共产党90年不失悲壮、但更是

*本文发表于2011年7月1日《人民日报》特刊，提出了两个“一百年”和中华民族伟大复兴的奋斗梦想。

辉煌的历史主线。

在奋起、奋斗中，中国共产党经历了三个时期，领导了两次革命，实现了两次飞跃，干了三件大事。

在奋进、奋勇中，中国共产党进行了艰苦的探索，克服了无数的困难。多次在挫折失误中奋起，更经常在一路凯歌中行进。

奋进，中国共产党将百年梦想固化为现实的目标，要求在不太长的历史时期内，把中国建设成为一个具有现代农业、现代工业、现代国防和现代科学技术的社会主义强国，赶上和超过世界先进水平。

奋进，中国共产党将百年梦想转化为自己的使命，要求坚持党的基本路线，团结和带领全国各族人民，沿着中国特色社会主义道路，自力更生，艰苦创业，把中国建设成为富强、民主、文明、和谐的社会主义现代化国家。

奋进，中国共产党坚持把现代化建设放在国家的中心位置，聚精会神搞建设、一心一意谋发展。

奋进，中国共产党坚持解放思想、实事求是、与时俱进，努力探索一条中国特色的社会主义现代化道路。

向着百年梦想奋进，中国共产党勾画了“三步走”的大战略：第一步，从1981年到1990年，实现温饱；第二步，从1991年到20世纪末，达到小康；第三步，到21世纪中叶，达到中等发达国家水平。

进入21世纪，中国共产党又进一步实施新的“三步走”战略：第一个10年，实现国民生产总值比2000年翻一番，使人民的小康生活更加宽裕，形成比较完善的社会主义市场经济体制；再经过10年的努力，到建党100年时，使国民经济更加发展，各项制度更加完善；到21世纪中叶新中国成立100年时，基本实现现代化，建成富强民主文明和谐的社会主义国家。

中国共产党带领人民不断奋进，取得了中华民族和世界历史上叹为观止的成就。中国人民的面貌、社会主义中国的面貌、中国共产党的面貌都发生了历史性的变化。仅从经济总量来看，2001年，超过意大利进到世界第六位；2005年，超过法国居世界第五位；2006年，超过英国居世界第四位；2007年，超过德国居世界第三位；2010年，超过日本居世界第二位。一个接一个的跨越，令世界目不暇接。

百年梦想正在加速实现，我们为此感到欣慰和自豪；但百年梦想还没有完全实现，挑战、风险可能随时降临，所有中国共产党人应该保持高度的冷静和清醒。

当21世纪的第二个10年开始之际，我们正在从一个新的历史起点出发。在我们的前方，又出现了值得高度关注和期待的数字：2021、2049！

2021减去1921，是中国共产党成立100周年。

2049减去1949，是中华人民共和国成立100周年。

百年梦想，将要在这样两个历史性的节点到来之时渐次实现：首先是全面建成小康社会，随后是基本实现社会主义现代化。

这是百年梦想，更是时代的要求！

这是中华民族的共同心愿，更是全体同胞为之奋斗的伟大目标！

奋斗未有终期，奋进更需努力。展望未来，激励我们的应该是：永不止步，永不僵化，永不骄傲，永不懈怠！

那样，我们就将越来越接近那期望的高程，进入那更加辉煌的境界！

辑四

重大历史事件纪念

世纪之交话五四*

新世纪从何时开始？如果是从2000年，那我们今年纪念五四，差不多就是20世纪的最后一次了。

当然，无论是否最后一次，我们都已经处在世纪之交的重要时刻。站在这样一个位置看五四，往后，可以把过去几乎100年的历史联系起来回顾和思考；往前，又可以把未来整整100年的时间延伸开来预见和展望。

站在这样的高度看五四，我们顿时有一种“一览众山小”的感觉。

一、五四，需要放在世界历史发展的进程中来考察

考察五四，人们较多的是就五四论五四，或者就中国论五四。但其实，要真正深刻地认识五四，还必须把五四放到人类进入20世纪之后整个世界历史发展的进程中来考察，注意当时的世界出现了什么样的态势，注意这样的世界向中国提出了什么样的课题和任务。

19与20世纪之交，人类世界出现了许多新的趋势。其中最大的趋势之一，不能不说是以某种带有血腥味的方式而一波波展开的由民族历史向世界历史、由民族市场向世界市场的转化过程。简言之，即世界化的趋势。

黑格尔曾经说过，冲破狭窄的地域范围，由民族历史汇成世界历史，是人类历史演化的规律之一。但他又认为，这种世界历史只是世界精神的外化。

*本文发表于1999年5月5日《中国教育报》，以“一览众山小”的独特角度和视野，将五四运动放在百年历史进程中进行了深入考察和论述。

马克思恩格斯对黑格尔世界历史的思想进行了唯物主义的改造，肯定在人类历史发展的进程中，确实奔涌着一股世界化的洪流。但是驱动这股洪流的，不是什么精神和观念，而是在生产力普遍发展基础上形成的社会分工和各民族的互相交往。他们分析这个过程说，生产力的发展，分工和交换的扩大，冲破了地域的壁垒，把各个民族推向不可分割的联系和交往中。“各个相互影响的活动范围在这个发展进程中愈来愈扩大，各民族的原始闭关自守状态则由于日益完善的生产方式、交往以及由此自发地发展起来的各民族之间的分工而消灭得愈来愈彻底，历史也就在愈来愈大的程度上成为全世界的历史。”①

不无意味的是，无论黑格尔还是马克思恩格斯，在论述这种世界历史进程时，都不约而同地提到了中国。黑格尔认为，世界历史同太阳的行程一致，从东方的中国开始，经过希腊、罗马，到日耳曼结束。马克思恩格斯则把中国作为世界历史中相互关联的一个组成部分：“例如，如果在英国发明了一种机器，它夺走了印度和中国的无数工人的饭碗，并引起这些国家的整个生存形式的改变，那么，这个发明便成为一个世界历史性的事实”②。

世界市场的发现，极大地促进了资本主义的扩展；而资本主义的扩张，又进一步推动了世界市场的扩大。经过几个世纪的逐步加速，到19世纪末，这个过程呈现出一种飞跃般的突进。资本主义由自由竞争走向垄断，成为世界占支配地位的生产方式。帝国主义的形成，把整个世界都几乎瓜分完毕。

世界市场的形成，与殖民主义、帝国主义的扩张一起，把资本主义的新型文明传播到了世界各地。但这种传播的悲剧性色彩在于，它同时带上了浓厚的血腥味。因为它不仅仅是用廉价的商品，还在无耻地使用毒品、欺骗、抢劫，乃至坚船利炮的杀戮。于是，它使得资本主义心脏地区生产方式的内在矛盾，外化为帝国主义之间争夺势力范围的矛盾，更外化为世界范围内压迫民族与被压迫民族，亦即殖民主义、帝国主义与殖民地半殖民地国家和人民的矛盾。这种矛盾支配着19与20世纪之交的世界生活。但它的复杂和奇特之处在于，同一对矛盾同时表现出两种几乎截然相反的性质，即，一方面，它表现为掠夺与反掠夺、侵略与反侵略的冲突；但另一方面，它又在某种程度上表现为

①《马克思恩格斯选集》第1卷，第51页。

②《马克思恩格斯选集》第1卷，第51页。

先进文明与落后文明的矛盾。

当时的中国，就是这种奇特矛盾的一个典型。从1840年之后，中国既成为西方文明传播的场所，又成为西方掠夺和杀戮的对象。中西对垒的态势，从道义、情感、利益、乃至法律上来说，无疑是侵略者与被侵略者之间的冲突，是侵略与反侵略、掠夺与反掠夺的斗争；但从社会形态、生产方式、思想文化、政治制度来说，又是两种不同文明类型的关系，是先进文明与落后文明的矛盾。这种特殊的性质，构成了马克思所称的一种“离奇的悲剧”，即：一边是半野蛮人的陈腐世界，一边是文明人的现代社会。但陈腐世界的代表奉行的是文明的道义原则，采取的是自卫行动；而现代社会的代表奉行的却是野蛮的暴力原则，采取的是侵略行动。

离奇的悲剧不断地在中国的舞台上上演。于是，它也就愈益明显地向悲怆地走向20世纪的中国提出了两个重大的任务：救亡与进步。救亡，是反对帝国主义、解决自己民族和国家的生存问题。进步，则是主要反对封建主义、解决业已陈腐的社会如何赶上世界潮流的问题。不救亡，就没有自己国家和民族在世界上的立足之地，也就谈不上社会文明向前进步的问题；但如果不推动社会文明的进步，尽快赶上时代和世界的潮流，就不可能从根本上解决救亡的问题。

这是进入20世纪以后中国面临的任务，其实也是当时世界上一切成为殖民主义、帝国主义侵略、掠夺对象的民族的共同任务。

这就是19与20世纪之交人类历史在空间形态上所展示的一幅大画面，也是当时中国所处的艰难而又奇特的历史方位。这样一个背景，成为我们考察五四运动时不能不首先展开的宏观大视野。

二、五四，在20世纪的历史上有哪些标志性的意义？

发生在世界历史进程大背景下的五四运动，就其实质来说，是试图回答世界向中国提出的大课题，同时解决救亡与进步两大历史性任务的最新努力。

五四运动不是一个孤立的事件。它是中国进入20世纪后一系列社会矛盾的产物。它的意义，也正是开始了在整个20世纪内解决这些矛盾的新的历程。

五四之所以光彩夺目，并不在于一个个具体的事件，而是在于它对20世纪的世界历史性大课题作出了新的回答。正是这种回答，构成了五四运动在20世纪的标志性意义。

第一，面对帝国主义列强瓜分、掠夺中国的企图，尤其是在中国同样成为第一次世界大战战胜国之后，帝国主义仍然要维持其在中国殖民统治的企图，五四运动明确作出了“不”的回答，由此而高高举起了爱国主义的旗帜。

爱国，是五四运动最初的动因，也是五四运动直接和本来的含义。“外争主权，内惩国贼”，表明了中国人民国家主权意识的新觉醒。“中国的土地可以征服而不可以断送”，“中国的人民可以杀戮而不可以低头”，表明了中国人民坚强不屈的爱国主义精神。贯穿五四运动全过程的强烈的民族危机意识、强烈的国家生存意识，是对帝国主义与殖民地半殖民地人民矛盾的直面回答。救亡图存，成为中国人民日益清晰地认识到的最紧迫任务。

正是这种意识和任务，构成了20世纪上半叶中华民族不懈奋斗的主旋律。爱国主义，成为五四青年和亿万大众高高举起、一直在20世纪引导人民奋斗的伟大旗帜。

第二，面对在世界格局中中华民族积贫积弱、受辱挨打的危急状态，面对在时代进步的潮流中中华民族愚昧落后、封建保守的状态，五四运动作出了赶上时代、振兴中华的回答，由此而高高举起了民主科学、思想解放和社会进步的旗帜。

爱国、救国，就必须立国、强国、改造中国。五四之前，面对殖民主义、帝国主义的侵略、掠夺，中国人民并非没有反抗，也并非没有发生过爱国主义的运动。但是，仅仅单纯地抵抗、反击，甚至盲目地仇外、排外，是不可能真正实现救亡图存的历史任务的。只有赶上时代，振兴中华，才能使中国作为国际社会平等的一员立于世界民族之林。因此，五四运动所要求的，不仅是救亡，而且还有进步。而这种进步的两大方面，一个就是“民主”，一个就是“科学”。实现这种进步的第一个环节，则是要启蒙，亦即睁开眼睛，学习外国的先进文明，抛弃早就陈腐的封建糟粕。五四运动之所以和新文化运动紧紧联系在一起，正是因为新文化运动奠定了五四运动深刻的思想基础，或者说，为五四运动提供了新型的思想武器。

所以，五四运动举起的，不仅有爱国主义的旗帜，还有民主科学的旗帜、思想解放的旗帜。而无论民主科学还是思想解放，都是要求社会进步的旗帜、振兴中华的旗帜。这面旗帜，此后一直在20世纪的中国大地上飘扬，成为中华民族在整个20世纪奋斗不息的精神动力。

第三，面对中华民族从根本上向何处去的问题，五四运动实现了由旧民主主义革命向新民主主义革命的转变，由此而开始了中国走向社会主义的历史进程，开辟了社会主义在中国胜利发展的道路。

五四促进了人们的思想大解放。五四青年们对于当时中国社会的种种腐朽丑恶现象极为不满，都急于从国外涌入的各种新思潮中，提取他们认为最合理的因素，构建中国新社会的理想王国。如《新青年》刊登的《本志宣言》就提出："我们理想的新时代新社会，是诚实的、进步的、积极的、自由的、平等的、创造的、美的、善的、和平的、相爱互助的、劳动而愉快的、全社会幸福的。希望那虚伪的、保守的、消极的、束缚的、阶级的、因袭的、丑的、恶的、战争的、轧轹不安的、懒惰而烦闷的、少数人幸福的现象，渐渐减少，至于消灭。"

那么，什么才是这样的新社会呢？

西方列强的入侵，让人们看到了西方文明的力量。于是有人希望步西方国家的后尘。但问题是，造成中国成为半殖民地社会悲惨局面的，正是西方资本主义的野蛮扩张，根本上是资本主义生产方式内在矛盾的外化。资本主义文明在具有许多强势的同时，也具有许多难以克服的弊病。况且，西方列强也不容许它的掠夺对象通过发展资本主义而成为与它竞争的对手。于是，许多人通过争论、比较、鉴别，最终选择了马克思主义和科学社会主义。这一历史性的选择，促进了五四青年与工人阶级和人民大众的结合，促成了马克思主义与中国工人运动的结合，促成了中国共产党的诞生。

因此，毛泽东同志在1939年就指出，五四运动是彻底地不妥协地反帝国主义，彻底地、不妥协地反封建主义的运动。五四运动在思想上和干部上准备了中国共产党的成立，准备了五卅运动和北伐战争。中国的新民主主义革命是从五四运动开始的。

由于实现了从旧民主主义革命向新民主主义革命的转变，中国反帝反封建的革命运动才出现了根本性的转机，中国实现救亡和进步的历史性任务才不断取得了前所未有的胜利。

第四，回到世界化进程本身，还有极为重要的一条，即，从更广阔的意义上说，五四运动把马克思所说的“离奇的悲剧”引向了一条情节发展的新道路。

这条道路的内涵和价值在于告诉了人们：被侵略、被掠夺的民族只有反对帝国主义才能救亡图存，但这种救亡是救国家和民族之亡，而不是救腐朽没落制度之亡；图存是图国家和民族之存，而不是图腐朽没落制度之存；反对帝国主义，是反对帝国主义的侵略和掠夺，而不是站在马克思所说的陈腐世界的一边去笼统地反对一切现代文明包括资本主义文明。因此，在救亡的同时还要争取社会的进步。

但进步，又不是完全抛弃自己的传统文明，跟在西方资本主义列强后面亦步亦趋，甚至与资本主义列强为伍，而是要在大力吸收西方现代文明的同时，摒弃资本主义的糟粕，走出一条有本国特色的社会进步和文明发展的道路。

五四运动当时，对这一复杂的辩证关系也许理解得还不够深刻，如毛泽东同志所说，还存在着形式主义的东西，“对于现状，对于历史，对于外国，没有历史唯物主义的批判精神，所谓坏就是绝对的坏，一切皆坏；所谓好，就是绝对的好，一切皆好。”①正因为如此，后来五四运动便分化为两种潮流。而其中马克思主义的学派和潮流，由于掌握了科学的辩证法思想，终于比较正确地解决了“离奇悲剧”的离奇之处。从而，它不仅给中国，也给世界，提供了非常有益的启示。

所以，五四运动最深刻的意义，并不在于它的自身，而是在于它与世界化历史进程的关系；在于对这个进程向中国所提出的基本问题的回答；在于它通过回答这些问题而为20世纪的中国竖起了标志。

---

①《毛泽东选集》第三卷，第832页。

三、五四80年后，我们来到了什么样的历史方位上?

20世纪，中国发生了三次历史性巨变。其中，一次发生在五四之前，两次发生在五四之后。从五四算起的80年来，或者从19世纪末算起的100年来，无论中国还是世界，都走过了既辉煌壮丽、又艰难曲折的道路。80年后看历史，五四的课题，有的已经解决了，有的还正在解决，有的随着形势的发展又有了新的变化；五四的任务，有的完成了，有的还正在完成，有的随着形势的发展又增加了新的内涵。

那么，现在我们处在什么样的历史方位上呢?

就中国与世界的关系而言，我们可以概括出以下五点：

第一，近代历史上包括五四时期中华民族反对帝国主义的斗争已经取得了决定性的胜利。五四当年那种状态的压迫民族与被压迫民族、侵略国家与被侵略国家的矛盾已经从根本上得到解决。从1949年开始，中国人民真正站了起来。中华人民共和国的主权和独立自主的地位得到了世界的普遍承认。中国成为联合国安理会的常任理事国。中国已经日益成为在世界上举足轻重的国家，并得到世界各国的尊敬。这是五四开始的奋斗进程的必然结果，是可以告慰于五四志士的伟大成就。

第二，中国的国家实力与五四当年包括1949年相比已不可同日而语，就是与改革开放开始的1978年相比也有了突飞猛进的增长。但是，从横向比较，中国还是发展中的国家，处在社会主义初级阶段。按人均计算的很多数字在世界上还属于较低水平。其经济实力、科技水平、教育程度等都与发达国家有很大差距。19与20世纪之交孙中山先生提出的现代化的目标还远没有达到。因此，五四的救亡任务虽已完成，但强国之梦还没有完全实现。

第三，五四当年所处、所觉、所需应对的世界化进程仍在发展，但表现形式发生了很大的变化，而其态势则更为广泛、更为深入、更为迅猛。经济全球化成为20与21世纪之交世界化进程的最新、最重要的表现形式和发展阶段。各国的经济、市场、技术和通信形式越来越具有“全球性”的特征。世界各国经济、科技的开放度越来越大，相互依存度大大提高。跨国公司的触角伸向世界各地。资本流动、金融交易、贸易往来、信息交流的规模越来越大。跨越民族国家政治疆界的经济活动不断扩大。与此相关的政治、文化的相互交流和影响也越来越大，越来越多。这种进入最新阶段的世界化进程，既给中国带来了新的机遇，也给中国带来了新的挑战。如同80年前不能忽视世界化进程一样，今天我们更不能忽视以经济全球化为主要标志的新的世界化进程。

第四，中国与世界上其他国家的关系，呈现出与当年五四根本不同且更为复杂的状况。在和平与发展成为当今世界主题的情况下，中国坚持奉行独立自主的和平外交政策，致力于建立公正合理的国际政治和经济新秩序，反对霸权主义，维护世界和平，努力为自己国家的社会主义现代化建设创造一个有利的国际环境。中国实行全方位的对外开放政策，充分利用国际国内两种资源、两个市场，不断加强同广大发展中国家的团结和合作，也在和平共处五项原则的基础上改善和发展同发达国家的关系。中国的国际环境与五四当年那种屈辱的状况有了根本的改变。但是这并不意味着天下已经太平。在20与21世纪之交的新形势下，我们面临着西方国家科技、经济占优势的压力。不公正、不合理的国际经济旧秩序没有根本改变。霸权主义和强权政治依然存在。社会主义在世界上处于低潮。西方敌对势力始终没有放弃西化、分化我国的政治图谋。因此，我们维护国家安全的内容更加广泛深入，促进国家发展的任务也更加艰巨。如何更好地抓住机遇发展自己，特别是发展经济，同时应对好严峻的挑战，在快速变化的国际局势和激烈的国际竞争中始终立于不败之地，是我们在20与21世纪之交必须解决好的重大课题。

第五，中华文明与西方文明的关系，也与五四当年根本不同。五四时代，中国文明基本上还是封建主义的文明，西方世界则是资本主义文明。在此之后，中国文明经过脱胎换骨的改造，已经进入到社会主义文明阶段。新型的中华文明既吸收了传统文明的精华，又注入了现代社会的文明成果。这样的过程历经坎坷曲折。五四当年，中国人如饥似渴地向西方学习，但也存在缺乏分析、食洋不化的现象。由于倍尝西方世界给中国带来的痛苦，后来我们又在相当程度上对外部世界关上了大门。在经历了种种曲折之后，我们终于对中华文明与西方文明的复杂关系有了比较辩证的认识。我们珍惜中华传统文明的宝贵财富，同时又义无反顾地向外部世界打开了大门；我们虚心地吸收西方文明中的优秀成果，甚至直到现在仍感学得不够，但同时也不能不警惕，西方世界仍死抱着吞噬中华文明的企图。因此，如何建立中华文明与西方文明之间的平衡关系，乃至建立世界文明的新秩序，将是20与21世纪之交我们所需解决的又一重大课题。

就中国自身的发展而言，我们可以概括出以下四点：

第一，近代史上包括五四时期中国人民反对封建主义的斗争同样已经取得了决定性的胜利。封建主义作为一种基本的社会形态已经被扫进了历史的垃圾堆。中国建立了社会主义的基本制度。这种制度在经历了各种风雨考验之后，正在不断地得到发展、完善和巩固，并日益发挥它应有的优越性。这是五四运动为之奋斗的伟大事业的辉煌成果。当然，社会主义制度的发展、完善和巩固并不是“现在完成时”，而还是“现在进行时”，即它还要经历一个漫长的不断向前推进的过程。改革开放，就是完善社会主义的巨大努力，是决定中国命运的重大决策，是中国的第二次革命。经过20多年的新探索，在新中国成立以来革命和建设成就的基础上，我们党总结历史经验和教训，成功地走出了一条建设有中国特色社会主义的新道路。社会主义中国显示的蓬勃生机和活力，为全世界所瞩目。

第二，作为中国文明核心内容的价值体系、意识形态和思想观念，已经发生了根本的变化。从五四开始，中国至少经历了三次伟大的思想解放运动。一次是五四运动，一次是延安整风，一次是十一届三中全会前后关于真理标准问题的大讨论。至于最近20年来到底有几次思想解放，尚有不同意见。但无论如何，思想解放总是一个不断发展的过程。每一次大的思想解放，都把中国人民的思想从某些陈腐或错误的观念中解放出来，极大地焕发了积极性和创造性。而作为这种思想解放和思想进步的最大结晶，就是实现了马克思主义同中国实践相结合的两次历史性飞跃，形成了毛泽东思想和邓小平理论。邓小平理论是毛泽东思想的继承和发展，是马克思主义在中国发展的新阶段。

第三,五四运动所呼唤的“民主”，已经走进了中国人民的现实生活。在80年乃至上百年来的曲折过程中，中国人民不断加深对于民主的认识，也在不懈地推动民主的实现。经过多次实验，终于选择了社会主义的民主。毋庸讳言，我们在民主问题上也有过失误，有过教训，有过痛苦的经历。但是，经过深刻的反省以后，我们终于明白了一个道理：没有民主就没有社会主义，就没有社会主义的现代化。现在，我们已经初步形成了有中国特色社会主义民主政治的基本框架，同时，确立了依法治国的基本方略和建设社会主义法治国家的目标。我们正在从中国的实际出发，坚定而有步骤地向着既定的目标前进。

第四，五四倡导的科学精神得到了广泛的普及，科学事业得到了空前的发展。科学同民主一样，是五四运动的旗帜。单靠科学当然救不了国，但没有科学更救不了国。中国要赶上时代，发展国家，就必须坚持科学精神，发展科学事业。就科学精神而言，马列主义毛泽东思想特别是邓小平理论，为我们正确地认识世界、建设中国，提供了科学的思想指导。就科学事业而言，中华人民共和国的建立，为科学技术事业的发展创造了基本的制度条件。而新时期的改革开放，更为科学技术事业的发展添上了新的翅膀。如今，科学技术是第一生产力的思想已经深入人心，科教兴国已经被确定为国家发展的基本战略。毫无疑问，中国的科学技术水平与发达国家相比还有很大的差距。但只要我们真正把它放在第一生产力的位置上，经过几十年乃至上百年的努力，这样的差距是会缩小的。

四、下个世纪，我们还需要纪念五四吗？

我们即将告别20世纪。我们还会同时告别五四吗？

时代永远在前进。作为特定的社会运动，五四运动与其他运动一样，是不可能再现的。但它所蕴含的精神，却如当年李大钊所说："乃永久存在"，必定会伴随着我们走进新的世纪。

为什么？

第一，在新世纪，我们仍然需要爱国主义的精神。

在21世纪，世界化的历史进程会继续发展。尤其经济全球化的浪潮将会使我们的生产方式、生活方式发生更大的变化。但是，世界化与民族化始终是两个相向运动的辩证过程。在全世界的大同实现以前，拥有独立主权的民族国家是不可能消失的。在一定区域内的人们总是要以某种方式，行使自己的权利，维护自己的利益、展示自己的特色。而国家，就是这种区域共同体的最有效形式。

我们需要适应经济全球化的发展。但经济全球化只是表明世界各国经济联系的日益紧密，而不是表明每个国家和民族的经济利益自动地达到均衡、平等。恰恰相反，大力推动全球化的人们想要牟取的仅仅是他们自己的最大利益。所以，经济全球化带给我们的，既是机遇，更是挑战。我们必须参与经济全球化的进程，但这种参与，不是为别的，为的是获取我们自己的最大利益。因此，在经济全球化愈益发展的21世纪，我们毋宁更应该热爱自己的国家，更需要维护自己国家的利益。

在当代世界，传统的国家主权观念正受到严重的挑战。西方的一些政治家、外交家们，大肆鼓吹传统的主权观念过时了，国家的疆界不应成为阻挡西方力量和价值观的障碍。不错，随着国际合作的加强、国际组织的扩大和国际法的发展，许多国家都正在不同程度地让渡出部分主权。但无论如何，这种让渡总是有限的，而且也必须是自愿的、互利的。如果无限制地削弱主权，其结果只是有利于少数发达国家凭借自己的实力推行霸权主义和强权政治，只会造成世界的更大混乱。谓予不信，北约对南联盟动武，就是典型的案例。所以，在国际舞台上，必须继续坚持国家主权不容侵犯的原则。

有人常说，科学没有国界。但，我们且不说科学家是有祖国的，就以市场经济和现代文明的规则来说，这些人至少忽略了一个重要的事实：知识产权！在现代社会，任何科学发现和技术发明，都是要申报专利，实行知识产权的法律保护的。因为唯有保护知识产权，才能更好地促进科学技术的发展。既然如此，何来没有任何归属的创造发明？何来无限让渡的科学利益？更何来没有任何国籍的科学家？

就我们自己的国家而言，爱国主义历来是动员和鼓舞中国人民团结奋斗的一面旗帜，是推动我国社会历史前进的巨大力量。20世纪中国发生历史性巨变的思想基础之一，就是爱国主义。面向21世纪，我们肩负着更为艰巨、光荣而伟大的任务。我们要全面推进建设有中国特色社会主义的伟大事业，要最终完成祖国统一的伟大任务，要在21世纪中叶把我国建设成为富强民主文明的社会主义现代化国家。所有这一切，都要靠12亿人民的同心同德和不懈奋斗。因此，继续发扬五四的爱国主义精神，对于振奋民族精神、凝聚全民族的力量、在21世纪创造新的辉煌、使中华民族继续屹然挺立于世界民族之林，具有十分重要的意义。

第二，在新世纪，我们仍然需要民主与科学的精神。

五四倡导的民主与科学精神，对20世纪中国的历史发展产生了深刻的影响。展望未来，在新的世纪里，我们仍然要继续推进民主与科学的事业。

民主，与社会主义的命运紧紧联系在一起，也与中华民族的命运联系在一起。历经风雨坎坷，我们就更懂得民主的价值。因此，坚持不懈地建设有中国特色社会主义的民主政治，是我们不仅在20世纪，也是在21世纪的奋斗目标和任务之一。党在社会主义初级阶段的基本纲领规定：建设有中国特色社会主义的政治，就是在中国共产党领导下，在人民当家作主的基础上，依法治国，发展社会主义民主政治。发展民主，一是要继续推进政治体制改革，改进和完善各项制度，大力加强法制建设；二是要正确认识和对待民主问题，在推进民主的同时维护安定团结的政治局面；三是要大力倡导民主精神，学会用民主的方法来管理国家和社会。这三个方面，都是非常复杂的课题，既是五四任务的延续，也是五四目标的深化。完成这些历史性的任务，仍然需要五四的精神。

科学技术，无论在现在还是21世纪，都是第一生产力。正如100年前世界正酝酿着一场深刻的科学技术革命一样，人类在走向新的21世纪的时候，又在经历着一场全球性的科学技术革命。近30年来人类取得的科技成果，比过去两千多年的成果还要多。科技领域的革命性变革，不仅极大地推动生产力的发展，改变着人们的生产和生活方式，而且必将深刻地影响下个世纪的世界政治、经济、文化和军事格局。能否及时地利用科学技术特别是高技术发展的成果，对21世纪我们的综合国力、社会经济结构、人民生活和在国际上的地位，关系极大。中国在近代之所以屡遭西方列强的侵略和蹂躏，除了腐朽的政治原因外，经济技术落后是一个重要的原因。在未来21世纪，如果我们不紧紧跟上科技进步的时代潮流，不下大气力提高我国的科学技术水平，仍然会有可能陷入被动挨打的境地。所以，我们不能不从国家命运的高度，真正把加速科技进步放在经济社会发展的关键地位，坚定不移地实施科教兴国的战略。

第三，在新世纪，我们仍然需要解放思想、实事求是的精神。

五四运动，贯穿着一种勇敢无畏的解放思想的精神。面向未来，我们仍然需要解放思想的精神。实践、认识、再实践、再认识……在21世纪里，建设有中国特色社会主义将仍然是这样一个无限发展的过程。在实践的过程中，我们要不断地研究新情况，解决新问题，开拓新路子。既需要运用已有的理论认识指导实践；又需要不断探索新的规律，取得对客观世界的新的认识；相应地，也需要不断破除过时和陈旧的观念，从而推动实践向广度和深度发展。这就需要我们始终不懈地坚持科学的思想路线，正确处理好主观与客观、理论与实践的关系，防止任何主观与客观相分离、理论与实践相脱节的现象。从这个意义上来说，只要建设有中国特色社会主义的事业没有完成，解放思想就没有止境，实事求是更必须一以贯之。五四展示的解放思想的精神，将依然是我们可以不断汲取的营养之一。

第四，在新世纪，我们要创造更加灿烂的中华文明。

五四，是东方文明与西方文明的一次激烈碰撞。中国的先进知识分子，正是在近代中国蒙受的屈辱中，感受到了中华文明的深刻危机，激发起既抵抗西方侵略、又向西方文明学习的强烈愿望。面向21世纪，东方文明与西方文明之间出现了更为复杂的矛盾状况。解决这种矛盾的办法，既不是简单地拒绝西方文明，也不是简单地照搬西方文明，而是要以一种兼收并蓄、海纳百川的胸怀，在新的更高的层次上建设社会主义的中华文明。我们既要防止五四期间也曾经有过的片面性绝对化倾向，更要发扬五四敢于批判、敢于创新、同时也敢于剖析、敢于吸纳的精神，面向现代化，面向世界，面向未来，立足中国现实，继承优秀传统，吸收外国文明成果，使中华文明立于世界，赶上时代，在新的世纪焕发出更加夺目的光彩。这是五四使命在新世纪的延伸，也是五四使命在新世纪的伟大发展。

正因为如此，我们虽然即将告别20世纪，但并不会告别五四精神。五四，留给我们的，是一座丰富的宝藏。随着时代的发展，我们将会不断地加以挖掘，并在现实生活的熔炉中给以新的提炼。因此，在未来的21世纪，我们仍将会对五四表示真诚的敬意。

伟大的历史起点*

——中国共产党成立的若干重要史实

1921年，中国共产党宣告成立，这是中国共产党迄今95年跋涉奋进的历史起点，也是中国社会发生沧桑巨变的历史起点。近年来，全国党史部门和党史工作者不断加强对中国共产党创建史的研究，史料挖掘更加深入，考察视野更加开阔，研究成果不断出现。我曾长期负责这方面工作，所以有责任将有关成果作一简要介绍，以便各界更加准确地把握中国共产党历史起点的基本事实和意义。

一、中国共产党成立的时间

1921年7月，中国共产党召开第一次全国代表大会。大会开幕时间应该就是中国共产党成立的时间。长期以来，人们一直以为一大是7月1日开幕的，但实际情况并非如此。历史资料和一大代表回忆中所说的时间，有7月1日，7月10日左右，7月20日，还有7月底。

1972年，苏联学者发表文章，以共产国际档案为依据，提出中共一大开幕的时间应该是7月23日。改革开放后，我国党史部门和有关学者对一大开幕时间也进行了研究。1980年，《党史研究》和《党史资料丛刊》发表了三份共

*本文发表于2016年6月26日《人民日报》，在建党95周年之际，根据本人长期从事党史领导工作的积累，介绍了有关中国共产党成立若干史实的研究成果和新的结论。发表时有删减。

产国际的档案文献。其中一份《中国共产党第一次代表大会》的详细报告明确写道："代表大会定于6月20日召开，可是来自北京、汉口、广州、长沙、济南和日本的代表，直到7月23日才全部到达上海，于是代表大会开幕了。"邵维正教授在《中国社会科学》杂志上发表文章，对有关资料进行考证分析后认为，一大开幕的时间应该是7月23日。

苏联学者公布的《驻赤塔赤色职工国际代表斯穆尔基斯的信件》，则更加明确地记载："从7月23日到8月5日，在上海举行了中国共产党的代表大会"。

经过慎重研究，中共中央党史研究室编写、经中央批准、2002年出版、2011年再版的《中国共产党历史》第一卷明确写道："中国共产党第一次全国代表大会于1921年7月23日开幕。"2011年，我主持编写并经中央批准的《中国共产党历史大事记》也明确记载："7月23日，中国共产党第一次全国代表大会在上海法租界望志路106号（今兴业路76号）开幕。"

由于一大于7月23日开幕已成定论，所以，中国共产党的成立时间也应该是1921年7月23日。但我发现，很多领导干部和党员、群众对此并不了解，不经意间就会说错写错，所以，有必要说明和强调一下。

二、中国共产党成立纪念日及其由来

党的真正生日是7月23日，那7月1日这一时间是从何而来的呢？

最早对中国共产党成立进行纪念的是共产国际。1936年6月23日，共产国际执委会书记处作出《关于中国共产党成立15周年的决定》。据此，共产国际举行了一系列活动，《共产国际》杂志刊登了纪念中共成立15周年的系列文章。

1937年7月1日，中共中央召开党的活动分子会议，周恩来作《十六周年的中国共产党》的报告，开创了在7月1日进行党员教育的先河，但报告没有提到党诞生的具体时间。

1938年，抗日根据地举行纪念建党17周年的活动，需要确定日期。当时，在延安的一大代表有毛泽东、董必武等人。他们回忆，一大是7月份召开的，但确切的日期记不清了，于是，就商量将7月1日作为党的诞生纪念日。董必武1971年曾谈道："七月一日这个日子，也是后来定的，真正开会的日子，没有哪个说得到的。"毛泽东在《论持久战》中指出："今年七月一日，是中国共产党建立的十七周年纪念日。"6月24日，中共中央发布《关于中共十七周年纪念宣传纲要》。

1941年6月，中共中央发出《关于中国共产党诞生廿周年抗战四周年纪念指示》，第一次以中共中央名义把7月1日作为党的诞生纪念日。所以，7月1日，中共中央机关报《解放日报》出版了《中国共产党20周年特辑》。延安党政机关和人民团体举行纪念建党20周年活动。此后，在7月1日纪念党的生日就一直延续了下来。1948年7月1日，刘少奇在纪念党的生日的讲话中说：这是我们党最重要的纪念日，也是中国人民、中华民族最重要的纪念日。

新中国成立后，1951、1961、1981、1991、2001、2011年，党中央都举行了庆祝建党的活动。改革开放以来，除了逢十外，逢五还举行过一些庆祝活动。

由于这些活动基本上都在7月1日举行，天长日久，人们便以为中国共产党是在7月1日诞生的。实际上，毛泽东等人最初是把7月1日称作纪念日的。由于一大开幕日期已经查明，所以，严格说来，7月23日才是真正的诞生日和生日，而7月1日则是纪念日。两个日子是有差别的。无论开展纪念活动，还是撰写有关文稿，都应该注意这个差别。

三、中国共产党一大闭幕的时间

中共一大开幕的时间已经清楚了，闭幕的时间呢？

到目前为止，还没有定论。当事人的回忆及档案资料的记载都不一样。7月31日、8月1日、8月2日、8月3日、8月4日、8月5日，共有六种说法。

主要原因是，7月30日晚上，代表们在上海的会场、即李汉俊之兄李书城住宅内召开最后一次、也即第6次会议时，突然有人闯进会场探问"你们是干什么的？"长期从事秘密工作的共产国际代表马林高度警觉，立即建议会议停止，大家迅速离开。不到一刻钟，法租界巡捕房便来人搜查。原因是，马林早已被有关国家政府和侦探盯上了。

显然在上海开会已经不安全，但建党的任务还没有完成，于是决定转移。有人建议到杭州继续开会。但有人认为那里容易暴露。这时，李达的夫人、参与一大筹备工作的王会悟说自己是浙江桐乡县人，紧挨着嘉兴。嘉兴有个南湖，如果到湖上租条游船开会，比较安全。大家认为这个安排比较妥当，于是决定到嘉兴南湖继续开会。

问题在于，具体是什么时间转移的？到底是哪一天在南湖开会的，各人的回忆和档案资料都不一致。有人认为7月31日可能性比较大，但证据也不充分。由于闭幕时间一直没能确定，所以，《中国共产党历史》第一卷便表述为："代表们分批转移到浙江嘉兴南湖，在一艘游船上召开了最后一天的会议。"《中国共产党历史大事记》也记载为："最后一天的会议转移到浙江嘉兴南湖举行。"这"最后一天"到底是哪一天？有待考证研究。

多年来，上海、浙江有关部门和单位对党的创建史高度重视，组织开展了多方面的研究。浙江嘉兴市有关部门和单位专门立项对南湖会议进行调查考证，搜集了几乎所有能够找到的关于一大的历史资料，逐个对所有的回忆进行了考证辨析。根据文件和回忆提及的各种细节，核查了当年从上海到嘉兴的列车车次和时刻、8月1日前后几天的天气状况和气象档案、从上海到广州的轮船航班时间等等，并参考台湾的国民党有关档案，逐一排除了其他各种日期的可能性，列举多方面证据，认为8月3日在南湖召开会议最接近于事实。也就是说，他们认为中共一大在南湖召开并闭幕的时间应该是8月3日。

这是一个令人鼓舞的成果。由于这是到目前为止，有组织地对南湖会议进行的最系统、最全面、最深入、最细致的一项研究，是在广泛查阅档案资料，走访有关人士、仔细考证辨析基础上得出的最新结论，所以，虽然还不能绝对肯定，但可信度比较高。我已建议他们，在进一步完善和确认之后，以适当形式正式发布这一成果。

四、中国共产党的诞生地

中国共产党在上海诞生，这是长期以来众口一致的定见。上海的同志一直强调上海是党的诞生地。但浙江的同志认为党实际上是在嘉兴南湖成立的，党的诞生地应该是南湖。

两地都以党的诞生地为荣，这是好事。上海和浙江都分别召开过研讨会，研究党的创建史，上海还开过国际研讨会，这也是好事。但党到底在哪个地方诞生？单说一个不全面。按历史事实，应该包括上海和浙江嘉兴南湖两个地方。很多展览只说上海一个地方，也有展览只说南湖一个地方，我都指出，要把两个地方说全了。

为什么要说全了？因为一大是在两个地方接力召开和完成的，少一个都不完整。

两个地方的地位和作用怎样表述？是什么关系？我给两地都说：在上海召开是历史的必然；在南湖召开是历史的偶然，但偶然中也有必然。

上海，无疑是党的主要诞生地。上海是近代以来最大的工商业城市，新文化运动的发源地。工人阶级最为集中，知识分子云集，水陆交通便利，中外各种思潮和风气碰撞，控制上海的军阀与北京不是一个派系，租界分割也易于革命者隐匿和转移。这些客观环境为党在上海诞生奠定了重要基础。创建中国共产党的先进分子以及共产国际和苏俄人士都把上海作为最重要的活动基地。还在1920年，上海就成立了称为“中国共产党”的早期组织。上海党组织实际承担了发起和召集中国共产党第一次全国代表大会的任务。李达等人具体负责筹备工作。一大在上海召开了6次会议，研究了主要问题，起草了有关文件。如果不是侦探出现，会议也许就会在30日结束，党也就在上海宣告正式成立了。所以，一大在上海召开，中国共产党在上海成立，是历史的必然。

一大转移到嘉兴南湖召开，是历史的偶然，但偶然中也有必然。浙江近代工商业的发展，辛亥革命后进步思潮的涌现，浙江志士仁人投身革命，嘉兴与上海交通便利，还有可以利用的社会关系等，都是客观的有利条件。党的最早一批党员、特别是上海发起组中，有不少人，如陈望道、沈玄庐、沈雁冰、沈泽民、俞秀松、施存统等，都是浙江人。其中陈望道是《共产党宣言》第一个中译本的翻译者。到南湖开会的建议，是浙江籍人士王会悟提出来的，会议代表的接待、安排和转移工作都是王会悟操办的。会议在南湖虽然只开了一天，但在上海会议基础上，通过了所有文件，选举了中央领导机构，正式宣告了中国共产党的成立。这样的功绩和地位不能低估。

习近平总书记当年在浙江工作论述“红船精神”时指出：“中国共产党第一次全国代表大会在浙江嘉兴南湖的一条游船上胜利闭幕，庄严宣告了中国共产党的诞生。因而这条游船获得了一个永载中国革命史册的名字——红船。”我想，如果形象地把红船作为中国共产党诞生的标志，那么，这条红船是不是可以说：在上海制造，在南湖启航？

五、中国共产党的早期组织

中国共产党在1921年成立，但有些老一辈革命家却称是1920年成立，还有的称自己入党的时间是1920年。为什么？因为在一大之前，各地就已经成立了一些共产党组织。过去，党史上都统称其为共产主义小组。但这种称谓不太准确，所以，后来在党史著作中都已经改称为“中国共产党早期组织”。

1920年8月，陈独秀等人在共产国际帮助下，以上海马克思主义研究会为基础，成立了中国第一个共产党组织，取名为“中国共产党”，陈独秀为书记，李汉俊和李达先后代理过书记。上海党组织积极推动各地共产党早期组织的建立，出版了6期《共产党》月刊，直接负责了中国共产党一大的筹备工作。

1920年10月，在北京大学图书馆李大钊的办公室里，成立了北京的“共产党小组”。年底，决定成立“共产党北京支部”，李大钊任书记，成员多为北京大学的师生。

1920年8月，在上海共产党早期组织帮助下，在武昌董必武寓所成立了“共产党武汉支部”。1920年初冬，在毛泽东筹划下，长沙的共产党早期组织在新民学会的先进分子中诞生。1921年春，陈独秀在广州主持成立了“广州共产党”，王尽美、邓恩铭等在济南成立了共产党早期组织。在旅日、旅法的华人中，也成立了共产党早期组织。

上述8个早期组织大家基本认可。但也有资料显示，天津及唐山、香港、南京也有过共产党的地方组织。党史学者还注意到共产国际档案中一份《四川省重庆共产主义组织的报告》。该报告称，1920年3月在重庆成立了一个共产主义组织，有40多个成员和60多个候补成员。这些是否都是共产国际直接或间接帮助成立、并与一大成立的中共同属一个组织？尚不清楚，有待进一步研究。

北京等地的党史研究室曾经联合召开研讨会，探讨过党的早期组织问题。

中国共产党早期组织的出现和活动，促进了对中国前途命运的思考，推进了对马克思主义的研究传播，开始了构建党的组织形式的探索，开展了初步的群众动员工作，因此，对中国共产党的正式成立起了重要的作用，是中国共产党历史起点的重要组成部分。

六、中国共产党成立时的党员

1921年7月中国共产党正式成立时有多少党员？多年来，一直有53人、57人、56人等多种说法。中共中央党史研究室的《中国共产党历史》第一卷和《中国共产党历史大事记》均表述为：一大代表当时“代表着50多名党员”。

浙江嘉兴有关部门和单位对《中国共产党历史》第一卷中列举的59名成员加以梳理，逐个考证。除了搜集、查阅、辨析历史资料外，还分赴山东、北京、广州、湖南、湖北、上海等中共早期组织成员的主要活动地和原籍家乡进行实地调研，搜集各地最新研究成果，逐条核实有关人员情况，整理出每一个人的生平，并以表格形式列出每一个人的姓名、年龄、文化程度、职业以及去向。剔除重复的，补充未列的，认定：在中国共产党正式成立时，早期组织成员共有58人。

对这些成员，嘉兴同志还进行了社会学角度的归类分析。发现这58名党员，基本上都是知识分子。其中留学日本的18人，北京大学毕业的17人，其他大学的8人，中师、中学毕业的13人。从职业来看，担任教师（教授）的17人，学生24人，报人（记者）、律师、职员等自由职业者10人，弃官不做的3人，工人4人。从籍贯来看，湖南20人，湖北11人、浙江8人、广东5人，河北（包括天津）4人，山东4人，安徽、江苏、重庆、贵州、江西、山西各1人。这些职业和履历证明，这些人投身革命，参与建党，并不是迫于生计，而是为了改造中国与世界。

七、中国共产党一大代表及其命运

一大代表多少人？有的认为是12人，有的认为是13人。主要问题是包惠僧算不算正式代表。中共中央党史研究室的《中国共产党历史》第一卷和《中国共产党历史大事记》，都认定代表为13名。除此之外，还有两位共产国际代表。

这15人中，陈公博、马林和尼克尔斯基没有参加南湖会议。有的认为李汉俊、何叔衡也没有去南湖，所以参加南湖会议的为10人，比上海少5人。

过去，说到这些代表时，多数语焉不详，有时还尽量回避。但随着实事求是原则的贯彻，对这些代表的研究多了起来。近年来，我主持编写了民主革命时期历届党代会代表名录，张静如、李蓉、姚金果、刘宋斌、李颖等学者的著作，也都对一大代表的生平进行了研究。话剧《谁主沉浮》，电视纪录片《日出东方》《开端》等，形象化地展示了13位代表的人生经历。

当年的13位代表和两位共产国际代表，年龄最大的45岁，最小的19岁。30岁以下的9人。平均年龄28岁，恰巧是当时毛泽东的年龄。

13位代表，怀揣救国救民的理想抱负走到中国共产党的历史起点，后来又因种种原因各奔东西，书写了跌宕起伏、命运迥异的人生。他们的道路和结局大致可分五类。

第一类，毛泽东、董必武，在长期革命斗争中经受考验，发挥重要作用。毛泽东成为党和国家领袖，董必武也成为党和国家领导人。

第二类，陈潭秋、何叔衡、邓恩铭、王尽美，英勇奋斗一生，先后牺牲或病故。

第三类，李达、李汉俊，因不满陈独秀家长制等原因退党，但仍坚持马克思主义信念。李达1949年回到党内。李汉俊1927年被国民党军阀杀害，1952年定为烈士。

第四类，包惠僧、刘仁静，一度误入歧途。包惠僧1927年脱党，后在国民党政府任职。刘仁静1926年后成为托派。1949年后两人均承认错误，晚年任国务院参事。

第五类，张国焘、陈公博、周佛海，叛变投敌，沦为罪人。张国焘曾任党和军队重要领导职务，但在长征中另立中央，1938年投奔国民党，成为叛徒。陈公博、周佛海20年代就与党离心离德，随后脱党，党亦做出开除和准其脱党的决定。两人随后加入国民党，到抗战期间沦为臭名昭彰的大汉奸。

同一个起点，不同的归宿。真是大浪淘沙！几多激励，几多感慨，几多唏嘘，几多警示！从一大代表的人生经历和命运中，我们能得到很多启示。

八、中国共产党的成立与共产国际

中国共产党的成立与共产国际和俄共（布）有密切关系。不了解这一关系，就不能全面把握中国共产党的历史起点，也无法理解党后来所走的道路。

中共中央党史研究室与俄罗斯科学院远东研究所等合作，编译出版了22卷《共产国际、联共（布）与中国革命文献资料选辑》。李玉贞、黄修荣、杨奎松、沈志华等学者也出版了各自研究的成果。上海市委党史研究室等还专门召开过国际研讨会。这些成果，基本上揭示了中国共产党与共产国际和联共（布）关系的主要脉络。

十月革命胜利后，俄共（布）就加强了与中国革命者的联系。1919年，共产国际（又称第三国际）在莫斯科成立，其宗旨是推进世界革命。1920年4月，俄共（布）中央和共产国际派遣全权代表维经斯基前往中国，帮助建立共产党。维经斯基先后会见了李大钊和陈独秀，在上海成立了共产国际东亚书记处，在若干城市建立起革命局。1920年7月，该书记处临时局主席、俄外交人民委员部远东事务全权代表威连斯基来华，在北京主持召开在华工作的俄共党员代表会议，研究成立中国共产党事宜。随后，该书记处又在上海召开“远东社会主义者会议”，提出在中国、日本、朝鲜组建共产党的任务。该书记处直接指导成立了上海、北京、广州的共产党早期组织。1921年上半年，维经斯基奉调回国后，共产国际执委会委员马林和接替维经斯基的共产国际远东书记处代表尼克尔斯基到达上海，与李达、李汉俊会谈，一致认为应尽快召开全国代表大会，正式成立中国共产党。马林和尼克尔斯基参与了筹备一大的工作，直接帮助和指导了中国共产党的成立。

在一大上，马林和尼克尔斯基发表致辞。马林在长篇讲话中介绍了共产国际情况，要求中共成为共产国际的一个支部。会议没有马上接受这一意见，但在大会通过的第一个决议中规定："党中央委员会应每月向第三国际报告工作。"到1922年，党的二大专门通过《中国共产党加入第三国际决议案》，正式成为共产国际的一个支部。这个决议对以后几十年中国共产党的发展产生了深刻的影响。很长时间内，共产国际和联共（布）对中国革命给予了巨大帮助，但也是党内屡次出现"左"倾错误的国际背景。我们常说的把共产国际指示神圣化、把苏联经验教条化的错误，其根源，首先就在于这种组织上的关系。以毛泽东为代表的中国共产党人，正是在妥善处理这种关系的过程中，走出了一条独特的中国革命道路。了解这种背景，我们才能更加体会到探索中国道路的艰辛和意义。

参加一大的两名国际代表，其命运也是错综复杂。马林是荷兰人，曾创建印度尼西亚共产党，1921年帮助成立了中国共产党，1927年加入托派，1940年在荷兰参加抗击德国法西斯的斗争，1942年被杀害。尼克尔斯基，俄国人，兼有共产国际远东书记处代表、红色工会国际代表和苏俄红军情报人员三重身份。1938年在苏联肃反中被捕，1943年被杀，1956年平反。2007年，在俄罗斯和蒙古学者的帮助下，上海一大纪念馆第一次获得尼克尔斯基的照片和资料，弥补了长达50多年照片资料阙如的空白。

九、中国共产党第一个纲领和章程

一大通过了中国共产党的第一个纲领、决议和宣言，规定了党的目标、任务、所要开展的工作等（当然也有人考证认为这些文件未必已经会议正式通过）。这是党的理论和实践活动全面展开的起点。

党的第一个纲领规定：革命军队必须与无产阶级一起推翻资本家阶级的政权，承认无产阶级专政，直到阶级斗争结束，即直到消灭社会的阶级区分；

消灭资本家私有制，没收机器、土地、厂房和半成品等生产资料，归社会公有等。这些内容明显是按照马克思主义基本原理写的，所以，虽然纲领并没有直接使用马克思主义的概念，但人们一直认为，党的一大举起了马克思主义的旗帜。

仔细推敲这些规定，也可以发现，纲领中的某些要求，与当时中国的国情是有差距的。比如，毛泽东直到1940年的《新民主主义论》，还认为中国的资本主义不是多了，而是少了，我们的任务只是节制资本。由此，如果在20年代初就要消灭资本家私有制，没收机器、土地、厂房和半成品等生产资料，显然是不实际的。所以，到1922年，根据共产国际二大精神和中国国情，在上海举行的二大明确提出以打倒军阀、打倒列强为主要内容的反帝反封建的民主革命纲领，实际上区分了最高纲领和最低纲领。这是党的纲领的重要变化，是把马克思主义与中国实际相结合的产物。所以，确定党的纲领的起点，必须把一大与二大连贯起来。

一大没有单独制定党章，只是在中国共产党的第一个纲领中包含了党章的部分内容，如入党条件、接受党员的手续、党的委员会等。1922年的二大正式制定了《中国共产党章程》。体例上明确从党的纲领中分开，初步构建了党的组织体系，设立各级执行委员会，规定了严格的纪律，还把“经费”作为专门一章。这是我们党的第一个正式党章，也是后来所有党章的基础。

此后，到十八大，一共对党章做过16次修改。六大、七大、八大、九大、十大、十一大、十二大的党章实际都是重新制定。所以说，如果精确计算，应该说，一共制定过8个党章，做过9次修改。加起来，一共形成过17个版本。党的95年历史变迁，包括党的发展进步、成就经验，以及曲折教训，在党章的修改和变化中都能反映出来。

十、中国共产党最早的领导机构

党的领导机构及其权力结构和运行机制，也是以一大为历史出发点的。

党的一大规定设立中央执行委员会，但没有实际选举。只是选举陈独秀、张国焘、李达3人组成中央局。陈独秀任书记，张国焘负责组织，李达负责宣传。另有资料显示，一大似乎成立了临时中央执行委员会。但因缺乏佐证，现在还难以确认。

二大制定的第一个党章规定："全国代表大会为本党最高机关，在全国大会闭会期间，中央执行委员会为最高机关。""全国代表大会每年由中央执行委员会定期召集一次。""中央执行委员会由全国代表大会选举五人组织之，并选举候补委员三人"。执行委员会互推产生委员长一人，"总理党务及会计"。二大选举产生了中央执行委员会，所以从组织上来说，建党过程到二大才算完成。二大、三大时，陈独秀均任委员长。到四大时，改称总书记。

1927年的五大，将中央执行委员会改称为中央委员会，并第一次设立中央政治局和中央政治局常务委员会，这是现在中央领导机构设置及其称谓的起点。五大还第一次设立中央和省的监察委员会，这是中央纪委设置的起点。

此后，中央领导机构还不断有一些变化，也有一些曲折。但总体上，越来越趋于完善，越来越趋于稳定。

千里之行，始于足下。正是从一大这个历史的起点出发，中国共产党才有了后来95年的奋斗、探索、自身建设和发展，才有了中国社会面貌的根本变化。

长征——永载史册的伟大文明*

红军长征胜利已经70周年。我们以崇敬的心情纪念这一伟大的事件。

无论岁月怎样流逝，我们都不会忘记长征。再过10年、50年、100年……我相信，中国人民仍将会以不同的方式纪念长征，世界上的许多人们仍将会以极大的兴趣研究长征。

永远难忘长征，因为长征已经永载史册。

长征，是指1934年10月至1936年10月，中国共产党领导的中国工农红军第一、第二、第四方面军和第二十五军陆续从长江南北各革命根据地向陕甘地区进行的战略大转移。

长征，是人类历史上无与伦比的革命壮举，是中国共产党及其领导的工农红军创造的人间奇迹，是中华民族一部惊天动地的英雄史诗，是中国革命史上一座不朽的丰碑！

长征的胜利，实现了中国共产党北上抗日的战略方针，红军主力转移到抗日的前进阵地，为建立抗日民族统一战线，为担负起抗日战争中流砥柱的使命，奠定了坚实的基础。

长征的胜利，使中国革命转危为安，成为中国共产党和中国革命事业从挫折走向胜利的伟大转折点。

长征的胜利，宣传了党的主张，播下了革命的火种，扩大了党和红军的影响。

---

*本文是2006年9月为中央党史研究室第一研究部所编《长征图鉴》一书所写的序言，第一次从人类文明的高度阐述了长征的价值和意义。

长征的胜利,保存和锻炼了革命力量，经过长征考验的共产党员和红军将士，许多成为治党治国治军的骨干。

长征的胜利，确立了毛泽东在党中央的领导地位，逐步形成以毛泽东为核心的中央领导集体。这是党和革命事业不断开创新局面的最重要保证。

长征的胜利，向全世界宣告，用马克思主义理论武装起来的、代表中国最广大人民根本利益的中国共产党及其领导下的人民军队是不可战胜的。

所有这些，都是我们已经非常熟悉的长征的政治意义。

在这些政治意义之外，长征，是否还有其他一些特别的意义呢？我的回答是：有的。

更为基础和深刻的，我认为，应该是长征对于人类文明的意义。事实上，许许多多普通的人们之所以被长征打动、震撼；再过百年、千年、万年，人们之所以还能记得长征，很大程度上，恐怕就在于这种对于人类文明的价值。

长征，展示了人类强大的内在潜能。人类到底有多大的能力？能创造多大的奇迹？是随着时代条件的变化而不断发掘出来的。长征，以一种特殊的方式积聚和展示了中国共产党领导下的人民军队特有的潜能和创造性。仅以长征的里程来说，按各路红军中所走最远的路程计算，红一方面军长征二万五千里，红二方面军长征二万余里，红四方面军长征一万余里，红二十五军长征近万里。加起来，各路红军长征的总里程达到六万五千余里。红军战士，在长达数百天的时间里，几乎每天行军数十里、上百里，对人的体能是一个极大的考验。再加上百万大军的围追堵截，自然环境的极端恶劣，人类面临的困难达到了极限，人类受到的挑战达到了极限，人类生存的能力也达到了极限。这种极限，无论此前、此后，常人难以想象，更难以逾越。但是，我们的红军逾越了。他们胜利了，他们成功了。他们用自己的行动，证明了人类具有战胜一切艰难困苦的能力。这种以超乎寻常的英勇显示出来的惊人能力，不仅是红军的光荣，更是整个人类的自豪和骄傲!

长征，塑造了人类伟大的文明精神。人类自诞生以来，代代繁衍，不断创造着自身的文明，也不断发展着自身的文明。岁月流逝，各种具体的人物和事件消失了，但由那些重大事件、重大创造、重大思想体现出来的文明成果却不断积淀，永远地保留了下来。红军长征，显于外的，是一个个具体的事件和人物，但涵于内的，却是一种伟大的人类精神。这种精神，是当年那种特定环境和条件的产物，又支撑起当年长征红军特定的英勇行为。正是在这种精神的鼓舞下，红军战士朝着理想的目标前进，虽遇万难而不辞；胸怀革命的信念奋斗，纵使献身也无悔。长征精神，继承和发扬了中华民族的传统美德，是中国共产党人世界观、人生观、价值观的全面展示，也是整个人类宝贵的精神财富。长征的具体事件，不可能再重复了，但长征体现出来的伟大精神，已经成为人类文明的重要组成部分。它将永远载于史册，以雄辩的力量展示着人类文明的辉煌，鼓舞人类走向新的更加光明的未来。

长征，丰富了人类深邃的政治智慧。人类作为一个庞大的社会共同体，以怎样的体系和方式组合起来？怎样处理相互之间的复杂关系？怎样保持社会的活力与稳定？怎样解决阶级、阶层、民族、国家、政党之间的矛盾？等等，都是人类长期探索的问题。这种探索的艰巨性、复杂性，甚至某种程度上的尖锐性和残酷性，在围绕长征的博弈上几乎达到了顶点。其经验、其教训，其启迪、其告诫，都值得所有党派、阶级、民族的人们，乃至整个人类深深地思考和研究。中国共产党之所以一再跌宕起伏，多次绝处逢生，就在于它不懈地探讨人类社会发展的规律，在实践中思考，在思考中总结，在总结中创新，在创新中前进。中国共产党的政治智慧在砥砺、磨炼中不断升华，不仅指导了自己政治实践的艰难前行，也极大地丰富了人类政治智慧的宝库，给现人、给后人以深刻的教诲。

从这样的意义上来说，长征，是一个事件，更是一种精神！是一段历史，更是一种文明！

长征胜利了，人类文明的花朵又一次绽放了。

长征结束了，人类文明的脚步又一次前进了。

英勇的长征，展示了一种特殊的人类文明！

伟大的长征，锤炼了一种珍贵的文明精神！

甚至可以说，长征本身，就是一种伟大的人类文明！

把长征与人类文明联系起来，这也许是第一次。但我认为，这种联系是必要的。因为它们两者之间，确实有着内在的联系。

这种文明，异常珍贵。值得研究，更需要倍加珍惜。

当然，这样的文明，是付出惨重的代价换来的。据有案可查的统计，长征途中，红军共进行了师以上规模的战役战斗120多次。红一、红二、红四方面军和红二十五军四路红军出发长征时，总人数为20.6万，沿途补充了1.7万，到结束时共保留下来5.7万。这就是说，在长征途中，红军一共损失了16万人。其中牺牲营以上干部就达432人。

这还只是红军的损失。普通百姓的损失呢？甚至博弈另一方的损失呢？

所以，长征的每一步，既是对人类潜能的挑战，也是对人类自身的摧残；既是对人类和平的呼唤，也是对刀枪剑戟的无奈。长征的坎坷之路，每一步，都流洒着血，喷吐着火，倒下着躯体，丧失着生命。事实上，长征的胜利，是在血与火的搏斗中诞生的，是在善与恶的较量中实现的。长征胜利那高耸入云的丰碑，其实都是由一具具生命的躯体筑就和撑起的。

长征是伟大的，但也是悲壮的。长征是胜利的记录，但也是痛苦的回忆。

在长征胜利的背面，我们应该看到挫折、失败的另一面。正如毛泽东当年指出的，长征既有失败，也有胜利。丢掉了已经建立的很多根据地，这是失败，而粉碎了敌人消灭红军的企图，这就是胜利。

无论胜利还是失败，都是事出有因，也都有经验教训可以总结。总结好了，可以使我们变得更加聪明，少犯错误，少走弯路。所以，无论胜利和失败，都是我们的财富，应该加以珍惜。

同样，在长征文明的背面，我们其实也可以看到人类野蛮的另一面。看到人类自身所受的折磨，看到人与人之间的相互摧残，看到人类那蒙昧、野蛮、丑陋、残酷的种种表现及其所造成的恶果。

无疑，文明与野蛮交织，进步与反动搏斗，黑暗与光明拉锯，这种斗争，我们希望避免，但有时也难以避免。在一定条件下，唯有用文明去改造野蛮，用进步去战胜反动，用光明去驱除黑暗，我们的社会才能一步步前进。这就是人类社会的辩证法。

这种辩证法是客观的，也是无奈的。是无奈的，当然就是希望避免的。

所以，我们讴歌长征，但并不希望长征重演。长征结束了，就应该让它永远地结束。

确实，随着岁月的流逝，长征已经一年一年地走远了。而且还会继续走远。我们民族、我们人类，都在不断提升着文明的水平。所以，如长征那样的艰难、长征那样的曲折、长征那样的痛苦，都在不断地减少。长征那样悲壮的故事，已经离我们越来越远。

但，这并不是说我们应该忘记长征。走远的，其实只是那一个个具体的事件；而留下的，则是它永恒的精神和文明。或者反过来说，长征的丰碑、长征的精神、长征的文明，我们将永存心间，永远铭记。但长征的原因、长征的过程、长征中一个个具体的悲壮的故事，我们却决不希望在人类的历史进程中重演。

所以，我们虽然经常使用新长征的概念，但已经赋予它崭新的含义。它所指的，已经不是像当年长征一样的事件，而是指在新的历史条件下坚持和弘扬长征的精神

所以，我们纪念长征，不仅仅是纪念长征的历史、长征的事迹，更多和更重要的，是纪念长征的精神，弘扬长征所体现的人类文明。

长征文明，与中华文明、人类文明一样，都是我们博大精深的宝库，都是需要深入解读的课题。今天我们纪念长征，需要站在更高的时代基点上，放眼更广阔的世界境域，思考更深刻的人类课题，以便更为有力地推动人类文明的发展。

去年，中央组织的纪念中国人民抗日战争暨世界反法西斯战争胜利60周年活动，已经在更高的层次上探讨人类文明问题，突出地从人类文明的角度剖析战争的原因，揭露日本侵略者反人类文明的本质，总结这场战争对于保护和发展人类文明的经验教训，强调要努力建设一个和平发展文明进步的世界。抓住这一主题，受到了广泛的好评，产生了深远的影响。

今年，我们纪念中国工农红军长征胜利70周年，是不是也应该从人类文明的高度来思考问题呢？这是一个新的视角，需要认真探讨。把研究长征的眼光和思考透射到这个领域和层面，很不容易。但它对于从人类社会发展规律的高度，更加深刻地认识长征、理解长征，发掘长征对于人类文明的价值和意义，十分有益。

在今天的世界舞台上，我们已经日益突出地触及到人类文明问题。包括在如何认识和对待人类文明多样性等问题上，我们党和国家已经提出了一系列

重要的主张和政策。

关注文明，研究文明，总结人类文明发展的经验教训，探寻人类文明不断进步的规律，这应该是我们研究历史、包括中国共产党历史的深层次的要求。同样也应该是我们研究和纪念长征一个基础和重要的课题。

在纪念红军长征胜利70周年之际，中央党史研究室第一研究部的同志们精心编纂了《长征图鉴》一书。这本书与2005年湖南人民出版社出版的《抗日战争图鉴》，是一对姊妹篇，具有许多共同的特点。它们都是图鉴，都是以历史照片为主集中展示一个历史性的事件。

那么，它们共同的精神和灵魂是什么呢?

我的思考和回答是：文明。一个是对文明的侵害，一个是对文明的建树。或者说，在两个历史事件中，建树和侵害两种因素都在交织。

两本书，都是要记录下建树或者侵害的历史，以史为鉴，警示后人与世界。

我们希望，所有的人们都应该永远致力于建树和发展宝贵的人类文明，同时，坚决地反对对人类文明的任何践踏和侵害。

我相信，大力弘扬长征精神，深入研究长征文明，一定会有助于达到这样的目的。

是为序。

中华民族团结抗战的伟大胜利*

女士们、先生们，海峡两岸的朋友们：

大家好！

很高兴海峡两岸的朋友们相聚一堂，共同纪念中国人民抗日战争暨世界反法西斯战争胜利70周年，并对有关问题进行学术研讨。

2013年5月，我曾率团访问台湾，会见了连战、王金平等有关人士。连战先生与我们会谈一个半小时，着重回顾了台湾几百年来与大陆血脉相连的历史，特别是台湾人民英勇反抗日本殖民统治的历史。我们还与邵铭煌、张玉法等研究国民党历史的权威专家进行了坦诚的交流，虽然观点有碰撞，但交流很深入，彼此很理解。通过交流，有了更多的共同话语。在台湾，我们时时处处都能感觉到，只要谈起抗战，海峡两岸的朋友们就有许多共同的话题，就会情不自禁地迸发出强烈的悲愤、担当、胜利和豪迈之感。

为什么？就是因为，抗日战争是国共两党团结合作、以抗日民族统一战线为基础，组织全国人民共同进行的抵抗日本军国主义侵略的正义战争。全体中华儿女，包括港澳台同胞、海外侨胞，都为这场战争的胜利做出了共同的牺牲和巨大的贡献。因此，对于当年的那场战争，我们都有很多共同的记忆、共同的认识、共同的情感、共同的豪迈！

所以，下面，我以“中华民族团结抗战的伟大胜利”为题，与各位朋友分享我们对于这场战争的思考和研究。

---

*2015年8月24日，全国政协文史和学习委员会主办“海峡两岸纪念抗日战争胜利70周年学术研讨会”，海峡两岸各有一批代表出席。本文就是本人作为大陆方面代表所作的主旨发言。

一、日本军国主义侵略是中华民族的共同灾难

战后以来，日本右翼势力竭力美化他们发动的侵略战争，甚至称其是为了解放东亚人民。这种观点，不仅无知，而且毫无逻辑性可言。对中国和东亚其他国家人民竭尽杀戮、残害之能事，还美其名曰“解放”，天下哪有这种所谓的“解放”？

事实是，日本军国主义发动的侵略战争，将中国置于亡国灭种的边缘。日本侵略者占领了东北、华北、华中、华南等大片中国最重要的经济政治文化战略地区，犯下了种种令人发指的罪行，使中华民族蒙受了巨大损失和灾难。中国是受当年战争摧残和伤害最为严重的国家。

中国在这场战争中到底受了多大的伤害？日本侵略者在中国到底犯下了多大的罪行？这是研究和认识当年历史必须首先搞清楚的大问题。

我们注意到，九一八事变发生后，国民政府就开始提出战争损失的赔偿问题。1938年，黄炎培等参政员在重庆召开的一届二次国民参政会上，郑重提出提案，建议国民政府速设抗战公私损失调查委员会，展开对战争损失的调查。1939年7月，行政院制定和颁布《抗战损失调查办法》及《查报须知》，通令全国中央机关及各省、市、县政府开展调查工作。1944年2月，行政院成立直属的“抗战损失调查委员会”。1945年4月，该委员会改属内政部。①1945年11月以后，随着沦陷区的相继收复，国民政府决定在全国范围内大规模地开展抗战损失调查，内政部抗战损失调查委员会拟订了九项抗战损失调查要点，通令全国开展此项工作。

1947年，行政院赔偿委员会发表全国公私财产直接间接损失及军费损失的统计，合计为55943844000美元，全国人口伤亡总计12784974人，其中平民伤亡9134569人，余为军人。

这些数据使战争损失有了一个概貌，并为后人研究打下了重要的基础。但这些调查的起止时间为1937年7月7日至抗战胜利，未将1931年九一八事变到1937年7月长达6年的各项损失统计进去，还不包括东北、台湾、海外华侨

①1946年11月，该机构又改称“行政院赔偿委员会”，直接隶属于行政院。

和中国共产党领导的抗日根据地的损失。由于战争状况的复杂，调查工作的困难，以及统计口径的差异等等，这些数据远远没有涵盖当年遭受的全部伤亡和损失。

1995年，时任中共中央总书记、国家主席江泽民宣布：据不完全统计，战争期间，中国军民伤亡3500多万人。按1937年的比值计算，中国直接经济损失1000亿美元，间接经济损失5000亿美元。

数据，是历史的抽象。数据的背后，是大量的事实、确凿的证据，是无数人们的惨痛记忆和血泪控诉。为了更直接、更具体、更全面、更系统、更立体地还原当年的历史，展示中国人民遭受的灾难和损失，揭露日本军国主义的罪行，驳斥日本右翼势力否认侵略罪行的种种言论，我们中共中央党史研究室组织全国党史部门和其他部门单位的有关人员，对“抗日战争时期中国人口伤亡和财产损失”问题开展了大规模的调研。调研工作从2004年10月开始，先后共有60多万人参与，迄今已持续10年之久。

调研的方式，一是查阅和搜集各种档案文献、当年的报刊资料及多年研究的成果；二是走访当事人、知情人和有关研究人员，记录证词证言，有条件的进行司法公证。

调研实行块块与条条相结合。块块，是每个省自治区直辖市负责调查本行政区域内的人口伤亡和财产损失情况。调查工作从省、市、县一直深入到乡镇甚至村一级；条条，是按“慰安妇”、劳工、细菌战、毒气战、难民、华侨、文物等专题，委托某些部门或著名专家进行。

除台湾、西藏外，包括香港、澳门在内的32个省区市和地区参加调研，其规模和范围前所未有；收集和整理的档案资料，内容之丰富和翔实，前所未有；调研的广度和深度，前所未有。

中央党史研究室还组织查档小组，分赴美国、俄罗斯、日本等国搜集档案资料。有17个省自治区直辖市的课题组曾前往台湾查档，得到了台湾有关机构和人员的支持帮助，并对发展两岸关系起了一定的促进作用。

全部调研成果，按照统一规范和体例，编纂成《抗战时期中国人口伤亡和财产损失调研丛书》，分为A、B两个系列，陆续分批出版，总数300本左右。现已出版两批70余本，其余的将在今年底和明年出版。

调研工作全部是用事实说话，用档案资料说话，用证人证言说话。这些调研成果，极其详尽和具体地揭露了日本侵略者在整个侵华战争期间的罪行。包括：到处屠杀、焚烧、抢掠、奸淫，制造一系列触目惊心的大惨案，使中国人民的生命财产惨遭蹂躏；大量使用生化武器，进行残酷的细菌战和化学战，把大批中国平民和俘虏当作细菌和毒气的试验品，对无辜的中国平民施放毒气，或在河流、湖泊、水井中投毒；掠走大批中国劳工，强迫他们筑路、开矿、拓荒，从事大型军事工程，使其大批冻、饿、病、累而死；强征中国妇女作为慰安妇，严重残害妇女的身心健康；对抗日根据地实行“烧光、杀光、抢光”政策，企图摧毁抗战军民起码的生存条件；大量掠夺中国战略物资，轰炸或焚烧医院、学校、公共设施；通过发行货币掠夺中国人民财富，毁坏和窃取大批文物，等等。日本侵略者犯下的罪行，违背了起码的人类良知和国际公法，不仅是对人权和人道主义的践踏，而且是对人类文明的挑战。每每看到这些令人震颤的历史事实，想到那些死难人员的冤魂亡灵，我们都禁不住心灵颤抖、潸然泪下。

日本右翼势力一再在南京大屠杀的数字上与中国较劲。且不说30万的数字是经当年的国际法庭认定的，有大量事实可以证明，而且，根据我们的调研，日本侵略者在全国各地先后制造的一次性平民伤亡800人以上的惨案就有170多个。每个惨案都有详尽的记载和档案资料证人证词的证明。

为了查明当年中国伤亡的具体人员，我们还特地安排山东省组织32万工作人员，专门走访调查了全省95%以上的行政村和80%以上的70岁以上老人，收集见证人和知情人的证言证词79万余份。整理形成包括156个县（市、区）的《山东省抗日战争时期伤亡人员名录》，收录469000名伤亡人员名单。然后，又选择其中信息比较完整、填写比较规范的资料，经省市县三级严格核实，首先编纂出14册《山东省百县（市、区）抗日战争时期死难者名录》，收录死难者169177人，记录了每个人的姓名、籍贯、性别、年龄、死难时间等基本信息。

调查历史的真相，记录历史的灾难，不是为了延续旧时的仇恨，而是为了以史为鉴，不让历史的悲剧重演。当年日本军国主义对中国的侵略，是中华民族的共同灾难。这样的灾难决不能重复，因此也不能忘记，更不能否认。习近平总书记指出："忘记历史就意味着背叛，否认罪责就意味着重犯。""一切罔顾侵略战争历史的态度，一切美化侵略战争性质的言论，不论说了多少遍，不论说得多么冠冕堂皇，都是对人类和平和正义的危害。对这些错误言行，爱好和平与正义的人们必须高度警惕、坚决反对。"

在前往台湾查档中，我们了解到，台北的"国史馆"、近代史研究所、国民党中央党史馆中，都保存有很多关于当年中国损失的历史档案。查阅这些档案，我们收获很多。这项工作，两岸还可继续进行。台湾的有些档案，由于年代久远，且受过水灾浸泡，保存质量堪忧。所以，我在台湾时就提议，两岸完全可以合作对这些档案进行整理。如果台湾方面人手和经费不足的话，大陆方面可以提供帮助。希望这种合作能够得到实现。

二、以国共合作为基础的统一战线是抗战胜利的重要法宝

面对日本军国主义的野蛮侵略和疯狂杀戮，中国人民不能不奋起抵抗。九一八事变成为中国人民抗日战争的起点，并揭开了世界反法西斯战争的序幕。七七事变成为中国全民族抗战的开端，由此开辟了世界反法西斯战争的东方主战场。

在中华民族面临危难之际，中国共产党秉持民族大义，呼吁建立以国共合作为基础的抗日民族统一战线，共同抵抗日本军国主义的侵略。1931年九一八事变后，中国共产党就开始倡导建立抗日民族统一战线。1933年1月，中华苏维埃临时中央政府、中国工农红军革命军事委员会发表宣言，愿意在三个条件下同任何武装部队订立共同对日作战的协定。1935年8月，中国苏维埃政府、中国共产党中央发表《为抗日救国告全体同胞书》，即八一宣言，号召停止内战，一致抗日。1935年12月，中央政治局瓦窑堡会议确定了建立抗日民族统一战线的新策略。1936年12月，张学良和杨虎城在西安发动"兵谏"扣留蒋介石，并提出八项抗日救国主张。中国共产党顾全大局，确定了和平解决西安事变的方针，使事变成为时局转换的枢纽。1937年7月卢沟桥事变发生后，国民政府确定不求战而必应战的方针。中共中央向全国发出通电，呼吁："只有全民族实行抗战，才是我们的出路。"周恩来等人与国民党方面进行谈

判。到9月22日，国民党中央通讯社公布《中共中央为公布国共合作宣言》，蒋介石委员长发表谈话，指出团结御侮的必要，实际上承认了中国共产党的合法地位。宣言和谈话的发表，标志抗日民族统一战线正式形成。

在抗日民族统一战线的旗帜下，国共两党开展了多方面的合作。中国共产党参与了全国抗战战略方针的研究和制定。国民政府确定以消耗持久战略为最高战略，力求以空间换取时间。毛泽东发表文章，对持久战问题进行了全面、系统、深刻的论述。根据两党协议，中共领导的工农红军主力改编为国民革命军第八路军（后又改称第十八集团军）。南方八省的红军游击队改编为国民革命军陆军新编第四军。全国划分战区，确定各自任务，国民政府同意中共领导的部队充任战略游击队，执行侧面战、协助友军、扰敌和钳制日军的作战任务。八路军新四军以多种方式积极支持和协助国民党军队作战，特别是1937年9月，在国共合作的平型关战役中，八路军一一五师伏击日军精锐部队，歼敌1000余人，击毁汽车100余辆，并缴获大量武器和军用物资，打破了"日军不可战胜"的神话，鼓舞了全国军民抗战必胜的信心。此后，八路军还参加了太原会战等对日作战。1940年8月至1941年1月，在抗战形势非常严峻的关头，华北八路军所属部队对日军发动大规模进攻作战。105个团约20余万人先后参战，故称百团大战。大战对支持正面战场作战，遏制妥协暗流，起了积极作用。国共两党在政治、经济、文化、教育等多方面开展合作，动员和组织全国同胞共赴国难。还与各种投降逆流特别是汪伪傀儡政权进行了坚决斗争，消灭了大量伪军。进入战略反攻阶段后，国共两党的军队又向日军展开全面反攻，共同赢得了抗日战争的最后胜利。

在抗日战争的不同阶段，抗日民族统一战线具有不同的特点，也经受了各种考验。中国共产党坚持"又团结又斗争，以斗争求团结"的方针，提出坚持抗战，反对妥协；坚持团结，反对分裂；坚持进步，反对倒退的三大口号，维护了国共合作的局面，发挥了抗日民族统一战线的作用。由于政见、战略、利益等有所不同，两党及其军队也确实发生过不少摩擦。特别是1941年1月，国民党发动皖南事变，以8万余部队包围新四军军部和主力部队9000余人，致使新四军6000余人大部牺牲，一部被俘。军长叶挺被扣，后长期被囚。蒋介石下令取消新四军番号。面对这一严重事件，周恩来题词"千古奇冤，江南一叶；同室操戈，相煎何急？！”毛泽东本拟在军事上向国民党军队发动全面反攻。但后来还是以大局为重，采取了政治上进攻、军事上防卫的方针，使抗日民族统一战线得以维持，表现了维护国家和民族大局的高风亮节。

国共采取合作态度，就奠定了全民族抗战的基础。在抗日民族统一战线的旗帜下，全国各民族、各阶级、各党派、各社会团体、各界爱国人士、港澳台同胞和海外侨胞团结一心，投身到关系民族生死存亡的伟大斗争中。大江南北，长城内外，全体中华儿女共赴国难，浴血奋战，用生命和鲜血谱写了感天动地的反抗外来侵略的壮丽史诗。

我国各少数民族同样投入到抗日救亡运动中去，成为抗日民族统一战线的重要组成部分；各少数民族以“不灭倭寇誓不还”的英雄气概，踊跃参军，奋勇杀敌；不畏艰难险阻，参与国防工程建设；劈山开路，逢水架桥，修筑国际通道，为增强国防力量和保障援华物资输入做出了特殊的贡献。

身在海外的1000多万华侨，组织各种救亡团体，宣传祖国英勇抗战的业绩，捐赠大量钱财物资，支援国内抗战。有的侨胞还回国参战，为国捐躯。从1937年7月到1945年8月，华侨捐款13亿元国币，认购公债11亿元国币，占国民政府战时发行公债总额的三分之一，后来一直没有偿还。侨汇95亿国币。捐献飞机达数百架。捐献汽车上千辆。其他还有药品、衣物等不计其数。

台湾人民自1895年日本割占台湾及所有附属岛屿、澎湖列岛后，就不断开展反对日本占领的斗争。抗日战争爆发后，台湾人民的斗争融入全民族抗战的洪流，成为中国人民抗日战争的重要组成部分。台湾同胞与祖国人民同生死、共患难，为全民族抗战的胜利和祖国统一做出了巨大贡献。

以国共合作为基础的抗日民族统一战线，最大限度地动员了全国的军队和老百姓，成为打败日本侵略者的决定性因素。假如没有国共两党为基础的抗日民族统一战线的发起、建立与坚持，如此伟大的抗日民族革命战争之发动、持久与争取胜利，是不可能的。邓小平说：“台湾当局总是讲凡是搞统一、合作，都是他们倒霉、吃亏，共产党占便宜，这不符合历史事实。历史事实是，两次国共合作对彼此都带来很大好处，主要是给民族、给人民带来好处。第一次合作实现了北伐。北伐的胜利符合国家利益、符合民族利益、符合人民利益，也符合两党利益。第二次合作是对付日本军国主义。抗战的胜利符合国家利益、民族利益、人民利益，也符合两党利益。”①

抗日民族统一战线的历史经验告诉我们：民族独立、国家富强、人民幸福和社会进步是中华民族的最高利益，一切政党只有为此而不懈奋斗，才能在历史上占有自己的地位，发挥自己的作用；中华民族的哲学首先是团结和谐的哲学，只有最大限度地把全民族的力量团结起来，才能保障和实现中华民族的最高利益；不同政党会有很多差异，但只有以适当方式解决矛盾，求同存异、求同消异，扩大各方利益的共同点，培育和弘扬大度宽容的民族气度，才能顺应潮流，巩固团结合作的基础，使中华民族伟大复兴的共同追求成为现实。

三、两个战场互相配合为抗战胜利做出了巨大贡献

中国全民族抗战的一个显著特点，是存在两个战场。它们以不同的方式抗击日本侵略，在战略和战役上互相配合，为夺取抗战胜利做出了巨大贡献。全面、正确地研究和看待不同的战场及其作用，是全面认识抗日战争的一个重要课题。

2005年，在纪念抗战胜利60周年时，时任中共中央总书记、国家主席胡锦涛，既充分肯定中国共产党领导的敌后战场的重大历史功绩，也肯定以国民党军队为主体的正面战场发挥了重要作用，强调两个战场都是抗日战争的重要组成部分，形成了共同抗击日本侵略者的战略态势。这种公正客观、实事求是的精神和态度，受到了国际国内、大陆台湾以及海外广泛的好评和赞扬。

2014年，在纪念中国人民抗日战争暨世界反法西斯战争胜利69周年座谈会上，习近平总书记继续强调：“中国共产党领导开辟的敌后战场和国民党指挥的正面战场协力合作，形成了共同抗击日本侵略者的战略局面。”

正面战场，是国民政府在日军进攻的正面与之作战形成的战场。1937年7月后，日军先后在华北、华中和华南发动全面进攻，国民政府在全国人民推动下实行抗战，组织了一系列战役抗击和阻滞日军。1938年10月以后，正面战场进入相持状态。1944年豫湘桂战役中，国民政府军队溃败。抗战胜利前夕，

①《邓小平年谱》（下）第781页。

国民政府军队在正面战场上发动局部攻势作战，直至抗战胜利。

正面战场在8年中总共进行了22次会战，重要战役200余次，大小战斗近20万次。这些战役，是中国人民抗日战争和世界反法西斯战争的组成部分。特别是抗战初期，以国民党军队为主体的正面战场打过一些大仗、胜仗。如淞沪、忻口、徐州、武汉等战役。很多会战或战役规模巨大，战况惨烈。

正面战场，直接面对日军的主力部队，与之进行了大规模的防卫战、阵地战，使日军主力受到巨大的损失。如武汉会战，是抗战以来战线最长、规模最大、持续时间最长并具有重要意义的一次会战。会战于1938年6月至10月，在武汉外围沿长江南北两岸展开，遍及安徽、河南、江西、湖北4省广大地区。大小战斗数百次，历时4个半月。会战前，中国共产党明确提出了保卫武汉的任务，并派遣周恩来、董必武、叶剑英、博古、邓颖超等一批领导干部到武汉工作，开展统一战线工作，动员组织各界民众抗战，配合国民党进行武汉保卫战。参加武汉保卫战的陆军部队及空军、海军，总计14个集团军、47个军，约200架作战飞机，30余艘舰艇，总兵力近100万。日军方面在华中地区集中了14个师的兵力。直接参加武汉作战的共9个师，约25万余人，以及海军第三舰队、航空兵团等，共有各型舰艇约120艘，各型飞机约300架。武汉保卫战，从日军攻占安庆开始到武汉失守为止，毙伤敌近4万人。此战大大消耗了日军的有生力量，打破了日本妄想迫使中国屈服、早日结束战争的计划。以武汉会战结束为标志，中国抗日战争开始进入战略相持阶段。

正面战场，对中国乃至世界反法西斯战争的全局也产生了很大影响。比如1941年底，世界反法西斯战争处于最艰苦的时刻。日本军队乘太平洋战争得手之机，于12月19日发动第三次长沙战役。中国军队运用正确的战略战术，先是对日军设伏包围聚歼，随后又对溃逃之敌追击堵截。使入侵长沙之敌几乎全军覆没，伤亡5.5万人。而国民政府参战25万部队仅伤亡2万余人。沉重打击了日军的嚣张气焰。捷报传出，同盟国士气大振。伦敦《泰晤士报》说："十二月七日以来，同盟军唯一决定性之胜利，系华军长沙之大捷。"《每日电讯报》说："际此远东阴雾密布中，唯长沙上空之云彩确见光彩夺目。"

在正面战场上，许多国民党将士英勇杀敌，壮烈牺牲。胡锦涛、习近平两任总书记在纪念抗战胜利的讲话中，都既列举了杨靖宇、赵尚志、左权、彭雪枫四名共产党牺牲将领，也列举了佟麟阁、赵登禹、张自忠、戴安澜等四名国民党的牺牲将领。

正面战场的进程，大体上遵循和体现了国民政府消耗持久、以空间换取时间、保存实力、积蓄力量、争取盟国支持和参战、最后夺取胜利的战略意图和战略方针。但这一战略意图和方针本身，以及在实施过程中，也存在着严重的缺陷。这是正面战场总体上处于被动甚至发生溃败的重要原因。第一，在实施消耗持久战略方针中过于保守，特别是过于单纯地进行防御战、阵地战、阻击战，忽视运动战、歼灭战的作用，没有在总体防御中积极主动地通过运动战聚歼日军的有生力量。第二，在日军向关内进逼并侵犯华北等地之时，对日本侵华的战略意图和野心判断有误，没有能坚决打击日军侵略的锋芒。南京保卫战战略意图不明确，举措失当，使日军轻易占领南京，而我军撤退混乱，使大量部队陷于敌手。第三，各个部队之间配合协调存在严重不足。不少部队打自己的小算盘，错失很多战机，造成很大损失。这种状况在很多会战中都有所表现。第四，单纯依靠政府和军队，不敢也不愿发动广大民众参战，也没有能适时改善政治、调动广大民众的积极性，使民众缺乏组织。军队纪律也存在很多问题，影响军民关系。第五，实行所谓“曲线救国”政策，致使大批部队动摇叛变，成为伪军，帮助日军防守占领区域和向国共两党的部队发动进攻，也动摇了军心民心。

敌后战场，是在日军占领区开辟的战场，主要由中国共产党领导。随着日军在正面战场的进攻和推进，华北、华中、华东和后来的华南很多地区，就成了日本占领区。根据中国战场的战略分工，中国共产党领导的八路军、新四军迅速挺进敌后，组织民众，广泛开展游击战争，打击和歼灭日伪军队，破坏敌军交通线和基础设施，牵制敌军向正面战场的进攻。中国共产党还在华南各地成立了东江纵队、琼崖纵队、珠江纵队等抗日武装，因地制宜开展游击战争。

在坚持对敌作战过程中，中国共产党领导建立了陕甘宁、晋察冀、晋冀豫、冀鲁豫、晋绥、山东、冀热辽、苏北、苏中、苏浙皖、淮北、淮南、皖江、浙东、河南、鄂豫皖、湘鄂、东江、琼崖等19块抗日民主根据地，总面积约95万平方公里，人口9550余万。

中国共产党领导的八路军、新四军和华南人民抗日游击队等，是坚持敌后抗战的主力军。在全国抗战中，共对敌作战12.5万次，消灭日、伪军171.4

万人，其中日军52.7万人，缴获各种枪支69.4万余支，火炮1800余门。

共产党在东北领导或影响下的抗日武装，从1931年到1937年，作战成千上万次，使日军耗资14亿日元，伤亡17.3万人。这些武装于1936年改编为东北抗日联军，1937年时达到11个军，3万余人。虽然后来遇到严峻困难，遭到挫折和失败，但依然以不同方式坚持斗争，牵制了大量日军，有力地支援了全国的抗日战争。

根据1946年1月我党在和平谈判时期公布的数字，中国共产党领导的人民武装，抗击的日军，占当时侵华日军总数的比例，1938年是58.8%，1939年是62%，1940年是58%，1941年是75%，1942年是63%，1943年是58%，1944年是64%，1945年是69%。最高年份是75%，最低年份是58%。

当然，国民党方面也开辟有敌后战场。七七抗战爆发后，国民党方面的党、政、军、特人员开始在敌后发动游击战。1937年冬在武汉召开的军事会议，根据军委会参谋总长白崇禧的提议，作出了开展敌后游击战争的决议，通令各战区施行。1938年11月25日，随着相持阶段的到来，蒋介石在南岳军事会议中提出“政治重于军事，游击战重于正规战，变敌后方为前方，用三分之一力量于敌后。”在湖南衡山举办的游击战训练班上，国民党特地邀请叶剑英以及延安的军事干部来给国民党将领、干部讲课，介绍游击战的战略战术。

根据台湾学者张玉法的研究，国民党方面建立的敌后战场，分为两个时期。1937至1942年为发展期。1942至1945年为衰落期。在发展期，国民党游击队约54万人，共产党游击队约25万人，共产党游击队武器较国民党游击队为差。但国民党的敌后游击战到1942年后陷于衰落。其原因张玉法认为有三：日伪军强力“扫荡”，国共军队冲突，内部不和。

与国民党敌后战场的衰落相反，共产党领导的敌后战场却在正面战场处于胶着状态之时，逐渐度过最困难时期，成为中国抗日战争的主战场。中国共产党领导人民武装，独立自主地开展敌后游击战争，用各种方式发动群众，实行人民战争，保存自己，消灭敌人，钳制和消灭了日伪军大量兵力。到抗战即将结束时，中国共产党的党员发展到120多万，人民军队发展到120余万，民兵发展到260万。这说明，中国共产党开辟的敌后战场是成功的，敌后战场的一系列方针政策也是成功的。

对正面战场、敌后战场的作用和贡献，要全面看待，客观评价。两个战场，各有不同的特点、不同的作用。两个战场的结合，才赢得了抗日战争的胜利。没有正面战场，就不足以抵抗日军的大举进攻，不足以消灭敌人的主力部队，就会使更多的土地和人民陷于日寇铁蹄之下。但没有敌后战场，就会使日军巩固自己的后方和物质基础，更便于向正面战场发动大规模的进攻，同样也会造成更多土地和人民的沦陷。有些人以举行了多少次大规模会战来评价两个战场的贡献，贬低敌后战场的作用，这是不甚科学的。

还有人说，中国共产党牺牲的将军没有国民党多，所以作用没有国民党大。国民党方面牺牲的将领确实比较多，我们应该给予充分肯定并表示崇高敬意。但这种简单的比较不是很全面。国民党有200余万军队，共产党抗战初期只有4万多军队，将军当然没有国民党多。而且，国民党一直限制八路军、新四军的编制，当然也不愿多给八路军新四军将领授以军衔。很多红军时期的方面军指挥员、军团长、师长等，只能当个旅长、团长、军分区司令员等等，军阶都降低了。连刘伯承、徐向前、贺龙、肖克、林彪、聂荣臻这样的名将，有的还是黄埔军校的教官或早期学员，也只能当个师长、副师长。即使后来部队扩大，但国民党依然限制编制，甚至取消了新四军的番号。实际上共产党方面牺牲的干部并不少。有人统计，八路军旅以上干部牺牲了99人，新四军牺牲了16人，东北抗联牺牲了30多人，一共有152人。这个数字也不算少了。

所以，两个战场的贡献，都应该客观地给予肯定。至于作用大小，不像青菜萝卜，可以用秤来称，斤斤计较。应该从大局来考察、评价。如果你贬我，我贬你，外国人听了，就会以为你们中国谁也没有真正抗战，中国抗战没有对世界反法西斯战争作出什么贡献。这种不正常现象只会让中国人自己吃亏。国共两党的分分合合，已经让外国人坐收了多少渔翁之利！不能再这样下去了。习近平总书记说："中国人民抗日战争胜利是全民族抗战的胜利，是全体中华儿女的荣光！"我们都应该像习近平总书记所说的那样来认识。

四、中国人民用自己的共同奋斗提升了中国的国际地位

中国人民抗日战争，从一开始就具有拯救人类文明、保卫世界和平的重大意义，是世界反法西斯战争的重要组成部分。

世界反法西斯战争，是人类历史上空前规模的战争，61个国家和地区（按现在计算，为80多个国家）、20亿以上的人口卷入其中，战火遍及亚洲、欧洲、非洲及大洋洲。其性质，是全世界反法西斯力量与德意日法西斯侵略势力之间一场关系人类命运的大搏斗。

面对法西斯侵略的共同威胁，世界一切爱好和平正义的国家和人民奋起抵抗。虽然当时也存在着社会制度、意识形态以及国家利益的差异，但共同的敌人、共同的任务、共同的目标，促使各个国家和人民求同存异，建立起世界反法西斯统一战线。中国抗日民族统一战线，是世界反法西斯统一战线的组成部分。国共两党，都为建立世界反法西斯统一战线做出了贡献。中国共产党早在1935年，就积极呼吁建立世界反法西斯统一战线。抗战全面爆发后，中国共产党从世界大局出发，大力推进中国抗日民族统一战线的建设。苏联卫国战争爆发后，中国共产党更加坚定地推动建立世界反法西斯统一战线。从国民党方面来说，始终希望和期待得到国际社会的支持，并为此开展了大量外交活动。1941年12月8日（美国时间7日）日本偷袭珍珠港。国民政府委员长蒋介石获悉消息，立即召集会议，决定提议成立太平洋反侵略各国联盟，要求英、美、苏与我国一致对德、意、日宣战。在中国推动下，1942年1月，美、英、苏、中等26个反法西斯国家共同签署《联合国家宣言》，正式形成了反法西斯同盟。

中国人民抗日战争是世界反法西斯战争的重要组成部分，是世界反法西斯战争的东方主战场。1941年12月，中、美、英三国在重庆举行联合军事会议，由此结成军事同盟。12月31日，罗斯福致电蒋介石，提议组织中国战区，负责中国、安南（越南）和泰国国境内的作战，由蒋介石担任中国战区最高统帅。蒋介石接受了这一建议，并成立了中国战区联合作战参谋部。1943年11月22日至26日，美、中、英三国首脑罗斯福、蒋介石、丘吉尔在开罗举行会议，着重讨论三国联合对日作战的计划，并一致通过了《开罗宣言》，表示三国将团结一致，决心把战争进行到日本无条件投降为止。近代以来，作为中国首脑，与世界最强大国首脑坐在一起，研究和讨论关系世界命运的大事，这还是第一次。1945年7月17日至8月2日，苏、美、英三国首脑在柏林西南的波茨坦举行会议。7月26日，会议以美、中、英三国名义发表了敦促日本无条件投降的《波茨坦公告》。在签字发表前，征得了中国政府的同意。中国参加关系世界命运的一系列重要会议和重大决策，表明中国实际上参与了世界反法西斯战争的谋划和指挥工作。

在世界反法西斯战争中，中国人民抗日战争开始最早、持续时间最长，以巨大的民族牺牲为世界反法西斯战争做出了不可磨灭的贡献。一是长期牵制和抗击了日本军国主义的主要兵力，消耗了日本的大量国力；二是在战略上策应和支持了盟国作战，配合了欧洲战场和太平洋战场的战略行动，盟国的一些战略行动还是直接从中国出发的；三是影响了日本的战略方向，制约和打乱了日本法西斯和德意法西斯战略配合的企图；四是作为亚太地区盟军对日作战的重要后方基地，为盟国提供了大量战略物资和军事情报；五是在全世界面前树立了以弱胜强的光辉范例，鼓舞了被压迫、遭侵略的民族进行解放战争的信心和勇气。中国人民抗日战争的胜利成为世界反法西斯战争历史上光辉的一页。

特别是1941年太平洋战争爆发前，中国战场是抗击日本法西斯的唯一战场，拖住和抗击着日本陆军总兵力的80%，最高时达到94%。从太平洋战争爆发到1943年冬，日本在中国的陆军占其总数的50%以上，最高时达到69%。战争结束时，日军在中国除东北外的陆军和太平洋战场的陆军各为51%和49%。中国战场抗击的日本陆军仍多于太平洋战场。

中国政府还两次派遣远征军入缅作战。1942年10万人首次入缅作战，成功解救了被困的7000多名英军，阻挡了日军向印度的进攻。1944年再次入缅作战，打通了盟军由印度向东进军的通道，给盟军以相当大的支持。从1943年10月至1945年3月，中国驻印军和远征军发动缅北、滇西反攻战役，历时17个月，收复缅北大小城镇50余座，解放缅甸领土8万余平方公里，收复滇西失地8.3万平方公里，共毙伤日军4.8万余人。中国驻印军和远征军的反攻胜利，重新打通了国际交通线，使得国际援华物资源源不断地运入中国；把日军赶出了中国西南大门，揭开了正面战场对日反攻的序幕；钳制和重创了缅北、滇西日军，为盟军收复全缅甸创造了有利条件。

中国人民抗日战争也得到了世界所有爱好和平与正义的国家和人民、国际组织及各种反法西斯力量的同情和支持。抗战期间，按参战国计算，站在反法西斯同盟一边的先后有51个国家；与中国共同抗日的有5个国家；向中国捐物、捐款的有11个国家；派出技术人员帮助中国抗战、建设的有12个国家；同中国订立友好条约的有9个国家；新建外交关系的有15个国家；公使级升大使级的有8个国家。美国对中国给予了政治、军事和物资的大量支援。美国飞行员志愿组建飞虎队，冒险开辟驼峰航线，为中国运送战略物资。各国共产党声援和支持中国抗战，派出医疗队和其他人员。白求恩就是共产党员。日本很多反战战士也是共产党员。苏联曾向中国派出军事顾问300多人、空军志愿人员3000多人参战，牺牲的飞行员有200多人。1945年8月8日，苏联政府对日宣战，百万大军从三面向日本关东军发动全线进攻，加速了中国人民抗日战争和世界反法西斯战争胜利的进程。

中国人民在抗日战争和世界反法西斯战争中的奋斗和贡献，提升了中国的国际地位，改变了世界战略格局，使中国从近代以来第一次跻身世界大国的行列。战争期间，中国得以取消了近代以来的大部分不平等条约。1943年10月，苏、美、英、中四国共同签署《关于普遍安全的宣言》，首次倡议建立一个普遍性的国际组织以维持国际和平与安全。1944年8月至9月，美、英、苏、中在华盛顿敦巴顿橡树园举行会议，建议将准备建立的国际组织定名为联合国，规划了联合国宪章的基本轮廓。1945年2月雅尔塔会议决定，由美、英、苏、中四国共同发起在旧金山召开会议，制定联合国宪章。4月25日至6月26日，联合国制宪会议在旧金山召开。6月26日，通过联合国宪章。10月24日，联合国宪章开始生效，联合国正式成立。按宪章第23条规定，美、苏、中、英、法成为安理会常任理事国。

联合国宪章签字仪式长达8个小时，由50个国家的全体代表按顺序在五种文本上一一签字。安理会常任理事国首先签字，而中国按顺序则被排在了第一位。中国代表团没有使用外国的钢笔，而是带来了中国的文房四宝。在全世界的注视下，当场研磨了一砚台纯净的墨汁。然后由接替首席代表宋子文的顾维钧签字。中共代表董必武也作为正式代表签了字。这一细节，具有极为丰富的象征性意义。1840年鸦片战争以来，中国曾经屈辱地被迫在无数的不平等条约上签字。1919年巴黎和会时，外国列强仍企图强迫中国在不公正的协议上签字，但第一次被中国拒绝了。面对日本对东北的侵略，中国曾试图依靠国联主持公道，但日本蛮横地退出国联，使依靠外人的幻想再次落空。而这一次，是中国昂首挺胸被邀请第一个在胜利的宪章上签字，而且使用了中国文明的标志性方式。它表明，经过抗日战争，中国人民靠着自己的努力和奋斗，赢得了世界爱好和平人民的尊敬，赢得了崇高的民族声誉，中华民族和中华文明终于从百年屈辱中站起来了！

辑五

国共关系史复盘

在“黄埔军校与中国革命”学术研讨会上的讲话*

在黄埔军校创办90周年之际，中共中央党史研究室第一研究部、中共广东省委党史研究室、中共广州市委党史研究室等多家单位联合举办的“黄埔军校与中国革命”学术研讨会在广州隆重举行。我谨代表中央党史研究室，对这次会议的召开表示热烈的祝贺，对全体参加会议的代表表示热烈的欢迎，对为这次会议筹备工作作出贡献的单位表示衷心的感谢，尤其是对中共广东省委对这次会议的高度重视和大力支持表示衷心的感谢！

刚才李玉妹部长发表了重要讲话，充分肯定了黄埔军校的历史地位和重要作用，系统总结了黄埔军校值得汲取和总结的历史经验。听了以后很受教育和启发。下面我作为中央党史研究室的同志，从黄埔军校的研究和有关工作的角度谈谈自己的看法，供大家参考。总的主题是三句话，叫做纪念黄埔军校，解析黄埔现象，探索黄埔之谜。

一、充分认识黄埔军校在中国历史上的地位和作用

2005年，我们在西安召开过一次国共关系史学术研讨会，当时我作了一个讲话，题目叫《解读分合史，锻造大战略》。我在讲话中指出，中国20世纪的历史在相当程度上是由中国共产党和中国国民党的分分合合构成的。这里面

*本文是2014年6月在中央党史研究室第一研究部、广东省委党史研究室、广州市委党史研究室等多家单位在广州联合举办的“黄埔军校与中国革命”学术研讨会上的主旨讲话。根据录音整理。

不仅有无数的传奇故事，还有深刻的历史经验和教训。认真研究国共两党的历史，从中汲取经验和教训，对于进一步锻造推进祖国统一的大战略具有很重要的现实意义。今天，我们在这里纪念黄埔军校。黄埔军校其实就是国共两党分合史的一个组成部分，是国共两党分合史上一段重要的篇章、一条特殊的支脉、一个重要的现象。黄埔军校对中国革命的发展进程，对20世纪中国变迁的历史进程，在一定程度上发挥了特殊的作用。我们对黄埔军校的历史，首先要从这样一个大背景下来加以考察和研究。

从这样一个大视角来看，黄埔军校具有什么样的历史地位？我觉得：

第一，黄埔军校是中国近代以来第一所真正为着革命目的而创办的新型军事学校。

近代以来，中国社会发生了巨大的变化，中国的教育事业也发生了很大的变化。近代以来不同的历史时期，陆续创办了一些带有军事性质的学校，以特定的方式培养军事人才。如保定陆军学校，在中国近代史上就发挥了特殊的作用。相比较而言，黄埔军校从一开始就是为了革命目的而培养革命人才、尤其是军事人才的正规军事学校。清王朝覆灭之后，中央政权式微，地方势力大涨。枪杆子的作用越来越明显，军阀势力也日益坐大。在这样的背景下，闹革命就更不能不借助于枪杆子了。于是，军队、军事就成了中国革命进程中不可缺少的组成部分。孙中山意识到中国革命需要大力培养军事人才，于是，在共产国际、苏联和中国共产党的帮助下，于1924年创办了这么一所新型的军事院校，用以培养革命的军事人才。黄埔军校培养人才的内容、方式都服从于革命这个需要。它实行政治工作制度和党代表制度。政治教育的课程和内容以及出版宣传刊物等，兼容并包三民主义和马列主义。它的招生范围与旧军校主要从雇佣兵中招生不同，主要是从青年学生、工农运动骨干中招生，广大学生具有蓬勃的革命朝气。它所培养的学生、人才，在随后的革命进程中发挥了特殊作用。尤其是黄埔早期的学生，在推进中国革命尤其是国民革命的进程中，发挥了非常重要和广泛的作用。

第二，黄埔军校为中国革命的两大阵营输送了大批军事政治人才。

无论是对国民党还是对共产党来说，都涌现出了一大批来自黄埔军校的高级将领。国民党方面，少将军官以上的黄埔师生有250余人，其中，被授予上将军衔的有近40人，中将150余人，担任集团军总司令、兵团司令官等最高指挥官的近60人。共产党方面，在黄埔军校工作和学习的人中，有近40人担任过不同时期人民军队的正军级以上的职务，20世纪80年代，经中央军事委员会确定的36位军事家中，有16人曾经在黄埔军校学习和工作过，他们是毛泽东、周恩来、陈毅、徐向前、聂荣臻、叶剑英、林彪、陈赓、罗瑞卿、许光达、许继慎、蔡升熙、段德昌、左权、黄公略、刘志丹。无论是在东征、北伐战争，还是在抗日战争中，黄埔师生都冲锋在前，前仆后继，浴血奋战。在国共两大阵营中，都有黄埔师生活动的身影，有时分，有时合，分分合合，合合分分。从世界历史来看，美国的西点军校，苏联的伏龙芝军事学院，都培养过很多军事人才。但像黄埔军校这样，不仅对于军事，而且对于政治，包括整个中国革命进程都产生了那样大的影响，而且两个对立阵营都有同一学校的学生，这在世界上是极为罕见的。一个学校能够培养出如此多重要的人才，其历史地位是不可低估的，个中缘由也值得我们深思。

第三，黄埔军校对中国革命的历史进程产生了深刻影响。

黄埔军校不能说它完完全全改变了中国的历史，但是至少影响了中国50年或者更长时间的历史。在大革命时期，黄埔军校的作用是毋庸置疑的。黄埔学生在校时和离开学校后，都发挥了特殊的作用。大革命失败后，国共两党合作的进程发生中断，由合作转变为对立，两大阵营中很多军事将领都是黄埔军校同学。此后，黄埔军校的同学在抗日战场上几乎一致发挥了特殊作用，浴血奋战，前仆后继，率领部队与日本帝国主义侵略者进行了殊死的搏斗。这种精神和意志是值得我们钦佩和铭记的。随后，国共两党发生内战，双方将领再次在战场上见面。最后是中国共产党取得了最后的胜利，黄埔军校的许多学生反而成了阶下囚。随着历史的进一步发展，到新时期，国家面临着统一的任务，黄埔军校的同学又走到了一起，为实现祖国统一而奔走呼号。在上述历史发展的几个阶段，我们都能够看到黄埔军校、黄埔同学的影响和作用。

对中国共产党来说，我们学习军事、开展军事斗争，在某种程度上也与黄埔军校有密切的关系。我们党在后来的军事建设、军队建设过程中，在武装斗争的过程中，包括在创建军事院校的过程中，都研究和汲取了黄埔军校的经验。

所以，至少从上面这几个方面来说，黄埔军校在中国历史上的地位和作用确实是非常特殊的。

二、充分认识研究和纪念黄埔军校的重要现实意义

黄埔军校创办已经90年了，它已经永远铭记在历史上，今天我们举办这样的纪念活动并且展开学习和研讨，应该说很有现实意义的。这个现实意义，首先表现在黄埔军校本身是具有非常重要的历史地位和历史作用，除此以外，还要强调以下几个理由：

第一，黄埔军校孕育的“革命、爱国”的黄埔精神需要进一步弘扬。

在中国革命的进程中，在不同历史时期和环境之下，无论是中国共产党，还是其他政党都曾经不同程度地孕育、形成了一些具有进步意义的精神。中国共产党孕育、形成的精神很多，例如井冈山精神、延安精神、红岩精神等等。黄埔军校作为一个特殊的历史现象，在当时的历史条件下，也培养和形成了一种特殊的精神，我们称为“黄埔精神”，我们统一概况为“坚持革命，团结合作，勇于牺牲，爱国革命”。黄埔军校的精神，确实体现了鲜明的时代特点，尤其是“爱国、革命”这两方面。这些概况，有助于我们深化对黄埔精神的研究。

我去黄埔军校参观过，感受还是很深的。黄埔军校在教学与训练中很重视培养学生的“爱国、革命”精神。开学之初，军校门口就贴着一副醒目的对联：“升官发财，请往他处，贪生畏死，勿入斯门。”黄埔军校还通过全面进步的政治知识教学，多样化的进步思想教育，强有力的战时政治工作，帮助广大师生养成了精诚、团结、爱国、爱百姓、不怕死、不要钱、严守军纪的作风和精神。在黄埔精神的激励下，在东征陈炯明的战斗中，广大黄埔官兵心怀“为人民利益而战，为国家独立而战”的崇高目标，团结一致，英勇杀敌。他们踊跃参加北伐，许多人在军、师、团、营、连、排中担任领导职务，前赴后继，屡建奇功，发挥了主力军的作用。在日本帝国主义大举入侵中国的过程中，中华民族面临生死存亡关头，共产党人和黄埔师生高举抗日救国的爱国主义大

旗，为挽救民族危亡和全国人民一起并肩作战，使中华民族获得了民族独立和人民解放。

第二，黄埔军校、黄埔同学会在祖国统一进程中的特殊作用需要进一步加强。

尽管由于国共两党的两次合作与分裂，黄埔出身的将士经历了不同的道路。但黄埔军校的历届师生都有着“同根生”的情谊，国共两党的一些负责人和元老又与黄埔有“血缘”关系，发扬黄埔师生的爱国主义与牺牲奉献精神，尽快完成国家统一以振兴中华民族已成为海内外黄埔同人的共同心愿。1984年，在邓小平同志的亲切关怀下，徐向前、聂荣臻等革命先辈亲自筹建了黄埔军校同学会。1987年，北京、河北乃至新疆、西藏等28个省、自治区和直辖市,相继成立黄埔军校同学会。在美国的黄埔师生和已故师生的家属,成立“留美黄埔同学及家属联谊会”。这些黄埔同学会，这些年来一直非常活跃，党和国家高度重视，它们在加强两岸沟通交流，加深两岸民众的感情方面发挥了特殊的作用。多年来，海峡两岸及旅居海外的广大黄埔同学纷纷响应徐向前、聂荣臻两位元帅发出的“祖国尚未统一，同学仍须努力”的呼吁，以推进祖国统一、振兴中华民族为己任，参与到反对“台独”，促进祖国统一的进程当中，他们的立场和态度是值得赞赏和钦佩的。

孙中山先生曾说：“凡是爱国的中国人，都应该为祖国的和平统一而努力奋斗。”在这方面，黄埔同学正在发挥特殊的作用，所以我们今天研究和纪念黄埔军校应该可以看做是推进祖国统一进程的一种重要方式，这种作用，某种程度上是其他作用难以取代的。

第三，黄埔军校的教育理念和方式蕴含着宝贵的经验。

黄埔军校从创立开始，就形成了独特的办学理念、办学内容和办学方式。黄埔军校的历史，在这方面值得我们研究，像这样一种具体的办学模式是不可复制的，但这样一种办学模式多多少少还是会给我们很多重要的启示。教育是人类传承文明的一种非常重要的方式，也是培养人才、开拓创新的一种重要方式。多少年来，中华民族的教育内容方式在不断探索中推陈出新，发展到今天，我们的教育模式大体上成型，至于如何推进教育模式的发展依然是一个非常重要的任务。回想当年，黄埔军校这么短的办学时间，有如此丰富的教学内容，既讲政治又讲军事，既讲理论又注重实际，不仅在校学习，而且直接参加了大革命的斗争。这给了我们很多启发，值得我们去思考。

三、进一步加强和深化对黄埔军校的研究

在研究黄埔军校的历史过程中，我感觉到黄埔军校不仅是一个历史现象，而是一个非常复杂的历史之谜，称为“黄埔之谜”，这样的历史之谜，至少有三个问题。

第一，为什么一个学校能培养这么多重要的历史性人才。

第二，黄埔同学分分合合，甚至拼死搏杀，演绎出一种复杂的历史，这种历史现象极难描述，需要更加深刻地剖析其中的历史缘由，总结历史教训。

第三，为什么黄埔军校师生对中国历史产生了如此巨大的影响，产生的又是什么影响?

研究黄埔军校的历史，有许多问题需要思考和探索，很多经验需要总结。对黄埔军校的历史，无论从历史还是现实，从学术还是政治，都是应该进一步深化研究，具体来说，有以下几个问题需要思考：

第一，进一步加强黄埔军校史料的搜集、整理与出版工作。

在这方面，广东省的同志在省委省政府、市委市政府的领导下，已经做了大量的工作。黄埔军校纪念馆、社科院黄埔军校研究中心在这方面做了很大的努力，搜集整理了很多史料，编撰出版了很多书籍，这些贡献应该充分肯定。当然，这项工作还须继续加以深化，在中国台湾地区、海外还有许多历史资料需要收集。黄埔军校的老学生在世的已经不多了，其家属是否还有这样的历史资料，这方面的工作我觉得还可以加强。

第二，进一步拓宽黄埔军校的研究领域和研究视野。

研究黄埔军校，我们需要首先注意从抗战开始，尤其是国共合作期间黄埔军校的历史地位和作用。黄埔军校此后还有进一步的演化、变迁，这也可以研究。黄埔军校本身的历史当中尚有很多领域需要我们去注意拓展并深入研究。如黄埔军校使用武器的研究，如果把当时武器的来龙去脉搞清楚了，也有

助于其他相关历史问题的认识；还有共产国际和苏联对当时黄埔军校的创立和发展到底起了什么样的作用？对黄埔军校的创立、教育模式以及后来的摩擦斗争，他们到底是什么态度？黄埔军校的历史还是有很多课题，很多领域需要我们去拓展。

第三，要进一步加强黄埔军校人物的研究。

黄埔军校的功绩，在很大程度上体现在这么一大批人物上，这些人物的命运、作用非常复杂，我们对黄埔军校的研究在这方面已经做了大量的工作。我们共产党人与黄埔军校有什么关系，当年黄埔军校到底有多少共产党员，他们起了多大的历史作用，国民党方面到底有哪些人，他们后来的命运如何等问题，目前这些问题研究的进展还是很不错的，当然还需要进一步努力。

第四，进一步加强宣传黄埔军校旧址纪念馆。

广东对革命遗址的建设保护工作是非常重视的，在某种意义上，这样一个遗址是人类物质非物质的文化遗产，某种意义上是见证人类文明的一个载体，对这些场馆的保护利用是我们做好党史、革命乃至整个历史工作的一个重要内容，在现实生活中可以发挥重要的作用，黄埔军校应该说是保护的非常好的，我们希望利用这样的基础加强宣传，发挥它应有的作用。

第五，进一步加强海峡两岸的合作交流。

黄埔精神是海峡两岸共同的回忆，“天下黄埔是一家，两岸同胞一家亲”。推进祖国统一进程，需要我们从心灵、精神上密切两岸同胞的感情。至于国共两党，如果说两党的矛盾和纷争，双方都有自己的看法，如果寻找最大公因数的话，抗日战争就是最大的公因数，是双方最有共同性的话题。除此之外，我们还需寻找更多的共同点。黄埔同学就是一个重要的纽带，以黄埔军校为媒介加强两岸的交流能够发挥特殊的作用，这是广东的一个优势。

第六，加强对蓝色历史文化遗址的研究和保护工作。

前几年，我们在全国开展了革命遗址的普查工作，经过多年的努力，目前普查工作已经结束并出版一系列革命遗址普查工作的丛书。在这个工作过程中，我们感到如何对革命遗址进行分类是一个难题，如果对革命遗址用颜色加以分类的话，红色代表我们中国共产党在从事革命活动中留下的遗址，蓝色代表国民党方面的一些遗址，日本侵略者留下的一些类似“万人坑”的遗址可以用黑色表示。我们在保护红色遗址的同时，也要做好对蓝色遗址的保护和研究工作，这方面可能随着时间的推移，越来越需要给予适当的重视。

这是一个非常复杂的问题，蓝色肯定不能取代红色，也不能与红色并驾齐驱，但是可以在重视红色遗址的同时适当注意一下，广东、南京、武汉、重庆等地的蓝色遗址还比较多，如果加以妥善利用，在促进祖国统一的过程中有可能起到特殊的作用。比如广东的“三大旧址”，就包含国共双方的色彩，前几年对其修复的时候，广东省委、省政府，广州市，还有我们中央党史研究室做了大量的努力，终于将其保护和修复，发挥了非常重要的作用，产生了很大的意义。

最后，希望黄埔军校历史的研究不断取得新成果，让黄埔军校在中国历史发展的未来进程中继续发挥其特殊的作用。祝会议圆满成功，谢谢大家！

解读分合史，锻造大战略*

——关于国共关系史的思考

研究国共关系史，不仅有学术价值，而且有现实的政治意义。从这一特殊的历史中，我们可以汲取很多的经验教训，感悟到很多文明的启迪和智慧。

研究国共关系史，就事论事、具体考证、辨析事实、澄清是非，都是需要的。但更需要的，恐怕是站在今日时代发展的新高度上，超越各种具体事件、是非、认识的局限性，联系于中华文明的精髓，分析和总结能够促进今后中华民族发展进步的大经验、大智慧。

沿着这样的思路，我做了一点思考。还不成熟，借这个机会与大家交流一下，听听大家的意见，以便作进一步深入的研究。

一、国共两党的分分合合对中华民族20世纪以来的历史产生了深刻的影响

1. 中华民族将近100年来的历史，很大程度上是与国共两党相互关系的演变联系在一起的。

1939年10月，毛泽东在《〈共产党人〉发刊词》中，提出中国革命有三个问题、三大法宝。在论述统一战线这个问题和法宝时，毛泽东指出：中国革命和中国共产党的发展道路，是在同中国资产阶级的复杂关联中走过的，这是一

*2004年9月8日，中共党史学会在西安召开“国共关系史和‘一国两制’研讨会”。本人主持会议并发表讲话。11月14日根据讲话提纲修改充实后，发表于《中共党史研究》2005年第1期。

个历史的特点。当着我们党的政治路线是正确地处理同资产阶级建立统一战线或被迫着分裂统一战线的问题时，我们党就能前进一步；而如果是不正确地处理同资产阶级的关系时，我们党就会后退一步。

这里所说的资产阶级，其代表性的政治力量就是国民党。对于与国民党关系的重要性，毛泽东在1937年就讲过："十五年来的中国政局，国共两党的关系是决定的因素。一九二四年到一九二七年的两党合作，造成了第一次革命的胜利，一九二七年两党的分裂，造成了十年来的不幸局面。"①

按照这样的观点，并且套用这样的语言，我们可以说，至少在1949年之前，中国革命的发展和挫折，是与国共两党的关系联系在一起的。当着两党团结合作之时，中国革命的力量就比较强大，发展就比较顺利；当着两党关系分裂之时，中国革命就有复杂的局面出现，甚至在相当程度上造成中华民族的不幸。毛泽东所说的1937年前的情况如此，1937年后的情况也大致如此。两党为主体建立抗日民族统一战线，中国抗战的局面就迅速发展。正是在抗日战争当中，中国受到了世界许多国家的尊重，并且废除了大量历史上的不平等条约。随着抗日战争的胜利，中国成为联合国五大常任理事国之一。抗战胜利之后，两党维持合作，中国曾一度浮现光明的前景。但随着两党关系的破裂，中国又陷于大规模内战的局面。此后，一方面，中国革命以迅猛彻底的方式取得胜利，为中国的未来开辟了崭新的道路，但另一方面，毋庸置疑，三年内战毕竟是中国历史上最大规模、最为惨烈的战争，它给中华民族造成的牺牲和损失也是空前的。

1949年之后，国共关系不再主导中国社会的发展，但对于中国发展进程的影响依然是深远的。由于历史上的对立关系，以及新中国成立初期这种对立斗争的继续，中国共产党不得不发动一次次的运动，彻底摧毁国民党在大陆的残余势力和在各条战线的影响，其中免不了矫枉过正，强化了一些过激行为。特别是由于两党各自掌握着大陆和台湾的控制权，因而便产生了影响深远的台湾问题。新中国几十年的发展历程，特别是中国与外部世界的关系，无不时时感受到这种两党矛盾的阴影。

进入21世纪之后，国民党失去在台湾的控制权。因而，国共两党关系对

---

①《毛泽东著作专题摘编》上卷，中央文献出版社2003年版，第557页。

于中国局势发展的影响力也大大削弱。未来国民党在台湾的力量和影响必然会继续衰落。多年来，中国共产党一直期望通过实现国共两党的第三次合作以促成国家的统一。但现在，国民党处于在野的地位，为了保住和争取颇为勉强的选票，有意与大陆保持距离，因而，在其重新夺回政权之前，几乎不可能实现正式的第三次国共合作。当然，这并不意味国共两党的关系对解决台湾问题没有任何作用了。大陆与台湾的统一需要各方面的力量和条件。加强国共之间不同方式的联系和合作，特别是那种不事张扬、心领神会的配合和默契，对于遏制台独分裂势力的发展，并促成祖国统一的实现，依然是非常重要和必要的。如果国民党重新夺回在台湾的政权，争取实现第三次国共合作，依然可以作为我们努力的目标。在新的历史条件下，我们应该寻求国共两党更为多样和灵活的合作，打造新形式的国共合作统一战线。

2. **国共两党的分分合合，有着复杂的历史原因。**

国共两党，分分合合，时分时合，是由中外诸多重大而复杂的因素决定的。

第一，是由中国社会的主要矛盾、历史课题和基本任务决定的。

当公元纪年进入20世纪之时，人类居住的地球出现了许多新的趋势。资本主义成为世界占支配地位的生产方式。帝国主义的形成，把整个世界都几乎瓜分完毕。资本主义心脏地区生产方式的内在矛盾，外化为帝国主义之间争夺势力范围的矛盾，更外化为世界范围内压迫民族与被压迫民族，亦即殖民主义、帝国主义与殖民地半殖民地国家和人民的矛盾。世界范围的这些复杂矛盾，构成了中国进入20世纪之时生存和发展的外部大环境。

中华民族有5000年的文明史，其中延续3000年的封建社会，曾经发展到高度成熟的程度。直到乾隆末年，中国的经济总量仍居世界第一位。但从明朝末年开始，西方先后兴起工业革命和资产阶级革命。而中国的封建统治者夜郎自大，闭关自守，看不到日益变化的外部世界，固守封建专制主义的腐朽制度，使中华民族痛失了历史性的发展机遇。面对西方殖民主义的坚船利炮，封建王朝无力抵抗。从鸦片战争开始，中国一步步沦为半殖民地半封建国家，成为西方殖民主义掠夺和杀戮的对象。中华民族蒙受巨大屈辱，国家濒临灭亡的边缘。

帝国主义和中华民族的矛盾，封建主义和人民大众的矛盾，构成近代中国的主要矛盾。而帝国主义和中华民族的矛盾，乃成为各种矛盾中的最主要的矛盾。帝国主义和封建势力残酷地压迫和剥削中国人民，阻碍着中国社会的进步。因此，推翻帝国主义和封建主义在中国的统治，就成为20世纪中国革命的首要任务。

这也就是说，历史，向进入20世纪的中国提出了两个重大的任务：一个，是求得民族独立和人民解放；一个，是实现国家繁荣富强和人民共同富裕。两大任务各有不同，但又互相联结。前一任务是为后一任务扫清障碍，创造必要的前提；后一任务是前一任务的继续，是逻辑发展之必然。

国共两党，对中国社会性质、矛盾、任务的认识、主张和观点，特别是解决中国问题的道路和方案，有某种程度的契合之处，又有很多矛盾和对立的方面，由此，也就决定了两党必然会有斗争与合作两个方面的复杂关系。

第二，是由不同阶级、阶层、党派、政治力量的利益关系决定的。

近代以来的中国社会，阶级关系非常复杂。"有地主阶级，有资产阶级"；"有无产阶级，有农民阶级，有农民以外的各种类型的小资产阶级"[①]，"中国社会是一个两头小中间大的社会，无产阶级和地主大资产阶级都只占少数，最广大的人民是农民、城市小资产阶级以及其他的中间阶级。"[②]

从各阶级的状况来看，地主阶级是帝国主义统治中国的主要的社会基础，是用封建制度剥削和压迫农民的阶级。但其中的开明绅士是地主阶级的左翼，是带有资产阶级色彩的地主。中国资产阶级不同于外国的一个重要特点，是分为带买办性的大资产阶级和民族资产阶级两大类型。带买办性的大资产阶级是中国革命的对象。民族资产阶级则具有突出的两面性，一方面有参加革命的可能性，另一方面在政治上又非常软弱和动摇。农民，主要是其中的贫农和中农，占中国人口的大多数，具有强烈的反帝反封建的革命性，是中国革命的主力军。农民以外的小资产阶级，包括广大的知识分子、小商人、小手工业者和自由职业者，也是革命的动力之一。中国的现代工业无产阶级具有很多突出的优点，是革命的领导阶级，但其人数很少，只有动员和组织最广大人民群众，

---

①《毛泽东著作专题摘编》上卷，中央文献出版社2003年版，第381—382页。

②《毛泽东著作专题摘编》上卷，中央文献出版社2003年版，第382页。

才能壮大自己的队伍，实现自己的历史使命。诸如此类不同的阶级都有自己的政治代表，相互之间又有着错综复杂的联系和矛盾斗争。作为它们最主要政治代表的共产党和国民党，当然也就会在不同时期、不同环境下发生分分合合的复杂关系。

第三，是由复杂的国际背景特别是外国在华的利益关系决定的。

新民主主义革命时期，国际范围内存在着无产阶级同资产阶级、殖民地半殖民地国家同帝国主义国家、帝国主义国家之间三类错综复杂的矛盾。这些矛盾也在相当程度上影响到中国国内的阶级关系和社会矛盾。就帝国主义国家而言，它们既共同把中国变成了半封建半殖民地国家，又支持中国不同的军阀势力，把中国划分为不同的势力范围。中国的大地主大资产阶级因而也就分属于几个不同的资产阶级。“在几个帝国主义国家间的矛盾尖锐地对立着的时候，在革命主要地是反对某一个帝国主义的时候，属于别的帝国主义系统之下的买办阶级也有可能在一定程度上和一段时间内参加当前的反帝国主义战线。但是一到他们的主子起来反对中国革命时，他们也就立即反对革命了。”[①]帝国主义国家之间矛盾引发的两次世界大战，都在中国造成了复杂的政治营垒。就国际共产主义运动而言，中国共产党曾在相当长时间内作为共产国际的一个支部，与国际共产主义运动有着息息相关的联系，某种程度上受着共产国际的领导。苏联作为世界上第一个社会主义国家，对中国革命给予了很大的支持，但其政策在一定程度上也有着国家利益的考虑。所有这些外部的因素，对国共两党分分合合的关系也产生了不可忽视的影响。

第四，也是由各方政治领导人的观念、水准、性格、智力以及互相博弈的谋略所决定的。

任何个人、任何政治家和战略家，都是一定历史、一定时代、一定社会环境的产物。他们由于客观和主观的原因，必然具有自身许许多多不同的特点。既有观念上的差异，又有性格、智力上的不同。其在政治、军事上的组织、领导水平都在不同政党的博弈较量中充分表现出来。这些属于个人的特点虽然不能从根本上决定历史的发展趋势，但对于历史发展进程的影响也是不可

①《毛泽东著作专题摘编》上卷，中央文献出版社2003年版，第384页。

忽视的。一个判断的正确还是错误，一个谋略的成功还是失败，有时候也会导致不同的结果。国共两党的领导人，在相当长的时间内斗智斗勇，演化出了无数的棋局、故事，使相互之间的关系和战略态势发生着惊险奇特的变化。毛泽东的智慧，蒋介石的狡诈，周恩来的敦厚，对国共两党关系的变化发展甚至一些关键时刻的走向，不能说没有一点影响。这个事实，恐怕也是应该实事求是地加以承认的。

3. **国共两党的分分合合，对中国历史的发展进程产生了重大的影响。**

第一，合，归根结底对两党有利，对中华民族更有利。

两次合作，按毛泽东所说：由于第一次国共合作，“南方的革命势力，曾经由弱小的力量变得强大起来，取得了北伐的胜利；而称雄一时的北洋军阀被打倒了。”①而在抗战时期，“假如没有国共两党为基础的抗日民族统一战线的发起，建立与坚持，如此伟大的抗日民族革命战争之发动、持久与争取胜利，是不可能的。”②按邓小平所说：“台湾当局总是讲凡是搞统一、合作，都是他们倒霉、吃亏，共产党占便宜，这不符合历史事实。历史事实是，两次国共合作对彼此都带来很大好处，主要是给民族、给人民带来好处。第一次合作实现了北伐。北伐的胜利符合国家利益、符合民族利益、符合人民利益，也符合两党利益。第二次合作是对付日本军国主义。抗战的胜利符合国家利益、民族利益、人民利益，也符合两党利益。”③

第二，分，考验和锻炼了中国共产党，也暴露了国民党的腐朽与黑暗，促成了中国革命的彻底胜利，使中华民族凤凰涅槃，获得新生。

合，固然是应该努力争取的好事。但分，有时候也是不以人们的主观意志为转移的，甚至就是历史的必然。当国民党自以为分离对它有利，因而不顾一切地打压中国共产党时，共产党别无选择，只能起而抗争。这种分，虽然对共产党，是一种极大的压力；对民族，是一种悲剧。但坏事变好事。只要正确应对，中国共产党就能经受特殊的锻炼，在抗争中发展自己，壮大力量，愈益迅速地成熟起来。而国民党，自以为得计，很多走向极端的手段，实际上从根

---

①《毛泽东著作专题摘编》上卷，中央文献出版社 2003 年版，第 556 页。

②《毛泽东著作专题摘编》上卷，中央文献出版社 2003 年版，第 561 页。

③《邓小平年谱（1975—1997）》下，中央文献出版社 2004 年版，第 781 页。

本上破坏了自己的形象，动摇了自己的基础，使自己一步步走向孤立，最后只能遭到失败的命运。这种分，反而比较彻底地荡涤了中国大地上的污泥浊水，使中国革命的胜利来得更快更彻底。

第三，当然，这种无可奈何的分，也在一定意义上造成了中华民族的巨大伤痛。

两党的分裂，无论必然还是未必然，无论基于何种原因，都在客观上加剧了中国不同阶级、不同政治力量之间政治、经济、文化、军事的全面对峙，将中华民族内部的矛盾、斗争推到极端尖锐、残酷乃至你死我活的程度，扩大了民族、社会、国家分裂的鸿沟。前后20多年的战乱，随后接着50多年的对峙，造成了无法计算的人力、物力、财力的损失，造成了无数家庭的破损和毁灭，造成了中华儿女心灵上的巨大创伤和隔离。这种有形和无形的后果，影响是极其深远的。

二、国共两党的分分合合留下了极为深刻的经验教训

历史已经不可改写。但掩卷沉思，人们总是能够从历史中获得很多教益。国共两党的分分合合，从不同的角度解读可以作出不同的价值评价。其经验教训，也可以从不同的角度加以研究。但随着时代的进步，我们现在恐怕很需要从更加宏观的角度、更加高阔的境界，来思考和总结它对于中华民族发展所提供的经验教训。

1. 民族独立、国家富强、人民幸福和社会进步是中华民族的最高利益，一切政党只有为此而不懈奋斗，才能在历史上占有自己的地位，发挥自己的作用。

毛泽东说：统一战线需要有一个共同的纲领、共同的政治基础。国共两党的分分合合，两个政党最终走向不同的结果，都深刻地告诉我们，任何一个政党、任何一个阶级、任何一种社会政治力量，能否在中华民族的历史进程中占据应有的地位、发挥应有的作用，归根结底，要看它能否遵循历史的规律，顺应历史的潮流，解决中华民族所面临最紧迫、最根本的问题。

在20世纪中国的发展过程中，许多政治力量都提出过自己的主张，都曾

经在中国的政治舞台上表演过自己，但最终都成为匆匆过客，没有能够解决中国的问题，有的甚至对中国社会的发展起了极大的阻碍作用。历史最终选择的，是中国共产党。中国共产党的80多年，占了20世纪4/5的时间。20世纪的中国发生了三次历史性的巨变。其中两次都是在中国共产党的领导下实现的。唯有中国共产党，才正确地认识和分析了中国的基本国情，科学地把握了中国社会在不同时期的复杂矛盾，令人信服地承担起历史赋予的重任，解决了20世纪中国面临的一系列重大而紧迫的任务。对中国共产党的历史地位、所作贡献及其经验教训，只有从这样一个基本的视角出发，才能作出科学的、实事求是的评价和估量。

对于其他阶级、政党的历史功过，也应该这样来分析和评价。谁对中华民族的发展和进步作出贡献，谁就会得到肯定和赞扬；谁对中华民族的发展进步形成阻碍，谁就很难在历史舞台上立脚。从长远来看，历史总是客观和公正的。毛泽东说过：在一定的历史时期，“革命的三民主义，成了国共两党和各个革命阶级的统一战线的政治基础，‘共产主义是三民主义的好朋友’，两个主义结成了统一战线。”[①]中国社会的各个政党，如果曾经作出贡献，包括国民党在一定时期、一定问题上做了有益于中华民族的事情，应该实事求是地加以承认和肯定。对其造成的消极和错误的影响，任何人也不应否认和抹杀。顺应历史的潮流，为中华民族的发展和进步多办好事，这应该是对所有政党的共同教益。

2. **中华民族的哲学首先是团结和合的哲学，只有最大限度地把全民族的力量团结起来，才能保障和实现中华民族的最高利益。**

江泽民同志说：“团结是国运昌隆、民族振兴的保证。”[②]联系国共两党的分分合合，我们更加深刻地体会到，一个民族的团结与和睦，对于一个民族的进步和发展，具有多大的影响和作用。一定时期两党的分裂，固然是难以避免的，但从根本上来说，还是合对中华民族更加有利。

总结历史的经验教训，我们应该更加突出地强调和确立团结合作的理念。我们常说，共产党的哲学是斗争的哲学。但从更广阔的角度来说，我们还应该

---

①《毛泽东著作专题摘编》上卷，中央文献出版社2003年版，第555页。

②《十五大以来重要文献选编》中，人民出版社2001年版，第1034页。

强调，共产党的哲学，也应该是团结的哲学。整个中华民族的哲学，既是斗争哲学，也是团结哲学。在一定的条件下，不能不讲斗争哲学，在另外的一些条件下，更要多讲一点团结哲学。只讲斗争，不讲团结，就会把自己的人越斗越少。多讲团结，在团结的前提下来讲斗争，开展必要斗争的目的也是为了更好更广泛的团结，这样，自己的人就会越来越多，力量就会越来越强，有利于中华民族的积极因素也就会更加广泛。

历史上，中华民族有一种和合文化的传统。李瑞环同志讲过："我国是一个讲求'和合'文化的国家，主张以和为贵，对各种文化兼容并包，包括对待宗教。"[①]"在我国悠久的历史发展过程中，我们积累了很多的经验和教训，其中最重要的一条就是提倡'和合'，强调团结、人和、祥和、和睦、和以处众、和衷共济、和气生财、内和外顺等词语经常使用，随处可见。""当今中国要发展、要振兴，必须继续弘扬中华民族的优良传统，特别要提倡'和合'，强调团结……唯团结才能稳定，唯团结才能发展稳定。"[②]这种和合文化、和合精神的传统，需要我们倍加珍视，发扬光大。

3. *以磨合的方式解决中华民族的内部矛盾，善于求同存异寻求各方利益的共同点，不断培育和弘扬大度宽容的民族气度。*

中华民族内部有着复杂的利益关系和矛盾。怎么处理，关系到团结和统一问题。为什么要讲团结？为什么能够团结？根本上就是各方之间既有特殊性，又有共同性；既有个别利益，又有共同利益；既有矛盾冲突，更需要各方调和与协作。中华民族的团结和统一，进步和发展，是大利益；各个阶级、政党的特殊利益，相对于中华民族的整体来说，是小利益。小利益要服从于大利益。实现了大利益，各个阶级、政党的小利益也能在更大程度上得到实现。

同样，任何事物内部，既有一分为二，又有合二为一；既有一分为二，也有一分为三；二可以合为一,三也可以合为一。合者，不是抹杀矛盾，而是求同存异。存异，可以是存小异，也可以是存大异。异，一定条件下可以用斗争的办法来消除，但在很多情况下，未必能消除，根本上还是要靠实践，靠实践证明孰是孰非，靠实践促进矛盾转化，随着实践的发展而使差异和矛盾自然

---

①《李瑞环同宗教团体领导人举行迎春座谈会时的讲话》，2000 年 2 月 1 日《光明日报》。

②《李瑞环会见香港各界知名人士时的讲话》，2000 年 11 月 9 日《人民日报》。

消除。正因为如此，邓小平才有“不争论”的发明。

讲团结统一，当然不是不讲斗争，也不是不讲原则、不讲批评与自我批评。但在中华民族内部，批评、斗争都要从中华民族的整体利益出发，有利于而不是损害中华民族的根本利益。即使在国际上，也要注意斗而不破，有利有节，保持合作或友好的关系。总的还要韬光养晦，而不是锋芒毕露。所以，中华民族，经过长达5000多年的发展以后，在解决自身矛盾的问题上，应该更加走向成熟。善于处理好斗争与合作、斗争与团结的关系。善于培育和发展、提升政治磨合的水平和艺术。从大处着眼，从长远着眼，从整体着眼，从团结着眼，从整个中华民族的发展与进步着眼，进一步培育和形成大度宽容的民族气度。

4. 建立动力与平衡相结合的社会运行机制，做到统而不死、活而不乱，是推动中华民族步入良性循环的基本课题。

一个社会，能否快速和健康发展，从根本上来说，取决于它有没有通过一定的制度和体制表现出来的良好的社会运行机制。这种机制，主要包含两个方面：一个是动力机制，一个是平衡机制。动力机制，提供和传输着社会运动、发展、变化的能源和能量亦即动力；平衡机制，维护和保持着社会各部分及各种力量之间的协调、稳定和平衡。社会需要动力，也需要平衡。一个社会的成熟程度，不仅要看这两大机制是否各自都具有良好的性质和功能，而且关键是要看这两种机制能否有机地结合起来，互相配合，协调稳定地发挥其总体的功能。

世界上不同社会、不同制度的长短优劣、相互关系，以及在历史发展进程中的演化变迁，追根溯源，都可以从动力与平衡机制的比较中找出内在的逻辑。中华民族很早就成为一个统一的中央集权制国家。对于这样一个庞大的国家来说，统一有序是极为重要的，所以，各个朝代都特别强调稳定、平衡。但相对而言，动力和活力就比较缺乏，因而在不少时间里，呈现出一种超稳定的状态，发展的速度受到影响。但如果由于种种原因，国家处于松散状态，如春秋战国时期，社会固然可以活得多，但也会出现很多的混乱，甚至兵戎相见，连年混战，给中华民族带来严重的灾难。所谓“一管就死，一松就乱”，就是在动力与平衡之间没有找到恰当的契合点。国共两党的分分合合，多少也是这种历史逻辑的反映。

因此，从长远来看，中华民族要从根本上进入长久良性循环的轨道，根本上，是要比较历史上和世界上各种社会运行机制的长短优劣，将动力机制与平衡机制有机地结合起来，逐步构建起自己的，既有协调平衡又有强劲动力，两者融为一体，处于高效稳定状态的总的社会运行机制。建设这种机制的工作，我们正在做，但还是初步的。希望通过研究，深化认识，能够更加自觉地把这件根本的大事做好。

三、解读历史，面向未来，锻造中华民族的大智慧、大战略

研究历史，是向后看，但根本的目的是向前看。国共两党分分合合的历史，从某种意义上，也是中华民族的一种财富。通过研究这方面的历史，我们应该进一步丰富民族的智慧，锻造更加聪明的战略，以利于更好地解决我们现在和今后面临的大课题

1. **国共关系留下的最大伤疤和难题，是台湾问题以及与此相联系的全球华人的大分裂。**

国共两党的分分合合，催生了崭新的中华人民共和国，但也留下了复杂的台湾问题。台湾是中华民族不可分割的一部分。由于国民党当局在内战溃败之后逃离大陆退守台湾，由于美国扶持国民党与大陆对峙，海峡两岸形成了长期对立和隔绝的状况。中华人民共和国已成为中国唯一合法政府，得到了联合国和世界上绝大多数国家的承认，但国民党政府却一直想谋取自己所谓代表中国的正统地位。现在，陈水扁领导的台湾当局更进一步想把台湾从中国领土分裂出去，否认台湾是中国的一部分。大陆与台湾之间持续50多年的矛盾和斗争，对于我们来说，当然是原则性的斗争，而且是中国的内政，不容外国干涉。但它在客观上，毕竟给了外部势力以很多可乘之机。世界上许许多多的国家，笑看中华民族的内部纷争，坐收丰厚惊人的渔翁之利。仅国民党和陈水扁当局的“银弹外交”，就白白奉献了中华民族的大量财富。台湾问题，还造成了全球华人的大分裂，迫使全球华人要么站在大陆一边，要么站在台湾一

边，严重削弱了中华民族的凝聚力，影响了中华民族走向伟大复兴的进程。直至今天，台湾问题依然是国之大殇、心之大痛，让中华民族付出了难以估量的代价。

解决台湾问题，完成祖国统一大业，是中华民族的根本利益所在，是全中国人民包括台湾同胞、港澳同胞和海外侨胞的共同愿望。统一是中国历史发展的主流。反对分裂，坚持统一，是中华民族自古以来就有的传统。历史既然留下了台湾问题的难题，我们就要尽最大努力去解决它。今天我们研究国共关系，最重要的，就是要致力于推动台湾问题的解决，实现海峡两岸的最终统一。

2. **解决台湾问题，需要有吸纳5000年中华文明、并具有极大创造性的大智慧，勇于超越种种低层次的思维模式。**

治国理政需要有常规思维，也需要有超越常规的奇特思维，善出一点奇招。奇招太多不行，没有一点奇招也不行。中国历代中央政府，治理西藏，收复台湾，保卫边疆，都有过一些奇招。毛泽东上井冈山，对于当时的共产党和共产国际来说，是奇招。张杨抓住蒋介石，共产党却不主张杀他，是奇招。千里挺进大别山，是奇招。三大战役，环环相扣，关门打狗、围点打援、围而不打、隔而不围、中间突破等等，均是战略策略上的奇招。新中国成立后，炮打金门，是奇招。乒乓外交，小球推动大球，是奇招。“文化大革命”，其实也是奇招，不过是失败的奇招。邓小平在参与建立新中国和推动改革开放进程中，也有过很多奇招。推动建立经济特区，是奇招。提出“一国两制”的构想，更是奇招。

台湾问题，错综复杂，关系中华民族的核心利益。用什么办法解决它，事关中国发展的大战略，也事关中国所处的国际环境。文的、武的，都是对我们聪明才智、综合国力、组织能力、军事艺术、政治谋略的大检阅、大考验。怎样用最小的代价，取得最大的成效，胜利地实现祖国的最终统一？传统的思维恐怕已难以胜任。很需要有超越常规的大智慧、大主意、大思路、大突破。“一国两制”是奇招、高招。现在，在“一国两制”的基础上，能不能还有什么更大、更好、更奇特、更有效的奇招呢？到底什么是奇招、奇招会奇在哪里？我们暂时还难以确定，但希望这样的奇招能够出现。当然，也不限于奇招。在推动统一的进程中，任何措施都应当是高招。高超的智慧，高超的谋略，高超的方式，高超的办法……唯有高超、高明，才不可惜了中华民族5000年的文明和智慧。我们的研究，应该推动这样的奇招、高招多多出现。

3. **以宏大的气魄和眼光，构建和实施推动世界华人团结、实现中国和平发展的大战略。**

台湾问题是中华民族大棋盘上的一个点。但解决这个点的问题，光着眼于这单独的一个点是不行的，必须用全局性的眼光，构建全局性的大战略，才能推动这个问题的解决。这个大战略的最主要特点，应该是全球性的、全领域的、全方位的。要在全球范围内布局，争取建立起全球华人促进和平统一的共同阵线。要在全球范围内采取有效措施，以全球华人的团结促统一，以经济利益的汇合促统一，以文化血脉的交融促统一，以宗教归宗的灵境促统一，以政治沟通的艺术促统一，以国际环境的影响促统一，最后，也不放弃军事手段求统一。善于做大文章，善于做好文章，善于做各方面的文章。

争取统一的大战略，到底是什么，需要我们深入研究，设计构造。但无论如何，都要突出争取人心这一个根本点。中华民族的团结，说到底，是人心的团结。人心的团结是真正的而不是虚假的团结，是牢固的而不是脆弱的团结，是长久的而不是短暂的团结。人心齐，泰山移。有了人心的团结，自然就会有其他各方面的团结。古人云："得人心者得天下。"我们讲团结，讲统一，最根本、最基础的，应该是在"得人心"上，在凝聚人心、团结人心上下功夫。要善于把海内海外、一切拥护祖国统一的人们的"人心"凝聚和团结起来。多做沟通和交流工作，晓之以理，动之以情，取得尽可能多的人的理解和认同。着眼于把人拉过来，而不是把人推过去。团结的人越多越好，团结的面越宽越好。对陈水扁台独的图谋和言行，必须坚决斗争。但对于台湾大多数民众来说，要在争取人心上多做工作。赢得了人心，才能最终赢得台湾与大陆的统一。

4. **站在时代的新高度上，把向后看与向前看结合起来，深化中共党史的研究，充分发挥党史资政育人的作用。**

马克思说过这样一段话："对人类生活形式的思索，从而对它的科学分析，总是采取同实际发展相反的道路。这种思索是从事后开始的，就是说，是从发展过程的完成的结果开始的。”[①]这就好像几何学上点的运动一样，我们可以通过在坐标系中描绘它的轨迹，总结出一定的规律，确立一定的方程式，从而证明它是一条直线还是一条抛物线，是一个椭圆还是一对双曲线，等等。进而，我们又可以根据一定的方程式，在满足其各项条件的情况下，描绘出圆形、椭圆、抛物线和双曲线等各种图形来。历史，同样如此。当一些历史事件发生的当时，我们未必能马上认识它的内在规律。但当这些事件和现象累积到一定程度，并与其他很多现象相联系时，我们便能够逐渐发现它们相互之间的内在联系，从而发现隐藏在它们深处的内在规律。一旦掌握了这些规律，在一定程度上，我们就能够预见未来，从而掌握行动的主动权，少走弯路，减少随意性和盲目性。研究党史，必须注意这种历史与现实、历史与未来的结合。研究国共关系，也要注意这种历史与现实、历史与未来的结合。党的事业的发展、中华民族的进步与发展，需要这种结合。做好了这种结合的文章，党史工作就能发挥更大的作用。

①《马克思恩格斯全集》第23卷，人民出版社1972年版，第92页。

辑六

党代会历史轨迹

加强对党代会历史的研究*

——为党代会研究丛书所作的序

有党，就有党代会。甚至从最初的起点来说，有了党代会，才有了党。所以，1921年7月召开的中国共产党第一次全国代表大会，就成为中国共产党诞生的标志。从那以来，我们党已经召开了17次全国代表大会。

党代会的重要性，首先在于它的特殊的地位和职权。

党代会的地位和职权是什么？党的一大通过的党纲，还没有来得及作出明确的规定。但从党纲的字里行间，如："由全国代表会议选出之十名委员组成之中央执行委员会"，"本纲领需经全国代表大会三分之二的代表通过修正案时方可修改"等，我们可以推导出，党代会的职权有：选举中央执行委员会、制定和修改党纲等。

从1922年党的二大制定的第一个《中国共产党章程》开始，党代会的地位就有了明确的规定：党的最高领导机关是全国代表大会，大会闭会期间，是大会选出的中央委员会（开始曾称作中央执行委员会）。从1969年九大所通过的党章开始，又规定：党的最高领导机关，是全国代表大会和它产生的中央委员会。这就开始形成了双重领导机关制。无论是单一领导机关制还是双重领导机关制，全国代表大会作为党的最高领导机关的地位都是确凿无疑的。

与此相联系的党代会的职权，1927年6月的党章第三次修正案，明确规定了党代会四个方面的工作："讨论与批准中央委员会中央监察委员会及其他中

---

*本人在担任中央党史研究室副主任期间，组织开展了对中国共产党历次党代会的系列研究。指导完成了党代会研究系列成果，包括七大研究系列、一大到六大代表名录、一大到六大档案文件汇编等。同时推动并基本完成了对国内1949年前历次党代会如三大、五大会址的保护、修复、布展工作，参与了对在莫斯科的六大会址的保护工作。本文就是为党代会研究系列丛书所作的序言。2006年6月5日撰写，2009年5月2日修订。

央各部工作的报告”；“审查与修改党纲及党章”；“决定一切重要问题政策的方针”；“改选中央委员会及监察委员会及其他等等”。

经过几十年的实践和发展之后，我们现行的党章规定，党的全国代表大会共有六个方面的职权：（一）听取和审查中央委员会的报告；（二）听取和审查中央纪律检查委员会的报告；（三）讨论并决定党的重大问题；（四）修改党的章程；（五）选举中央委员会；（六）选举中央纪律检查委员会。

党代会的这种地位和职权，无疑便决定了它在党的建设和发展中的意义，决定了它是全党全国政治生活中的一件大事。

每次党代会，都是在特定的历史条件下召开的，都要总结和审查过去特定阶段内的工作，研究和分析当前时期的形势、任务，解决面临的一系列重大问题或重大任务，制定今后一段时期赖以遵循的纲领路线和方针政策，同时，还要选举产生新的中央领导机构。所以，每次党代会，都反映着在这个时期内党的认识水平、价值取向和基本意志，也反映着党按照民主集中制原则作出的一系列重大抉择。因此，都是党的一定时期内政治状况、政治意志的集中体现。

回顾我们党召开过的17次党代会，都是在当时形势发展的重要时刻召开的，多数都真正履行了它的职权，研究了紧迫的重大问题，并且作出了正确或基本正确的决策，因而对当时党的事业的发展作出了重大的贡献。

第一次党代会，解决了建立一个新型政党的问题，在中国历史上第一次竖起了共产党的大旗。

第二次党代会，划分了党的最高纲领和最低纲领，解决了中国革命的任务和阶段问题。

第三次党代会，确定了与国民党建立统一战线的重大方针，推动实现了国共两党的第一次合作。

随后的几次党代会，都在当时特定的形势下，解决了中国革命发展中的一些紧迫问题。

1945年的第七次党代会，是中国共产党在新民主主义革命时期召开的最为成功的一次代表大会。这次大会制定了“放手发动群众，壮大人民力量，在我党的领导下，打败日本侵略者，解放全国人民，建立一个新民主主义的中国”的政治路线；制定了新民主主义国家在政治、经济、文化方面的纲领，提出了实现中国工业化的宏伟任务；制定了新民主主义革命时期最为完整的新党章，第一次把党的纲领作为有机部分写进党章，明确规定了党员的义务和权利，进一步强调了党的群众路线，完善了党的民主集中制原则；第一次把毛泽东思想写进党章，在全党确立了毛泽东思想的指导地位；把理论和实践相结合的作风、和人民群众密切地联系在一起的作风以及自我批评的作风概括为中国共产党的三大作风。这次大会为争取抗战的胜利和新民主主义革命在全国的胜利奠定了政治和思想基础。

中华人民共和国成立以后的第一次党代会，即党的第八次全国代表大会，研究了社会主义改造完成以后党所面临的形势和任务，确定了党的事业进一步发展的纲领、路线和方针。

十一届三中全会以后，从十二大到十七大，每一次代表大会都解决了改革开放进程中逐步深化的一些重大问题，推动了党的建设和中国特色社会主义事业的不断发展和进步。每一次代表大会都开得很成功，在党的历史上写下了辉煌的篇章。

历史证明，一次成功的党代会，往往就是党的历史上的一个里程碑。它标志着党的前进所达到的水准和程度，也标志着党面向未来将要遵循的前进方向。1921年的一大、1945年的七大、1956年的八大、十一届三中全会之后的几次党代会等等，都具有这种里程碑式的意义。这些成功的代表大会，都对当时甚至之后党的事业和党的建设的发展产生了重大的影响，推动了历史的进程。

当然，有没有虽然履行了职权，但未曾解决问题，甚至把问题搞得更乱、更糟的会议呢？也是有的。九大就是把问题搞得更糟的会议。十大，由于整个路线方针是错误的，所以，并没有解决问题。十一大，想解决一点问题，但由于基本的理论错误没有纠正，所以实质性的问题也没有解决。这种不成功的甚至错误的党代会，或多或少给党的事业带来消极的影响甚至严重的危害。开成这样的会议，有种种复杂的原因，但确实反映了当时的党正徘徊在一段曲曲折折的道路上。

党代会能否正常和如期召开，也从一个侧面反映党所处的环境，反映党当时的政治状况和认识水平。从一大到五大，大体能如期召开。但从六大到七大，间隔了17年。这期间的许多重大问题，包括像纠正错误路线、确立毛泽东的领导地位，甚至像抗日战争这样的大事，都是通过其他形式而没有通过党代会来研究决定。七大到八大，间隔了11年，像建立中华人民共和国、实行社会主义改造、建立社会主义制度这样一些非常重大的问题，也不是通过党代会来研究决定的。八大之后，八大制定的路线被改变，发生关于国际共产主义运动的大论战，及至发动“文化大革命”、改变国家体制、审查和处置一大批党和国家领导人，都没有通过党代会来研究决定。所有这些，都不符合党章的规定。为什么会出现这种情况？当然有战争环境等方面的原因，不可否认也有党犯严重错误的原因。如八大到九大期间，就是党逐步犯了严重错误，党内民主受到破坏，致使党的代表大会也不能如期召开了。即使由于战争或其他原因，邓小平也说：“党的第八次大会同第七次大会隔了十一年，当然是迟了。”“这是我们党的民主生活中的一个重要的缺点。”

令我们感到欣慰的是，从十一届三中全会以来，我们党代会的职权越来越清楚，党代会的召开也已经逐步规范，因而，在党的事业发展中的巨大作用越来越明显、越来越突出。从十二大开始，党的代表大会每一次都能够按照党章的规定如期召开，这不是一般的时间问题，而是我们党的政治生活走上健康和正常轨道的重要标志，是总结和记取了历史经验和教训的一个重要表现，其意义十分重大。从1982年到2007年，连续6届党代会，串起了新时期党的历史，浓缩了改革开放的历史进程。整整30年，是改革开放的30多年，也是党不断前进的30多年。

至于党代会如何召开，也反映出党的建设和发展水平，尤其是反映党内民主的历史进程。

多数党代会，都能够围绕主题展开深入的讨论，充分发表意见，包括发表不同意见，最终达到思想政治上的统一。

比如，一大出席13人，从1921年7月23日至31日（也有说到8月1日），历时9天（包括转移会场的时间。或10天），通过一个纲领、一个决议。二大出席代表12人，从1922年7月16日至23日，历时8天，通过9个决议案。三大出席代表30余人，从1923年6月12日至20日，历时9天，通过7个决议案。

四大出席代表20人，从1925年1月11日至22日，历时12天，通过11个决议案。五大出席代表82人，从1927年4月27日至5月9日，历时13天，通过7个决议案。六大出席代表142人，从1928年6月18日至7月11日，历时24天，通过18个文件。七大正式代表547人，候补代表208人，从1945年4月23日至6月11日，历时50天。……可见，每次党代会，时间不短，讨论的议题都很多，也很深入。

在八大上，除了毛泽东作开幕词、刘少奇作政治报告、邓小平作关于修改党章的报告、周恩来作关于发展国民经济第二个五年计划的建议的报告之外，还有113人作了大会发言，70篇未刊发言。这些发言提出了许多有价值的思想和观点。像陈云关于"三个主体、三个补充"的思想，就是在大会发言中提出的。

多数大会，在讨论中都会有不同意见，但可以发表和讨论。如三大对共产党员要不要加入国民党的问题，就有截然不同的两种意见。持反对意见的代表人物，是蔡和森和张国焘。两种意见都充分发表了。最后通过的，仍然是正确的决议。

在有些大会上，不同的意见可能恰恰是正确的意见。比如在1927年的五大上，陈独秀作了长达5个小时的报告。但代表们对此报告却十分不满，报名发言的就有38人。但可惜的是，正确的意见未能被接受。直到"八七"会议，陈独秀的错误才得到纠正。

党代会的目的，是要达到思想政治上的统一。这是任何大会都必须努力实现的要求。会议是否成功，在很大程度上也表现在这里。一般情况下，"一致通过"反映了全党意志的统一。但某些特殊情况下的"一致通过"，未必就是好事。比如九大，林彪所作的政治报告，以"无产阶级专政下继续革命的理论"为指导，全面肯定了"文化大革命"的理论和实践。大会通过的党章，也充分体现了这个精神。至今我们未听说大会上有多大不同意见的争论。但这种表面上的一致只不过是"万马齐喑究可哀"而已，并不能真正消除内部思想实质上的分歧。所以，大会之后两年零五个月，写入党章的"接班人"林彪就摔死在蒙古的温都尔汗，举世震惊。

可见，如何处理思想活跃与思想统一的关系，实在不是一个很简单的问题。既要充分展开讨论，又要保持思想政治上的统一，两者必须有机结合，防止任何偏颇之处。总结历史，这是需要非常谨慎处理的一门政治艺术。

为了开好会议，有些党代会，在可能的情况下，还能够将会议的议题、内容事先通知党员，征求党员的意见。比如，1925年1月召开的第四次党代会，事先就于1924年8月31日，由中共中央向各地发了一封信，要求各级组织："对于本党一年来各种政策，工农、青年、国民党各种实际运动及党内教育上、组织上各种问题发表其意见，并于小组会议时提出讨论，以其结果报告中央。个人有特别意见者，指令其写成意见书，由委员会或组长汇寄中央局。"据档案资料反映，当时就连远在莫斯科的中共旅莫支部，也给中央写来了专门的报告，不仅汇报了对各种问题的讨论情况，而且各种观点多少票，都详详细细记录在案。

因此，我们看到，凡是成功的大会，都有某些成功的建树，能够在理论和实践上有重大的发展和创新。如从十一届三中全会开始，中国共产党进入新的发展时期。改革开放的大潮伴随着党的脚步前进，党的建设又在改革开放的大潮中得到洗礼。从十二大到十七大的一个重要特点是，每一次代表大会，都能够在理论和实践上作出重大的创新，从而推动党和国家的事业向前迈出坚实而有分量的一大步。

十二大，邓小平在开幕词中明确提出了"建设有中国特色社会主义"的重大命题，推动了改革开放的全面展开。

十三大以社会主义初级阶段作为立论的根据，明确制定了党在社会主义初级阶段的基本路线，并按照邓小平的构想正式表述了分"三步走"基本实现社会主义现代化的发展战略。

十四大科学概括和评价了邓小平建设有中国特色社会主义理论，确立了它在全党的指导地位，明确提出了建立社会主义市场经济体制的改革目标。

十五大继续前进，总结了20世纪中国的三次历史性巨变，鲜明地高举起邓小平理论的旗帜，明确将邓小平理论写入党章，第一次完整地提出了党在社会主义初级阶段的基本纲领，进一步明确了党的建设的总目标。

十六大是我们党进入新世纪后的第一次代表大会。这次大会，科学地总结过去、规划未来，提出了新世纪新阶段党和国家的奋斗目标和行动纲领，为中国特色社会主义事业的发展进一步指明了前进方向；把“三个代表”重要思想同马克思列宁主义、毛泽东思想、邓小平理论一道确立为我们党必须长期坚持的指导思想，实现了党在指导思想上的与时俱进；选举产生了以胡锦涛同志为总书记的新一届党中央，顺利实现了中央领导集体的新老交替；对党章进行了修改，使党的根本大法更加完善，为新世纪党的工作和党的建设提供了更加科学有力的指导。

十七大对改革开放30年的历程进行系统回顾和总结，鲜明地高举中国特色社会主义伟大旗帜，对科学发展观作出科学评价并写进党章，号召全党坚定不移地坚持中国特色社会主义道路和中国特色社会主义理论体系，全面推进经济政治文化社会建设，为夺取全面建设小康社会新胜利而奋斗。

由此可见，党代会是党的历史的一个个重大的节点、一个个关键的环节、一个个集中的标志、一个个准确的缩影。党代会的历史构成党的整个历史的主干脉络。对党代会的研究当然不能取代对党的整个历史的研究。因为在党代会之外还有无数丰富多彩的活动、画面、历史事件和历史人物，有的也对整个历史产生了重大而深远的影响，不能有丝毫的忽略。但，基于党代会的重要地位，我们完全可以说，如果没有党代会的党史，党的历史也必然成为一部没有骨架、没有灵魂的历史。

正因为如此，我们党历来重视对党代会的研究。在各种比较完整的党史著作中，对党代会的介绍和叙述都是重头的内容。但尽管如此，我们对党代会的研究还是不够的。除了对党代会本身的内容、议题、进程等研究得还有不够外，对会议的方式、出席人员的活动，以及其他一些历史细节等等，也多有不甚了了之处。

基于这种状况，加强对党代会的研究，就成为我们党史研究的一项重要任务。

最近一些年来，中央党史研究室已经加强了对党代会历史的研究。比较重头的，是主持拍摄了大型文献片《光辉历程——从一大到十五大》，系统地介绍了到当时为止党的15次代表大会的基本内容和历史地位。中央党史研究室第一研究部的同志们，在有关方面和老同志，包括一些热心的老同志后代以及专家学者的支持下，开展对党的七大的专题研究。历经数年，花费大量心血，做了大量深入的调查研究工作，先后编撰出版了《中国共产党第七次全国代表大会代表名录》《中国共产党第七次全国代表大会档案资料选编》《忆七大——七大代表亲历记》《七大代表在七大》《团结的大会，胜利的大会——中共七大论文集》《中共七大研究》等成套的著作，构成了关于七大研究的一个专门系列，受到了许多老同志和专家学者的好评。

特别令人振奋的是，时任中共中央政治局常委、国家副主席的曾庆红同志，2003年9月专门为《中国共产党第七次全国代表大会代表名录》一书作序，肯定这部书"重点抢救和系统整理了有关的珍贵资料，生动地再现了中国共产党形象的一个历史缩影。""是迄今为止关于党的七大研究的一个重要的历史成果。"庆红同志还"对所有为这项成果的取得而倾注了心血、提供了帮助的人们，表示衷心的感谢！"并强调："全面、系统地研究党史，充分发挥党史研究以史鉴今、资政育人的作用，还有许多工作要做，需要党史工作者在'三个代表'重要思想指导下，付出艰苦的劳动，党史工作者们应当继续为此而努力。"庆红同志的序言，是对我们开展七大研究工作的一个巨大鼓舞、支持和鞭策。

为了进一步落实庆红同志的指示，我们一方面，继续深化七大研究，基本形成了七大研究的系统成果。另一方面，又开始了对其他历次党代会的系列研究。先后编成了《中国共产党第一至第六次全国代表大会代表名录》等书，开始形成一套新的研究一大至六大和八大的系列著作。

我们还十分重视党代会历史遗址的保护和开发问题。时任中央党史研究室主任的李景田，曾先后考察了上海的一大、二大、四大遗址以及当年党中央的一些办公场所，考察了广州的三大遗址，并对这些遗址的保护和开发提出了重要的意见。我作为分管地方党史和重大纪念活动的副主任，始终积极推动对党代会的研究和对党代会遗址的保护工作，先后考察了上海、广州、武汉与党代会有关的历史遗址，对这些遗址的保护和修建工作直接提出建议，审查有关的建设和布展方案。经过与有关省市委的紧密合作，在广东省委省政府、广州市委市政府的高度重视和直接部署下，广州中共三大会址的保护和建设工作取得重大成果，三大会址纪念馆已经正式落成和开馆。武汉的五大会址，在湖北省委省政府和武汉市委市政府的领导下，也已经修复完成并对外开馆。上海的二大会址，在上海市委的支持下、在上海静安区委区政府的努力下，今年元旦也已经修复完成并开馆。所有这些，都是非常令人欣慰的事情。

研究党代会的历史，既是为了更加准确地“存史”，也是在某种程度上“资政”。我们党历来注重研究和总结经验，为执政兴国的工作大局服务。党史工作的根本任务就是“资政育人”。对党代会历史的研究也是如此。我在中央党校工作时，在1999—2000年间，作为中央布置的调研课题的一部分，曾经对党的历史上实行党代会常任制的情况进行了专门的考察，并提交了研究报告。研究结果表明：是否实行党代会常任制，我们党在不同时期有过不同的规定。二大至六大，规定党代会每年召开一次。七大规定党代会每三年召开一次，其间可开党代表会议。八大党章明确规定：“全国代表大会会议由中央委员会每年召开一次。”邓小平在关于修改党章的报告中，专门说明了为什么要实行党代会常任制的问题，强调这是一项“根本的改革”，并具体分析了实行党代会常任制的好处。到1969年，九大取消了党代会常任制。1982年9月召开十二大时，曾经考虑过恢复党代会常任制的问题，但最终没有实现。主持十二大党章起草工作的胡乔木同志，在就新党章修改问题答新华社记者问时，专门回答了一个问题：“新党章为什么不规定代表实行常任制？”他当时所说的一些理由，现在看来已不是很适合。因此，我的意见是：要不要实行党代会常任制的问题，看来还需要重新研究。当时我们在内部对党代会常任制的研究，实际上开了一个头，促进了人们对党代会常任制问题的思考和关心。到十六大时，水到渠成，大会确定，扩大在市县进行党的代表大会常任制的试点，并积极探索党的代表大会闭会期间发挥代表作用的途径和形式。目前的试点正在继续进行当中。举这样一个例子，主要是说明，研究党代会的历史，能够对党的实际工作起到很好的作用。我们党要加强党的先进性建设和执政能力建设，非常需要研究和总结历史的经验，也包括党代会的经验。

在十七大筹备期间，我又组织中央党史研究室的一些专家，从不同角度展开对党代会历史经验的研究，如历次党代会如何就党代会议题征求意见的情况、历次党代会如何选举产生中央委员会的具体方式，等等，发表了一些内参文章和公开文章，发挥了一定作用。

所以，我在2006年6月所写本篇序言的主题就是：加强对党代会历史的研究。现在，3年时间过去了，对党代会历史的研究取得了新的进展，出版社也拟将有关书籍修订再版。我相信，在以胡锦涛同志为总书记的党中央领导下，在各级党委政府及有关部门的支持下，在广大党史工作者的努力下，我们对于党的代表大会的研究，一定会不断取得新的进展和成果，并对党的先进性建设和执政能力建设，包括对党的代表大会制度的完善，发挥积极的作用。

中国共产党全国代表大会制度的发展和历史经验*

党的全国代表大会是党的最高领导机关。党代会制度是党的极其重要的一项制度（党代会制度包括全国党代会制度和地方及部门党代会制度等，本文这里只讨论全国党代会制度，所称的党代会制度，也均限于全国党代会制度）。建党86年来，中国共产党的全国代表大会制度经历了从创建到发展并历经曲折而逐步走向完善的过程。回顾这一过程，总结经验教训，对于进一步加强新形势下党代会的制度建设，更好地发挥党代会的作用，是很有帮助的。

一、全国党代会制度建立和发展的历史进程

中国共产党成立以来，经历了三个历史时期，主要干了三件大事。中国共产党的全国代表大会制度，伴随着党的事业，也相应地经历了三个发展时期。

第一个时期，从1921年到1949年，是党代会制度创立和基本成型的时期。

这个时期，一共开了七次全国代表大会。党代会制度从创建到基本成型，对党的建设和新民主主义革命的胜利发挥了重要作用。

1921年第一次全国代表大会的召开，不仅宣告了中国共产党的诞生，也标志着党的全国代表大会制度的出现。但这时的党代会还仅仅是最初的自然形

*本文发表于《中共中央党校学报》2007年第5期。

态。大会文件对党代会的构成、职权、运行规则等，都还没有作出制度性的规定。

1922年的第二次全国代表大会，制定了党的第一个章程，规定“全国代表大会为本党最高机关”，同时规定：“全国代表大会每年由中央执行委员会定期召集一次”；“全国大会及中央执行委员会之议决，本党党员须绝对服从之”；等等。这是最初的几条原则性的制度安排。

此后，1923年的三大、1925年的四大、1927年根据五大精神，先后制定了三个《修正章程》。其中第三个修正章程案比较完整地规定了党的组织系统和党代会召开的时间、条件、程序，党代会的工作内容等等。1928年在苏联莫斯科召开的第六次全国代表大会，在党章中专门设立了“党的全国会议”和“党的全国大会”两章，对党代会的召开、职权、选举等做了更加明确的规定。

1928年前，按照党章的规定，党代会基本上能够定期召开，在革命斗争的一些重要关头，对面临的重大问题进行认真的研究，作出了大量决议。虽然发生过这样那样的错误，但党代会本身作为党的最高领导机关，还是名副其实的。

六大之后，由于斗争环境的日益复杂和其他种种原因，党代会制度没有能有效坚持。从1928年到1945年，只开了7次中央全会。党代会没有发挥应有的作用。

1945年召开的第七次全国代表大会，是新民主主义革命时期最成功的一次党代会。这次大会总结多年来的经验，制定了一个更加系统、全面的党章，对党的组织原则、组织系统、各项制度等作了更加清楚的规定。其中“党的中央组织”一章，对党代会的召开、职权、与中央委员会的关系、党的代表会议等作了统一规定。刘少奇在《关于修改党章的报告》中，对有关问题作了充分的论述和说明。七大充分发扬民主，对事关党的建设和新民主主义革命的一系列重大问题作出了决定，充分发挥了党代会应有的作用。

第二个时期，从1949年到1978年，是党代会制度在开始执政条件下发展和经历曲折的时期。

这个时期，一共开了四次代表大会。党代会制度适应掌握政权的新形势，发挥了重要作用，但后来也遇到曲折，留下了深刻的教训。

1956年的第八次全国代表大会，制定了党取得革命胜利并转入经济建设之后的第一部党章，集中反映了执政条件下党所面临的任务和课题，对党的建设提出了新的要求。对党代会，除规定了职权、选举、程序等外，着重实行了党代会常任制，规定“党的全国代表大会每届任期五年”，“全国代表大会会议由中央委员会每年召开一次”。邓小平称这是一项根本的改革。按照这个规定，除了1956年的八大一次会议外，1958年5月又召开了八大二次会议。

但此后，随着“左”倾错误的发展，不仅党代会常任制没有能够坚持，党代会制度也逐渐受到破坏。特别是“文化大革命”的发生，使党的整个组织系统陷于瘫痪。1969年在“文化大革命”中召开的第九次全国代表大会，思想、政治、组织上的指导方针都是错误的。代表的产生、选举的方式等也存在很多问题。九大通过的党章，取消了党内民主的很多重要规定。对党代会，不仅取消了常任制，而且连其职权都不再规定。

1973年召开的第十次全国代表大会，基本上延续了九大的错误。1977年召开的第十一次全国代表大会，开始纠正“文化大革命”的错误，但在思想理论上还带有“文化大革命”的痕迹。党代会以及制定的党章，都带有这种过渡的性质。

第三个时期，从1982年到现在，是党代会制度全面恢复并走向规范和健全的时期。

这个时期，已经开了五次全国代表大会。不仅通过拨乱反正，全面恢复了党代会制度，而且随着改革开放的深入和党的建设新的伟大工程的推进，党代会制度愈益完善，越来越充分地发挥出重要作用。

1982年召开的第十二次全国代表大会，是十一届三中全会实现伟大历史转折之后的第一次党代会。作为党的最高领导机关，会议对推动全面改革和党的建设作出了重要决策。大会制定的新党章，彻底清除了九大到十一大党章中的错误，适应新时期的要求，提出了加强党的建设的方向、要求和组织原则等。对党代会，进一步明确了它的职权，规定了召开的程序、规则，明确了它与中央委员会的关系。对中央机构的设置，也做了很多重要的改革。十二大及其制定的新党章，奠定了新时期党代会制度的基础。

十二大以后，党的代表大会始终按期召开，研究和决定党的事业和党的建设中的最重要问题。十三大到十六大，每次大会都与时俱进，对党章作出一定的修改。为了及时解决改革开放和干部新老交替的问题，1985年还召开了党的全国代表会议。党章也对代表会议问题作出了规定。通过改革，党代会的有关制度和规定越来越充实、越来越细致、越来越规范，党内民主迅速发展，党代会作用得到越来越充分的发挥。

二、全国党代会制度发展变化的主要路径和特点

纵观党代会制度的发展过程，可以发现，党代会制度的发展和完善，客观上是循着几个重要的路径发展的。

第一，走向独立自主。这是新民主主义革命时期党代会制度发展的一个重要路径和特点。

中国共产党是在共产国际帮助下成立的。最初的重要理念之一，是全世界无产者联合起来共同推进世界革命。所以一大通过的党纲规定："不分国籍，都可以接收为党员，成为我们的同志。"党的第一个决议规定："党中央委员会应每月向第三国际报告工作。"二大宣言进一步宣布"中国共产党是国际共产党的一个支部"，为此还专门通过了《中国共产党加入第三国际决议案》。一大到六大，基本上都有共产国际的代表参加并给予指导。党的六大则完全是在苏联召开的。

加入共产国际，是以接受加入共产国际的21个条件为前提的。从1924年开始，共产国际又推行布尔什维克化运动，要求各国共产党严格向苏联党学习。1925年1月，共产国际制定了各国共产党模范章程，要求各国共产党对原有的章程统一加以修改。所以，中国共产党1927年的修正章程和1928年六大制定的党章，基本上套用了模范章程的结构和内容。党代会的职权等，也基本上照搬于模范章程。

与共产国际的这种关系，既有益，也有弊。益在得到了共产国际的支持和指导；弊在不能独立自主地制定符合中国国情的路线方针政策，甚至一度使中国革命受到严重挫折。后来，中国共产党逐步端正思想路线，越来越注意独立自主地探索自己的革命道路。从中国实际出发加强党的建设。到1945年，

由于中国共产党已经日益成熟，共产国际也已经解散，所以七大成为中国共产党完全独立自主召开的会议，党章也完全成为独立自主制定的党章。在党代会的准备、会议的内容、召开的方式、中央领导机构的选举等制度上，七大都完全按照中国共产党自己的意愿进行，独立自主地决定了党的建设和事业的一系列重大问题。这一历史性的变化，是中国共产党走向成熟的标志，为此后独立自主地领导中国的革命建设奠定了坚实的基础。

第二，逐步趋于规范。这是86年来党代会制度发展的一个最主要的趋势和特点。

一大时，党代会只是刚刚出现的一个形式，远远谈不上规范问题。鉴于当时党员人数尚少、地方组织不健全，大会决定暂不成立中央委员会，而只先建立三人组成的中央局进行工作。党代会到底有哪些职权、怎么运作，在会议通过的文件中，只依稀可见，但还没有必要的制度。随后，经过多次党代会的努力，加上共产国际的指导、学习苏联共产党的经验，党代会制度逐步成型，有了基本的规定。因而，在中国革命的进程中发挥了最高领导机关的作用。

但由于革命战争年代的复杂环境，以及其他种种原因，党代会始终存在不规范、不完善的问题。因此，党代会如何走向规范，就成为86年来随着环境、任务、党的自我认识提高而不断努力解决的一个重大课题。

首先是召开的时间逐步走向规范。从1922年到1928年，党章规定每年召开一次党代会，当时也大致上做到了。但六大之后直至1945年七大之前，由于战争环境等原因，整整17年没有召开党代会。其间只是召开了7次中央全会和一些政治局扩大会议。从六届四中全会开始，曾多次提出召开七大问题，但事实上都没有开成。后来七大党章规定，党代会“在通常情况下，每三年召集一次”。但这一规定事实上也没有能坚持。七大到八大，间隔了11年。对此，邓小平在八大作修改党章报告时指出：“党的八次大会同第七次大会隔了十一年多，当然是迟了。”是个“缺憾”。八大党章规定：“党的全国代表大会每届任期五年。”“全国代表大会会议由中央委员会每年召开一次。”但遗憾的是，这一规定仍然没有得到执行。从八大到九大，又相隔了13年。这种状况，不可能再用战争原因来解释，而只能说明对党代会作用认识不够、执行党章很不严肃，党内民主存在严重缺陷。十一届三中全会之后，这种不规范状况彻底改变。从十二大起，每次党代会都按照党章的规定如期召开，成为党内生活走向民主、健全、规范的重要标志。召开党代会成为党和国家政治生活中一件正常而又重要的大事。

其次是党代会的职权逐步走向规范。最初的党纲、章程均未规定党代会的职权。1927年五大后制定的修正章程，第一次规定了党的全国代表大会的工作内容。六大党章稍加调整，规定为："1.接受并审查中央委员会及中央审查委员会的报告。2.决定党纲上的问题。3.决定一切政治策略，及组织等问题的决议案。4.选举中央委员会，中央审查委员会等。"此后，七大、八大的规定基本类似。但九大、十大、十一大的党章取消了这些规定。在实践中，很多大事没有能通过党代会来研究和决定。直到十二大，完成在党的建设问题上的拨乱反正。党章对全国代表大会的职权作出了新的规定："（一）听取和审查中央委员会的报告；（二）听取和审查中央顾问委员会、中央纪律检查委员会的报告；（三）讨论并决定党的重大问题；（四）修改党的章程；（五）选举中央委员会；（六）选举中央顾问委员会和中央纪律检查委员会。"较之以往，主要是将讨论并决定党纲、方针、政策、组织等问题归并为"讨论并决定党的重大问题"，同时，增加了选举中顾委和中纪委并听取有关报告两项。按照这些规定，十二大以来，历次党代会都认真履行了这些职权。党的重大问题逐渐都提交党代会来研究和决定。特别是十六大正常履行了党的最高领导集体的交替程序，解决了国际共运中长期没有解决好的接班程序和制度问题，具有重大的历史意义。在党代会的程序、规则、投票、选举等比较具体的问题上，近几届党代会都不断作出新的探索和改进，使党代会履行职权的方式也越来越趋于规范。

第三，形成民主传统。这是86年来党代会制度发展一个历经曲折而又最宝贵的趋势和特点。

中国共产党成立以来，以坚持和发展党内民主作为基本的价值观念。虽然初期党内活动的运作存在着不够规范的问题，党在政治上也犯过不少错误，但在以党代会为基本形式坚持和发展党内民主上，还是作出了不懈的努力，形成了许多优良的传统。

在党代会的筹备上，努力发扬党内民主，集中全党的智慧，为党代会的顺利召开创造良好的条件。1925年1月召开的四大，事先就于1924年8月31日，由中共中央向各地发了一封信，要求各级组织："对于本党一年来各种政策，工农、青年、国民党各种实际运动及党内教育上、组织上各种问题发表其意见，并于小组会议时提出讨论，以其结果报告中央。个人有特别意见者，指令其写成意见书，由委员会或组长汇寄中央局。"当时就连远在莫斯科的中共旅莫支部，也给中央写来了专门的报告，不仅汇报了对各种问题的讨论情况，而且各种观点多少票，都详详细细记录在案。

在党代会期间，努力发扬党内民主，组织代表对党代会的议题进行深入讨论，集思广益。在八大上，除了毛泽东作开幕词、刘少奇作政治报告、邓小平作关于修改党章的报告、周恩来作关于发展国民经济第二个五年计划的建议的报告之外，还有113人作了大会发言，70篇未刊发言。这些发言提出了许多有价值的思想和观点。像陈云关于"三个主体、三个补充"的思想，就是在大会发言中提出的。多数党代会，在讨论中都会有不同意见。但可以发表和讨论。如三大对共产党员要不要加入国民党的问题，就有截然不同的两种意见。持反对意见的代表人物，是蔡和森和张国焘。两种意见都充分发表了。最后通过的，仍然是正确的决议。

这种民主传统，在"文化大革命"期间受到严重破坏。直到十一届三中全会以后，才逐步恢复和发展。

三、全国党代会制度建设的历史经验

86年来，全国党代会制度发展变化的历程，为党的建设提供了丰富而宝贵的经验。在新世纪新阶段继续推进党的建设新的伟大工程，应该注意从这些经验中汲取政治营养和政治智慧，使党的代表大会制度进一步走向完善，在党的建设和事业中发挥更大的作用。

第一，党代会是党的发展进程和成熟与否的基本标志，必须以党代会为枢纽谋划和推进治党治国的宏图大计。

党代会是现代政党的基本制度和决策形式。有党，就有党代会。甚至从最初的起点说，有了党代会，才有了党。对于党的建设和发展来说，党代会具有标志杆和推进器的双重作用。说它是标志杆，就是说，每次党代会，都是在一定的社会历史背景下召开的，它的每一个重大决策，都集中反映着这个时期党的思想认识、价值取向、实践经验和政治意志，标志着党在这个时期发展进步达到的水平。说它是推进器，就是说，每次党代会，都要面向未来，研究和解决党所面临的重大问题，制定或调整党的纲领、路线、方针和政策，就党的一些重大问题作出决策，选举产生新的领导集体和重要干部，以便开创党的事业新局面。

我们党以往召开过的16次党代会，多数真正履行了职权，研究了紧迫的重大问题，作出了正确或基本正确的决策，因而对当时党的事业的发展作出了重大贡献。少数，如九大、十大，是不成功的会议。这种不成功，其实也正是当时党内状况的真实反映。十一届三中全会以后，我们党实现了伟大的历史转折，党代会也开得越来越成功。从十二大到十六大，每次党代会都解决了改革开放发展进程中逐步深化的一些重大问题，推动了党的建设和中国特色社会主义事业的发展进步。这16次党代会连接起来，基本上勾画出了我们党在曲折中不断探索和发展的轨迹。

由此也可以看到，全国代表大会作为党的最高领导机关，在党的建设事业中占有重要的地位。开好党代会，对于总结过去，开创未来，具有十分重要的意义。所以，我们应该把党代会的筹备和召开作为推进党的建设和事业发展的一个重要枢纽，抓住这个契机，系统认真地总结过去的工作和经验，科学分析党所处的新形势、新环境，认真研究需要应对的新机遇、新挑战，抓住关键，制定战略，确定未来一个时期的发展蓝图和大政方针，组织配置党的领导力量，动员全党和全国人民，同心协力，开创党的建设和中国特色社会主义事业发展的新局面。开好党代会，将能把党的思想理论认识、纲领政策水平、治国理政能力，把我们各方面的事业都大大向前推进一步。

第二，党代会是党的最高领导机关，必须高度尊重和充分行使党代会的最高职权。

从第一个党章开始，就规定党代会是党的最高领导机关。按照现行党章的规定，党的全国代表大会共有六个方面的职权。概言之，是议党之大事、定党之大策。原则上，凡是党所面临的重大问题，都应当由党代会来研究决定；

而召开党代会的目的，不是为了形式，而是实实在在地解决党所面临的重大问题。这是党代会的权力所在、职能所在，也是作用所在、意义所在。

从经验的一面来说，历史上，每一次成功的代表大会，都真正发挥了作为党的最高领导机关的作用，认真研究和解决了党所面临的重大课题，从而在理论上、政治上、组织上作出了一些重大的建树。如一大第一次竖起了共产党的大旗。二大划分了党的最高纲领和最低纲领。三大推动实现了国共两党的第一次合作。七大制定了新民主主义革命的纲领。八大研究确定了社会主义改造完成以后党的任务、纲领、路线和方针。十一届三中全会以后的党代会，更是推进了改革开放，促进了理论创新，开辟了中国特色社会主义道路，在党的历史上写下了新的辉煌的篇章。

从教训的一面来说，历史上也有党代会的地位和职权没有得到充分尊重和发挥的情况。六大、七大，八大、九大间隔时间过长，都严重违反了党章的规定，除了某些不可抗拒的原因外，多少都表现出对党代会不够尊重的问题。因而，像土地革命战争、抗日战争、成立中华人民共和国、建立社会主义制度、开展“文化大革命”这些极其重大的问题，都没有经过党代会的研究，不是党代会的决策。这不能不说是重大的缺憾。虽然其中很多问题的决策是正确的，但如果发挥了党代会的作用，对这些问题的解决会不会更好一些呢？特别是像大跃进、“文化大革命”这些重大的错误能不能少犯一点呢？

总结历史的经验教训，应该在全党牢固地树立党代会是党的最高领导机关的观念，严格遵守党章的规定，坚决尊重党代会的权威，认真行使党代会的职权，充分发挥党代会的作用。按照党章的规定，凡是党内重大问题，都应该通过党代会来研究解决。党的中央委员会和其他机构，都必须对党代会负责，按照有关规定向党代会报告工作。党代会决定的事项，必须严格执行。如有变动，应向党代会报告，得到许可或追认。要使党代会名副其实地履行最高领导机关的职权。

第三，规范化是党代会制度建设的基本要求，必须通过完善和坚持各项制度提高党代会的规范化水平。

治国理政要规范，党的建设要规范，党代会制度也要规范。规范化的程度，是党是否成熟的一个重要标志。党在创建初期和战争年代，有某些不规范现象是可以理解的，但在可能的情况下，还是应该尽可能地规范。当掌握全国政权、成为执政党之后，党的建设包括党代会制度就更应该走向规范了。十一届三中全会以来，我们在党代会制度建设方面的一个重大成绩，是党代会召开的时间规范了，党代会的议题和内容规范了，党代会的程序和方式规范了，党代会代表和会议期间的选举也越来越规范了。

总结历史经验，我们应该继续重视党代会制度的规范化问题，加强规范化建设。比如，党代会是否实行常任制？是在市县级实行还是在更高层次上实行？需要通过试点，取得经验后，予以确认，并制定有关制度或规定加以规范。对于党代会所需研究和决策的内容、议题，在党章规定的基础上，还可考虑制定更加具体的办法加以细化，使之更加规范。党代会与中央委员会的关系，也可以考虑是否在党章中作出更加具体、严密的规定。党代会代表是否实行常任制，在闭会期间如何发挥作用，有哪些权利和义务等等，也需要适时地加以规范。诸如此类，许多问题都有待于我们今后进一步加以研究，通过制定有关的制度、通过党章的不断修改和完善，使党代会制度继续朝着规范化的方向发展，不断提高规范化的水平。

第四，党代会是党内民主的基础平台，必须以创新精神不断推进党代会的民主化科学化进程。

党内民主是党的生命。党内民主有许多形式和制度，而党代会制度是其中一个带有基础性的制度，是党内民主的一个基础性的平台。坚持和实行这一制度，是党内民主的最基本标志。为什么要开党代会？目的就是通过这样一种形式，充分发扬民主，使全党同志参与对党内重大问题的研究，并按照既定的程序和规则，作出决定，形成全党赖以遵循的纲领、路线、战略、方针和政策。所以，发扬和发展民主，是党代会制度的灵魂。改进和完善这一制度，是逐步提高党内民主水平的最重要途径。

改革开放以来历次党代会在发展党内民主上已经作出了巨大的努力。如党代会代表的选举，通过不断完善和最大化，已经越来越民主，越来越体现基层党员的意志。党代会报告，通过在一定范围内征求意见，越来越能够集中全党的智慧和意志。这与历史上某些党代会报告仅仅由少数几个人关起门来起草，进步巨大。党代会的召开，也不像以前某些时候，等到会议闭幕，人们才知道开了这么一个重要的会议，而是在会前的适当时机，就向全国全世界公开宣布开会的时间，在一定程度上减少了会议的神秘程度，提高了透明度。所有这些，都是党内民主的进步，是党代会制度的进步，应该得到充分的肯定。今后加强党代会制度建设，应该继续在这个方向上努力，在发扬和发展党代会的民主上作出更大的努力。

比如，十五大期间，笔者作为代表参会。在一次小组讨论中，听到一些代表在发言中非常谦虚地使用“学习”这样的字眼，强调通过“学习”大会的报告，“受到了很大教育，有很多体会”，“现在就来汇报一下学习报告的体会”。笔者随后便在自己的发言中提出一个“小小的建议”——“建议等到会议结束后，认真学习大会的报告，但至少在大会期间，请不要使用‘学习’这个字眼。”为什么提出这个建议，道理不言自明，党代会是党的最高领导机关，作为大会代表，基本的职责是审议审查会议报告，而不是“学习”这个报告。学习应是在大会之后，而不是会议期间。但当时很多人自觉不自觉地使用“学习”这个字眼，表明对党代会的职权还不充分了解，缺乏民主意识。这种情况，相信现在肯定减少了。但如何进一步增强代表的民主意识，与此同时，通过细化和完善各项具体的制度，使大会真正开成一个民主的大会，团结的大会，仍然是需要我们继续努力的。

当然，党代会所要提高的，不仅仅是民主化水平，而且还有一个科学化水平问题。发扬民主，归根到底，是要通过集中大家的智慧，作出更加科学的决定。所以，在党代会制度的设计和建立上，应该着眼于保证作出科学的决策，使研究问题、作出决定的程序、规则、方式、方法更加周全、缜密，为党代会的科学决策，进而更好地做到科学执政、民主执政、依法执政，奠定更加坚实的基础。

辑七

改革开放沉思

十一届三中全会的历史启示*

党的十一届三中全会以其实现的伟大转折，确立了无可争辩的历史地位，成为我们党和国家历史上具有标志性的重大会议。20年后，当我们隆重纪念这次会议的时候，不能不思考和回答一个问题：十一届三中全会为什么能够取得这样重大的成就？为什么能够实现这样的历史性转折？纪念这次会议，我们应该从中得到什么样的历史启示呢？

“山海争水，水必归海。非海求之，其势顺也。”十一届三中全会所以能取得巨大的成功，是由各方面的因素决定的。分析其成功的因素，我们能得到以下五点宝贵的启示：

第一，尊重人民的意志。

十一届三中全会所以能实现历史性的转折，说到底，是人民推动的结果。它在历史上写下辉煌的一页，最根本的原因，是由于它顺应了人民的意志，符合人民的要求。我们党历来强调，人民，只有人民，才是创造世界历史的动力。我们的党，是代表人民根本利益的党，我们的国家，是人民自己的国家。我们党的生存和发展，时时刻刻都与人民的利益和要求联系在一起。坚持从人民的利益出发，顺应人民的意愿和要求，我们就能始终立于不败之地。多少年来，我们党是这样做的，所以，始终得到了人民的拥护和爱戴。但“四人帮”的倒行逆施，极大地损害了人民的利益，因此理所当然地激起了人民的愤慨和反对。“文化大革命”结束以后，人民要求大规模地拨乱反正，平反各种形式的冤假错案，尽快把经济建设搞上去。要求国家社会生活走上正确的轨道。党心、军心、民心所向，其势如大江奔流，旭日喷薄。两个“凡是”无法适应这

*本文发表于1998年12月27日《珠海特区报》。

样的要求，坚持以阶级斗争为纲更不符合人民的意愿。十一届三中全会连同此前的中央工作会议，从根本上反映了人民的情绪和要求。十一届三中全会所作出的一系列重大决策，符合人民的根本利益。这一点，不仅为当时的社会情绪所证明，更为20年来中国社会的变化、进步和发展成就所证明。正是这一点，是十一届三中全会永载史册的根本基础和原因。所以，总结历史的经验，江泽民同志指出：在任何时候任何情况下，党的一切工作和方针政策，都要以是否符合最广大人民群众的根本利益为最高衡量标准。这是我们观察和处理问题的一个根本原则。

第二，正确认识领袖的地位和作用。

十一届三中全会连同此前中央工作会议的成功召开，是与邓小平、陈云等老一辈革命家所起的作用分不开的。再往宽里说，十一届三中全会前后的风风雨雨、思想疑惑以及最后终于实现的历史性转折，都是与一个特殊的问题——领袖问题联系在一起的。毛泽东，是人民敬爱的伟大领袖。毛泽东立下过不朽的功勋，在人民中享有崇高的威望。但事实证明，毛泽东晚年也犯了错误。于是，用什么思想路线来对待领袖和过去的方针政策，就成为一个当时十分困难的问题。按照两个“凡是”，领袖的错误不能动，过去的政策不能改，新的方针政策也不能提出。当时党中央的主要负责人按这样的思想路线办事，就决定了不可能有根本性的创新和开拓。这样的状态，当然不能适应时代和实践的要求。这样的领袖，至多也只能是一种守成的领袖。时代呼唤变革，也呼唤一种新型的领袖人物诞生。邓小平等同志，顺应这样的要求，既善于坚持，又勇于开拓。既能够维护以毛泽东为核心的第一代中央领导集体创下的伟业，又能够用实践的成效检验一切路线和政策的是非，敢于从实际出发，提出新的政策，开创新的事业。如果没有邓小平、陈云、叶剑英、李先念等老一辈革命家积极发挥作用，如果没有他们在领袖问题上的科学态度，如果没有他们成为新一代领袖、构成第二代中央领导集体，十一届三中全会是不可能取得这样的成就的，党和国家的历史性转折也就必然要往后推延。所以，十一届三中全会的历史地位是与第二代领袖的出现和作用紧紧联系在一起的。纪念十一届三中全会，我们在领袖问题上同样可以得到深刻的启示。

第三，充分发扬党内民主。

党内民主，是我们党的性质和组织原则的根本要求。但由于“左”的思想的发展，党内民主曾经遭受很大的破坏。痛定思痛，当十年动乱结束时，人们迫切地要求恢复和发扬党内民主以及整个社会主义民主。十一届三中全会连同此前的中央工作会议，就是这种呼声的集中表达，也是发扬党内民主的一次重大实践，从根本上来说，也是新时期党内民主和社会主义民主建设的伟大开端。邓小平同志在《解放思想，实事求是，团结一致向前看》的讲话中，高度评价：“我们党多年以来没有开过这样的会了，这一次恢复和发扬了党的民主传统，开得生动活泼。”“大家敞开思想，畅所欲言，敢于讲心里话，讲实在话。大家能够积极地开展批评，包括对中央工作的批评，把意见摆在桌面上。一些同志也程度不同地进行了自我批评。这些都是党内生活的伟大进步，对于党和人民的事业将起巨大的促进作用。”十一届三中全会的成功，与这两个会议上的民主空气是分不开的。邓小平同志一语中的地指出：“民主是解放思想的重要条件。”他强调当前特别需要发扬民主，而且要创造民主的条件。为此他还重申了“三不主义”。以十一届三中全会为起点，我们党内的和国家社会生活中的民主得到了空前的发展和加强。继续努力，在党内民主和政治民主方面取得新的进步，这是我们纪念十一届三中全会应该得到的又一点启示。

第四，建立良好的体制基础。

一次会议的成功，有许多必然的条件，也会有偶然的因素。作为一个党和国家来说，要能够始终正常地运转，更多的是要有一系列稳定的、不为一时一地变动而左右的基本条件。总结十一届三中全会成功的经验，我们不能不思考：未来我们的党和国家，能不能少来点“转折”，多来点“持续”？也许必要时可以有不同的阶段，但能不能少一些动荡性的起伏？十一届三中全会开启了保证党和国家稳定发展的道路。邓小平同志在会议上明确提出制度建设问题，强调“必须使民主制度化法律化，使这种制度和法律不因领导人的改变而改变，不因领导人的看法和注意力的改变而改变”。按照这样的思路，我们必须加强民主的制度化建设，必须大力加强法制建设，实行依法治国。邓小平同志还分析了我国经济体制和政治体制中的种种弊端，有针对性地提出了一系列改革的措施和政策，并且振聋发聩地指出：“如果现在再不实行改革，我们的现代化事业和社会主义事业就会被葬送。”以十一届三中全会为开端，我们坚定不移地进行了经济体制改革，努力建设社会主义市场经济，同时还进行了政治体制改革和其他各个方面的改革。随着体制的改革和健全，我们抵御风险的能力越来越强，国家和社会稳定的程度也越来越高。所以，江泽民同志在纪念党的十一届三中全会召开20周年大会上指出：实行改革开放是社会主义中国的强国之路，是决定当代中国命运的历史性决策。没有改革开放，就没有建设有中国特色社会主义。

第五，赶上时代的潮流。

十一届三中全会的成功和贡献，不仅在于对国内的路线、方针和政策实行了重大的转变，而且在于打开了长期关闭半关闭的大门，推动中国走上了世界的大舞台，与外部世界发生了更加紧密的联系。为什么要打开这扇大门？为什么能够打开这扇大门？因为社会主义不能离开人类文明的大道。中国要发展，就必须到世界的舞台上去纵横驰骋，充分利用外部世界的条件和资源，为自己创造更好的外部环境。多年来，世界新科技革命迅猛发展，西方国家的生产力水平有很大提高。但我们处在封闭半封闭的条件下，耳目不灵，思想不活，盲目自大，故步自封，既没有很好地学习外国的好的经验，也没有充分利用外部的有利资源，结果拉大了与世界的距离。打开国门看世界，走出一步天地宽。当我们终于发现自己的差距时，不能不意识到赶上时代潮流的重要性和紧迫性。所以，在十一届三中全会前，邓小平同志就使用了“开放政策”的用语，提出“要善于学习，大量取得国际上的帮助。要引进国际上的先进技术、先进设备，作为我们发展的起点”。十一届三中全会提出，要“在自力更生的基础上积极发展同世界各国平等互利的经济合作，努力采用世界先进技术和先进设备，并大力加强实现现代化所必需的科学和教育工作”。正是这种虽属初步但很宝贵的认识，引导着中国迅速走出了国门，融进了世界，顺应了潮流，赶上了时代。邓小平同志一再告诫我们，要赶上时代。目睹20年的成就，总结十一届三中全会的经验，我们深深感到，一个党，一个国家，只有任何时候都走在时代的前列，才能永葆青春的活力。

改革开放的历史进程和启示*

今年是改革开放30周年。系统把握30年的历史进程，科学总结改革开放的宝贵经验，对于坚定改革开放的信心和决心，继续解放思想，把改革开放进一步推向前进，具有重要的意义。

30年改革开放的进程如何分期，还没有一个统一和权威的说法。但我们可以先按十七大报告对于不同时期领导集体所作贡献的论述，将其划分为三个阶段。

一、第一阶段：改革开放的起步和全面展开

从十一届三中全会到十三届四中全会，是改革开放起步和全面展开的阶段。把握这一阶段改革开放的进程，需要注意以下几个要点：

第一，改革开放的历史起点。

改革开放从什么时候开始？以什么为标志？按照已经规范的界定，是从1978年十一届三中全会开始的。这次全会（在此前召开的中央工作会议基础上），实现了新中国成立以来党的历史上具有深远意义的伟大转折，从而开始了中国从“以阶级斗争为纲”到以经济建设为中心，从僵化半僵化到全面改革，从封闭半封闭到对外开放的历史性转变。十一届三中全会成为新时期的开始，也成为中国特色社会主义开始创立的标志。

对于改革开放新时期到底从何算起，一直有些不同意见。1981年十一届

*本文发表于《南京师范大学学报》2008年第6期。

六中全会通过的《关于建国以来党的若干历史问题的决议》中有两个重要的论断。一个是“一九七六年十月粉碎江青反革命集团的胜利，从危难中挽救了党、挽救了革命，使我们的国家进入了新的历史发展时期”[①]；第二个是“一九七八年十二月召开的十一届三中全会，是新中国成立以来我党历史上具有深远意义的伟大转折”[②]。有同志以前一句话为依据，认为改革开放新时期是从1976年粉碎“四人帮”开始的，应以1976年为界。但是，邓小平明确指出：十一届三中全会是我国历史上的一个伟大的转折。党的十三大、十四大、十五大、十六大都强调“十一届三中全会以来”开辟了历史新时期。特别是十七大报告强调：“一九七八年，我们党召开具有重大历史意义的十一届三中全会，开启了改革开放历史新时期。”[③]这些论断都非常明确。所以，改革开放的历史起点还是应确定在十一届三中全会。

第二，拨乱反正与改革开放。

1976年之后，特别是十一届三中全会之后，党的主要工作是拨乱反正。

拨乱反正是全面的，涉及思想理论、政治生活、经济建设、民主法制、科技教育等各个方面。拨乱反正虽然还不算改革开放，但为改革开放奠定了基础。特别是思想路线、政治路线、组织路线上的拨乱反正，为改革开放的展开创造了极其重要的条件。

拨乱反正首开先河的当数恢复高考。10年的学生集中到一起报考，这是中国历史，也是世界历史上空前绝后的。空前，是过去从来没有过。绝后，则是希望以后永远不要再发生这种事情。对当年恢复高考的评价，不能仅仅着眼个人命运的变化，根本上还是要从中华民族的发展道路和命运来认识。恢复高考，一是使整个国家终于回到了选拔和培养人才的正常轨道上来，使广大青年获得了接受高等教育的机会。二是从根本上改变了社会的价值观，使尊重知识、尊重人才成为整个社会的价值取向。这两条，不仅对当代中国，而且对中华民族的长远发展，都具有重大的意义。

平反冤假错案，是拨乱反正中的又一个重大任务。在老一辈革命家的大

①《三中全会以来重要文献选编》下册，人民出版社1982年8月版，第819页。

②《三中全会以来重要文献选编》下册，人民出版社1982年8月版，第821页。

③胡锦涛：《高举中国特色社会主义伟大旗帜为夺取全面建设小康社会新胜利而奋斗——在中国共产党第十七次全国代表大会上的报告》，人民出版社2007年10月版，第6页。

力推动下，1980年2月，中共十一届五中全会通过决议，为刘少奇平反，并开展全面的平反工作。到1982年底，涉及300万干部的冤假错案得到平反纠正，47万多名共产党员恢复了党籍，数以千万计的受到株连的干部群众得到解脱。党和政府还采取一系列果断措施妥善解决历史遗留问题，调整各方面的社会政治关系，落实知识分子政策、民族政策、宗教政策、侨务政策、台胞台属政策等等。

1981年6月，中共十一届六中全会通过了《关于建国以来党的若干历史问题的决议》，对新中国成立32年来党的重大历史问题特别是“文化大革命”作了正确的总结，对毛泽东和毛泽东思想的历史地位作出了客观的评价，标志着指导思想上拨乱反正的完成。

第三，改革从农村到城市全面展开的进程。

众所周知，新时期的改革是首先从农村开始的。

农村改革其实也是逼出来的。1978年，安徽遭到百年不遇的特大旱灾，全省受灾面积6000多万亩。省委常委召开紧急会议，研究如何度过灾荒。提出：与其抛荒，倒不如让农民个人耕种，充分发挥各自潜力，尽量多种“保命麦”度过灾荒。正是省委的这一决定，直接诱发了农民大包干的浪潮。四川、贵州、甘肃、内蒙古、河南等省区也采取了类似的做法。到1982年8月，全国农村实行包产到户的生产队达到70%左右，家庭联产承包责任制成为农业生产责任制的主要形式。

农村改革的成功经验，为整个经济体制改革提供了重要经验和有利条件。十二大后，以城市为重点的经济体制改革全面展开。1984年10月党的十二届三中全会通过《关于经济体制改革的决定》。《决定》在理论上的重要贡献是，突破了把计划经济同商品经济对立起来的传统观点，确认我国社会主义经济是公有制基础上的有计划的商品经济。在《决定》精神指导下，重点扩大企业的生产经营自主权。同时，在计划、财政、税收、价格、金融、商业、劳动工资等方面，也进行了不同程度的改革。

科技和教育体制改革也作为现代化建设的重大问题提上了日程。1985年3月，中共中央作出《关于科学技术体制改革的决定》。1985年5月，中共中央发布了《关于教育体制改革的决定》。

有人认为，中国的政治体制改革没有进行什么改革。其实不然。在经济体制改革的同时，政治体制也开始进行了调整和改革。十一届三中全会后党和国家领导制度及机构的调整，总体上都属于政治体制改革的范畴。特别是1980年8月，邓小平就政治体制改革发表的重要讲话，成为政治体制改革的纲领性文件。1986年，邓小平再次提出政治体制改革问题。1987年召开的十三大，对政治体制改革进行了全面的部署。

第四，打开长期封闭半封闭的大门，实行对外开放。

在改革的同时，实行对外开放的政策。从广义上说，开放也是改革。

有人以为对外开放就是创办经济特区。其实，对外开放的主要形式有利用外资、引进技术、对外贸易、创办经济特区等多种。对外开放一开始，邓小平提出的就是吸引外资问题。建设宝钢等重大项目的一个重要目的，则是引进和学习发达国家的先进技术和管理经验。通过扩大贸易，充分利用两个市场、两种资源。

创建经济特区，是对外开放的一个战略措施。1979年，广东省委首先向中央要求，允许广东发挥邻近港澳这一优势，在对外开放上做点文章。这一想法得到邓小平等同志的大力支持。中央遂决定，对广东、福建两省在对外经济活动中实行特殊政策、灵活措施，并在广东的深圳、珠海、汕头和福建的厦门试办出口特区。1980年3月，改名为具有更丰富内涵的“经济特区”。1983年，中央又决定对海南岛实行经济特区的优惠政策。1984年5月，开放沿海14个大中港口城市。1985年2月，将长江三角洲、珠江三角洲和闽南三角地区划为沿海经济开发区。

第五，中国特色社会主义理论开始形成。

改革开放的实践呼唤理论的创新。1982年9月，在十二大开幕词中，邓小平宣告：“把马克思主义的普遍真理同我国的具体实际结合起来，走自己的道路，建设有中国特色的社会主义，这就是我们总结长期历史经验得出的基本结论。”①这一结论，把中国共产党几十年对社会主义探索的基本经验总结了出来，把我们党在漫长历史进程中的使命和任务集中地概括了出来，明确宣告了我们通过改革开放所要建设的社会主义，是独立自主的社会主义，是立足于中

①《邓小平文选》第3卷，人民出版社1993年10月版，第3页。

国国情的社会主义，是中国特色的社会主义。

在改革开放发展的进程中，遇到很多政策问题，都涉及深层次的思想理论问题。总结历史的经验教训，邓小平把“什么是社会主义、怎样建设社会主义”的问题鲜明地提到全党面前，领导党和人民在拨乱反正和改革开放的实践中，不断深化对社会主义的认识。

在实践中，党逐步形成了一整套建设有中国特色社会主义的路线、方针和政策。邓小平说：“改革开放以来，我们立的章程并不少，而且是全方位的。经济、政治、科技、教育、文化、军事、外交等各个方面都有明确的方针和政策，而且有准确的表述语言。”①“如果说构想，这就是我们的构想。”“总的来说，这条道路叫做建设有中国特色的社会主义的道路。”②

1987年的十三大，系统地阐明了关于社会主义初级阶段的理论，明确制定了“一个中心、两个基本点”的基本路线，确定了经济发展三步走的战略部署。十三大还第一次使用了“建设有中国特色的社会主义理论”的概念，并首次概括了12个主要观点，这标志着邓小平建设有中国特色的社会主义理论的轮廓开始形成。

二、第二阶段：改革开放以建立社会主义市场经济为主线深入发展

从十三届四中全会到十六大，是改革开放以建立社会主义市场经济为主线深入发展的阶段。把握这一阶段改革开放的进程，需要注意以下几个要点：

第一，这一阶段改革开放的基本进程和阶段划分。

20 世纪80 年代末90 年代初，国内出现八九政治风波，国际上苏联东欧发生了剧变。党和国家处于紧急关头。1989 年6 月23 日，党的十三届四中全会在北京召开。江泽民同志临危受命，担任中央委员会总书记。

从十三届四中全会到十六大13年的总体态势是：国际局势风云变幻，我

①《邓小平文选》第3卷，人民出版社1993年10月版，第371页。

②《邓小平文选》第3卷，人民出版社1993年10月版，第65—66页。

国改革开放和现代化建设进程波澜壮阔。基本过程是：以江泽民同志为主要代表的中国共产党人，从低潮开始，受命于危难之际，治理整顿，对内稳定局势，对外打破制裁；1992年南方谈话打开通途，十四大开始改革开放新阶段，同时抑制过热现象；1997年邓小平逝世，十五大召开，全党高举旗帜，开拓创新，战胜国际国内各种困难，创造众多业绩，书写华彩乐章。

这13年的历史可以分为三个阶段：1989—1992—1997—2002。但这个历史时期与邓小平时期有一定的交叉。尤其是1989—1992年，邓小平同志作为改革开放的总设计师，对改革开放仍然发挥了重要的指导作用。特别是1992年的南方谈话，对推进改革开放的历史进程起了巨大的作用。这一段，既可以划在邓小平时期，也可以划在江泽民时期。主要看从什么角度来划。

第二，邓小平南方谈话和十四大标志改革开放进入新的阶段。

1992年初，邓小平视察武昌、深圳、珠海、上海等地并发表重要谈话，科学总结十一届三中全会以来的基本经验，深刻回答了困扰和束缚人们思想的一系列重大认识问题。1992年10月12日至18日，中国共产党第十四次全国代表大会在北京召开。大会作出三项具有深远意义的决策：一、确立了邓小平建设有中国特色社会主义理论在全党的指导地位，并将其写入党章；二、明确了我国经济体制改革的目标是建立社会主义市场经济体制；三、要求全党抓住机遇，加快发展，集中精力把经济建设搞上去。

以邓小平南方谈话和党的十四大为标志，中国社会主义改革开放和现代化建设事业进入了新的发展阶段。邓小平的南方谈话，也成为把改革开放和现代化建设推向新阶段的又一个解放思想、实事求是的宣言书。

第三，这一阶段改革开放是以建立社会主义市场经济体制为主线全面和深入展开的。

改革开放进程中遇到的一个突出问题，是如何处理计划与市场的关系。长期以来，无论是马克思列宁主义的基本理论，还是世界各国的通常观念；无论是资本主义国家，还是社会主义国家，都认为市场经济是资本主义的专利，社会主义与市场经济是不相容的。但改革开放的实践对这种传统观念提出了挑战。

从1979年开始，邓小平同志先后6次论述了市场经济问题。在1992年的南方谈话中，鲜明地指出："计划经济不等于社会主义，资本主义也有计划；市场经济不等于资本主义，社会主义也有市场。"[①]邓小平同志的精辟论断对社会主义可不可以搞市场经济这个长期争论不已的问题，作了一个清楚、透彻的总回答。

1992年6月9日，在省部级干部进修班的结业仪式上，江泽民同志发表重要讲话。对经济体制改革的目标问题，他提出了三种可供选择的方案：一是计划与市场相结合的社会主义商品经济体制；二是社会主义有计划的市场经济体制；三是社会主义的市场经济体制。他个人比较倾向于使用"社会主义市场经济体制"这个提法。这个意见得到了邓小平同志的肯定，经过征求各地的意见，也得到了全党广泛的赞同。1992年10月，党的十四大庄严宣告：中国经济体制改革的目标是建立社会主义市场经济体制。随后，十四届三中全会通过《关于建立社会主义市场经济体制若干问题的决定》，勾画了建立社会主义市场经济体制的蓝图和基本框架。

按照建立社会主义市场经济的目标和框架，党中央带领全国人民全面推进农村、国有企业、财政、税收、金融、外贸、外汇、投资、价格、社会保障、住房、科技、教育等各方面体制的改革。改革坚持从实际出发，整体推进，重点突破，循序渐进，注重制度建设和创新，努力使市场在国家宏观调控下对资源配置起基础性作用。

经过十多年的努力，终于顺利地突破了许多难关，初步建立了社会主义市场经济的框架。十六大评价：在社会主义条件下发展市场经济，是前无古人的伟大创举，是中国共产党人对马克思主义发展作出的历史性贡献，体现了我们党坚持理论创新、与时俱进的巨大勇气。由计划经济体制向社会主义市场经济体制的转变，实现了改革开放新的历史性突破，打开了我国经济、政治和文化发展的崭新局面。

第四，这一阶段对外开放的特点，是扩大开放，提高对外开放水平。

邓小平时期，开始了对外开放的进程。十四大之后，则迅速形成了全方位、多层次、宽领域的开放格局。

1990年，邓小平提出要把上海当作一张王牌抓起来。中央决定开发开放

---

①《邓小平文选》第3卷，人民出版社1993年10月版，第373页。

浦东，从而掀起了新一轮对外开放大潮，在全国范围内基本形成了“经济特区—沿海开放城市—沿海经济开发区—沿江和内陆开放城市—沿边开放城市”的全方位对外开放格局。到1993年，全国对外开放地带总面积达50万平方公里，包括339个县市，3.2亿人口。

在经济全球化不断发展的时代条件下，如何在更大范围、更广领域和更高层次上参与国际经济技术合作和竞争，充分利用国际国内两个市场，拓展发展空间，不断提高对外开放水平，成为这一阶段改革开放面临的重大课题。其中，最重要的是解决加入WTO的问题。1986年7月10日，我国正式提出恢复关贸总协定缔约国地位的申请。到2001年12月11日，终于正式加入WTO。这一场世界罕见的马拉松进程，持续了整整15年零5个月。以此为标志，中国的对外开放进入了一个新的阶段。

第五，加强民主法制建设，推进党的建设新的伟大工程。

强调发展社会主义民主政治，最根本的是要坚持党的领导、人民当家做主和依法治国的有机结合和辩证统一。在经济体制改革的同时，稳步推进政治体制改革。改进人民代表大会制度。在多党合作与政治协商制度中增加了“参政议政”的职能和任务。加强基层民主建设。把依法治国作为治国方略，提出建设社会主义法治国家的目标。逐步建立社会主义的法律体系。

十四届四中全会提出党的建设新的伟大工程，对党的思想、政治、组织、作风建设作出全面部署。十五大第一次提出“共产党执政就是领导和支持人民掌握管理国家的权力，实行民主选举、民主决策、民主管理和民主监督，保证人民依法享有广泛的权利和自由，尊重和保障人权。”①十六大规范了通过“制定大政方针，提出立法建议，推荐重要干部，进行思想宣传，发挥党组织和党员的作用，坚持依法执政”②等六种执政方式，实施党对国家和社会的领导。突出强调改革和完善党的领导方式和执政方式。要求按照总揽全局、协调各方的原则，规范党委与人大、政府、政协以及人民团体的关系。

---

①《十五大以来重要文献选编》上册，人民出版社2000年6月版，第31页。

②《中共十三届四中全会以来历次全国代表大会中央全会重要文献选编》，中央文献出版社2002年12月版，第678页。

第六，“三个代表”重要思想是这一阶段改革开放最重要的理论成果。

在改革开放的基础上，以江泽民同志为主要代表的中国共产党人，不断推进理论创新和实践创新。提出了“三个代表”重要思想，用一系列紧密联系、相互贯通的新思想、新观点、新论断，进一步回答了什么是社会主义、怎样建设社会主义的问题，创造性地回答了在长期执政的历史条件下建设什么样的党、怎样建设党的问题，深化了我们对新的时代条件下推进中国特色社会主义事业和加强党的建设的规律的认识。

需要注意，“三个代表”是三句话，又不仅仅是三句话。“三个代表”最初主要是三句话。但十六大后，“三个代表”重要思想已经是指13年中以江泽民同志为核心的第三代领导集体所有理论和实践创新的成果，是“系统的科学理论”。2002年12月，胡锦涛同志在与中央党校校委委员座谈时明确指出：“三个代表”讲了三句话，但决不就是这三句话，而是13年来我们党的思想、理论、路线、方针的总汇和结晶。

三、第三阶段：改革开放沿着科学发展道路继续推进

从十六大以来，是改革开放沿着科学发展道路继续推进的阶段。把握这一阶段改革开放的进程，需要注意以下几个要点：

第一，提出科学发展观，把深化改革开放与科学发展、促进和谐结合起来，是这一阶段改革开放最大的特点。

2003年，胡锦涛总书记提出科学发展观的战略思想。2007年的十七大，作为党的最高领导机关，对科学发展观做了最权威的评价，同时进一步阐述了科学发展观的时代背景、实践基础、科学内涵、精神实质和根本要求，这是十七大一个重大的理论创新，也是十七大载入史册的一大贡献。

以胡锦涛同志为总书记的党中央还提出了构建社会主义和谐社会的目标和任务。十六届六中全会作出《中共中央关于构建社会主义和谐社会若干重大问题的决定》，把中国特色社会主义事业总体布局由三位一体拓展为四位一体。科学发展与构建和谐给深化改革提出了新的任务和要求。这些年改革开放最显著的特点，是以科学发展观为指导方针，把科学发展、和谐发展、和平发展与

深化改革、扩大开放结合起来，更加注重城乡、区域、经济社会协调发展，更加注重资源节约和环境保护，更加注重经济结构调整和自主创新，更加注重以人为本和改善民生，更加注重统筹国内国际两个大局。既适应科学发展、促进和谐的要求深化改革，又通过改革开放保障科学发展、促进和谐。

第二，这一阶段的改革开放，是围绕“完善”社会主义市场经济这个主线不断深化的。

1993年，党的十四届三中全会通过的文件，题目是《关于建立社会主义市场经济体制若干问题的决定》。10年后，2003年的十六届三中全会，又通过了一个《关于完善社会主义市场经济体制若干问题的决定》。两个《决定》在标题上就差一个词：一个是“建立”，一个是“完善”。一词之差，浓缩了我国社会主义市场经济发展的历史进程，标志着我国的经济体制改革跨入了一个新的历史发展阶段。

在十三届四中全会与十六大期间，改革开放取得的最大成果，是基本搭起了社会主义市场经济的框架。这是一个了不起的成就。但“建立”还不等于“完善”。社会生活中的诸多问题，原因就在还不够“完善”上。不“完善”，就会有漏洞，就要进一步改革和完善。

十六届三中全会通过的《决定》，明确了完善社会主义市场经济体制的目标、任务、指导思想和原则，对深化经济体制改革进行了全面部署。按照“完善”的要求，改革开放取得了新的进展：农村综合改革逐步深化，支农惠农政策不断加强。国有资产管理体制、国有企业改革取得重大进展。金融、财税、投资、价格、科技等领域改革取得新的成果。开放型经济进入新阶段。创新型国家建设进展良好。区域发展协调性增强。

第三，稳步推进政治和文化体制改革。

与经济体制改革相适应，政治和文化体制改革等也稳步推进。

坚持和完善人民代表大会制度，进一步发挥全国人大代表作用、加强全国人大常委会制度建设；加强立法工作，初步建立了中国特色社会主义法律体系。

坚持和完善中国共产党领导的多党合作和政治协商制度，制定进一步加强中国共产党领导的多党合作和政治协商制度的意见，加强同各民主党派、无党派人士的团结合作，坚持在重大决策前进行协商。

加强基层民主建设，保证人民依法实行民主选举、民主决策、民主管理、民主监督。加强和改进依法行政的各项工作；推进依法行政。

文化体制改革取得重要进展。国家对文化事业的投入达到历史最高水平。文化产业规模不断扩大。中国文化在世界的影响力进一步增强。

第四，以改革创新的精神推进党的建设新的伟大工程。

党的十六大突出地把执政问题放在重要位置上。2004年10月的十六届四中全会，通过《关于加强党的执政能力建设的决定》，鲜明地提出了“科学执政、民主执政、依法执政”的要求。同时要求提高五大能力。

2005年1月14日，胡锦涛同志第一次提出“加强党的先进性建设”的重要命题，随后把它作为了党的建设的主线。从2005年1月到2006年6月，全党开展了以实践“三个代表”重要思想为主要内容的保持共产党员先进性教育活动。

党的各方面建设都作出了改革创新的努力。颁布了《深化干部人事制度改革纲要》，集中出台了《公开选拔党政领导干部工作暂行规定》，以及干部任期制、交流、回避、诫勉谈话、述职述廉等一系列法规文件。制定了党员权利保障条例。建立了常委会向全委会负责、报告工作和接受监督的制度。扩大在市、县进行党的代表大会常任制的试点。十七大后实行了党代会代表任期制。颁布《中国共产党党内监督条例（试行）》。提出标本兼治、综合治理、惩防并举、注重预防的反腐倡廉战略方针，作出建立健全教育、制度、监督并重的惩治和预防腐败体系的战略决策，拓展从源头上防治腐败工作领域。

第五，十七大深化了对改革开放的认识，作出了新的决策。

“坚持改革开放”，是十七大对全党提出的一项重要任务。报告在对主题加以解释时，明确指出：改革开放是发展中国特色社会主义的强大动力。在新进中央委员会的委员候补委员研讨班上，胡锦涛总书记突出解读和强调了十七大的历史任务。其中一个方面，就是：认真总结改革开放的历史进程和宝贵经验，坚持党的十一届三中全会以来的理论和路线方针政策不动摇，在新的历史条件下继续推进改革开放和社会主义现代化事业。

十七大不仅肯定了改革开放的伟大成就，总结了十条宝贵的经验，而且对如何继续推进改革开放提出了一系列新的任务和要求。强调要提高改革决策的科学性，增强改革措施的协调性，建立和完善充满活力、富有效率、更加开放、有利于科学发展的体制机制。

四、改革开放的历史启示

回顾改革开放，我们可以得到很多启示。这种启示到底有哪些？需要研究。但以下几点值得强调：

第一，充分认识改革开放是中国的一次伟大革命，是决定当代中国命运的关键抉择。

邓小平同志指出："改革是中国的第二次革命。"[①]十七大报告进一步指出：改革开放是党在新的时代条件下带领人民进行的新的伟大革命。

十七大报告用"三个最"和"三个面貌"高度概括了改革开放的历史新时期，指出：新时期最鲜明的特点是改革开放，新时期最显著的成就是快速发展，新时期最突出的标志是与时俱进。经过改革开放的洗礼，中国人民的面貌、社会主义中国的面貌、中国共产党的面貌发生了历史性变化。

事实雄辩地证明，改革开放是决定当代中国命运的关键抉择，是发展中国特色社会主义、实现中华民族伟大复兴的必由之路。只有社会主义才能救中国，只有改革开放才能发展中国、发展社会主义、发展马克思主义。

改革开放以来，我们也遇到了很多新的问题，遇到了新的困难，人民群众对目前的社会状况也有不满意之处。所有这些，都要认真加以解决。但不能因此而否定改革开放的必要性。只有坚持改革开放，中国才能愈益强盛；只有提高改革决策的科学性，增强改革措施的协调性，才能取得更大的成果。最根本的是，改革开放符合党心民心、顺应时代潮流，方向和道路是完全正确的，成效和功绩不容否定，停顿和倒退没有出路。

第二，认真研究总结改革开放的宝贵经验。

对改革开放的经验，以往我们党都曾做过不同角度的总结。如：1992年，十四大报告概括："十四年伟大实践的经验，集中到一点，就是要毫不动摇地

---

①《邓小平文选》第3卷，人民出版社1993年10月版，第113页。

坚持以建设有中国特色社会主义理论为指导的党的基本路线。”[①]1998年，江泽民同志在纪念十一届三中全会20周年大会上，概括了20年改革开放的十一条经验；2001年，江泽民同志在庆祝中国共产党成立80周年大会上，概括了80年来三条最重要的历史启示，归结起来，就是“三个代表”；2002年，党的十六大报告，概括了13年来的十条基本经验；2004年十六届四中全会《关于加强党的执政能力建设的决定》，从执政的角度总结了半个世纪的六条执政经验；2006年胡锦涛同志在庆祝中国共产党成立85周年暨总结保持共产党员先进性教育活动大会上，概括了加强党的先进性建设的五条宝贵经验。

十七大报告进一步将改革开放的经验概括为十个结合。最大新意和特点就是辩证，照顾到方方面面。在新进中央委员会的委员候补委员研讨班上，胡锦涛总书记对这十条经验作了展开说明，认为这十个结合很有政治分量和理论内涵。

当然，这些多次概括和总结的经验，角度多少有些不同。有的并不完全是改革开放的经验。如何把它们加以整合、归纳，提炼出直接属于改革开放的经验，还是一个需要研究的问题。

第三，珍惜改革开放的最大成果，坚定不移地高举中国特色社会主义伟大旗帜。

改革开放对我们的最大启示，就是十七大报告指出的：“改革开放以来我们取得的一切成绩和进步的根本原因，归结起来就是：开辟了中国特色社会主义道路，形成了中国特色社会主义理论体系。”[②]

中国特色社会主义首先是一条保障中国发展进步的道路。

在新进中央委员会的委员候补委员研讨班上，胡锦涛总书记详细回顾了我们党探索革命、建设道路、特别是中国特色社会主义道路的历程。分析说明了这条道路的基本内涵，着重指出了三个深刻启迪：一是无论革命、建设还是改革，都要独立自主走自己的路，照抄照搬别国经验、别国模式从来不能成功。二是要敢于和善于把马克思主义基本原理同新的实际和时代条件结合

①《十四大以来重要文献选编》上册，人民出版社1996年2月版，第14页。

②胡锦涛：《高举中国特色社会主义伟大旗帜为夺取全面建设小康社会新胜利而奋斗——在中国共产党第十七次全国代表大会上的报告》，人民出版社2007年10月版，第11页。

起来，坚决走充满生机活力的新路，决不走实践证明是封闭僵化的老路，也决不走那种改旗易帜、放弃共产党领导、放弃社会主义的邪路。三是在道路问题上，中央领导集体要坚定不移，全党同志要坚定不移，全国人民要坚定不移，引领中国特色社会主义伟大事业的航船沿着正确航向不断乘风破浪、乘胜前进。这是我们总结长期历史经验得出的基本结论。

中国特色社会主义还是一个引领中国发展进步的理论体系。

中国特色社会主义理论体系，既包括邓小平理论，也包括“三个代表”重要思想以及科学发展观等重大战略思想包括在内；它们都以中国特色社会主义相贯穿，主题是一致的，内容是统一的，相互之间是依次继承、发展和坚持、创新的关系。

十七大报告在论述中国特色社会主义伟大旗帜时，特别鲜明地提出了两个重要的论断：“在当代中国，坚持中国特色社会主义道路，就是真正坚持社会主义。”“坚持中国特色社会主义理论体系，就是真正坚持马克思主义。”①

这两个“就是”的重要论断，态度鲜明，论述有力，清楚地表达了我们党对坚持中国特色社会主义斩钉截铁的立场和决心，充分体现了马克思主义的世界观和方法论，不仅对于我们理解中国特色社会主义伟大旗帜，而且对于调整和转变某些僵化、教条的思维方式，都具有重大的指导意义。

---

①胡锦涛：《高举中国特色社会主义伟大旗帜为夺取全面建设小康社会新胜利而奋斗——在中国共产党第十七次全国代表大会上的报告》，人民出版社2007年10月版，第11、12页。

社会主义改革的三大规律及其运行特征*

陈林：世界社会主义在当代的发展，改革是一个主旋律。资本主义国家里的社会主义运动是这样，共产党人执政的国家更是如此。特别是近20年来，世界社会主义所涉及的几乎每一个理论和实践问题，离开改革都无从谈起。改革的话题在寻常百姓那里也成了经久不衰的热门话题，各路传媒对改革的报道更是层出不穷，关于改革的各种著述也纷纷推出。可是，真正对社会主义改革进行整体性研究、规律性研究的东西并不多见。据我所知，你是较早涉及这个领域的学者，10年前就有专著问世。先是你和徐耀新、魏力合写了一本很厚的《社会主义改革史》，随后你又单独出了一本《社会主义改革论》。

李忠杰：那两本书写于1987年，出版于1988年。《社会主义改革史》对到当时为止世界上各个社会主义国家的改革进行了比较系统的描述和研究，总结了一些经验和教训；《社会主义改革论》则对社会主义改革的缘起、内容、实质、动力等规律性的东西作了初步探讨。现在呢，10年时间过去了。这10年来，中国的改革不断深入发展，其他国家也发生了很大的变化，出现了许多新的情况。从做研究的角度来说，我倒是很想把这个课题进一步做完，写出它们的续集来；当然，进一步扩大而言，我们国家的改革已经走过了整整20年的历程，世界上不同类型国家的改革也提供了很多很值得研究的经验和教训，为了更好地把中国的改革推向前进，我觉得很有必要对改革所涉及的一些深层次问题进行比较系统和深入的研究，取得一些规律性的认识。

---

*本文原题为《热话题与冷思考——关于社会主义改革的对话》，主要由本人撰写，以与陈林对话的方式发表于《当代世界与社会主义》杂志1998年第4期。陈林时任中央编译局世界社会主义研究所副所长，该杂志负责人。收入本书时，为避免重复，删去了原文中“动力机制与平衡机制的有机结合”一节。

深化对改革的规律性认识

陈林：改革有没有规律可循，这应该说是肯定无疑的。摸着石头过河，并不是否定或轻视对改革的规律性认识，而是指社会主义改革作为一种全新的事业，面对全新的事物，它的规律只能到改革的实践中去逐步摸索，逐步寻找，没有现成的方案按部就班。

李忠杰：10年前我就提出，社会主义改革有很多规律。其中比较突出的，我认为有三大规律：一个叫自觉有序性规律，一个叫整体性协同规律，第三个叫周期性发展规律。现在来看，这几个规律我觉得是存在的，而且确实是被实践发展进程所证明的，在今后的改革中仍然需要继续遵循。当然，同时也需要进一步研究其他新的规律，深化对改革的规律性认识。

陈林：能不能具体谈一谈社会主义改革的三大规律？

李忠杰：比如说第三个规律，周期性发展规律，就是指从一个较长的历史过程看，社会主义改革具有一定的阶段性，同时又具有一定的周期性。因此，它的运动轨迹不可能是一条直线，而是波浪起伏的曲线，由高潮到低潮再到高潮，这样循环往复地出现。相应地，改革的基本任务并不是通过一次改革行动就能够完成的，往往要经过多次改革、多次实验才能完成。把握这个规律，就可以在战略指导上科学客观地分析形势，因势利导，既善于抓住机遇，促进高潮的形成，同时又能够尊重实际，当处于低潮时，适当收缩，稳步前进。

陈林：关于改革的周期问题，你曾经把社会主义改革史划分为三个大的阶段，即50年代初至60年代前期的“最初尝试”阶段、60年代中期至70年代中期的“深入发展”阶段和70年代后期开始的“全面高涨”阶段，每一阶段都经历了从涨潮、高潮到退潮的周期性发展过程。那么，现在世界社会主义的改革是仍处于第三个周期的某一个潮段呢，还是已进入了一个新的周期？

李忠杰：80年代末90年代初，苏东剧变。这些国家的改革问题需要另外讨论。就社会主义改革来说，改革的进程以中国为代表进入了第四个周期。这第四个周期是在一种全新的力量态势下开始的，面临着许多比以往各个阶段所遇到的更复杂、更高一个层次、更加深入的问题。我们必须作好充分的思想准备。只有思想准备充分了，各种矛盾、各种困难认识清楚了，才能做到知己知彼，百战不殆。这其实涉及我要谈的改革的另一个规律——自觉有序性规律。自觉有序性规律包含两层意思，第一层意思就是改革的自觉性。改革不是一种外在的力量、强制力量使这个社会发生天翻地覆的变化，而是共产党作为国家的领导者自觉认识到改革的必要性，从完善现有基本制度的目的出发，对传统体制进行根本性的变动。

陈林：不过，从改革的缘起看，并不是每一项改革都是自觉的。比如中国的农村改革，在初始阶段就不是来源于某个政治家的社会变革计划，也不是出于某个理论家的系统论证。它带有很大的自发性，说白一点是由饥饿逼出来的，长年处于半饥饿状态的农民成了改革最初的发动者和生力军。只是这种源于生存目的的社会变革冲动，得到了社会领导力量的适时引导，没有演变成激烈的社会冲突，而是被纳入了有领导、有秩序、有步骤的良性轨道。

李忠杰：关键就是这个“适时引导”。事实上，作为社会主义国家来说，只有从主体上、领导力量上能够充分认识改革的必要性，这个改革才有可能比较积极地同时也稳妥地推进。自觉有序性规律的另一层意思，就是说改革作为一种主体自觉性的运动，是在相对有序的状态下进行的。从实际情况来看，如果一个国家的改革失去了它的有序性，那是要出问题的。苏联东欧变化之后，有些国家在一些做法上带有比较大的盲目性，确实造成了很大的混乱。

陈林：谈到这里，我想起了一个我一直思考着的问题，即中国改革在经济和政治方面的不同运作方式问题。如果说中国的改革在经济方面大致可以算是自下而上的话，在政治方面却基本上是自上而下。任何一个满怀改革热情的企业家、学者、商人以至中下层官员，都可以在经济改革领域施展自己的一技之长，并逐步使之获得上司或主管部门的认可而成为改革新经验加以推广，即所谓“突破在地方，规范在中央”。但是，政治体制改革却不是这样的，每一项改革措施的出台都是最高权力部门的决策，然后自上而下地贯彻和施行。并且，政治决策要对经济运行进行强有力的干预和控制，在这方面最典型的表现就是四项基本原则的制定和一系列两手抓策略的采用。是不是可以说，正是这种经济上的相对自由和政治上的有效控制相结合的社会变革模式，保证了中国今天的稳定、发展局面？

李忠杰：经济体制改革并非全是自下而上，它也有很多是自上而下，如宏观管理体制改革。政治体制改革也并不完全自上而下，它也有一些是自下而上，如基层民主建设。总的来说，自下而上与自上而下要结合起来。在不同领域有不同侧重。政治体制改革，由于它的特殊性，主要应自上而下。不管何种模式，反正乱是不行的。俄罗斯，还有东欧一些国家，现在怎么样？当然，也有人说，乱过一阵以后，它会走上正轨，会比我们发展得更好。那么，乱是现实的，乱过之后到底如何？从长远来说，肯定会走向新的体制，新的体制建成了，也可能取得快的发展速度。但是，从现实来说，它付出的代价不能不说是非常惨痛的。像中国这样一个大国，你叫它乱一下，乱了以后就行了，完全是一种天真的幻想。中国总体上应该说不能乱，一乱不可收拾。

陈林：你说的整体性协同规律，是不是指改革是一个统一的整体，它所涉及的各个领域、各个方面、各个区域和部门都不可能彼此孤立，各自为政，而是互相联系、互相制约的？

李忠杰：对！每个部分和局部的改革都不能脱离整个系统的改革，而整个系统的改革又影响和决定着部分和局部的改革。按照这个规律，主要是要认识改革是全面的改革，这一点小平讲得很清楚。单独一个方面改革，其他方面不改是不行的。经济体制改了，政治体制改不改？相应地，科技体制、教育体制、文化体制当然都要改革；不仅体制变，思想也会变，生活方式也会变。这是一个方面。同时，全面性、整体协同性还包括各个部分、各个领域相互之间的关系。经济与政治体制改革的关系，对于很多国家来说，尤其是对中国来说，特别要处理好。如果经济体制改了，政治体制不动，不解决一些实质问题，就会形成很大的阻力，使改革陷于停滞，所以小平说政治体制改革是改革深化的一个标志；当然，政治体制改革如果不和经济体制改革相适应，急躁冒进，超越了客观现实的需要与可能，特别是超越了经济体制发展的需要，也会造成天下大乱。

把握激进与渐进的辩证法

陈林：探讨社会主义改革的战略进程，还有一个激进与渐进的问题。在传统社会主义模式的基础上进行的改革，主要表现为对几十年社会主义实践所留下来的思想遗产和制度遗产的否定、继承和发展。改革伊始，每一位改革领导人都声称自己的改革是社会主义制度的自我完善，要有领导、有秩序、有步骤地展开。这表明，社会主义改革在总体上应该是渐进的。不过，苏联东欧的“新思维”式改革不久便渐渐出轨了，最早掀起改革高潮的中国却基本上沿着渐进发展的路线坚持了下来。

李忠杰：中国的改革到底算是渐进的还是激进的，有些不同看法，绝大多数人认为是渐进的，但也有少部分学者认为是激进的。怎么个激进呢？从区域或者领域来说，改革是农村包围城市，农村改革一开始就涉及产权，涉及市场，而城市改革归根到底是要解决所有制及整个机制的问题，这无疑都是激进的。这个看法不能说一点道理没有，但对中国改革的总体判断是不准确的。中国的改革应该说总体上是一种渐进型的改革。

陈林：是不是可以理解为，中国改革在形式上是渐进的，在内容上是激进的；在过程上是渐进的，在结果上是激进的？比如有学者说，以中国80年代初不过两三年时间就完成了有着8 亿人口的农村生产关系大变革而论，这应当说是相当激进的。

李忠杰：我说中国改革在总体上是渐进型的改革，还不是这个意思，而是就改革的整体特征而言的。渐进型的改革并不等于改革的所有内容都不触及到本质问题，不是的，改革触及到本质问题，最主要的就是触及整个机制、市场机制问题，它也涉及产权问题，涉及所有制问题。但是，从它解决这些问题的进程来说，或者说从它整个操作过程来说，它所推展的进度来说，它所需要的条件以及可能性来说，方方面面都有一个逐步的、循序渐进的发展过程。很显然，中国的改革大体上是从农村开始，然后向城市发展的，这就经历了一个渐进发展过程。城市改革其实也是渐进的过程，它首先搞试点，然后全面逐步推开。这是从形式上讲的，从改革的内容上看，农村改革当然一开始就涉及所有制问题，但到现在也不能说所有制彻底变了。我们实行的家庭联产承包责任制，是统分结合的双层经营体制，并不是说哪一天突然之间搞了个什么私有制。从城市特别是企业改革来说，也不是突然哪一天就搞了市场改革，也是一个逐步适应市场的过程，逐步市场化到今天。最初的下放自主权就是走向市场的一个步骤，后来利改税，然后其他一系列措施，都是一个逐步发展的过程。尽管有些措施从最终目标来看，作为一种永久性的措施确实无疑，但有过渡性。那些过渡，也许现在可以很轻松地说没有必要，但从当时的客观条件和认识水平，以及走向市场的进程来说，应该说是必要的，无非可以探讨采取什么样的措施更为合理。

陈林：在这个过程中有很多提法，比如有计划的商品经济、计划经济与市场调节相结合等等，一直到十四大明确提出社会主义市场经济。

李忠杰：市场建设也是一个逐步发展的过程。形成一个比较完善的市场，劳动力自由流动，市场体系形成，国家宏观调控机制健全，当然还有市场主体发育成熟，这些东西在我们国家必定是逐步发展的。你不能说，事实上也不可能，有哪一天，市场的所有东西全解放了，自主经营，国家什么也不管了，让大家都搞市场去。不可能的！市场在哪里？主体自由到底多大？自主权到底有哪些？不可能一夜之间解决。从中国实际情况出发，我认为总体还是一个渐进发展的过程。

陈林：怎么看待苏联东欧地区那些国家的改革？

李忠杰：这些国家1989年之前的情况我们现在不予讨论，从它们现在的情况来看，特别是俄罗斯，教训非常深刻。最早提500天计划，怎么可能完成？500天就大功告成，什么问题都解决，想当然，想得那么天真。后来又提出休克疗法、激进疗法，认为休克一下子就行了。再后来当然还有些其他提法，都是属于想当然。事实证明，它休克了吗？休克以后苏醒了吗？实际上就是帮俄罗斯制订改革方案的萨克斯他们，美国人他们，都基本上认为，俄罗斯休克疗法是失败了。制订计划的人都说失败了。从现在的状况来看，整个俄罗斯的改革即便不是完全失败，也至少是付出了惨重的代价。本来前两年我们还估计，它的经济已经开始回升，可现在明摆在这儿，他们自己说还没走到谷底，正在走向深渊。不是说俄罗斯今后不会再发展，肯定还会发展。经过调整以后，经济会有发展，这是由市场经济天生的动力机制决定的。问题是这么几年它付出的代价和它应取得的成果不成比例。所以这就存在一个取舍问题，战略上的选择问题。

陈林：他们倒真把改革弄成一场“革命”了。

李忠杰：改革从本质上来说是一场革命，从表现形态、战略选择来说，还是应该走渐进式的道路比较现实，比较稳妥。政治家考虑问题、管理国家，不能从浪漫的假想出发，以为设定一个目标，不顾一切拼死达到这个目标，其他什么都不顾，而且定能成功。这是太天真了。必须根据现实的条件，采取既积极又稳妥的步子，坚韧不拔地朝着目标前进，然后才能达到比较理想的状态。当然在这渐进的过程当中，也不是说什么东西都不从本质上解决问题，不从根本上解决问题，也不是这个意思，都在逐步地解决，问题是在解决的时间和方式上要有所侧重。根据改革的周期性发展规律，在不同的时机，改革采取的战略可以有所不同。时机成熟、条件具备的情况下，改革的步骤可以更大一点，更深入一点，面更广一点，触及实质问题、解决难题更集中一点。这样，改革相应地可以带有一些激进的性质。当条件不够成熟，或处于不利条件下，改革的步骤就可以适当放慢一点，所要解决的问题不一定那么多，也不一定那么集中，也可能达不到那么深入的程度，这也是可以理解的。一句话，不同的阶段可以有不同的表现形式。

邓小平说改革是一场革命，我认为主要是就改革的结果将引起生产力大发展这一社会功效而言的，同时考虑到在变革过程中必然出现的某些具体方面的革命性质变，并不是直接阐述改革的性质。或者说，改革即便是一场革命，也只是对体制的革命，而不是对制度的革命。江泽民就明确说过，我们的改革是对旧体制的革命，目的是使社会主义制度更加完善。另外，“改革是一场革命”还表现为一种政治策略性提法。把改革称为革命，可以有效地唤起民众对现行体制束缚生产力发展的严峻性和进行彻底变革的迫切性的深刻认识，极大地调动他们关注和参与改革的热情，大胆地试，大胆地闯，使各项改革计划获得最理想的舆论效应并得到尽可能广泛的社会支持。这同邓小平在别的场合谈到过的“精简机构是一场革命”“选贤任能也是一场革命”之类提法具有同样的策略功效。正因为如此，邓小平才颇有深意地说：“我们把改革当作一种革命。”实际上，中国改革虽然力倡对某些过时的体制和观念进行根本改造，但国家的领导力量、指导思想、社会制度、政权组织形式等实质方面都得到了最大限度的继承，当然这种继承被同时注入了改革的方法和内容。这使得改革在总体上对传统的态度是继承大于否定，体现了一种建设性的扬弃，一种积极的但却是改良式的社会变革。

陈林：你认为改革实质上是一种改良？

李忠杰：是的。不过这种改良决不是社会主义史上改良派行为模式的翻版，不是忘却未来目标的实用主义妥协，而是中国共产党人在克服教条主义之后真正解放思想、实事求是的理智行动。它走出意识形态的误区，摆脱社会主义实践中一度存在的“革命拜物教”，让名实之争服从于社会发展的现实运作，在深层次上体现了革命与改良作为两种效应互补的社会改造手段和社会发展战略的有机结合。这样的改良必然要在很多特定方面表现出它的革命性来。俄国学者鲍·斯拉温有一个观点，他认为革命有两种形式：一是武装斗争，一是改良。这对我们理解革命与改良、激进与渐进的辩证关系很有启发。换句话说，改革作为一种改良，必然是高要求的改良，或者说革命性的改良。

陈林：这种说法是定义性的还是策略性的？

李忠杰：两方面的因素都有。凡是执政党领导的社会变革，都只能采取这样一种方式。从政治角度考虑，只有在总体继承的基础上进行局部的否定和革新，才可望满足社会各种政治力量的大部分要求，从而使民族团结和社会稳定获得保证。而保持政治稳定，撇开意识形态争论，直接着手经济上的改革和建设，恰恰又是中国在经历“文化大革命”造成严重的思想混乱和组织混乱之后唯一可行的发展道路。

能不能称“革命性的改良”，还需要琢磨。不过，我觉得，在名与实的关系上，“实”是最重要的。着重点应放在研究“实”的问题，而不是“名”的问题。“实”搞清了，定什么“名”，人们就比较容易接受了。

处理好改革与稳定的关系

陈林：处于改革过程中的社会通常是比较脆弱的，旧的体系受到冲击，新的体系尚未完全形成，稍不注意就可能导致社会的动荡不安，这就需要对稳定和秩序予以充分的关注和强调。我们讨论社会主义改革问题，恐怕不能不讨论改革与稳定的关系。

李忠杰：改革与稳定的关系问题，的确是一个值得重视的问题。改革本身呢，它就是打破一种旧有的平衡。它本身不是一种稳定状态，而是要打破这种稳定状态，所以你要说绝对的稳定是不可能的。但问题是，在改革进行的过程当中，仍然需要处理好改革与稳定的关系。

陈林：1995年，江泽民在论述社会主义现代化建设中需要正确处理的若干重大关系时，第一个讲的就是改革、发展与稳定的关系。他说，要把加快改革与发展的紧迫感同科学求实的精神很好地结合起来，充分考虑经济社会各方面的有利条件和可能出现的困难，做到在政治和社会稳定中推进改革和发展，在改革和发展的推进中实现政治和社会的长期稳定。这应该说是一个具有方法论意义的思路。

李忠杰：改革要掌握好度。每一步走出的路子、步子到底怎么样？社会是不是能够承受？能不能取得相应的效果，同时也不引起较大的混乱？我们说改革是革命，是指深刻的程度，从形式上来说并不表现为大规模的、急风暴雨式的群众运动。我始终觉得改革要比较地有组织、有步骤地进行，社会政治的稳定是任何改革顺利进行必不可少的条件。

陈林：中国改革其实是相当强调稳定的。邓小平就明确说过，稳定压倒一切。作为一个高明、睿智的实干家，邓小平历来强调工作不能只满足于热闹的形式，而要求深入扎实的内容，精雕细刻，注重一点一滴的积累。他认为发展的步子不能迈得太快、太急，要扎扎实实，讲求效益，稳步协调地发展，那种企图一下子把经济搞上去的“大跃进”，是主观愿望违背客观规律，结果往往适得其反。他还说，如果在某些时候、某些问题上生动活泼和安定团结竟然发生了矛盾怎么办？那就一定要在不妨碍安定团结的条件下实现生动活泼。

李忠杰：过去几十年来，社会主义国家都出现过很多动乱，中国当然也出现过类似的情况。从实际情况上看，无论出于何种原因，对改革都是不利的。这种社会的不稳定、动荡，会造成严重的经济损失，破坏改革所需要的物质条件，干扰、转移全社会的注意力，造成社会的紧张，阻碍改革的顺利进行，甚至给改革和老百姓带来严重的灾难。所以我觉得，从战略指导上说，怎么处理好这方面的关系，还需要解决，需要重视。

陈林：加强制度建设也许是一个比较好的思路。我认为，改革决不能只追求轰动效应，更重要的是进行稳步渐进的制度建设。在改革中要树立这样的观念：凡是有利于制度建设的东西，哪怕它有可能暂时延缓改革的进程，都是好的；凡是不利于制度建设的东西，不管它在短期内能够取得多大的实际利益，都是不好的。试图用运动的形式搞改革，好大喜功，片面追求轰动效应，是一种极为有害的做法。它只能造成“一窝蜂”现象，一哄而上，大起大落，不是在持续积淀的阶段性成果基础上稳步前进，而是周而复始地在原地兜圈子。这势必延缓改革的实际进程，甚而最终断送改革大业。

李忠杰：可也有人比较浪漫地想象，让它乱一下子，大乱达到大治嘛，乱过以后就治了。好比下一场大雨，狂风暴雨之后，不就晴空万里了吗？这其实只是一厢情愿。从前景来说，暴雨过后就完全是晴空万里吗？是不是经历过折腾之后预想目标就能够实现呢？坐在书房里、在书本上能够想象，现实生活不完全、甚至根本不可能这样。也许打开了潘多拉盒子之后就再也说不清了，乱了以后可能是谁也控制不了，结果到底出现什么样的结果，谁都说不清楚。鉴于这样的情况，必要的稳定就不能完全从浪漫的设想出发。还有个呢，即使说折腾了多少年，乱了多少年，可能会出现一个治的局面，出现一种新的机制，但是你也得算一算投入跟产出的比例，付出了多大的代价，得到了多大的成果。如果折腾了多少年，老百姓受尽灾难，连基本生活都保障不了，你叫他去相信美好的前景，许诺未来有个饼子在那里，怎么可能呢？这个代价绝对不值得。

陈林：处理好改革与稳定的关系，最根本的还是要加强和完善社会主义法制。邓小平说，还是要搞法制，搞法制靠得住些。搞法制之所以靠得住，我理解，一是因为法制是维持社会稳定的关键，在现代社会中，只有当一切社会冲突的解决都被纳入法律范围内进行的时候，这个社会的政治统治才被证明是有效的和正当的，社会也才能在一种富有活力的稳定状态中运行，不至于滑向僵死和混乱这两个极端；二是由于法制是保障改革成果的有效手段，在螺旋式上升的改革进程中，必须要随时注意把改革的阶段性成果用法律的形式固定下来，成为全社会的共识和行为准则，使之不因领导人的改变而改变，不因领导人的看法和注意力的改变而改变。

李忠杰：总而言之，推进改革的总体战略必须处理好改革与稳定的关系。我们强调改革的同时保持稳定，决不是只要稳定，不要改革。改革在必要的情况下，也要有一些突破，也要采取一些强有力的措施。仅仅屈服于既得利益者的一些要求，不敢动，不敢改，那也不行。抓住机遇，该干的时候大干一场，只是在干的同时必须注意方方面面的利益和关系，特别要对涉及社会政治稳定的问题予以密切关注。

重视改革的理论建设

陈林：中国改革开放迄今走过了整整20年的历程，世界社会主义改革史则更长一些。经过几十年的实践，关于改革的某些规律性的东西应该说已经初露端倪，对社会主义改革进行比较深入的理论思考，总结过去，指导未来，时机已基本成熟。

李忠杰：实践与理论总是双向互动的，新的实践需要新的理论作指导，同时，新的实践又产生着新的理论。中国改革产生了自己的比较成熟的理论成果——邓小平理论。在改革开放过程中，以邓小平为代表的中国共产党人，坚持解放思想、实事求是的思想路线，认真总结国际国内的经验教训，不断地从实际出发，提出一系列充满时代特征的新思想、新观点，指导改革开放和现代化建设的发展；同时，又不断地对改革开放和现代化建设的实践经验进行理论概括，使其上升到理性的高度，使我们对社会主义的认识愈益深入。

陈林：理论与实践双向互动是一种理想状态，并不是自发地就可以实现的。没有思想的运动，或没有运动的思想，在历史上都屡见不鲜。重视实践的同时也重视理论建设，应该说是我们的优势。现在一些东欧国家的左翼运动之所以困难重重，有学者分析，理论上的薄弱是一个重要原因。

李忠杰：事实上，我们在改革的实践中不断进行着理论思考，邓小平理论就是这种实践经验和理论思考的产物。也许有人对邓小平理论算不算理论有不同看法。邓小平的著作主要是一些报告、谈话和指示，没有很多长篇大论专门作理论分析的思辨性文章；表述的大多是明确的论断和观点，有的作了较多的论证，有的并没有将推理、论证、演绎的逻辑过程更多地展开。这种形式上的特点与理论体系的判断是否矛盾呢？应该说，所有这些，都是思想的表现形式，而且在某种程度上正是邓小平理论的一个重要特点。邓小平说的，都是我们已经干、正在干和将要干的事情，所以与我们的思想和现实生活贴得很近，一听就懂，很容易理解。有些非常复杂的问题，只要被小平点破，就变成了非常简单明了的道理。我认为，理论的特质并不在于语言形式的深奥，而在于思想内容的科学、深邃和系统。判断一种思想观点是不是理论，关键并不在于形式，而在于内容。只要透过形式，考察邓小平理论的实质性内容，我们就可以清楚地发现，邓小平提出的整个思想观点，不仅有着相当的理论深度，而且有着内在的逻辑上的完整性和统一性，构成了一个比较完整的、科学的理论体系。

陈林：的确，邓小平理论不是书斋里的逻辑推理，而是对社会实践的深刻总结。它叙述直白而思想深刻，表达轻松而逻辑严谨，复杂的思维过程是在头脑中完成的，落实到语言表达上便成了“精而管用”的大白话。邓小平理论不是预先构思好的体系，改革开放也不是按预先设计的方案亦步亦趋，它们都是在实践中不断检验、修正和完善的结果。一连串的现实思考逐步推进，构成了日益完备的科学体系。这样的体系无疑不是一个封闭的体系，而是一个开放的体系，一个不断走向成熟的体系。

李忠杰：实践的发展是无止境的，理论的发展也是这样。邓小平理论也需要在实践中不断接受检验，不断丰富和向前发展。党的十五大就在邓小平理论的指导下，做出了多方面的重大理论突破。目前，党中央又发出兴起学习邓小平理论新高潮的通知，明确指出，在跨世纪的历史关头，面对艰巨任务和严峻考验，更要解放思想、实事求是，把大胆探索的勇气和科学求实的精神统一起来，以坚韧不拔、奋发有为的精神状态，研究新情况，解决新问题，创造性地开展工作。事实上，每当革命和建设的重大关头，我们党总是结合不断发展的实际，加强理论学习，提高马克思主义水平。这里的关键是要结合不断发展的实际，说到底是一个学风问题。

陈林：邓小平理论对我们最深刻的启示在于，它从产生、发展到成熟，始终坚持了理论联系实际的学风。学风问题的确是一个至关重要的问题。历史证明，这个问题解决得好，中国革命和建设就大踏步前进；解决得不好，党和人民的事业就遭受损失。迄今为止，我们党有过三次大张旗鼓地强调学风问题的重要性。第一次是20世纪40年代初的整风运动，第二次是20世纪70年代末的真理标准大讨论。两次强调学风，产生了马克思列宁主义同中国实际相结合的两次历史性飞跃。在世界局势迅速变化和我国改革开放事业不断走向深入的今天，党的十五大再一次强调了学风问题的重要性。显然，我们正处于一个承前启后、继往开来的历史时期，必将碰到许多新现象、新情况、新问题，需要观察、研究和解决，继续弘扬理论联系实际的学风，是切实推进我们正进行着的宏图伟业的前提和保证。

李忠杰：十五大强调学风问题，是有针对性的。社会上确实存在着种种学风不正的现象：有的仍以教条主义的态度对待马克思主义，一切都以书本上讲过没有、讲的什么为标准，对现实生活的变动熟视无睹，不予研究；有的抱着僵化的观念，不知道向前发展马克思主义，自觉不自觉地将马克思主义理论与建设有中国特色社会主义理论对立起来，以前者的只言片语从整体上否定后者；有的采取实用主义的态度，一切以自我，以本单位、本地区、本部门的利益为准绳，无论对马克思主义、邓小平理论，还是对中央文件，都断章取义，任意曲解，或阳奉阴违，变相抵制；有的不尊重客观实际，或抓不住理论的整体和根本，总喜欢在名词、概念上兜圈子，在一些无关紧要的用词造句问题上争来争去，白白浪费时间和精力。

陈林：重视改革的理论建设，毫无疑问，核心是要重视和加强对邓小平理论的学习和研究。在当代中国，只有邓小平理论，而没有别的理论，能够有效地解决社会主义的前途和命运问题。怎样学习？怎样研究？中央通知指出，要坚持把改革开放和社会主义现代化建设的重大理论与实践问题作为重点，密切联系马克思主义的历史发展、当代世界的深刻变化和我国社会主义初级阶段的基本国情。这种联系显然不是把邓小平的有关论述同现实实践进行简单的、词句上的对应，而是要深刻领会邓小平理论的科学体系和精神实质，以邓小平理论作为方法论基础，切实有效地思考和解决现实的理论问题和实际问题，把社会主义改革和建设事业全面推向前进。

辑八

中国特色社会主义构图

中国特色社会主义：内涵、特征、轨迹和方法

1982年，邓小平在中共十二大上第一次提出了“建设有中国特色的社会主义”的命题。2002年，中共十六大又正式使用了“中国特色社会主义”的概念。经过20多年的探索，中国特色社会主义的内涵和特征逐渐清晰起来。所以，有必要对中国特色社会主义的发展轨迹、内涵特征及其分析方法作进一步深入的分析和界定。

一、中国特色社会主义的形成和发展

中国特色社会主义的形成和发展经历了长期探索的过程。它凝集着一代代中国共产党人不懈奋斗的精神和开拓创新的智慧，是中国共产党和中国人民在建设社会主义道路上取得的最宝贵成果之一。中国特色社会主义的形成和发展，大致上可以划分为三个阶段。

第一阶段，以毛泽东为主要代表的中国共产党人进行的最初探索，为“中国特色社会主义”奠定了最初的制度基础，并成为其思想萌芽。

中国特色社会主义，毫无疑问，是十一届三中全会之后创立的。但作为最初的思考和探索，也可以说是从以毛泽东为代表的第一代中国共产党人就开始的。中国走上社会主义道路之时，在经济政治文化等体制方面照搬了苏联模式。对此，毛泽东一是认为没办法，二是不满意。苏共二十大之后，开始提出如何对待苏联经验的问题。经过调查研究，他在《论十大关系》等讲话中，开始提出探索适合中国国情的社会主义建设道路的任务。这时，他当然还不可能

提出“中国特色社会主义”的思想。但新中国创建的人民代表大会制度、共产党领导的多党合作与政治协商制度、以公有制和按劳分配为主体的经济制度、民族区域自治制度等等，都是富有中国特色的创造。毛泽东等人先后提出了不少很有价值的思想观点，它们都可以看作是中国式社会主义道路的思想萌芽和源泉。

当然，这种探索还不能说是创立。在毛泽东的理论和实践中，传统社会主义的观念和模式还占着主导地位。而且由于把马恩列斯著作中的某些设想和论点教条化，没有真正搞清楚什么是社会主义，毛泽东的探索后来一步步走偏了方向。1957年之后，“左”的倾向逐步发展，以致发生了大跃进、人民公社化、“文化大革命”这样的错误。这是探索中的挫折，后果很严重。但也从反面促使后人更加坚定地走上中国特色社会主义的道路。

第二阶段，以邓小平为主要代表的中国共产党人，在改革开放的进程中创立了“中国特色社会主义”，并取得了历史性的成就。

从十一届三中全会开始，中国进入了一个新的历史时期。总结历史的经验教训，邓小平把“什么是社会主义、怎样建设社会主义”的问题鲜明地提到全党面前，领导党和人民在拨乱反正和改革开放的实践中，不断深化对社会主义的认识。1982年9月，在十二大的开幕词中，邓小平明确宣告：“把马克思主义的普遍真理同我国的具体实际结合起来，走自己的道路，建设有中国特色的社会主义，这就是我们总结长期历史经验得出的基本结论。”[①]这一结论，把中国共产党几十年对社会主义探索的基本经验总结了出来，把我们党在漫长历史进程中的使命和任务集中地概括了出来，明确宣告了我们要建设的社会主义，是独立自主的社会主义，是立足于中国国情的社会主义，是中国特色的社会主义。按这样的思路和方向，全党解放思想、实事求是，大力实行改革开放，逐步形成了一整套建设有中国特色社会主义的路线、方针和政策，阐明了在中国建设社会主义、巩固和发展社会主义的基本问题，创立了建设有中国特色社会主义理论。邓小平说：“改革开放以来，我们立的章程并不少，而且是全方位的。经济、政治、科技、教育、文化、军事、外交等各个方面都有明确

①《邓小平文选》第3卷，人民出版社1993年10月版，第3页。

的方针和政策，而且有准确的表述语言。”[①]“如果说构想，这就是我们的构想。”“总的来说，这条道路叫做建设有中国特色的社会主义的道路。”[②]

第三阶段，以江泽民同志为主要代表的中国共产党人，提出“三个代表”重要思想，进一步丰富和发展了“中国特色社会主义”的理论和实践。

邓小平创立中国特色社会主义，但并没有结束对中国特色社会主义的探索。十三届四中全会以后，中国共产党高举邓小平理论的旗帜，坚持党的基本路线和基本纲领，不断推进改革开放和社会主义现代化建设事业，取得了举世瞩目的成绩，也积累了治党治国的宝贵经验。以江泽民同志为核心的中国共产党人，坚持解放思想、实事求是的思想路线，弘扬与时俱进、开拓创新的精神，不断推进理论创新和实践创新，提出了“三个代表”重要思想以及相关的一系列新思想、新观点、新论断，加深了对什么是社会主义、怎样建设社会主义和建设什么样的党、怎样建设党的认识，进一步丰富和发展了中国特色社会主义。

这一阶段的理论和实践，原来都是作为邓小平的探索及其理论的延伸来定位和说明的。但随着“三个代表”重要思想成为全党的指导思想并具有了相对独立的意义，它对于形成和发展中国特色社会主义的贡献，应该单独加以说明和肯定。所以，可以把它作为第三阶段。

综观上述三个阶段，我们可以看到，对中国特色社会主义的探索，无论成功还是挫折，都是围绕着“一个问题”“两个关系”展开的。“一个问题”，就是“什么是社会主义、怎样建设社会主义”。挫折，在于对这个问题没有搞清楚；成功，在于逐步找到了对这个问题比较清楚的答案。“两个关系”，一个是中国实际与马克思列宁主义一般原理的关系；一个是中国国情与外国模式的关系。两个关系处理得好，就发展、前进；处理得不好，就出问题。

探索到今天，中国特色社会主义到达终点了吗？没有。对中国特色社会主义的探索是一个长期的过程，现在和今后都仍将继续下去。已经有三个阶段不等于只能有三个阶段。逻辑上今后一定还会有第四个阶段、第五个阶段……

---

①《邓小平文选》第3卷，人民出版社1993年10月版，第371页。

②《邓小平文选》第3卷，人民出版社1993年10月版，第65—66页。

中共十六大实现了党的领导集体的新老交替。在以胡锦涛同志为总书记的党中央领导下，中国共产党和中国人民，正在继往开来，与时俱进，全面建设小康社会，加快推进社会主义现代化，为开创中国特色社会主义事业新局面而奋斗。可以相信，对中国特色社会主义的探索一定会取得更大的成绩，在一定时期也会进入一个新的阶段。

二、中国特色社会主义的界定和方法

自邓小平提出建设有中国特色社会主义的命题以来，中国共产党就把它当做一个中心口号来使用。以党的代表大会为例，从十三大开始，每一次都把中国特色社会主义作为主题或主线，围绕着什么是中国特色社会主义、怎样建设中国特色社会主义来做文章。十三大报告的题目是《沿着有中国特色的社会主义道路前进》，十四大报告的题目是《加快改革开放和现代化建设步伐，夺取有中国特色社会主义事业的更大胜利》，十五大报告的题目是《高举邓小平理论伟大旗帜，把建设有中国特色社会主义事业全面推向二十一世纪》，十六大报告的题目是《全面建设小康社会，开创中国特色社会主义事业新局面》。仅仅从报告的标题就可以看出，贯穿这些大会的主线，是建设中国特色社会主义。进而言之，20多年来，我们一直致力于建设的，就是中国特色社会主义；我们所赖以成功的，也是中国特色社会主义；我们所取得的成就，归根到底，都是中国特色社会主义的胜利。

当20多年前提出建设有中国特色社会主义的目标和任务时，对于什么是中国特色社会主义，我们还不可能马上就很清楚，需要在实践中不断探索，总结经验，逐步明确。所以，20多年来，中共的文件在使用这个概念时，一般都加上“建设有”三个字或“有”一个字，表明它还处在建设的过程中。虽然学术界也有人用过“中国特色社会主义”，但在党的文件中，作为一种标准的概念，多年来一直使用的，都是“建设有中国特色社会主义”或“有中国特色社会主义”。

经过从十一届三中全会以来20多年的探索，建设中国特色社会主义的实践已经取得了很大的进展，理论上的认识也越来越深化。正式确立“中国特色社会主义”的概念和地位，条件已经具备，时机已经成熟。所以，中共十六大报告和有关文件，都全部开始正式使用了“中国特色社会主义”的概念。党章上凡是用“建设有中国特色社会主义”的地方，都改成了“中国特色社会主义”。

建设中国特色社会主义，首先就要搞清楚什么是中国特色社会主义、怎样建设中国特色社会主义。中国共产党自提出建设有中国特色社会主义的命题以来，对其进行了大量的实践、研究和探索，积累了丰富的理论认识，形成了一系列路线方针和政策。但是，很有意思的是，迄今为止，还没有哪一份文件对什么是中国特色社会主义的问题做过正面的回答，或者从学术的角度来说，给中国特色社会主义下过明确的定义。

这种状况，反映了中国共产党特有的政治艺术。中国特色社会主义，是一个不断发展的过程，人们要在不断探索的过程中去把握它、丰富它、发展它，而决不能将其凝固在一个静止的阶段和层面上。实践在发展，中国特色社会主义的内涵和特征也在不断发展，我们对它的认识和揭示、描述也会不断地发展。尤其是在改革开放时期，社会实践和我们的思想认识都在发生急速的变化，要马上给中国特色社会主义下一个固定的定义几乎是不可能的。如果急于给它下定义，甚至有可能束缚自己探索的活力。所以，多年来，中国共产党一直侧重于思考和研究“什么是中国特色社会主义、怎样建设中国特色社会主义”的问题，但对于给出答案的事，则持比较谨慎的态度，不急于匆匆忙忙地作什么结论。

当然，任何重要的概念和术语，要成立，总要有其一定的内在规定性。概念的创立，是人们在认识发展过程中所取得的进步和成绩。每个概念刚出现之时，其内涵总是比较模糊的。但随着认识的深化，对概念内涵和外延的界定就越来越明确。当人们真正认识和掌握了某种事物及其概念的内在规定性时，对其加以准确、科学的描述，也就成为逻辑的必然。越是能够作出准确的揭示，就越是表明我们的认识达到了一个新的更高的层次和水平。对普通概念的揭示如此，对社会主义内涵和本质的揭示也是如此，对中国特色社会主义内涵和本质的揭示同样也是如此。

中国特色社会主义，顾名思义，其构成主要是两个方面，一是社会主义，二是中国特色。前者强调社会主义的本质和属性，要求坚持社会主义的方向和道路；后者强调这种社会主义是切合中国实际、具有中国特色的社会主义，而不是照抄照搬书本和其他国家的社会主义。因此，中国特色社会主义体现了共性与个性的统一，普遍性与特殊性的统一。建设中国特色社会主义，要求我们：一方面，必须完整准确地领会马克思主义的基本原理，坚持社会主义的基本方向；另一方面，必须从处于社会主义初级阶段的中国国情出发，将科学社会主义的基本原理与中国的实际结合起来，找出符合中国实际的发展社会主义经济、政治、文化、教育、科技等的途径和方式，把中国建设成为富强、民主、文明的社会主义现代化国家。这样的社会主义既不是照抄书本，也不是照搬其他模式，所以自然就具有了中国特色。

按照这样的思路，中国共产党做过多角度多层面的思考，为我们理解和认识中国特色社会主义奠定了思想理论的基础。

邓小平不断深刻地思考什么是社会主义、怎样建设社会主义的问题，指出：贫穷不是社会主义，发展太慢也不是社会主义；僵化封闭不能发展社会主义，照搬外国也不能发展社会主义；平均主义不是社会主义，两极分化也不是社会主义；没有民主就没有社会主义，没有法制也没有社会主义；不重视物质文明搞不好社会主义，不重视精神文明也搞不好社会主义。这些论述，从多个侧面说明了什么不是社会主义，也就等于从正面肯定了社会主义应该是什么，从而在不同程度上回答了什么是社会主义、怎样建设社会主义的问题。尤其是，他深刻揭示了社会主义的本质和根本任务，为我们把握社会主义的本质内涵指明了方向。邓小平的这些论述，讨论的是社会主义问题，但都是立足于中国的实际来说的，实际上也就是对中国特色社会主义的揭示和规定。

以江泽民同志为核心的第三代中央领导集体沿着邓小平同志的思路，不断深化对中国特色社会主义的认识和思考。如，1992年的十四大概括了建设有中国特色社会主义理论九个方面的内容，1995年经中央批准印发的《邓小平同志建设有中国特色社会主义理论学习纲要》进一步将其展开为16个方面；1997年的十五大提出了社会主义初级阶段的基本纲领，规范了建设有中国特色社会主义经济、政治、文化的基本政策和要求；1998年在纪念十一届三中全会召开20周年大会上，概括了建设有中国特色社会主义事业的11条基本经验；2001年，在庆祝建党80周年大会上概括了80年的基本经验，特别是揭示了“三个代表”的科学内涵；2002年的十六大，总结了13年来的十条基本经验，强调它“是党领导人民建设中国特色社会主义必须坚持的基本经验”。所有这些，都为我们认识和研究中国特色社会主义的内涵和特征奠定了基础。

另外，还要注意，我们强调“中国特色”，并不是自我封闭。与此对应的，还有一个世界眼光问题。毛泽东说“鲲鹏展翅，九万里”，“背负青天朝下看”。看什么？就是看世界。邓小平说“放眼世界，放眼未来”，要求的就是一种世界眼光。江泽民和胡锦涛同志都一再强调，领导干部“必须具有世界眼光”，善于观察世界大势，正确把握时代要求。

中国特色与世界眼光是辩证的统一。一方面，我们始终坚持从中国的实际出发，突出和保持中国自己的特色。另一方面，我们又要求有世界眼光，注意向世界学习，到世界舞台上“博弈”。世界上每一种文明都有自己的长处，可供我们学习和借鉴。任何文明，包括中国自己的文明，都不可能在完全封闭的状态下得到发展。特别是在当代，随着经济活动的扩大、通信手段的改进、交通工具的发达，世界各种文明的联系和交往日益紧密。外部环境的变动会影响到国内，中国内部的发展也会影响到世界。因此，我们必须随时随地地关注世界潮流的变动，紧紧瞄住世界生产力、文化等发展最前沿的动向和趋势。兼收并蓄，海纳百川，不断汲取其他国家、民族和文明的经验，把握时代发展的趋势，使我们的经济、政治和文化，都充分体现时代精神和创造精神，使中华文明能够始终走在时代潮流的前列。

一个是中国特色，一个是世界眼光。“中国特色”是立足的根基，“世界眼光”是博大的胸怀。根基要扎实，视野要开阔。两者紧密结合起来，中国特色社会主义才会具有强大的生命力。

三、中国特色社会主义的内涵和特征

依据到目前为止的理论成果，我们认为，中国特色社会主义至少应该包含以下几个方面的内容和规定性：

第一，中国特色社会主义，是坚持社会主义本质要求的社会主义。邓小平总结历史的经验教训，从社会主义经济、政治、社会等多方面的特征中，抽象出“社会主义本质”的概念，指出：“社会主义的本质，是解放生产力，发展生产力，消灭剥削，消除两极分化，最终达到共同富裕。”[①]这一本质论思想，从更深的层次上揭示了社会主义的内涵，说明了社会主义最大的功能、目标和价值，把我们对社会主义的认识提高到了新的科学水平。我们要建设的中国特色社会主义，首先就应该是全面体现社会主义本质的社会主义。当然，社会主义的本质内涵到底应该怎样具体规定，今后还有进一步研究的余地。比如说，把社会全面进步、人的全面发展的要求包含进去，可能就更加完整了。

第二，中国特色社会主义，是不断解放和发展生产力的社会主义。“社会主义的根本任务是发展生产力”[②]。“社会主义制度优越性的根本表现，就是能够允许社会生产力以旧社会所没有的速度迅速发展，使人民不断增长的物质文化生活需要能够逐步得到满足。”[③]这是邓小平一再强调的思想，现在也已成为全党和全国人民的共识。邓小平所使用的“归根结底”“最主要的”“首要任务”“中心任务”“主要任务”“第一个任务”“根本”“根本一条”，以及“必须”“一定”“最注重”“一定要死扭住不放，一天也不能耽误”，等等用语，鲜明地表达了我们对生产力应有的重视程度。正是在这样的认识基础上，江泽民同志进一步提出了“代表中国先进生产力的发展要求”的思想，提出了“把发展作为党执政兴国的第一要务”的要求。如果不抓住解放和发展生产力这个中心任务，就不可能是中国特色社会主义。

第三，中国特色社会主义，是坚持改革开放和四项基本原则的社会主义。十一届三中全会以来，全党和全国人民所干的最大的事情，就是改革开放。20多年来理论和实践最鲜明的特点也是改革开放。改革开放是决定中国命运的一招。十一届三中全会以来，我们制定了一系列方针政策，总括起来就是改革开放。中国特色社会主义是在改革开放的基础上形成的。没有改革开放，就没有中国特色社会主义。只有通过改革开放，才能进一步完善和发展中国特色社会

---

①《邓小平文选》第3卷，人民出版社1993年10月版，第373页。
②《邓小平文选》第3卷，人民出版社1993年10月版，第264页。
③《邓小平文选》第2卷，人民出版社1993年10月版，第128页。

主义。改革开放是强国之路，四项基本原则是立国之本。四项基本原则是社会主义现代化建设的政治保证。20多年的实践证明，中国特色社会主义所以具有蓬勃的生命力，就在于它是实行改革开放的社会主义；我们的改革开放所以能够健康发展，就在于它是坚持四项基本原则、有利于巩固和发展社会主义的改革开放。

第四，中国特色社会主义，是把社会主义与市场经济有机结合起来的社会主义。邓小平提出社会主义可以搞市场经济。江泽民同志提出社会主义市场经济体制的改革目标。在社会主义条件下发展市场经济，是前无古人的伟大创举，是中国共产党人对马克思主义发展作出的历史性贡献。由计划经济体制向社会主义市场经济体制的转变，实现了改革开放的历史性突破，打开了我国经济、政治和文化发展的崭新局面，促使社会运行机制和社会生活面貌发生了巨大的变化。其中，以公有制为主体、多种所有制经济共同发展的基本经济制度，公有制的多种实现形式，按劳分配为主体、多种分配方式并存的分配制度，等等，都具有鲜明的中国特色。中国特色社会主义的一个鲜明特征和重要内容，就表现在社会主义与现代市场经济的结合上。中国社会的其他很多变化，包括政治、文化的变化，以及相应的很多新的特点，都是建立在向社会主义市场经济的转变之上的。没有社会主义市场经济，就没有真正意义上的中国特色社会主义。

第五，中国特色社会主义，是经济、政治、文化三大文明协调发展、社会生活和生态环境全面进步的社会主义。社会主义毫无疑义要以经济建设为中心，但这并不意味着只要抓好经济就行了。社会主义还必须包括其他各方面的任务，必须坚持物质文明建设、政治文明建设和精神文明建设一起抓。邓小平从不同角度指出了社会主义建设的各项任务，指出了物质文明与精神文明的辩证关系。江泽民同志提出了社会主义政治文明建设的思想，构建了物质文明、政治文明和精神文明以及相应的中国特色社会主义经济建设、中国特色社会主义政治建设、中国特色社会主义文化建设相互关联、互相促进的基本格局。以胡锦涛为总书记的党中央又进一步提出了以人为本、全面协调可持续的科学发展观。所有这些，构成社会主义初级阶段基本纲领的内容，并体现在全面建设小康社会的目标中。对每个方面，我们党又形成了一系列方针政策和发展战略，如科教兴国战略、可持续发展战略、依法治国方略和建设社会主义法治国家的目标，等等。中国特色社会主义，理所当然地应该包括这些重要的内容。

第六，中国特色社会主义，还是主张和平与发展的社会主义和实行“一国两制”的社会主义。维护世界和平、促进共同发展是中国外交政策的宗旨。中国共产党奉行独立自主的和平外交政策，主张顺应历史潮流、维护全人类的共同利益，建立公正合理的国际政治经济新秩序，维护世界多样性，提倡国际关系民主化和发展模式多样化，发展与不同类型国家的关系。外交战略和政策是由国家利益决定并与国家内政密切相连的。主张和平与发展是中国特色社会主义内在本质的要求和反映，所以，它是中国特色社会主义不可缺少的内容和特征之一。“一国两制、和平统一”是解决祖国统一问题的最佳方针。按照这一方针，我们已经顺利解决了香港和澳门问题，并期待着解决台湾问题。实行“一国两制”，这是由中国的特殊国情决定的，是中国特色社会主义一个重要的特点。

当然，到底什么是中国特色社会主义，这是一个非常复杂的问题。我们这里仅仅是作出一些尝试性的梳理和概括。中国特色社会主义是一个仍然在实践中继续发展的漫长过程，必然还会有新的经验、新的变动、新的创造，我们对它的认识不仅需要继续深化，而且还会随着实践的发展有新的积累和突破。所以，科学地回答“什么是中国特色社会主义、怎样建设中国特色社会主义”的问题，将是中国共产党一项长期的任务，也是理论工作者一项长期的任务。

构建中国特色社会主义的核心价值观*

记者：中国特色社会主义，是我们正在从事的伟大事业，也是科学社会主义理论研究的中心课题。随着时代的发展，对中国特色社会主义的研究迫切需要进一步深化。您认为，应该从哪里突破并深化呢？

李忠杰：中国特色社会主义是当代中国的一个中心命题。20多年来，我们已经围绕着它做了很多文章。但随着社会实践的发展，对"中国特色社会主义"的研究确实需要进一步深化。从哪里深化？我认为，抓住"价值"二字做文章，认真研究中国特色社会主义的核心价值问题，争取构建中国特色社会主义的核心价值观，可能是把中国特色社会主义理论与实践推向前进的一个着力点，也是进一步丰富和发展科学社会主义理论的一个切入点。

一、再从房屋的形式、功能和价值说起

记者：我看到您1997年曾在《人民日报》发表过一篇文章，副标题叫"由房屋而论什么是社会主义"。很新鲜。里面好像涉及了社会主义的价值问题。

李忠杰：是的。"由房屋而论什么是社会主义"原来是那篇文章的标题，

*本文发表于《科学社会主义》杂志2005年4月第2期。由本人撰写，但采取了答问形式，问者为中央党校贾建芳教授。该文第一次提出了构建中国特色社会主义核心价值观的问题。此后在多个场合，包括内部报告中，本人就核心价值观问题提出了一系列建议，包括建议区分价值、价值观、核心价值、核心价值观，建议正式使用"中国特色社会主义核心价值观"概念等。2006年的十六届六中全会第一次使用了"社会主义核心价值体系"的概念。2012年的十八大又使用了"社会主义核心价值观"的概念。

发表时编辑将它改成副标题了。文章的大意是说：我们建造一所房屋，当然必须考虑这座房屋的形式问题：多长？多宽？多高？什么样的门窗？墙壁？形体？颜色？风格？等等。所有这些，都要认真研究、明确回答，按照要求严格设计和施工。

但是，在回答所有这些问题之前，实际上必须首先回答一个最根本的问题，即：这座房子是干什么用的？也就是说，这座房子的功能是什么？对我们有何价值？建造这座房子的目的和任务是什么？只有首先明确了这些问题，设计师才能开始设计，工程师也才能着手施工。倘若这座房子是做礼堂用的，就要按照礼堂的功能要求设计它的具体形式，使它有较大的空间、宽敞的舞台和一定数量的座位。倘若是做居民住房用的，那就要按照住房的功能要求，设计一定数量的单元套房。只有这样，房屋的具体形式和基本特征才符合它的功能、价值、目标和任务的要求，才能真正起到它的作用。否则的话，本来需要一座礼堂，却建成了公寓，本来需要一幢住宅，却建成了仓库，虽然形式上算房子，但它已不能实现其本来的功能和价值了。不仅会造成极大的浪费，甚至会劳而无功。

同样的道理，我们搞社会主义，当然需要知道社会主义的具体形式和基本特征，但更为重要的，是应该知道它的功能、价值、目标和任务，即社会主义是干什么用的。社会主义的一切制度、体制、模式，都要围绕着这个中心问题来设计和建设。只有这样，我们建设起来的一切社会主义的具体形式，才能最大限度地发挥社会主义的功能和价值，实现社会主义的目标和任务。过去，我们在社会主义理论和实践中的偏差，就是只注意到了社会主义的具体制度和形式，但没有注意到它的功能和价值，就形式讲形式，把形式摆在了最重要的位置上，而不是根据功能、价值、目标、任务的要求来设计和规定具体形式，犯了本末倒置的毛病。

记者：用这样形象的比喻，说明了价值的重要性？

李忠杰：是的。我从房屋的形式和价值说起，意在形象地揭示，邓小平社会主义本质论的真谛和高明之处，就在于实际上揭示了社会主义的功能、价值、目标和任务，说明了社会主义的一切具体制度和形式，都要体现、服从、符合这个功能、价值、目标和任务的要求。符合这个要求的，就坚持；不符合这个要求的，就改革。正是在这个意义上，社会主义的其他一切概念，都要服从于社会主义的本质。抓住了本质，才抓住了社会主义范畴中最核心的内容，才能真正科学地回答“什么是社会主义、怎样建设社会主义”的问题。

从房屋与社会主义的关系可知，价值，无论是对于房屋还是社会主义，都是最为重要的。正因为对人有某种特别的价值，我们才需要房子，也才需要社会主义。反过来，也可以说，我们所需要的，是房屋和社会主义能够提供的价值，而并不在乎它究竟是哪种具体的形式。形式是什么，不是决定性的。它们是好还是坏，关键是看能否实现其对于我们的价值。形式要服从于价值，而不是价值服从形式。

二、加强对社会主义价值本身的研究

记者：8年时间过去了，您认为房屋这个比喻还贴切吗？重提这篇文章，您希望表达一个什么意思呢？

李忠杰：这个比喻现在看来仍然是贴切的。但既然过了8年，这个研究当然就需要进一步深化。当时，我主要想说明形式与价值的关系。而现在，我则觉得，已经需要对社会主义的价值本身作进一步深入的研讨了。

既然房屋的形式必须服从它对于人的价值。那么，房屋的价值到底是什么呢？无疑，最基本的，是供人居住。此外，还有办公、娱乐、聚会等等。为什么房屋这种建筑形式可以满足人们对于居住、办公、娱乐、聚会的价值需求呢？因为房屋通过适当的材料营造了一个与大自然相对分离的独立空间，使人能够处在适宜的生存环境和条件中，保障生理和精神的安全、舒适，防止外部环境和生物对于人类的侵害。这就是房屋对于人的最核心的价值。千百年来，甚至从人类开始穴居起，房屋的形式发生过无数的变化，但它满足人的生存、安全、舒适需要的核心价值却从来没有根本的不同。无论采用什么形式，它都必须具有这些功能，体现出对于人类的核心价值。如果有什么不同，那也只是：随着时代的发展，人类的价值需求会愈益丰富和提升；在不同时代，各种形式满足人类价值需求的层次、水平和质量有所不同。

同样，社会主义与我们人类之间，也有一种基本的价值关系。人类之所以需要社会主义，就是因为它对于我们有可资利用的价值，能够满足我们某些最重要的价值需求。社会主义的形式可以多种多样，但它归根结底，是要能够满足我们对于它的价值需求。在不同的历史条件和社会环境下，社会主义的形式会有不同的表现和特点，但它对于人们的价值应该是基本的、稳定的、一贯的。判断某种社会主义形式适用与否、优劣如何，主要不是看它的形式，而是看它所包含的或能够实现的核心价值。社会主义既然称为社会主义，就必然有它内含的核心价值。我们建设社会主义，目的并不是锁定它的某种特定的形式，而是从根本上利用它对于我们的核心价值。认识和揭示了社会主义的核心价值，我们采用社会主义的这一种或那一种形式才有明确的目标和取舍的标准，如何改革和完善社会主义才有正确的方向。

记者：那么，对价值本身怎么解析？

李忠杰：价值是一个非常重要的东西。这里所说的价值，不完全等同于经济学上作为一般人类劳动凝结的价值范畴，而是主要指某种物品、形制、规范或活动对于人类的有用性，大体上就是它的使用价值。没有使用价值的东西是不受人们欢迎的。具有使用价值，也就是对人有价值。只有真正体现出对于人的价值，才能真正持久地发挥它对于人的有用的功能，也才能受到人们的欢迎，并具有恒久的生命力。

价值有基本价值、特殊价值、不同层级的价值等等。在不同的时代和环境条件下，价值会有不同的要求和内容。但贯串其中的，必有它的核心价值。房屋有它的核心价值，社会主义同样有它的核心价值。核心价值是最基本的价值，也是比较恒定的价值。随着时代的变迁，社会主义的次级价值、具体价值乃至某些基本的价值会有变化和发展，但核心价值大体应该是恒定的。抓住核心价值，就抓住了社会主义价值需求、价值创造、价值体系、价值实现的关键。

中国特色社会主义，是立足于当代中国实际的社会主义。中国特色社会主义的核心价值既具有社会主义的共性，又有中国的个性，同时还具有时代性。我们要把中国特色社会主义的理论与实践进一步推向前进，就必须及时注意研究它的核心价值，适时构建起中国特色社会主义的核心价值观。

三、邓小平理论中的价值思想

记者：价值问题在哲学领域比较早地受到了重视。但在科学社会主义领域，价值、价值观念、社会主义核心价值，等等，曾经长期处于我们的视野之外。国内一些关于社会主义的辞典中，好像连这样的词汇都没有。

李忠杰：但随着改革开放和现代化建设的深入，随着邓小平理论和“三个代表”重要思想的形成，价值问题已经越来越多地进入了我们的理论和实践。

记者：从党的基本理论来说，邓小平研究过价值问题吗?

李忠杰：邓小平没有专门研究过价值问题。但在讲到其他一些问题时，曾经使用过“价值”“价值观”等概念。从我检索的情况看，《邓小平文选》三卷中，一共有11次使用了“价值”概念。在《邓小平年谱》(1975—1992年)中，则12次使用了“价值”一词。“价值”在不同情况下的使用，反映出他对于价值问题的一些观念和思考。

记者：邓小平是在什么意义上使用“价值”一词的?

李忠杰：邓小平比较早地使用“价值”一词是在1941年。当时，讲到部队的文化工作，邓小平要求注意某些为群众所喜欢的旧的文艺形式，在反映现实时有“可利用的价值”，他强调：“只有具有强烈的政治性和丰满的现实性之艺术品，才能有高度的艺术价值”[①]。

1977年之后，在拨乱反正和改革开放的进程中，邓小平进一步讲到了学术论文和刊物的“价值”，理论研究的“学术价值”，某些资料和成果的“参考价值”，西方某些进步学者所撰著作的“价值”，等等。他还讲到某些建筑样式的“使用价值”，某些植物的“推广价值”。在经济方面，多次讲到“价值规律”“价值法则”，强调要尊重价值规律。他还使用过“人的价值”一词，但主要是批评当时某些人抽象地谈论“人的价值”问题。他在为英国培格曼出版公司《邓小平副主席文集》英文版所写的序言中表示：“如果有一天这些讲话失去重新阅读的价值，那就证明社会已经飞快地前进了。那有什么不好呢？”[②]

①《邓小平文选》第1卷，人民出版社1994年版，第27、28页。

②《邓小平年谱》下，中央文献出版社2004年版，第714页。

在对外政策上，邓小平强调，在国际舞台上，中国既不要高估自己的价值，也不要低估自己的价值。他讲到，联合国中第三世界的成员增加了，“对这个变化的价值要给予充分的估量。”[①]特别是1989年11月13日，在讲到国际关系时，他感叹“国家之间的价值观差距太大了”。这是邓小平第一次似乎也是唯一的一次使用“价值观”的概念。

记者：邓小平论述过社会主义的价值问题吗？

李忠杰：邓小平没有直接论述过社会主义的价值和价值观问题。但他对于什么是社会主义、怎样建设社会主义这一基本问题的思考和回答，实际上渗透和包含了非常深刻的价值论思想。

比如，邓小平从不同角度强调：只有社会主义才能救中国，只有社会主义才能发展中国。实际上这就是肯定社会主义对于中国的价值。他总结我国社会主义建设的经验教训，从不同角度指出：贫穷不是社会主义，发展太慢也不是社会主义；僵化封闭不能发展社会主义，照搬外国也不能发展社会主义；平均主义不是社会主义，两极分化也不是社会主义；没有民主就没有社会主义，没有法制也没有社会主义；不重视物质文明搞不好社会主义，不重视精神文明也搞不好社会主义。这些论断，用的都是排除法，但排除的结果也就从正面确立了社会主义的内容，也就是揭示了社会主义的基本价值。

再如，邓小平强调：“社会主义经济政策对不对，归根到底要看生产力是否发展，人民收入是否增加。这是压倒一切的标准。空讲社会主义不行，人民不相信。”[②]在他指导下制定的社会主义初级阶段的基本路线，明确把建设富强民主文明的社会主义现代化国家作为奋斗目标。这里的“富强民主文明”，应该说就是我们所需要的核心价值。

特别是在1992年初的南方谈话中，针对人们在姓“社”姓“资”问题上的困惑，邓小平明确提出：“社会主义的本质，是解放生产力，发展生产力，消灭剥削，消除两极分化，最终达到共同富裕。”[③]这一社会主义本质论，从一个新的高度，揭示了社会主义的最主要功能和最基本价值，从而更深刻地揭

①《邓小平文选》第2卷，人民出版社1994年版，第416页。

②《邓小平文选》第2卷，人民出版社1994年版，第314页。

③《邓小平文选》第3卷，人民出版社1993年版，第373页。

示了社会主义各种制度、特征的内在联系，指出了社会主义的发展方向和根本任务，把我们对社会主义的认识提高到了一个新的科学水平，实际上就是提到了核心价值的水平。

四、江泽民同志对价值问题的关注

记者：党的十三届四中全会以后，我们整个社会对于价值问题的研究愈益展开，人们对于价值问题的重视程度越来越高，“价值观念”“价值取向”等概念也越来越成为社会流行的话语了。

李忠杰：是的。在这样的大背景下，江泽民同志不仅对价值问题给予了越来越大的关注，而且赋予了价值问题更高的理论地位、思想地位乃至政治地位。

记者：举例来说？

李忠杰：江泽民同志充分肯定邓小平理论的重要地位和价值，认为邓小平著作的“光辉价值已经并将继续在我们的实践中得到证实”①。

1997年10月30日，江泽民同志在美中协会等六团体举行的午餐会上说：“重视人的尊严和价值，是中华民族的传统美德。”② 2000年9月，在联合国千年首脑会议上，他又重申：“中华民族历来尊重人的尊严和价值。”③他还认为：“在人类自身生产中，妇女更具有特殊的价值。”④他要求我们正确认识和对待个人价值问题。特别是希望青年人“坚持实现自身价值与服务祖国和人民的统一”，努力在用自身知识为祖国和人民服务的过程中，“使自身价值得到充分实现”⑤，使自己的“人生价值”⑥“生命价值”“更加完美地展现出来”⑦。

---

①江泽民：《论党的建设》，中央文献出版社2001年版，第110页。

②《江泽民论有中国特色社会主义》（专题摘编），中央文献出版社2002年版，第323页。

③《江泽民论有中国特色社会主义》（专题摘编），中央文献出版社2002年版，第325页。

④《江泽民论有中国特色社会主义》（专题摘编），中央文献出版社2002年版，第416页。

⑤《江泽民论有中国特色社会主义》（专题摘编），中央文献出版社2002年版，第419页。

⑥江泽民：《论“三个代表”》，中央文献出版社2001年版，第184页。

⑦《江泽民论有中国特色社会主义》（专题摘编），中央文献出版社2002年版，第421页。

江泽民同志指出："在对外开放过程中，西方资产阶级的政治主张、价值观念和生活方式也必然乘隙而入。我国社会经济成分、组织形式、物质利益和就业方式的多样化，也必然给人们的思想观念、价值取向、文化生活带来多样性。"[①]因此，他鲜明地提出"三观"要求，提醒全党注意价值观念和价值观问题。"领导干部要讲学习、讲政治、讲正气，自重、自省、自警、自励，树立正确的世界观、人生观、价值观"[②]。在他的讲话中，价值观一词使用达几十次之多。他要求我们的领导干部"要多做些有益于国家、社会和人民的事，这才是人生价值的根本体现"[③]。按照"三个代表"重要思想，他认为："人民，只有人民，才是我们工作价值的最高裁决者。"[④]

在科学技术和文化建设方面，江泽民同志希望广大科技工作者"在科教兴国的伟大事业中实现自己的理想和社会价值"[⑤]。要"力争取得具有重大实际应用价值的成就和具有世界先进水平的突破"[⑥]。要"使广大科技人员的收入符合劳动创造的价值和贡献"[⑦]。他认为，精神产品的"价值实现形式更重要地表现在社会效益上"[⑧]。

在经济问题上，江泽民同志多次讲到劳动价值问题。其中包括"价值规律""价值实现形式"等等。强调经济活动要"遵循价值规律的要求"[⑨]。特别是根据社会历史条件的变化，他提出要"深化对社会主义社会劳动和劳动价值理论的研究和认识"[⑩]。根据这一要求，中央党校前几年还专门组织了调查研究。

记者：这还是使用"价值"范畴。有没有直接论述社会主义的价值问题呢？

①江泽民：《论"三个代表"》，中央文献出版社2001年版，第122页。
②《江泽民论有中国特色社会主义》（专题摘编），中央文献出版社2002年版，第437页。
③《江泽民论有中国特色社会主义》（专题摘编），中央文献出版社2002年版，第711页。
④《江泽民论有中国特色社会主义》（专题摘编），中央文献出版社2002年版，第638页。
⑤江泽民：《论科学技术》，中央文献出版社2001年版，第75页。
⑥《江泽民论有中国特色社会主义》（专题摘编），中央文献出版社2002年版，第239页。
⑦《江泽民论有中国特色社会主义》（专题摘编），中央文献出版社2002年版，第248页。
⑧江泽民：《论党的建设》，中央文献出版社2001年版，第136页。
⑨《江泽民论有中国特色社会主义》（专题摘编），中央文献出版社2002年版，第71页。
⑩江泽民：《论"三个代表"》，中央文献出版社2001年版，第170页。

李忠杰：从现已公开发表的讲话和著述来看，江泽民同志还没有直接使用“社会主义的价值”“社会主义价值观”“社会主义价值观念”“社会主义基本价值”“社会主义价值体系”“社会主义核心价值”等这样一些价值概念和范畴。但如果不限于直接的概念和论述，而是从他对什么是社会主义、怎样建设社会主义问题的思考和回答来看，从“三个代表”重要思想的体系和本质来看，江泽民同志实际上还是越来越多地触及到了社会主义的核心价值观问题。

比如，“代表中国先进生产力的发展要求”“代表中国先进文化的前进方向”“代表中国最广大人民的根本利益”，这三个最基本的要求，实际上集中概括了中国共产党的价值追求，从根本上揭示了中国特色社会主义的价值取向。

又如，在物质文明和精神文明之外，江泽民同志又提出政治文明的要求，强调“建设有中国特色社会主义，应是我国经济、政治、文化全面发展的进程，是我国物质文明、政治文明、精神文明全面建设的进程。”将三大文明融为一体，更加全面地确立了中国特色社会主义的价值目标。

再如，在2001年的七一讲话中，江泽民同志比我们党以往任何文件都更为突出、更为鲜明地论述了人的全面发展问题，强调努力促进人的全面发展，是马克思主义关于建设社会主义新社会的本质要求。这一思想，表明了我们党对于人的问题的研究和认识愈益深化。

从检索某些词汇的使用频率，还可以看出江泽民同志对与社会主义有关的某些价值范畴的关注程度。如在《江泽民论有中国特色社会主义》(专题摘编)一书中，“社会主义”一词出现过1793次。“有中国特色社会主义”出现过662次。“发展”出现过2870次。“全面”出现过407次。“全面发展”出现过29次。“社会进步”出现过39次。“协调”出现过107次。“共同富裕”出现过36次。“可持续发展”出现过47次。“法治”出现过24次。“互助”出现过13次。

五、我们已经越来越触及到中国特色社会主义的核心价值

记者：十六大以来，党和国家对社会主义的价值问题是否越来越重视

了呢？

李忠杰：在党和国家的文献中，还没有正式提出社会主义的核心价值等命题。但以胡锦涛同志为总书记的党中央，从新世纪新阶段的实际出发，提出科学发展观，进一步确立全面建设小康社会的战略目标和建设社会主义和谐社会的任务。这些重要的执政理念的提出，表明我们在理论和实践上，正在越来越深入地触及中国特色社会主义的核心价值。

记者：从科学发展观来说，似乎包含着不少价值思想。

李忠杰：是的。党的十六大确立的全面建设小康社会的战略目标中，包含了三大文明、六个“更加”等丰富内容，要求实现经济、政治、文化的全面发展。党的十六届三中全会进一步指出：“坚持以人为本，树立全面、协调、可持续的发展观，促进经济社会和人的全面发展。”2004年2月，党中央举办省部级主要领导干部“树立和落实科学发展观”专题研讨班，公开使用了“科学发展观”的概念，并全面系统地阐述了科学发展观的内涵和要求。在3月份人大、政协“两会”期间的人口、资源和环境座谈会上，胡锦涛总书记发表重要讲话，准确地界定了全面、协调、可持续、以人为本等要求的含义。所谓全面，就是要以经济建设为中心，全面推进经济、政治、文化建设，实现经济发展和社会全面进步。协调，就是要坚持“五个统筹”，推进生产力和生产关系、经济基础和上层建筑相协调，推进经济、政治、文化建设的各个环节、各个方面相协调。可持续，就是要促进人与自然的和谐，实现经济发展和人口、资源、环境相协调，坚持走生产发展、生活富裕、生态良好的文明发展道路，保证一代接一代地永续发展。以人为本，就是要以实现人的全面发展为目标，从人民群众的根本利益出发谋发展、促发展，不断满足人民群众日益增长的物质文化需要，切实保障人民群众的经济、政治和文化权益，让发展的成果惠及全体人民。

科学发展观的这些内容，进一步说明了我们所要建设的，应该是一个什么样的社会；所要达到的，是一个什么样的目标。科学发展观强调的一系列范畴，具有强烈的价值色彩，实际上属于价值论的范畴。因此，科学发展观的提出和系统化，把我们发展的目标进一步引导到核心价值的层面上，在一定程度上揭示了中国特色社会主义的核心价值观。

记者：和谐社会呢？

李忠杰：党的十六大确定："我们要在本世纪头二十年，集中力量，全面建设惠及十几亿人口的更高水平的小康社会，使经济更加发展、民主更加健全、科教更加进步、文化更加繁荣、社会更加和谐、人民生活更加殷实。""努力形成全体人民各尽其能、各得其所而又和谐相处的局面。"十六届四中全会进一步概括形成"和谐社会"的概念，提出"要适应我国社会的深刻变化，把和谐社会建设摆在重要位置"，并要求不断提高构建社会主义和谐社会的能力。

什么是和谐社会？按照十六届四中全会的精神，它应当是全体人民各尽其能、充满创造活力的社会，是全体人民各得其所和利益关系得到有效协调的社会，是社会管理体制和社会服务网络不断健全的社会，是稳定有序、安定团结、各种矛盾得到妥善处理的社会。2月19日，胡锦涛总书记在省部级主要领导干部专题研讨班上的讲话中，更加概括地指出：我们所要建设的社会主义和谐社会，应该是民主法治、公平正义、诚信友爱、充满活力、安定有序、人与自然和谐相处的社会。

和谐社会的这些内容和要求，把我们党长期持有的关于全面、协调、稳定、社会进步、处理好各方面利益关系等等的思想，集中了起来，形成了中国特色社会主义的一个重要内容和目标。表明了，中国特色社会主义事业的总体布局，已经更加明确地由社会主义经济建设、政治建设、文化建设三位一体发展为社会主义经济建设、政治建设、文化建设、社会建设四位一体。中国特色社会主义事业的价值目标，也已经更加明确地由社会主义物质文明、政治文明、精神文明三位一体的目标，发展成为社会主义物质文明、政治文明、精神文明和社会文明四位一体的目标。而民主法治、公平正义、诚信友爱、充满活力、安定有序、人与自然和谐相处等范畴和要求，本来就具有鲜明的价值色彩，因此，也正在成为中国特色社会主义核心价值观中的重要范畴。

六、中国特色社会主义的核心价值应该包括哪些内容

记者：尽管我们已经越来越深入地触及中国特色社会主义的核心价值，

但毕竟还没有正面提出这样的任务，也没有认真梳理和研究中国特色社会主义的核心价值到底包括哪些内容。

李忠杰：这种状况，不利于理论和实践的发展。建设中国特色社会主义，必须首先明白这样的“主义”对我们有什么价值，为什么需要这样的“主义”，怎样去建设符合这种“主义”要求的各种制度、体制、生产方式和社会生活。比如，我们建任何制度、作任何决策、实行任何改革，都有一个“为了什么”的问题，也就是，它有什么价值？对谁有价值？有多大的价值？只有搞清楚了这样的问题，我们才能判断这类决策的是非对错，也才能决定有没有必要作这样的决策。所以，无论对于整个中国特色社会主义，还是对于日常的工作和生活，价值问题都是非常重要的。为了推动我们事业的发展，必须明确提出中国特色社会主义核心价值观的命题，认真研究和构建中国特色社会主义的核心价值观。

记者：怎样研究中国特色社会主义的核心价值问题？比如，核心价值和核心价值观有什么不同？怎样理解？

李忠杰：研究中国特色社会主义的核心价值问题，首先需要回答两大问题：一是中国特色社会主义的核心价值观有哪些？二是中国特色社会主义的核心价值有哪些？进而，还要研究怎样按照核心价值的要求来建设具体的体制和制度，从事各方面的工作和活动。

两个问题中的所谓“核心”，很好理解。因为价值和价值观是非常众多的。我们必须加以区分，依据重要程度和使用范围等的不同，划分为不同的层次和等级。核心价值和核心价值观，当然就是其中最重要、最基本，能够决定和制约其他价值和价值观的内容。

价值和价值观呢？两者有没有区别？要不要将它们划分开来？我认为，是需要区分的。它们两者有联系，但仔细琢磨，并不完全是一回事。价值观一般是一种判断、一个命题、一条准则，等等。它是由若干的词汇要素按照一定的语法规则和逻辑关系组合起来的完整的句式，是这种句式所表达的一种思想。而价值呢，是一定人群乃至人类所需要的某种最基本的东西，也是人们孜孜努力，用一定的方式加以提供或实现的东西。这种东西可以是物质的，也可以是精神的。它的表达方式一般是某个单词或词组。虽然这个单词或词组可以用无数的语言加以阐释，但最终它仍然只能是一个单词或词组。而其所表达的，也只能是某种物质的存在，或某种精神的状态。

比如，邓小平的社会主义本质论，就是一个重要的价值论思想。“社会主义的本质，是解放生产力，发展生产力，消灭剥削，消除两极分化，最终达到共同富裕。”这是一个完整的句式，表达的不是某个物质存在或精神状态，而是一种命题、一种思想。从整体上，它只能说是价值观，而不是价值。只有对这个句式进行分解，从中寻找出某种能够满足人们物质或精神需求的东西，这种东西，才是价值——社会主义或中国特色社会主义所具有的或所需要的价值。“生产力”，分别用“解放”“发展”与它组合起来的“解放生产力”“发展生产力”，“消灭剥削”“消除两极分化”，“共同富裕”，等等，就是邓小平的社会主义本质论所肯定的最重要的价值。

再扩而大之，稍微梳理一下，我们就可以发现，中国特色社会主义的价值观包括核心价值观已经很多。如：发展是硬道理；社会主义的根本任务是发展生产力；坚持以经济建设为中心；改革开放是发展中国的必由之路；社会主义的最大优越性是共同富裕；立党为公、执政为民；把最广大人民的根本利益作为党和国家工作的根本出发点和落脚点；建设富强民主文明的社会主义现代化国家；等等。

但在所有关于中国特色社会主义的价值判断和价值思想中，到底哪些是核心的价值观呢？这个问题目前还难以回答。需要我们进一步研究。

记者：再进而言之，中国特色社会主义的核心价值是什么呢？

李忠杰：对此，我们还没有进行比较深入的研究，因此，也还没有能作出明确的回答。邓小平的社会主义本质论，无疑揭示了中国特色社会主义非常重要的、核心的价值。“解放生产力，发展生产力，消灭剥削，消除两极分化，最终达到共同富裕。”都可以认为是中国特色社会主义的核心价值。但能不能反过来说，中国特色社会主义的核心价值就是这些，而没有其他了呢？我以为，不能。

如前所述，我们实际上已经越来越多地触及到中国特色社会主义的核心价值问题，所以，如果加以梳理，是能找出不少这样或那样一些重要的范畴，为中国最广大人民所需求、为中国特色社会主义所包含的物质存在和精神状态，即中国特色社会主义的基本价值的。只不过在目前散在的思想资料中，它们还没有被提炼出来。所以，需要我们进行更加深入的研究、分析和概括，做进一步的提炼工作。

记者：您认为，中国特色社会主义的核心价值有哪些呢？

李忠杰：比如，我在想，以下的一些范畴能不能算是中国特色社会主义的核心价值呢？

发展。——发展本身似乎不是价值。但由于满足人们所有的物质和精神需求，都必须通过发展来实现，所以，中国特色社会主义特别强调发展。发展是硬道理，发展是执政兴国的第一要务。不发展，什么问题都不能解决，什么需求都不能满足。在这种意义上，发展也可以认为是中国特色社会主义的价值，甚至是核心价值之一。

富裕。——包括个体的富裕和整体的富裕即共同富裕。物质生活的需求，是人类最基本的需求。人类在这一方面的需求不仅是无时无刻不需要的，而且是随着时代的发展而日益增长、永无止境的。物质财富的生产和积聚，是满足这一需求的最基本条件。富裕，意味着人们不仅告别了饥寒，而且告别了温饱状态，具备了生存、发展的比较良好的状态。物质财富的富裕，还能够为精神财富的富裕奠定坚实的基础。所以，中国特色社会主义的最重要价值，应该是创造出条件，达到不仅富裕而且共同富裕的状态，使人民日益增长的物质文化需求得到更好的满足。

民主。——民主，就其最基本的含义来说，是指一种按照预定的程序和规则，根据多数人的意愿作出决定的机制。民主本来只是一种手段。但随着人类文明的发展，人类自身的主体意识不断增强。越来越多的人们要求自由地表达自己的意愿，要求以平等的身份参与国家事务的管理，维护自己的利益，因而也就越来越强烈地要求实行民主，扩大民主，发展民主。因而，民主，也就成为人们所渴望达到的一种状态、一种目标。没有民主，就没有社会主义。所以，民主自然也应该是中国特色社会主义的核心价值之一。

文明。——文明是一种物质和精神的状态，是整个社会应该达到的境界，也是全体人民所需要的东西。所以，它应该是中国特色社会主义的核心价值。把文明加以展开，它又包括物质文明、政治文明和精神文明。我认为还可以包括狭义的社会文明。广义的社会文明，则包含物质文明、政治文明和精神文明以及狭义的社会文明在内。富裕、民主，其实都可以包括在三大文明或四大文明之内。但因为它们也有一定的特殊性，所以可以分别说明。

记者：中国特色社会主义还有其他的核心价值吗?

李忠杰：有。如“公平”“正义”“友爱”“互助”“安定”“和谐”等等，我觉得，它们似乎都可以算作中国特色社会主义的核心价值。由于篇幅所限，这次我没法一一展开了。以后我们还可以继续探讨。今天，我只是提起一个话题，提出一个任务，希望理论界的朋友们适时地注意中国特色社会主义核心价值问题的研究。

进一步做好中国特色社会主义大文章*

中国特色社会主义是一个范畴，也是一个命题，更是一篇精彩美妙、深邃复杂、丰富多彩、宏伟壮阔的大文章。

这是一篇什么样的文章？我们应把它写成什么样的文章？特别是，怎样来写好这篇文章？如果最简要地，可以用三个词来概括：好文章、长文章、大文章。

一、好文章：中国特色社会主义是一篇艰辛探索不懈奋斗并取得了辉煌成就的好文章

建设中国特色社会主义，是我们党总结长期历史经验得出的基本结论，是引领中国走向辉煌的历史性抉择，是改革开放以来党和国家历史发展的一条主线。以毛泽东同志为主要代表的中国共产党人进行的最初探索，为中国特色社会主义奠定了根本的政治前提和制度基础。以邓小平同志为主要代表的中国共产党人，在改革开放的进程中创立了中国特色社会主义，并取得了历史性的成就。以江泽民同志为主要代表的中国共产党人，提出“三个代表”重要思

---

*2012 年 5 月，本人在北京大学召开的研讨会上，把中国特色社会主义形象地比作是一篇大文章，强调未来中国的根本任务，就是要写好这篇好文章、长文章、大文章。发表于 2012 年第 9 期《前线》杂志的这篇文章，对此做了比较系统的阐述。2013 年 1 月 5 日，在新进中央委员会的委员、候补委员研讨班上，习近平总书记指出：“坚持和发展中国特色社会主义是一篇大文章，邓小平同志为它确定了基本思路和基本原则，以江泽民同志为核心的党的第三代中央领导集体、以胡锦涛同志为总书记的党中央在这篇大文章上都写下了精彩的篇章。现在，我们这一代共产党人的任务，就是继续把这篇大文章写下去。”

想，进一步丰富和发展了中国特色社会主义的理论和实践。十六大和十七大以来，以胡锦涛同志为总书记的中共中央带领人民，提出科学发展观等重大战略思想，开创了中国特色社会主义事业发展的新局面。

从邓小平同志提出“建设有中国特色的社会主义”的命题以来，我们一直致力于建设的，是中国特色社会主义；我们所赖以成功的，是中国特色社会主义；我们所取得的一切成就，归根到底，都是中国特色社会主义的伟大胜利。中国特色社会主义，是中国共产党领导人民90多年奋斗的成果，是新中国成立60多年来不断探索的结晶，是改革开放30多年来中华民族集中从事的伟大事业。因此，中国特色社会主义，也可以说是熔铸了党和人民巨大心血、丰富智慧从而成为华彩乐章的好文章。

正因为选择了中国特色社会主义这个大题目，写出了这篇好文章，中国社会才发生了巨大的变化，取得了历史性的成就，增强了综合国力和国际地位。在改革开放的推动下，中国这样一个人口众多的发展中大国，以世界上少有的速度发展起来。以经济实力为例，1978年，我国经济总量只有3645亿元，此后不断攀升。2001年，超过意大利居世界第六位。2005年超过法国居世界第五位。2006年超过英国居世界第四位。2007年超过德国居世界第三位。2010年超过日本居世界第二位。

中国特色社会主义还成为中国在世界舞台和历史进程中代表新型中国的大名片。中国特色社会主义伟大事业不同于传统的社会主义模式，也不同于世界上其他任何发展模式。30多年来，我们成功实现了从封闭半封闭到全方位开放的伟大历史转折。我们从建立经济特区到开放沿海、沿江、沿边、内陆地区，再到加入世界贸易组织。我们从大规模“引进来”，到大踏步“走出去”，利用国际国内两个市场、两种资源的水平显著提高，国际竞争力不断增强。我们既坚持和弘扬自己的优良传统，又虚心学习世界文明发展的优秀成果，密切关注世界潮流的变动，兼收并蓄，海纳百川，使我们的经济、政治和文化，都充分体现了时代精神和创造精神，使中华文明越来越赶上潮流，走在时代前列。不仅如此，我们还越来越勇敢地到世界舞台上去博弈。始终站在国际大局与国内大局相互联系的高度，审视中国和世界的发展问题，思考和制定中国的发展战略，坚持独立自主的和平外交政策，坚持走和平发展道路，坚持互利共赢的开放战略，推动建设持久和平、共同繁荣的和谐世界，既为我国发展争取到良好的国际环境，也为世界和平与发展作出了重要贡献。

所以，中国特色社会主义，是中国特色与世界眼光的统一，是中国国情与世界环境的统一，也是中国选择与世界博弈的统一。从根本上来说，中国特色社会主义正在成为一种独特的新型文明。

能够在长期艰难复杂的奋斗探索过程中创立中国特色社会主义并竖起这面旗帜，是国家大幸、人民大幸、民族大幸。所以，胡锦涛总书记讲话指出："经过长期努力，我们坚持和发展中国特色社会主义取得了重大理论和实践成果，最重要的就是，开辟了中国特色社会主义道路，形成了中国特色社会主义理论体系，确立了中国特色社会主义制度。"

中国特色社会主义，凝集着一代代中国共产党人不懈奋斗的精神和开拓创新的智慧，是改革开放以来我们党逐步高举起来的伟大旗帜，是中国共产党和中国人民在建设社会主义道路上取得的最宝贵成果之一，是中华民族自近现代以来写得最好的大文章之一。

这篇文章写在哪里？既写在实践中，也写在理论上；既写在生活中，也写在人心上；既写在现实中，也写在历史上；既写在中国大地上，也写在世界舞台上。

这篇文章的作者是谁？是中国共产党，是全国各族人民，是整个中华民族。中国共产党，经历了无数艰难曲折的考验，形成了严密强大的组织体系，集中了中华民族绝大多数精英力量，培育了无私奉献的一整套价值观念和优良传统，取得了革命建设和改革的巨大成就。所以，在中国特色社会主义事业中起着领导核心的作用。人民群众是历史的主人，是推动中国特色社会主义发展前进的根本力量。正是靠着人民，靠着人民群众的积极性、主动性、创造性，靠着从人民中汲取智慧，中国社会才经历艰难曲折而不断进步，中国特色社会主义事业才逐步形成并不断取得辉煌的成就。

二、长文章：中国特色社会主义是一篇关系国家前途命运需要我们继续坚定不移加以书写的长文章

中国特色社会主义这篇好文章，我们已经写了30多年，往前回溯，甚至

可以说探索了90多年、60多年。但，这篇文章还没有写完，还要继续写下去。因此，它还是一篇需要继续书写的长文章。

1949年，毛泽东同志曾经把中国革命的历程比作万里长征，郑重地告诫全党："夺取全国胜利，这只是万里长征走完了第一步。如果这一步也值得骄傲，那是比较渺小的，更值得骄傲的还在后头。在过了几十年之后来看中国人民民主革命的胜利，就会使人们感觉那好像只是一出长剧的一个短小的序幕。剧是必须从序幕开始的，但序幕还不是高潮。中国的革命是伟大的，但革命以后的路程更长，工作更伟大、更艰苦。"

借用毛泽东同志的比喻，我们依然可以把中国共产党的历史、把中国特色社会主义伟大事业比作万里长征。在万里长征的道路上，我们还不过仅仅走了前三步。这三步，可以自豪，但实在不能骄傲。三步距离是万里长征的多少分之一？再算一算，万里长征一共有多少步？用天文学的视角来看我们走过的道路，就更是微不足道了。所以，胡锦涛总书记说：我们完全有理由为党和人民取得的一切成就，为中国特色社会主义的伟大成就而自豪，但我们没有丝毫理由因此而自满，我们决不能也决不会躺在过去的功劳簿上。

所以，在2011年的七一讲话中，胡锦涛总书记重申了"在本世纪上半叶，我们党要团结带领人民完成两个宏伟目标，这就是到中国共产党成立100年时建成惠及十几亿人口的更高水平的小康社会，到新中国成立100年时建成富强民主文明和谐的社会主义现代化国家"。这两个目标非常鼓舞人心，但也需要我们努力奋斗。

中国特色社会主义取得了辉煌成就，但在新形势下，也面临着很多难题，需要继续研究、探索和解决。我们不断战胜了各种风险，但不等于现在和将来就不会再有风险。我们能够战胜风险，但不等于就可以轻视风险。多年来，党中央一直要求我们居安思危、警钟长鸣，树立牢固的忧患意识。胡锦涛总书记在2011年的七一讲话中，不仅重申了四个考验，即"执政考验、改革开放考验、市场经济考验、外部环境考验"，说这些考验是长期的、复杂的、严峻的，而且，还进一步提出了四个危险，指出："精神懈怠的危险，能力不足的危险，脱离群众的危险，消极腐败的危险，更加尖锐地摆在全党面前。"

面向未来，我们有很长的路要走，有很多的事要干，有很多的困难要克服。归结到一点，必须继续建设和发展中国特色社会主义。在新的历史征程上，我们的使命和任务，仍然是为建设和发展中国特色社会主义而奋斗。

当前，中国实际上又来到了一个十字路口。到底举什么旗、走什么路、往什么地方去的问题再一次严峻地摆在我们面前。有的人不是想举中国特色社会主义的旗帜，而是想举其他的什么旗帜，把中国社会拉向另外的方向。旗帜问题的选择，将决定未来中国的前途命运。

从十四大以来，我们每次准备和召开党代会，都会遇到这一问题，都要回答这一问题，实际上每次都明确提出和回答了这一问题。

历史的经验、现实的需要，国际国内的环境、人民群众的意愿，都告诉我们：只有中国特色社会主义才能继续发展中国；中国唯一的选择只能是继续坚定不移地高举中国特色社会主义伟大旗帜。

中国特色社会主义伟大旗帜，是当代中国发展进步的旗帜，是全党全国各族人民团结奋斗的旗帜。中国特色社会主义伟大旗帜，代表了中国最广大人民的根本利益，指引着中华民族伟大复兴的正确方向，具有强大的吸引力、凝聚力、感召力。只有始终高举中国特色社会主义伟大旗帜，才能真正统一全党全国各族人民的思想，最大限度地团结和凝聚不同社会阶层、不同利益群体的人们，为实现中华民族伟大复兴而共同奋斗；只有始终高举中国特色社会主义伟大旗帜，才能克服前进道路上的一切艰难险阻，应对和战胜各种困难、风险和挑战，为实现民族振兴、国家富强、人民幸福、社会和谐提供根本的政治保证和思想保证。

在党的十八大即将召开之际，在举什么旗、走什么路、往什么地方去的大问题再一次摆在我们面前之时，中国共产党的回答是什么呢？7月23日，胡锦涛总书记在省部级主要领导干部研讨会上的重要讲话中明确回答：举什么旗？——高举中国特色社会主义伟大旗帜，以邓小平理论、“三个代表”重要思想为指导，深入贯彻落实科学发展观。走什么路？——毫不动摇走党和人民在长期实践中开辟出来的正确道路，即中国特色社会主义道路。实现什么样的目标？——到2020年，如期全面建成小康社会，到本世纪中叶，基本实现社会主义现代化，未来5年，打下具有决定性意义的基础。

胡锦涛总书记再次强调了十七大报告的重要论断：“中国特色社会主义是

当代中国发展进步的旗帜，也是全党全国各族人民团结奋斗的旗帜。”他还要求：“新的历史条件下，我们继续推进中国特色社会主义，必须不断丰富中国特色社会主义的实践特色、理论特色、民族特色、时代特色。”

习近平同志在研讨班结业式的讲话中指出：“改革开放30多年来社会主义在中国开创的辉煌局面和取得的巨大成就充分证明，中国特色社会主义是深深植根于中国大地、符合中国国情、具有强大生命力的社会主义。”他强调：“经过改革开放30多年来的实践，中国特色社会主义伟大旗帜由我们这个有着8200多万名党员的世界上最大的共产党更高地举起来，在我们这个具有5000多年文明历史和13亿多人口的发展中大国更高地举起来，继续引领中国共产党和中国人民朝着全面建成小康社会的目标、朝着建设富强民主文明和谐的社会主义现代化国家的目标、朝着实现中华民族伟大复兴的目标，坚定不移、扎扎实实、富有成效地不断向前迈进，这对于中国的繁荣昌盛，对于彰显社会主义制度的优越性，对于世界和平和人类进步事业的发展，无疑具有重大的现实意义和深远的历史意义。”

由此可见，在历史发展的重要关口，要统一人们思想，展示中国形象，团结全党全国各族人民，最根本的是继续高举中国特色社会主义伟大旗帜，做好中国特色社会主义这篇大文章。

所以，中国特色社会主义这篇文章还长得很，还要继续书写。从远景和方向上来说，要一代接一代地书写。从历史发展的阶段性上来说，要紧跟时代潮流、与时俱进地书写；从现实针对性来说，要在回答和解决现实课题的过程中不断书写。

三、大文章：中国特色社会主义是一篇需要我们竭尽胆略和智慧把它写得更好的大文章

中国特色社会主义这篇文章的内容是什么？概而言之，作为一种政治标识，中国特色社会主义，既是一种道路，也是一种事业；既是一种实践，也是一种理论；既是一种制度体系，也是一种历史进程。改革开放以来，我们党在不同的语境中使用过这些概念。党的十七大强调高举中国特色社会主义伟大旗

帜，最根本的，就是要坚持中国特色社会主义道路和中国特色社会主义理论体系。在2011年的七一讲话中，胡锦涛总书记又不失时机地提出了“中国特色社会主义制度”的范畴，宣告我们已经形成一整套相互衔接、相互联系的制度体系，即“确立了中国特色社会主义制度”。所以，我们现在所讲的中国特色社会主义，至少包含道路、理论体系、制度三大方面。它们有分有合，构成一个统一的整体。这样的中国特色社会主义，当然就是一篇范围极其广泛、内容极其丰富的大文章。

怎么写这篇大文章？党中央和胡锦涛总书记一再要求我们：在面向未来的征程上，一定要“勇于变革、勇于创新，永不僵化、永不停滞，不动摇、不懈怠、不折腾，不为任何风险所惧，不被任何干扰所惑，坚定不移沿着中国特色社会主义道路奋勇前进，更加奋发有为地团结带领全国各族人民创造自己的幸福生活和中华民族的美好未来！”

习近平同志在省部级主要领导干部研讨班结业式的讲话中指出：“中国特色社会主义是承前启后、继往开来的事业。”在这样又一个承前启后、继往开来的重要时刻，我们当然更要全面分析和认识党和国家面临的新形势新任务，充分运用大智慧、大战略，进一步写好中国特色社会主义这篇大文章，继续把中国特色社会主义伟大事业推向前进。

第一，做好政治上的大文章。坚定不移高举中国特色社会主义伟大旗帜，继续坚持和拓展中国特色社会主义道路，坚持和丰富中国特色社会主义理论体系，坚持和完善中国特色社会主义制度。不动摇、不懈怠、不折腾、不停滞，坚定中国特色社会主义信念，加强对中国特色社会主义的认同，用中国特色社会主义统一全党思想。

在十七大之后新进中央委员会的委员候补委员研讨班上，胡锦涛总书记要求全党，坚决走充满生机活力的新路，决不走实践证明是封闭僵化的老路，也决不走那种改旗易帜、放弃共产党领导、放弃社会主义的邪路。在道路问题上，中央领导集体要坚定不移，全党同志要坚定不移，全国人民要坚定不移，引领中国特色社会主义伟大事业的航船沿着正确航向不断乘风破浪、乘胜前进。

胡锦涛总书记纪念十一届三中全会召开30周年大会的讲话中还用过三个

词：不动摇、不懈怠、不折腾。今天，面向未来，广大干部群众还有一个重要的期盼：不停滞。三个词加上一个词，集合起来，集中表达了全党全国人民对于未来的政治意愿，它们也应该是未来从政治上做好中国特色社会主义这篇大文章的根本要求。

第二，做好理论上的大文章。深化对中国特色社会主义的研究，进一步搞清中国特色社会主义的内涵外延，进一步界定中国特色社会主义的道路、理论和制度，进一步梳理中国特色社会主义的逻辑结构，进一步阐明中国特色社会主义的历史地位，进一步回答和解释现实遇到的各种难题。

中国特色社会主义是一个不断发展的过程。每一阶段的实践都会遇到许多新情况、新问题。既需要运用已有的理论认识指导实践，又需要不断探索新的规律，形成许多新的理论认识，从而推动实践进一步向广度和深度发展。因此，做好中国特色社会主义这篇大文章，必须始终站在时代前列，用宽广的眼界观察世界，把握实践，不唯本本，不守教条，做到与时俱进，开拓创新。

与时俱进、开拓创新，充分体现着马克思主义关于辩证发展的思想和精神，要求党的全部理论和工作都要体现时代性，把握规律性，富于创造性。与时俱进、开拓创新，孕育和催生了中国特色社会主义。继续丰富和发展中国特色社会主义，仍然要坚持与时俱进，开拓创新。只有把与时俱进、开拓创新的要求贯穿到理论研究和探索的全部过程中，才能始终走在理论创新的前列，使中国特色社会主义的研究真正取得新成果、新进展，并且真正为党和人民所欢迎、所认可、所利用。

第三，做好实践上的大文章。继续解放思想，坚持改革开放，推动科学发展，促进社会和谐，切实解决现实提出的各种课题，继续推进经济体制、政治体制、文化体制、社会体制改革创新，继续解放和发展社会生产力，继续推动我国社会主义制度自我完善和发展，在新的历史征程上把中国特色社会主义伟大事业全面推向前进。

中国特色社会主义来自于中国实际，是中国人民伟大实践的创造。改革开放的每一步进程，中国特色社会主义的每一项内容，都是在实践中提出来的，都是在实践中大胆地试、大胆地闯出来的，也都是根据实践标准而加以检验的。因此，未来中国特色社会主义继续发展进步这篇大文章，归根结底，要在实践中书写，写好实践中的每一页、每一篇、每一章。

在“7·23”讲话中，胡锦涛总书记分别论述了经济建设、政治建设、文化建设、社会建设、生态文明建设五个方面建设的基本政策、重要举措和基本要求。五个方面构成推进中国特色社会主义伟大事业的总体布局。

我们一定要深刻理解五位一体的战略布局和政策举措。深刻理解关于加快转变经济发展方式、推进政治体制改革、建设社会主义文化强国、改善民生和加强社会建设、推进生态文明建设的战略部署，积极投身推进中国特色社会主义事业的伟大实践。

第四，还要做好立于世界舞台的大文章。拓展眼光，走向世界，展示中国形象，加强国际合作，创造良好环境，在与世界各种复杂因素的博弈中坚持和发展中国特色社会主义伟大事业。

世界局势错综复杂。我们要既坚持中国人民自己选择的社会制度和发展道路，始终把独立自主、自力更生作为自己发展的根本基点，把国家主权和安全放在第一位，坚决维护国家主权、安全和发展利益，反对外部势力干涉我国内部事务。同时，又坚持在和平共处五项原则基础上同所有国家开展交流合作，积极促进世界多极化、推进国际关系民主化，尊重世界多样性，反对霸权主义和强权政治。推动经济全球化朝着均衡、普惠、共赢方向发展，共同呵护人类赖以生存的地球家园，促进人类文明繁荣进步。始终高举和平、发展、合作旗帜，利用和平的国际环境发展自己，又通过自己的发展维护世界和平。

辑九

国家发展战略远瞻

全面建设小康社会*

2000年10月，党的十五届五中全会明确宣布："从新世纪开始，我国将进入全面建设小康社会，加快推进现代化的新的发展阶段。"2002年5月31日，江泽民同志在中央党校的讲话中又重申："进入新世纪，我国进入了全面建设小康社会、加快推进社会主义现代化的新的发展阶段。"随着十六大的临近，小康社会建设越来越成为人们关注的一个焦点。认真研究全面建设小康社会问题，对于我们明确中国未来的发展目标和战略部署，是很有意义的。

一个中国式的概念

"小康"，一个充满韵味的概念，念起来是那样自然、亲切。

"小康"，更是一个中国式的概念。虽然我们今天是在现代的意义上使用它，但在中国的文化传统中，它却是源远流长。

据有关专家研究，"小康"一词，最早出自《诗经》。《诗·大雅·民劳》中说："民亦劳止，汔可小康。"至西汉，经学家戴圣编纂的《礼记·礼运》一书，描述了作为一种社会模式的"小康"状态，称："今大道既隐，天下为家，各亲其亲，各子其子，货力为己。大人世及以为礼，城郭沟池以为固，礼义以为纪，以正君臣，以笃父子，以睦兄弟，以和夫妇，以设制度，以立田里，以贤勇知，以功为己。……是为'小康'。"在这里，"小康"是与"大同"相对

---

*本文发表于《中国党政干部论坛》2002年第7期。从20世纪90年代起，本人围绕小康社会建设问题发表了一系列文章。这里选录其中一篇。

的一种社会状态或理想。大同，是财产公有、政治民主、社会文明、保障健全、秩序稳定的理想社会状态。而小康，则要低一个层次，是财产私有、生活宽裕、上下有序、家庭和睦、讲究礼仪的社会状态。

古代的思想家们，曾经对理想中的小康社会做过许多设计，赋予它很多思想内涵。其中，当然包含有许多封建主义的糟粕。实际上，古代所说的小康社会，只不过是一种建立在落后生产力和封建私有制基础上自给自足的小农社会，但它反映了长期处于贫困状态的普通百姓对于衣食无忧生活的向往。所以，从古到今上千年来，“小康”“小康之家”“小康生活”等词在民间得到了广泛的流传。其含义，也不像儒家典籍描述的那样规范，而是逐步地向人们的基本生活状态转移，越来越多地被解释为：“略有资产，足以自给之境”，“谓经济比较宽裕”，“经济较宽裕，可以不愁温饱。”有的干脆“指经济情况较为宽裕的人家”。

时代变迁，风雨沧桑。当中华民族的历史车轮进到20世纪70年代末之后，“小康”这个概念由于邓小平的倡导而被赋予了新型的时代内容。

1979年12月，日本首相大平正芳访问北京。在人民大会堂与邓小平会见时，提出了一个问题：“中国根据自己独自的立场提出了宏伟的现代化规划，要把中国建设成为伟大的社会主义国家。中国将来会是什么样？整个现代化的蓝图是如何构思的？”邓小平整整沉默了一分钟，然后发表了自己系统的见解。其中，第一次提出了“小康之家”的概念，用来描述中国式的现代化进程。当年12月29日，在会见新加坡政府代表团时，邓小平又重申了这一概念，指出：“所谓四个现代化，只能搞个‘小康之家’，比如说国民生产总值人均1000美元。即使我们的经济指标超过所有国家，人均收入仍不会很大。总之，既要有雄心壮志，也要脚踏实地。”①。

由此，“小康”就成为邓小平理论中一个非常重要的概念。在《邓小平文选》第二、第三卷中，一共有40处地方使用了“小康”概念。表达的文字，有的称“小康之家”，有的称“小康水平”，还有的称“小康的社会”或“小康的国家”。邓小平把小康与他关于“三步走”的发展战略联系起来，对建设

①《邓小平思想年谱》，中央文献出版社1998年版，第140页。

小康问题做了众多的论述。1987年4月，在会见西班牙客人时，邓小平全面阐述了他的构想："我们原定的目标是，第一步在八十年代翻一番。以一九八〇年为基数，当时国民生产总值人均二百五十美元，翻一番，达到五百美元。第二步是到本世纪末，再翻一番，人均达到一千美元。实现这个目标意味着我们进入小康社会，把贫困的中国变成小康的中国。那时国民生产总值超过一万亿美元，虽然人均数还很低，但是国家的力量有很大增加。我们制定的目标更重要的还是第三步，在下世纪用三十到五十年再翻两番，大体上达到人均四千美元。做到这一步，中国就达到中等发达的水平。这是我们的雄心壮志。"[①]"三步走"的战略就此成形。随后，党的十三大和十四大都充分肯定了邓小平的构想，并在党的文件中正式表达出来：第一步从1981年到1990年国民生产总值翻一番，实现温饱；第二步从1991年到20世纪末再翻一番，达到小康；第三步到下个世纪中叶再翻两番，达到中等发达国家水平。

在邓小平的构想中，实现第二步目标，实际上就是把贫困的中国变成了小康的中国。"所谓小康社会，就是虽不富裕，但日子好过。"[②]在第一步发展过程中，中国是"小变化"，"达到小康水平，可以说是中变化。到下世纪中叶，能够接近世界发达国家的水平，那才是大变化。"[③]在小康基础上，"再发展三十年到五十年，力争接近世界发达国家的水平。"[④]

就这样，"小康"这个古老的话语，在现代条件下被邓小平灵活地加以改造和运用，赋予其马克思主义的科学内涵，从而成了建设有中国特色社会主义理论中一个十分重要的概念。邓小平所设计的小康社会，借用了以往的小康概念，但其内容已经与过去大不相同。这种社会，不是建立在私有制基础上的"天下为家"的农耕社会，不是以儒家文化中的礼治为特征的封建社会，当然，也不是"大工""大商"的资本主义社会，而是建立在以公有制为主体、多种所有制经济共同发展的基本经济制度之上，以人民共同富裕为目标的中国特色社会主义的社会。它上承温饱社会，下启基本实现现代化，是社会主义初级阶段中一个人民丰衣足食、生活较为富裕的历史时期。

---

①《邓小平文选》第3卷，人民出版社1993年版，第226页。
②《邓小平文选》第3卷，人民出版社1993年版，第161页。
③《邓小平文选》第3卷，人民出版社1993年版，第143页。
④《邓小平文选》第3卷，人民出版社1993年版，第77页。

一个了不起的成就

以江泽民同志为核心的党中央领导集体，13年来，团结和带领全国人民，一心一意奔小康，把“三步走”的战略变为现实。尽管遇到过各种各样的困难、各种各样的考验，但始终坚持党的基本路线不动摇，坚持以经济建设为中心不动摇，坚持“三步走”的发展战略不动摇。同时，根据时代发展的新情况、新条件，丰富和发展邓小平的战略思想，制定了不同阶段的发展目标，提出了科教兴国战略、可持续发展战略、西部大开发战略、“走出去”的战略等诸多战略，使“小康”目标的实现有了更加坚实可靠的保证。

按照“三步走”战略，我们首先在1987年提前三年实现了第一步翻一番的目标。1995年，提前五年实现了国民生产总值翻两番的目标。随后在1997年，又提前实现了人均国民生产总值翻两番的目标。到2000年，即20世纪末，我们胜利地实现了“三步走”战略第一、第二步的目标，全国人民的生活总体上达到了小康水平。对于这一成就，党和人民都给予了高度的评价。在十五大上，江泽民同志就指出：“在中国这样一个十多亿人口的国度里，进入和建设小康社会，是一件有伟大意义的事情。这将为国家长治久安打下新的基础，为更加有力地推进社会主义现代化创造新的起点。”[①]在“5・31讲话”中，江泽民同志再次强调：一个12亿多人口的发展中大国，人民生活总体上达到小康水平，这是改革开放和现代化建设的丰硕成果，是中华民族发展史上一个新的里程碑。

想一想，100年前，中华民族是一种何等积贫积弱的状态。经济力量微不足道，人民生活饥寒交迫。但到20世纪结束之时，无论国际还是国内的人们都清楚地看到，中国的经济、政治、文化、科技、军事等各方面的力量都有了突飞猛进的增长。2000年，我国国内生产总值达到89404亿元，按现行汇率计算，突破了1万亿美元，实现了邓小平当初的设想。按世界银行公布的资料，1998年，我国的国民生产总值在世界的排名就达到第七位，处于发展中国家的首位。“九五”期间，我国的经济年均增长8.3%，大大高于同期世界3.8%的水平。我国的国内生产总值占世界的比重，2000年达到2.4%。2000年末国家

---

①《十五大以来重要文献选编》上，人民出版社2000年版，第50页。

外汇储备1656亿美元。主要工农业产品的产量稳居世界前列。其中钢、煤、水泥、化肥、电视机、谷物、棉花、油菜籽、水果、蔬菜、肉类、蛋类、鱼类等产量均居世界第一位。货物进出口总额为4743亿美元，已居世界第八位。当然，按人均计算，我们的很多数字在世界上还处于后列。但中国国家综合国力的增长，是有目共睹，不能否认的。

按照预定的设想，到20世纪末，全国人民的生活水平从总体上进入了小康。其中，人均国内生产总值，按世界银行的划分标准和统计数据，1999年达到780美元，在世界206个国家中列140位，从“八五”时期的世界低收入国家进入下中收入国家行列。按IMF的测算，2000年的人均国内生产总值达到了848美元。城乡居民的生活水平和生活质量有了大幅度提高。2000年农村居民家庭人均纯收入达到2253元，城镇居民家庭人均可支配收入为6280元。全国的人口预期寿命由新中国成立前的35岁提高到71岁，成人文盲率由80%下降到16.5%。尽管某些项目还有差距，但总体上已经实现了小康目标。人民群众团结振奋，精神面貌焕然一新，科学文化迅速发展，教育事业蒸蒸日上，卫生体育成绩辉煌。国际舆论评论说：“中国只用了一代人的时间，取得了其他国家用了几个世纪才能取得的成就。”

当然，总体上说，我们还处在社会主义的初级阶段，中国还是一个发展中国家。我们前进的道路上有过不少曲折、失误，现在我们还面临着很多需要解决的问题。人民群众还有很多不满意的地方。虽然从总体上进入了小康社会，但国家的经济实力、科技水平、教育程度等等，与发达国家相比还有很大差距。全国的发展也不平衡，不少地方还处于比较落后的状态。全国还有为数不少的贫困人口，即使已经脱贫的，也有返贫现象。除了农村贫困人口外，城市里也在出现新的贫困人口。对所有这一切，我们都要清楚地看到，给予正确、客观的认识，不能以为我们的工作完美无瑕了，不能以为我们的发展水平已经够高了。成绩和问题都能看到，这才是实事求是的唯物主义者。但不管怎样，只要用历史的标尺衡量一下，我们都不能不承认，对于中国这样一个有近13亿人口的大国来说，对于长期忍受了贫穷折磨的中华民族来说，对于一个世界最大的发展中国家来说，能够基本解决人民的温饱问题，使全国人民的生活总体上进入小康社会，这应该是一个历史性的进步。称为中华民族发展史上一个重大的里程碑，是并不为过的。

一个新的发展阶段

进入小康，并不等于走出了小康。达到小康水平，不是指达到了小康的高水平。进入小康社会，也不是指已经建成了小康社会。所以，跨入小康社会，还只能如当年毛泽东所说的，只是万里长征走完了第一步，更远、更长的路还在后头。

按照邓小平设计的“三步走”战略，进入小康，只是实现了第一、第二步的目标。当年，邓小平提出“三步走”战略时，就大致设想了第三步，即21世纪前50年的发展问题。1984年5月，在会见巴西总统菲格雷多时，邓小平提出：“我们的目标是，到本世纪末人均达到八百美元。……在这样一个基础上，再发展三十年到五十年，我们就可以接近发达国家的水平。”①1987年4月，在会见西班牙客人时，他在全面阐述“三步走”战略时，就强调：“我们制定的目标更重要的还是第三步”②。1992年，在南方谈话中，邓小平指出：“如果从建国起，用一百年时间把我国建设成中等水平的发达国家，那就很了不起！从现在起到下世纪中叶，将是很要紧的时期，我们要埋头苦干。我们肩膀上的担子重，责任大啊！”③

为了落实到21世纪中叶的奋斗目标，1989年6月，邓小平在谈到党的第三代领导集体的当务之急时说：“我建议组织一个班子，研究下一个世纪前五十年的发展战略和规划。”④

根据这样的精神，党和国家在国民经济和社会发展的有关规划和纲要中，特别是1995年十四届五中全会通过的《中共中央关于制定国民经济和社会发展“九五”计划和2010年远景目标的建议》中，面向新世纪，初步提出了向第三步战略目标迈进的指导方针和主要任务，特别是规定了到2010年国民经济和社会发展的主要奋斗目标。

在此基础上，1997年，江泽民同志在党的十五大上庄严宣告：“展望下世纪，我们的目标是，第一个十年实现国民生产总值比二○○○年翻一番，使人

---

①《邓小平文选》第3卷，人民出版社1993年版，第57页。
②《邓小平文选》第3卷，人民出版社1993年版，第226页。
③《邓小平文选》第3卷，人民出版社1993年版，第383页。
④《邓小平文选》第3卷，人民出版社1993年版，第312页。

民的小康生活更加宽裕，形成比较完善的社会主义市场经济体制；再经过十年的努力，到建党一百年时，使国民经济更加发展，各项制度更加完善；到21世纪中叶新中国成立一百年时，基本实现现代化，建成富强民主文明的社会主义国家。”①

这实际上是提出了一个新的“三步走”的发展战略（这个观点，我1999年底在《瞭望》周刊发表的一篇文章中即已提出）。按照这个战略规划，我们从21世纪末进入小康社会后，将分2010年、2020年、2050年三个阶段，逐步达到现代化的目标。

新“三步走”是对原有的大“三步走”战略的进一步展开。邓小平设计的“三步走”，对第三步只作了一个大略的构想。在走完前两步之际，把第三步的目标和步骤进一步具体化，作出新的规划，明确新的分三步加以实施的目标和任务，这对于贯彻落实“三个代表”要求，全面规划党和国家未来进一步发展的蓝图，是非常必要的；对于动员全国人民继续保持拼搏进取精神，坚定、扎实、稳步地向富强民主文明的社会主义现代化国家目标迈进，也是非常有利的。

新的“三步走”战略同样是与小康社会联系在一起的。党的十五届五中全会在规划“十五”计划时，明确指出，从新世纪开始，我国进入了全面建设小康社会、加快推进社会主义现代化的新的发展阶段。在“5·31”讲话中，江泽民同志再次确认了这一判断和界定。

很清楚，进入新世纪后的相当一段时期内，我们所处的社会，是小康社会；我们的发展战略，是全面建设小康社会的战略；我们所进入的新的发展阶段，是全面建设小康社会的阶段。

全面建设小康社会的阶段，是在中国条件下实现现代化的一个过渡阶段。它统属于社会主义的初级阶段。但又不同于温饱阶段，比温饱的日子要好过一些。但还不到发达阶段，是发达前接近发达的阶段。全面建设，就是在现有的小康社会基础上，进一步展开建设的工程，全面推进各方面的建设事业，全面提高小康社会的水平。全面建设小康社会，不是一般的工作，按照江泽民同志

①《十五大以来重要文献选编》上，人民出版社2000年版，第4页。

的说法，是具有“伟大意义”的任务。

小康社会，将持续多少年？是怎样的发展过程？按现有的规划，实现邓小平提出的第三步战略目标，大约需要50年。这50年，当然是一个不断发展变动的过程，前期与后期的水平差异是很大的。新的“三步走”战略，把50年分成了三个阶段。因此，小康社会也将是一个分阶段不断向前推进的进程。随着“三步走”战略的实施，小康社会的水平不断提高，小康社会也日益向基本实现现代化的目标逼近。

大略地说，新世纪的第一步，刚刚进入小康社会，初步满足了温饱，日子好过了些，但还有不少困难，算是“不很宽裕的小康社会”。但随着国民生产总值翻一番，生产力发展水平、综合国力和人民生活水平都可以上一个台阶；第二步，经济进一步发展了，人民生活也宽裕了，可以叫“宽裕的小康社会”。随着国民生产总值再翻一番，生产力发展水平、综合国力和人民生活水平都可以再上一个台阶。第三步，国民经济和整个社会更进一步发展了，人民生活达到了比较殷实的阶段，我们的一只脚逐步踏进现代化的门槛。这后30年，还算不算小康社会？有不同的看法，我认为还是称小康社会为好。比较实际，也留有余地。这一段，可以叫作“殷实的小康社会”或“发达的小康社会”。再往前，经过若干年的努力，小康社会过渡完毕，我们的两只脚就都基本跨进现代化了。

围绕小康做文章，符合中国的国情，也符合中国的传统文化和社会心理。“大同”和“小康”两种社会模式，虽然在不同的时代有不同的内容，但它们都反映了中国老百姓们对于宽裕、殷实、稳定、安宁的社会生活的向往和追求，因此在人民群众中有着深远的影响。只要赋予其新的社会和时代内容，用来描述我们的社会和战略，对于老百姓来说，是很亲切，也是很有感召力的。

对外，“小康”一词，给人以敦厚、朴实、和善、安定的形象。致力于全面建设小康社会，表明了中国人民在国内最关注的是发展，在国际最关注的是和平。中国始终坚持独立自主的和平外交政策。中国国际战略的中心目标，是为自己的现代化建设争取一个良好的国际环境。中国致力于建设小康社会，对中国有利，对世界也有利。一个小康的中国，不会对任何国家构成威胁。小康之家，其乐融融。与小康的中国打交道、交朋友，是一件很值得的事情。在国际上努力塑造中国的小康形象，对于改善我们的国际环境，发展与世界各国的友好关系，能够起到积极的作用。

一个包含丰富内容的目标

从纵向来说，小康社会大致分若干阶段，可以从总体上确定一些战略性的要求和目标。从横向来说，小康目标又包含有哪些要求、指标等等呢？

小康目标首先是与国民生产总值和人均国内生产总值联系在一起的。按照邓小平最初的设想，小康目标，是以1980年为基数，到20世纪末，人均国民生产总值由250美元达到1000美元。但十二大在确立小康目标时，采用的是工农业总产值指标，“力争使全国工农业的年总产值翻两番”。后来，又改成了国民生产总值翻两番。显然，国民生产总值与人均国民生产总值是不同的。以1980年为基数，国民生产总值的翻番是固定的，相对也要容易一些。而人均国民生产总值则要与人口的变动联系在一起，要求更高，困难也更大。邓小平一直坚持的是人均国民生产总值。但考虑到人口的制约作用，在指标的设定上有一些变化，使用过“人均1000美元”“人均800美元”“人均800至1000美元”三种数字。十三大对第一、第二步目标，都是用的“国民生产总值”翻一番，到21世纪中叶，才是“人均国民生产总值达到中等发达国家水平”。显然，这样的目标比较稳妥，但与邓小平的设计还是有一定差距。到1995年，国民生产总值翻两番的目标已经提前实现。在这样的情况下，党的十四届五中全会修改了十二大、十三大的发展目标，明确提出：“全面完成现代化建设的第二步战略部署，2000年，在我国人口将比1980年增长3亿左右的情况下，实现人均国民生产总值比1980年翻两番。”这一目标，实际上也于1997年提前实现了。

面向未来，我们全面建设小康社会，同样也有一个使用什么指标的问题。十五大报告使用的是到21世纪的第一个10年“实现国民生产总值比二〇〇〇年翻一番”。“十五”计划纲要用的则是“国内生产总值”翻一番。由“国民生产总值”改成了“国内生产总值”。但人均如何，没有明确规定。因此，未来我们还会遇到按国内生产总值计算还是按人均国内生产总值计算的问题。怎样才更为合适？需要继续研究。

当然，小康社会决不仅仅是经济的发展，小康目标也决不仅仅是经济指标。1983年，邓小平在考察苏州、杭州农村时，就谈到了小康生活水平的六项指标：第一，人民的吃穿用解决了；第二，住房问题解决了；第三，就业问题解决了；第四，人口不再外流了；第五，中小学教育普及了；第六，人们的精神面貌变化了，犯罪行为大大减少。这里的六个方面，有些，如“人口外流”问题，要用现在的认识水平来对待。有些，到现在，已基本解决。有些，还需要继续努力。不管具体涉及哪些方面，一个基本的思想可以肯定，邓小平所说的小康社会、小康目标，都不是限于经济方面，而是包括经济、政治、文化、社会、生活等多方面的内容在内。也就是说，不是仅仅经济发展的目标，而是社会全面进步的目标。

正因为如此，党的十三届七中全会明确指出：“所谓小康水平，是指在温饱的基础上，生活质量进一步提高，达到丰衣足食。这个要求既包括物质生活的改善，也包括精神生活的充实；既包括居民个人消费水平的提高，也包括社会福利和劳动环境的改善。”[①]后来的几个五年计划和规划纲要，都是从社会全面进步的角度来提出小康社会建设的目标和任务的。

至于具体的小康标准，有关部门曾经做过一些研究和设定。如1992年国家统计局提出的指标体系，分为宏观经济条件、生活质量和生活效果三个领域，共12个指标。具体量化指标又分全国标准、城市标准和农村标准三类。此后，国家计划委员会与国家统计局联合提出并征求12个部委意见，于1995年1月修改完成了全国人民生活小康水平的基本标准。该标准由经济水平、物质生活、人口素质、精神生活、生活环境等5个部分16项分指标组成。包括：人均国内生产总值、人均收入水平（城镇人均可支配收入、农民人均纯收入）、人均居住水平（城镇人均使用面积、农民人均钢砖木结构住房面积）、人均蛋白质摄入量、城乡交通状况（城市每人拥有铺路面积、农村通公路行政村比重）、恩格尔系数、成人识字率、人均预期寿命、婴儿死亡率、教育娱乐支出比重、电视机普及率、森林覆盖率、农村初级卫生保健基本合格以上县百分比，等等。由政府部门设定的这些标准，比较全面，有较强的权威性和可操

①《十三大以来重要文献选编》中，人民出版社1991年版，第1401页。

作性。虽然也有需要改进的地方，但总体上对于推进小康社会建设的进程起了积极的作用。

需要注意的是，这些关于小康水平的标准体系，都是以进入小康社会为标准而设定的，实际上相当于进入小康之家的门槛。随着进入小康社会，这些指标中除了柔性指标有很大弹性外，刚性指标基本上都已达到。现在的任务是进一步全面建设小康社会，因此，所设定的标准就应该更高、更全面。而且，根据小康社会发展的不同阶段，还应该有不同的标准。所以，在全面建设小康社会的进程中，我们迫切需要总结经验，汲取原有指标体系的成功精华，研究小康社会不同发展阶段的新的标准以及相应的指标体系，包括做全面细致的计算工作。只有在严格科学计算的基础上，才能使小康社会建设的进程更加扎实、更加稳健、更加符合于客观现实和科学规律。

小康社会的指标还需要注意两个衔接。一个是与现代化指标的衔接。今天，我们走进小康之家的大门，是一个胜利；明天，当我们走出小康之家的大门时，将会是一个更大的胜利。走进，是温饱与小康的衔接；走出，是小康与现代化的衔接。怎么衔接？需要我们更大的努力。在指标体系上，则要作出适当的规划，使我们能够一步一个脚印扎实地前进。

再一个衔接，是与国际标准的衔接。小康、小康之家、小康社会等等，都是具有鲜明中国特色的概念。但这种特色，只有在与国际的联系和比较中才能充分体现出来。根据专家的分析，我们进入小康的标准，即小康社会的底线，大体相当于国际通常的中下等收入国家的平均水平。而走出小康的标准，即小康社会的上限，大体相当于中上等收入国家的平均水平。对此当然还有其他一些看法。不管如何评估，作一些适当的比较是必要的，也是有利的。因为这样，可以更加清楚地认识我们所处的历史方位，看到我们与国际水平的差距，也可以认真学习外国很多好的经验，为我所用，使我们的小康社会更快地向现代化的标准推进。

一个需要扎实推进的工程

全面建设小康社会，是一个令人鼓舞的目标，也是一个需要扎实推进的工程。这个工程很大、很宏伟，也很艰巨。将目标变为现实，必须通过艰苦实在的工作和努力。江泽民同志在“5·31”讲话中号召：“全党和全国上下要抓住机遇，坚持深化改革、扩大开放、促进发展、保持稳定，团结和带领全国各族人民坚定不移地实现我们的奋斗目标。”[①]根据这样的要求，我们必须以邓小平理论和“三个代表”重要思想为指导，正确处理改革、发展、稳定的关系，贯彻实施一整套科学的战略、政策和措施，全面推进经济、政治、文化等各方面的建设。

第一，紧紧抓住发展这个执政兴国的第一要务，推进经济持续健康和快速的发展。

发展是硬道理。建设小康社会，中心任务是促进经济的发展。只有经济发展了，小康社会才有强大的物质基础，人民才能够安居乐业。我们要面向世界前沿，立足中国实际，按照先进生产力发展的规律和要求，认真实施新的“三步走”战略和其他各个方面的发展战略，认真研究和解决解放及发展生产力的重大问题。坚持把科学技术作为先进生产力的集中体现和主要标志，大力推动科技进步和创新，不断用先进科技改造和提高国民经济，努力实现我国生产力发展的跨越。坚持和遵循发展的新思路，从根本上改变粗放型经济发展方式，以提高经济效益为中心，依靠科技进步和加强管理，提高经济增长的质量和效益。认真实施可持续发展战略，正确处理人口、资源、环境与发展之间的关系，节约和合理使用资源，加强环境保护和生态建设。努力用发展的办法推进小康社会建设，用发展的办法解决前进中的问题。

第二，要把改革作为发展小康的必由之路，为经济发展注入新的活力。

过去20多年的小康建设，是伴随着改革的不断深化而进行的。没有改革，就没有小康。面向未来，推进小康建设，同样要走改革之路。要坚持以完善社会主义市场经济体制为目标，继续推进以市场为取向的改革，从根本上消除束缚生产力发展的体制性障碍，推进社会主义制度的自我完善和发展。要进一步深化对公有制为主体、多种所有制经济共同发展这一基本经济制度的认识。继续深化国有企业的改革，建立规范的现代企业制度，发挥国有企业作为“国家队”的主导作用。同时，大力发展多种所有制经济，包括私营经济，充分发挥

①《十五大以来重要文献选编》下，人民出版社2003年版，第245页。

各种所有制经济的作用，促进相互之间的互补和联结，把各方面的积极性、主动性、创造性都最广泛、最充分地调动起来，增强国民经济的活力。完善分配结构和分配方式，把按劳分配和按生产要素分配结合起来。进一步改革国有资产管理制度，继续改革价格、流通、金融、财税、保险、社会保障、医疗卫生等体制，健全宏观调控体系。特别要注意解决人民群众十分关注的市场经济秩序问题，加大整顿和规范的力度，使社会主义市场经济在法制和道德的基础上正常运行。

第三，提高对外开放水平，在经济全球化的进程中推进小康社会的建设。

我们所要建设的小康社会，不是自给自足、自我封闭的社会，而是一个对外开放、参与国际竞争的社会。随着加入世贸组织，中国经济已经与世界经济更加紧密地联系在一起了。我们将要遇到国际竞争的更大压力，受到国际经济规则的更多约束。但同时，也可以更加充分地利用国际国内两种资源、两个市场，参与国际经济的合作与竞争。在这样的形势下，我们迫切需要全面提高对外开放的水平，把引进来与走出去结合起来，在更大范围、更广领域、更高层次上参与国际经济技术合作和竞争，拓展经济发展的空间，促进我国经济的更大发展。要认真履行我们的诺言，遵守国际经济的规则，同时，也要充分行使我们的权利，维护我们的正当利益。稳步推进在国际领域的资本运营。大力发展进出口贸易包括产品贸易和服务贸易。学习借鉴国外的社会保障体系及其福利政策，学习借鉴国外扩大就业的政策和措施。学习国外一些以人为本的思想和做法，改进生产方式和生活方式，促进人民群众生活水平和生活质量的提高。

第四，促进不同区域的共同发展，使全国都能相继进入比较发达的小康阶段。

小康社会，就像其他任何社会一样，发展是不平衡的。中国地域辽阔，人文、地理、历史、现状……各方面的条件很不一样。因此，各个地区发展的速度、成效也会不一样。东部地区，基础好、速度快，实现现代化就可以更快一点，更早一点。目前，东部沿海的一些地区，已经提出了提前实现现代化的目标。中部和西部地区，条件差、困难多，客观上小康社会的水准会低一点，进入现代化的时间会慢一点。所以，全国各地小康社会的发展速度是不一样的，小康社会的发展水平也是不一样的，因而，小康社会的持续时间也会有长有短。针对这种特点，我们必须坚持均衡与非均衡相结合的发展战略，通过积极的非均衡促进整体的均衡。强化区域经济协调发展的思想。积极实施西部大开发战略，努力使全国的发展速度和水平能逐步趋于平衡。基础较好的东部地区，发展不能停顿。从在国民生产总值中所占的份额来看，东部地区能不能加快发展，对小康社会建设的进程起着决定性的作用。因此，使东部地区先发展起来，是一个大局；帮助西部地区赶上来，这也是一个大局。在全面建设小康社会中，必须始终注意处理好两个大局的关系。

第五，促进经济和社会的全面发展，使小康社会成为一个经济政治文化全面进步的社会。

发展，首先是经济发展，但不等于只有经济发展。当代世界，人们已经越来越认识到单纯的经济增长并不等同于发展。健康的发展，应该是包括经济和社会在内、以人为中心的全面发展。现在国际上衡量一个国家的发展水平，已经不是用单一的经济指标，而是越来越突出社会、人文方面的要求。联合国已经使用人文发展指数来全面评估各国的发展状况。江泽民同志说："我们讲发展是硬道理，讲的是经济和社会的全面发展，既包括物质文明的发展，也包括精神文明的发展。"经济发展是社会发展的前提和基础，社会发展又为经济发展提供精神动力、智力支持和思想保证。经济发展的根本目的，是要全面提高人民的物质文化生活水平。经济发展的成果必须体现在社会各个领域以及社会关系的完善上。所以，小康社会决不是一个单打一的社会，而是全面发展和进步的社会。江泽民同志在七一讲话中全面论述了人的全面发展的思想，这对于我们全面建设小康社会具有重要的指导意义。因此，我们在抓好经济建设的同时，一定要全力抓好政治、文化的发展，不断改进人民的精神文化生活水平，不断改善人文社会环境，使小康社会的各个方面都得到均衡的发展。

第六，以城市为龙头，以农村为重点，坚持城乡的协调发展。

中国是一个农业大国。只有大多数农民富了起来，才能说中国真正富了起来。只有农民的小康水准提高了，才能说中国的小康水准也提高了。农村进入小康，使亿万农民告别了贫困。但今后怎么提高农村和农民的小康水准，却成了一个非常艰难的课题。近年来农民的收入提高较慢，这已成了全面建设小康社会的一个瓶颈问题。面向未来，我们必须继续认真地解决好农业、农民、农村问题，要认真研究农村小康建设的新思路和新措施，继续推进农业和农村经济结构调整，面向市场，依靠科技，提高农业的整体素质和效益，发展新的经济组织，特别是要多渠道增加农民收入。与此同时，发挥城市的骨干带头作用，继续推进城镇化战略，搞好小城镇建设，全面提高城市的现代化水平，通过城市的发展带动农村的发展，使城市和农村都有发展的动力和活力，使农村和城市的小康建设都有较大的进步。通过小康社会的建设，促进城乡之间的联系和融合，缩小城乡之间的差别，逐步改变长期形成的城乡二元结构，使城市和乡村双双进入现代化的发展阶段。

实现中华民族的伟大复兴*

在“5·31”讲话中，江泽民同志提出了历史和时代赋予我们党的庄严使命。其中一个重要的内容，就是“在建设有中国特色社会主义的道路上实现中华民族的伟大复兴”。

实现中华民族的伟大复兴，这是一个很有感召力的口号，也是一个内涵丰富的目标。提出这一口号和目标，对于振奋中华民族的精神，具有非常积极的意义。如何正确理解它的含义？怎样全面把握它的内容？以及如何为实现这样的目标而奋斗？对这些问题，很需要作一个比较全面的理解和准确科学的说明。笔者在若干场合已经作了一些分析。现再根据“5·31”讲话的精神，作一点比较深入的讨论和说明。

一、历史性的课题、任务和目标

为什么要提出民族复兴的问题？这当然首先是由中国特殊的历史所决定的。

中华民族源远流长。在长达50个世纪的历史进程中，炎黄儿女创造了辉煌的中华文明，写下了不朽的篇章。中华文明在世界上曾经领潮流和时代之先，并将这种领先地位一直保持到15世纪。直到乾隆末年，中国的经济总量仍居世界第一位，人口占世界1/3，对外贸易长期出超。据保罗·肯尼迪《大

*本文先发表于《求是》杂志2002年7月1日第13期，扩充后发表于《天津市委党校学报》2002年8月15日第3期。

国的兴衰》提供的数据，1800年时，中国制造业的产量占到世界总产量的33.3%，而整个欧洲只占28.1%，美国只占0.8%。

中国人民还为整个人类文明做出了不可磨灭的贡献。中国古代的四大发明，对世界文明的发展产生了深刻的影响。明朝以前世界上主要的发明创造和重大科技成就大约有300项，其中中国有170多项。英国著名学者李约瑟列举了公元后15个世纪内中国完成的100多项重大发明和发现，大部分在文艺复兴前后传入欧洲，为欧洲的文艺复兴提供了重要的物质技术基础。在人类历史上，先后出现过多种类型的古老文明，但能够一直延续至今并且没有重大断裂的，只有中华文明。

到了近代，由于西方列强的侵略掠夺，由于自身封建制度的衰朽，由于闭关自守没有跟上时代进步的潮流，中华民族逐渐陷于落后的境地，甚至在西方列强的坚船利炮面前蒙受了奇耻大辱，一步步成为半殖民地半封建社会。我们不能忘记，1900年，正当人类的脚步跨入20世纪之时，中国的首都北京却在这年的8月14日被“八国联军”占领，处于帝国主义的铁蹄蹂躏之下。跨越19与20世纪之交的钟声，带给中华民族的，不是欢乐，而是满腔的痛苦和悲愤。

中华民族是刚毅不屈的民族。百年磨难，没有摧毁中华民族的意志和精神。身处逆境，更激起炎黄子孙奋斗的信念和决心。面对着一个古老民族的深刻危机，也面临着澎湃奔腾的时代潮流，救亡和进步，成为中华民族的两大历史性任务；进而实现民族复兴，成为无数志士仁人憧憬的理想。

民主革命的先行者孙中山先生，率先喊出了“振兴中华”的口号。他描绘：“一旦我们革新中国的目标得以实现，不但在我们的美丽的国家出现新纪元的曙光，整个人类也将得以共享更光明的前景。”

中国共产党，义无反顾地挑起了振兴中华的历史重任。通过领导人民革命，建立了新中国，使中国人民真正站了起来，为实现中华民族的伟大复兴奠定了坚实的基础。新中国成立之初，我们党就提出了把中国建设成为一个工业化的具有高度现代文化程度的伟大国家的任务。1964年，周恩来在第三次全国人民代表大会上，又根据毛泽东的提议，提出了分两步走在20世纪末实现四个现代化的目标。这一目标充分反映和代表了亿万中国人民的愿望。

1978年，党的十一届三中全会把全党的工作中心转移到了社会主义现代化建设上来，明确指出我们当前以及今后相当长一个历史时期的主要任务，就是搞现代化建设。以党的十一届三中全会为起点，中国人民为实现民族振兴、国家富强和人民幸福，通过改革开放，开始了以社会主义现代化为奋斗目标的一场新的伟大革命。邓小平提出的分“三步走”基本实现社会主义现代化的发展战略，为中华民族的振兴和社会主义的发展描绘了宏伟蓝图。经过20多年的努力奋斗，我们已经胜利实现了第一、第二步的战略目标。这是中华民族发展史上一个新的里程碑。

从新世纪开始，我们将进入全面建设小康社会和加快推进现代化的新的阶段。

以江泽民同志为核心的党中央科学分析国际国内形势，明确提出，进入新世纪，继续推进现代化建设、完成祖国统一、维护世界和平与促进共同发展，是我们必须抓好的三大任务。同时，作为一个历史性的课题、任务和目标，以及鼓舞动员全国人民的口号，多次提出了实现中华民族伟大复兴的问题。

1999年12月31日，在首都各界迎接新世纪和新千年庆祝活动上，江泽民同志回顾既往，展望前程，表示坚信：在新世纪里，中华民族将在完成祖国统一和建立富强民主文明的社会主义现代化国家的基础上实现伟大的复兴！

在“七一”讲话中，江泽民同志提出了实现中华民族伟大复兴的任务，指出：“从20世纪中叶到21世纪中叶的一百年间，中国人民的一切奋斗，都是为了实现祖国的富强、人民的富裕和民族的伟大复兴。”他把“这个历史伟业”，分为两个50年，“我们党领导全国人民已经奋斗了50年，取得了巨大的进展，再经过50年的奋斗，也必将胜利完成。”

民族大振兴，实现现代化，是当代中国人民的理想和追求，也是鼓舞亿万人民不懈奋斗的精神动力。这样的理想和追求是那样生动和绚烂地展现在新世纪的中国人民面前。江泽民同志以诗一般的语言指出：我们生活的这个星球正在发生深刻而又充满希望的变化。人类几千年文明进步聚积的能量，迸发出无穷的创造力。中国的社会主义现代化，中华民族的伟大复兴，已是跃出东方地平线的一轮绚丽红日，这轮红日是注定要高高升起来的，它的美丽霞光正在照耀祖国的大好河山。

中华民族的伟大复兴必定还会经过种种艰难曲折，但是，只要各族人民同心同德，脚踏实地，艰苦奋斗，不懈努力，就一定能够创造出无愧于前人的光辉业绩。

二、正确理解和把握民族复兴的内涵

实现中华民族的复兴，是一个内涵丰富的伟大目标。科学地确定其内容、任务和要求，是正确而又坚定地向这一目标前进的前提。

民族复兴，顾名思义，当然是相对于历史上的曲折而言的。作为这种复兴参照系，一方面，是历史上曾经有过的辉煌；另一方面，则是后来曾经陷于的悲惨境地，包括直到现在还在某种程度上存在的落后状态。正因为有这两方面的情况，才谈得上“复兴”二字。

这种历史的比较，有利于激发爱国主义的热情，增强民族的自尊心和自豪感，增强为中华民族伟大复兴、为建设有中国特色社会主义事业努力奋斗的使命感和责任感，因此是必要的，也是有益的。这种历史的比较，是中华民族的一种特殊的精神动力和凝聚力，是我们极其宝贵的精神财富。在推进我们事业的过程中，需要不断地进行这种历史的比较。

与此同时，我们在进行这种比较的过程中，必须始终注意坚持历史唯物主义和辩证唯物主义的科学态度。

第一，应该注意，不同历史时期的时代性质和社会制度是不一样的。复兴中华民族，并不是认为历史上的一切都是美好的，都要“复兴”。千年风云，大浪淘沙，已经涤荡了许许多多封建主义的糟粕。我们今天，已经处于现代文明的社会。对古代文明的精华，应该继承和弘扬；但没有必要、也决不应该去尊崇和恢复那些历史的垃圾。

第二，应该注意，落后与先进都是相对于当时的参照系而言的。昔日的辉煌，无论如何，都仅仅是在落后生产力基础上的辉煌。今日的落后，也只是相对于当今世界发达国家的一些方面而言。从纵向的历史进程来看，中华民族的发展水平，早就不能与往昔同日而语。我们讲“复兴”，并不是颂古非今、厚古薄今，以为我们今天的水平还赶不上已经消逝的过去。

第三，应该注意，复兴中华民族，决不是提倡狭隘的民族主义，更不构成对其他任何国家的威胁。中国是爱好和平的国家和民族，中国追求的是自身经济的发展和社会的进步，决无任何试图凌驾于其他国家之上的意思。所以，在提出民族复兴口号的时候，必须掌握分寸，保持谦恭敦厚的形象，不要过于张扬，避免引起别的国家的误解。

基于这些重要的区别和界定，我们认为，所谓中华民族大复兴的目标，根据党和国家的一贯主张，至少应该包括以下几个方面的内容：

第一，大力发展社会生产力，进一步增强以经济科技文化力量为主的综合国力。加快现代化建设的步伐，健全和完善社会主义市场经济体制，实现经济社会的可持续发展，使我国的经济总量和发展水平有更大的提高，到21世纪的中叶，争取进入世界中等发达国家的水平，使人民的生活水平基本达到现代化的程度。

第二，大力推进社会的全面进步，实现社会各个领域的整体协调发展。坚持科教兴国，使中国的科技、教育水平进入世界先进行列；全面提高国民素质，满足人民群众日益增长的精神文化生活需求；加强民主法制建设，实现依法治国、建设社会主义法治国家的目标，提高人民政治生活的民主化水平；巩固和完善我们的各项基本制度。巩固和发展中华民族的大团结。

第三，大力建设和弘扬新时代的中华文明。继承中华民族的优秀文化传统，摒弃糟粕，吸收精华，在新的更高的层次上建设面向现代化、面向世界、面向未来的，民族的科学的大众的中华文明。立足中国现实，正确处理与世界其他文明的关系，以海纳百川的胸怀，科学地鉴别和吸收世界优秀的文明成果。使中华文明立于世界，跟上时代，在新的世纪焕发出更加夺目的光彩。

第四，解决台湾问题，实现祖国的完全统一。中华民族是一个统一的大家庭，中华民族的领土和主权不容分割。没有祖国的完全统一，就不会有完全意义上的民族复兴。坚持和平统一，是炎黄子孙的共同愿望，是我们长期追求的目标。对于任何把台湾从祖国分裂出去的企图，我们都坚决反对。我们期望着，在中华民族海内海外同胞，包括两岸人民的共同努力下，能够早日实现祖国的和平统一。

第五，屹立于世界先进民族之林，为世界的和平与发展做出更大的贡献。维护和保持国家的主权、独立和领土完整，以及在国际舞台上的民族尊严。积极发展与世界上所有国家的友好合作关系。高举和平的旗帜、发展的旗帜，树立中国维护世界和平和致力共同发展的形象，推动建立公正合理的国际政治经济和文明新秩序，与世界人民一道，共同建设一个和平、安宁、繁荣和昌盛的新世界。

需要强调，民族复兴是一个很长的历史过程，也是一个激励中国人民奋斗的理想。它并不是完全能够用很多具体的指标来加以衡量的。它有可以量化的内容，也有不可量化的部分。而且，任何目标都需要随着历史条件的变化而不断地加以充实和调整，不可能是完全静止、绝对不变的。在时代发展的进程中，我们对民族复兴的认识会不断深化，奋斗的目标也会更加清晰和丰富。所以，如果试图事先完全描绘出非常详尽的蓝图，是不现实的，也是不必要的。

三、怎样实现中华民族的伟大复兴

中华民族的伟大复兴是一个鼓舞人心的目标和前景。但实现这个目标，需要一系列重要的条件。根本的，是要高举邓小平理论伟大旗帜，全面贯彻“三个代表”要求，依靠全国各族人民的共同努力和奋斗。

第一，要实现中华民族伟大复兴的目标，必须在中国共产党的领导下，始终坚持走建设有中国特色社会主义的根本道路。

中国人民在解救自身苦难、实现民族复兴的过程中，曾经寻求过多种救国救民的道路，但都失败了。只有在中国共产党的领导下，选择了社会主义，才使国家和民族出现了生机和希望。社会主义给中国带来了天翻地覆的变化，不仅使中国人民站了起来，而且使中国人民逐步富了起来。社会主义具有强大的生命力，同时也是一个漫长曲折的发展过程。从中国国情出发，建设有中国特色社会主义，是中国各族人民的共同理想。坚持共产党的领导，是中华民族伟大复兴的政治保证。没有党的领导，中国就会陷于一盘散沙、四分五裂的境地。实现中华民族伟大复兴的目标，与坚持党的领导、与建设有中国特色社会主义的目标是一致的。面向新世纪，只有在党的领导下继续坚定不移地沿着建设有中国特色社会主义的道路前进，才能真正实现中华民族的伟大复兴。

第二，要实现中华民族伟大复兴的目标，必须贯彻“三个代表”要求，始终坚持党的基本理论、基本路线和基本纲领不动摇。

在中国这样经济文化比较落后的国家，怎样建设社会主义？怎样实现社会主义的现代化？我们经过了长期而艰难的探索。在总结正反两方面经验教训的基础上，在改革开放的实践中，终于逐步形成了我们党的关于如何建设有中国特色社会主义的基本理论——邓小平理论，以及党在社会主义初级阶段的基本路线和基本纲领。在新的历史条件下，江泽民同志又提出了“三个代表”的重要思想。这些，都是我们党的宝贵财富，也是实现中华民族伟大复兴的根本保证。实践证明，形势越复杂，任务越繁重，斗争越尖锐，就越要坚持这些基本的东西。这是我们的主心骨。抓住这个主心骨，我们就能任凭风浪起，稳坐钓鱼船；就能真正抓住国际国内的各种机遇，迎接来自方方面面的各种挑战。如果在这些基本的东西上还反复折腾，中华民族伟大复兴的目标就难以实现。对此，一定要有清醒的认识。

第三，要实现中华民族伟大复兴的目标，必须始终跟上时代潮流，不断增强中华民族的生命活力。

民族是否振兴，不仅要从纵向上作历史的比较，更重要的是看在横向比较中是否走在了世界的前列、时代的前列。因此，我们要实现中华民族的伟大复兴，就决不能关起门来做井底之蛙。人类历史上，曾经有多少个文明古国盛极一时，但曾几何时，又自我陶醉，不思进取，最终大浪淘沙，被时代的潮流所湮没。中华民族由于闭关自守，也多次与重要的历史机遇失之交臂。这样的教训再也不能忘记了。当今世界，政治多极化继续发展，经济全球化日益加速，科技革命不断深化，人类的社会生活正以前所未有的速度发生着深刻的变化。时代在进步，文明在升华。这种加速奔腾的潮流，既给我们提供了机遇，也向我们提出了挑战。中华民族要保持生命之活力，跻身于世界先进民族之林，就必须紧紧把握时代的脉搏，随着时代的脚步一同前进，永远走在时代的前列。要始终放开眼界，紧密关注世界经济政治科技、文化政治发生的变化；要以敏锐的眼光，及时捕捉反映世界潮流的最新趋势；要以正确的战略策略，把握住中国与世界的双向互动关系，努力取得和保持在世界舞台上主动和领先的地位。

第四，要实现中华民族伟大复兴的目标，必须坚持正确处理改革、发展、稳定的关系，保持生机勃勃和国泰民安的局面。

反思历史之教训，总结改革开放之经验，改革、发展、稳定，是关系中华民族大局的三枚棋子。发展，是中华民族活力之所在，也是活力之表现。发展是硬道理，是我们党执政兴国的第一要务。解决中国的所有问题，根本上在于发展。只有坚持发展、不断发展、持续发展，国家才能强盛，人民才能富足，中华民族才能够实现复兴。没有发展，什么都谈不上。在当代中国，发展又要通过深化改革、扩大开放，建立起生机勃勃的，既有强大动力、又始终和谐平衡的机制和体制，才能够得到实现。进入新世纪之时，改革开放的任务还非常繁重。我们必须以一往无前的勇气和决心，坚持在改革开放方面取得新的进展，从根本上消除束缚生产力发展的体制性障碍，为中华民族更快更健康的发展奠定坚实的基础。稳定，是中华民族治国之要。历史上，种种内忧外患，次次社会动荡，无不给国家和人民造成巨大的灾难，大伤中华民族的元气。如何在积极发展的同时，保持国家、民族和社会的稳定，始终是我们需要解决的一个重大课题。少些折腾，或者根本不再折腾，坚定不移地朝着未来的目标前进，就能为我们赢得时间。江泽民同志说：面向新阶段，“发展要有新思路，改革要有新突破，开放要有新局面。”如果保持这样一种精神状态、这样一种发展的势头，中华民族的复兴就会大有希望。

第五，要实现中华民族伟大复兴的目标，必须坚持调动一切积极因素，团结海内海外所有同胞，实现中华民族的大团结、大联合。

实现中华民族的伟大复兴，是所有炎黄子孙的共同愿望。在新的世纪，无论是推进现代化建设，还是完成祖国统一的任务，或者是维护世界和平与促进共同发展，都需要把中华民族所有爱国同胞的智慧和力量凝聚起来，把全体人民的积极性和创造性发挥出来。人越多越好，心越齐越好，力量越大越好，阻力越小越好。所以，江泽民同志在“5·31”讲话中指出：“必须最广泛最充分地调动一切积极因素，不断为中华民族伟大复兴增添新力量。”在新的历史时期，我们一定要高举爱国主义、社会主义的旗帜，多做争取人心、凝聚力量的工作，坚持团结一切可以团结的力量，调动一切积极因素，化消极因素为积极因素，使整个中华民族形成一个强大的合力。只有把全体中华儿女都团结起来共同奋斗，实现中华民族的伟大复兴才更有成功的把握。

第六，要实现中华民族伟大复兴的目标，必须把远大理想和阶段任务结合起来，脚踏实地，艰苦奋斗，一步一个脚印地实现新的“三步走”战略。

中华民族的大复兴，是一个伟大的目标，也是一个历史的进程。长远的目标是既定的，但在不同的阶段，有不同的条件、不同的任务和不同的需要解决的课题。因此，实现中华民族的伟大复兴，要把长远和根本的目标与一定时期的主要任务结合起来，分阶段分步骤地推进。在十五大上，江泽民同志已经提出了新的“三步走”战略，即：新世纪，我们的目标是，第一个十年实现国民生产总值比2000年翻一番，使人民的小康生活更加宽裕，形成比较完善的社会主义市场经济体制；再经过十年的努力，到建党一百年时，使国民经济更加发展，各项制度更加完善；到21世纪中叶新中国成立一百年时，基本实现现代化，建成富强民主文明的社会主义国家。如果一步跟着一步地实现了这三个阶段的目标，那就意味着不断地接近了中华民族伟大复兴的目标，或者说，把中华民族伟大复兴的理想一步接着一步地转化成了现实。为了实现新的“三步走”战略目标，我们必须贯彻落实好正在实施的“十五”计划，推动经济和社会的全面进步。

中华民族的伟大复兴，目标宏伟，鼓舞人心。一定要按照以江泽民同志为核心的党中央的战略部署，求真务实，脚踏实地，埋头苦干。正确处理现实条件与奋斗目标的关系，发扬中华民族吃苦耐劳、艰苦奋斗的精神。靠自己的双手，用我们的智慧，建设更加美好的民族家园，把中华民族的伟大复兴变为现实。

辑十

政协研究和建言

做好团结这篇大文章*

人民政协是与“团结”两个字紧紧联系在一起的。江泽民同志在庆祝中国人民政治协商会议成立50周年大会上的讲话中，高度概括：“人民政协50年不平凡的发展经历，可以归结为两大主题：团结和民主。”他还指出，人民政协是中国共产党同各民主党派、人民团体和各族各界爱国人士长期团结奋斗的成果；人民政协的成立，标志着中国人民不仅在思想上政治上而且在组织上形成了坚强的团结；人民政协在实现社会主义现代化、维护祖国统一和促进各民族人民团结的伟大事业中，肩负着光荣的历史使命。数一数，在这篇讲话中，“团结”这个词一共用了22次。

团结的重要性是不言而喻的。江泽民同志在讲话中说：“团结是国运昌隆、民族振兴的保证。”在未来的21世纪，只要我们的党和国家、我们的各个民族和全体人民能够保持紧密的团结，那么，即使国际国内出现再大的困难和风险，我们也能稳如泰山，中华民族的伟大复兴也能够实现。所以，回顾过去，展望未来，我们应该把团结的文章做得更好。

为此，就需要进一步加深对团结的理论认识。

一是正确认识团结的哲学基础。

共产党的哲学、中华民族的哲学，既是斗争哲学，也应该是团结哲学。在一定的条件下，要讲斗争哲学，在另外的一些条件下，更要多讲一点团结哲学。只讲斗争，不讲团结，就会把自己的人越斗越少。多讲团结，在团结的前提下来讲斗争，开展必要斗争的目的也是为了更好更广泛的团结，这样，自己

---

*本文是1999年10月26日在全国政协座谈会上的发言提纲。

的人就会越来越多，力量就会越来越强，有利于建设有中国特色社会主义的积极因素也就会更加广泛。

为什么要讲团结？为什么能够团结？根本上就是各种事物之间既有特殊性，又有共同性；既有个别利益，又有共同利益；既会有矛盾冲突，更需要矛盾各方的调和与协作。任何事物内部，既有一分为二，又有合二为一；既有一分为二，也有一分为三；二可以合为一，三也可以合为一。合者，不是抹杀矛盾，而是求同存异。存异，可以是存小异，也可以是存大异。异，一定条件下可以用斗争的办法来消除，但在很多情况下，未必能消除，根本上还是要靠实践，靠实践证明孰是孰非，靠实践促进矛盾转化，随着实践的发展而使差异和矛盾自然消除。正因为如此，邓小平才有“不争论”的发明。

讲团结，当然不是不讲斗争，也不是不讲原则、不讲批评与自我批评。但在人民内部，批评、斗争都要从团结的目的出发，有利于而不是损害团结。即使在国际上，也要注意斗而不破，有利有节，保持合作或友好的关系。总的还要韬光养晦，而不是锋芒毕露。

二是不断巩固团结的社会基础。

中国革命获得胜利的法宝之一，就是中国共产党创造并坚持了无产阶级与农民阶级、小资产阶级、民族资产阶级的统一战线。在新的历史时期，我国统一战线已经发展成为全体社会主义劳动者、拥护社会主义的爱国者和拥护祖国统一的爱国者的最广泛的联盟。人民政协也成为最广泛的爱国统一战线组织。既然是最广泛的，那就当然包括现有的各个阶级、阶层、各民主党派、人民团体在内。这些阶级、阶层、政党和团体，当然有各自的利益要求，也会有一定的差异和矛盾，但从整体上来说，他们对中华民族发展所起的作用是积极的，他们的根本利益也是一致的。他们以共产党为领导，共同构成新形势下中华民族团结的社会基础。我们应该珍惜这样的基础，维护这样的基础，而不要削弱这样的基础。过去我们所犯的“以阶级斗争为纲”的错误，不仅在于“为纲”二字，而且还在于扩大了当时中国存在或实际不存在的各阶级之间、各主张之间的差异和矛盾，不适当地、至少是过多地开展了以政治运动为主要形式的所谓的“阶级斗争”。其结果，伤害了很多人的感情，削弱了团结的社会基础。总结经验教训，我们应该坚持冷静和辩证地看待中国社会各阶级阶层之间的关系，冷静和辩证地看待新时期阶级阶层关系的变化，用“三个有利于”作为判断各种政策是非得失的根本标准，把一切符合“三个有利于”的力量调动起来，把一切有利于建设有中国特色社会主义、有利于完成祖国统一大业的积极因素团结起来。

三是正确运用团结的方式方法。

团结，包含思想上、政治上、组织上的团结。说到底，则是人心的团结。人心的团结表现在思想、政治、组织等方方面面，也要靠方方面面的团结来加以维系。但人心的团结是真正的而不是虚假的团结，是牢固的而不是脆弱的团结，是长久的而不是短暂的团结。人心齐，泰山移。有了人心的团结，自然就会有其他各方面的团结。古人云：“得人心者得天下。”我们讲团结，最根本、最基础的，应该是在“得人心”上，在凝聚人心、团结人心上下功夫。

要凝聚人心，当然就不能采取简单的、粗暴的方法，而应该用通情达理的方法、让人心服口服的方法。为此，我们不仅要搞好有中国特色社会主义的经济、政治、文化建设，用事实赢得人心，而且要特别注意工作方法，做好各方面的思想政治工作，把党内党外的、海内海外的、一切拥护社会主义、拥护祖国统一的人们的“人心”凝聚和团结起来。要着眼于把人拉过来，而不是把人推过去。团结的人越多越好，团结的面越宽越好。对意见一致的人要团结，对有一些不同意见的人也要团结。多做思想沟通工作，把道理讲明白，取得尽可能多的人的理解。办事公道，待人公正。晓之以理，动之以情。

比如，在台湾问题上，对李登辉图谋台独的言行，当然要斗争。但对于台湾大多数民众来说，就要在争取人心上多做工作。赢得了人心，才能最终赢得台湾与大陆的统一。

新时期社会矛盾出现了很多新变化。为了维护社会政治稳定，就要高度重视和认真做好协调关系、化解矛盾的工作。江泽民同志在讲话中要求各级政协保持反映社情民意渠道的畅通，加强同社会各界的联系，及时通报情况、沟通思想，努力维护安定团结的政治局面。事实证明，人民内部矛盾宜解不宜结。化解矛盾，就能凝聚人心，促进团结；化解矛盾本身，实际上就是做人的心理转化的工作。所着眼的，也就是凝聚人心和团结人心。所以，我们在这方面采取的一切方式方法，都要有利于凝聚和团结人心，而不要伤害和涣散人心。

四是坚持完善团结的制度法律。

为了使团结稳固有序，我们还需要有完整系统的实现团结的制度、体制和法律规范。中国共产党领导的多党合作和政治协商制度是我国的一项基本政治制度。人民政协则是实现这一基本政治制度的重要机构。人民政协人才荟萃，联系广泛，具有广泛的代表性和包容性，有利于发扬民主，也有利于发展团结。因此，必须长期坚持并且不断完善和发展。江泽民同志在讲话中要求人民政协不断完善自身的组织机制，努力改进工作方法，按照团结和民主的要求履行职能、发挥优势。这是建设有中国特色社会主义民主政治的需要，也是促进中华民族大团结的需要。我国的宪法、法律，党中央的有关文件，对人民政协的地位、职能、活动方式等，都作了全面的阐述。我们要在政协的实际工作中认真落实这些规定，使政协充分发挥它应有的功能。根据实践的情况，进一步推动政协工作规范化、制度化、程序化、法律化的进程。按照依法治国的基本方略，逐步形成和完善有关政协工作的法律制度。

认真研究和总结人民政协发展的历史经验*

人民政协已经走过了65年的历程。65年来，人民政协伴随着党和国家的前进步伐，不断探索，不断发展，不断完善，在建设、发展，特别是改革开放的伟大进程中，发挥了重要的作用，已经成为中国特色社会主义制度的重要组成部分。65年来，人民政协积累了很多宝贵的经验，值得我们认真加以研究和总结。

一、坚持从中国实际出发，建设科学合理的国家政治体系

新民主主义革命时期，中国共产党在根据地建立了局部范围的政权机构，进行了局部执政的尝试。20世纪30年代成立的中华苏维埃共和国，学习了苏联的经验，也打下了苏联模式的烙印。抗日战争时期建立的民主政权，则更多地体现了中国特色。

抗日战争胜利前后，中国共产党从中国实际出发，曾主张成立联合政府，并参加了由国民党主持召集的政治协商会议。后来由于国民党破坏政协协议并发动内战，中国共产党于1948年发布纪念“五一”劳动节口号，号召召开新的政治协商会议，讨论成立民主联合政府问题。随着人民解放战争的胜利，1949年9月，中国人民政治协商会议第一届全体会议在北平举行，审议通过了具有临时宪法性质的《共同纲领》等历史性文件，宣告了中华人民共和国的成

*本文为纪念全国政协成立65周年而撰写，提交给2014年9月全国政协召开的理论研讨会。

立。这次会议标志着人民政协正式成立。但它当时的主要任务是代行全国人民代表大会职权，决定建立新政权的一系列重大事项。而由大会选举产生的政协全国委员会，则作为人民民主统一战线的组织。政协最初这种复杂的任务和性质，是根据当时特定的社会关系和政治形势，着眼于建立新生的国家政权而作出的特殊选择。

1954年，一届全国人大一次会议正式召开，人民政协筹建新政权的任务宣告完成。在这种情况下，政协是否还要保留，成为各方面关注的问题。经过慎重研究，考虑到中国还有各种民主党派，还需要坚持统一战线的基本方针，因此决定人民政协继续存在，但其性质，明确界定为人民民主统一战线组织和“各党派的协商机关”。

进入改革开放新时期，统一战线和人民政协工作实现了历史性的转折。现在，人民政协以其组织上的广泛性和政治上的巨大包容性，成为开展统一战线活动的政治舞台和社会各方面团结合作、协调关系最重要的场所。中国人民政治协商会议作为爱国统一战线的组织、中国共产党领导的多党合作和政治协商的重要机构、发扬社会主义民主的重要形式，在中国特色社会主义的事业中发挥着重要作用。

65年的历程告诉我们，一个国家选择什么样的政治发展道路，建设什么样的政治体系，实行什么样的政治制度，归根结底，要由这个国家的国情来决定，由这个国家的人民来选择，要具有科学、合理的性质和效能。人民政协，是在我国革命、建设、改革的历程中创立、发展的。它的每一步发展变迁，都与特定的历史环境和政治任务有关，都是着眼于现实需要，从中国实际出发而作出的重大选择。虽然它也经历过曲折，但总体上，是具有中国特色的政治组织和民主形式，是我国社会主义民主政治建设的伟大创造。它既顺应了世界民主发展潮流，又体现了中国共产党和中国人民的政治智慧。只有始终坚持从中国实际出发，不断提高国家政治体系的科学和合理水平，才能使人民政协始终具有强大的生命力，不断展示它独特的功能和作用。

二、坚持围绕革命、建设和改革开放的历史进程发挥政协作用

人民政协诞生于革命战争即将胜利的时刻，随后经历了社会主义革命和建设的复杂过程，到改革开放新时期，进一步得到发展完善。可以说，人民政协的65年，是同中华人民共和国一起成长的65年，是围绕革命、建设和改革开放而发挥作用的65年，是同全国各族人民为实现国家富强、人民幸福、祖国统一而一起奋斗前行的65年。

在这65年中，人民政协一直坚持围绕中心、服务大局，在革命、建设、改革开放事业中发挥了重要作用。

1949年前，中国共产党在与民主人士协商建立新中国，筹组新政协的过程中，明确政协任务主要有两个：一是制定共同纲领；二是建立中央人民政府。这两个任务已圆满完成。随后，作为人民民主统一战线组织，人民政协在巩固新生政权、推进社会主义改造和社会主义建设中发挥了重要作用。

1954年，全国政协二届一次会议制定第一部政协章程，为各级政协设立组织、开展工作提供了基本依据。1956年，中国共产党与民主党派“长期共存、互相监督”方针的提出，为统一战线和人民政协确定了新的发展目标。但到1957年后，特别是“文化大革命”期间，人民政协工作遭受了严重挫折。

十一届三中全会以后，统一战线与人民政协工作进入新的发展时期。1981年，“爱国统一战线”的思想确立。1982年，人民政协的性质、作用被庄严载入宪法。1994年全国政协八届二次会议修订后的政协章程明确规定：人民政协的“主要职能是政治协商和民主监督，组织参加本会的各党派、团体和各族各界人士参政议政”。从此，参政议政与政治协商、民主监督一并被列为人民政协的三项主要职能。

进入21世纪，人民政协的任务扩展定位为：“高举爱国主义、社会主义旗帜，在热爱中华人民共和国、拥护中国共产党的领导、拥护社会主义事业、共同致力于中华民族伟大复兴的政治基础上，进一步巩固和发展爱国统一战线，把全体社会主义劳动者、社会主义事业的建设者、拥护社会主义的爱国者和拥护祖国统一的爱国者都团结起来，同心同德，群策群力，为推进社会主义经济

建设、政治建设、文化建设、社会建设，为实现祖国完全统一，为维护世界和平、促进共同发展而奋斗。”中国共产党的历次代表大会都从战略高度对加强和改进人民政协工作作出了部署。

65年的历程告诉我们，人民政协的命运始终与党和人民的事业紧密相连。人民政协始终按照围绕中心、服务大局的原则履行职能，自觉围绕党和国家的中心工作开展工作，自觉围绕党和国家的决策部署谋划工作。始终着眼于革命、建设和改革事业，着眼于坚持和发展中国特色社会主义，自觉坚持中国共产党关于人民政协的一系列方针政策，依照政协章程独立负责、协调一致地履行职能、开展工作，特别注意选择具有综合性、全局性、前瞻性的重大课题开展专题调研和协商议政活动，在党和国家的工作全局中，在社会主义现代化建设的历史进程中发挥了重要作用。

回顾政协历史，我们可以发现，在党和国家的政治路线、重大决策正确的时候，特别是改革开放新时期，政协都能够比较好地发挥作用；但如果党和国家遇到曲折甚至失误，政协的作用就受到很大限制，甚至无能为力。这就启示我们，人民政协的发展有赖于党和国家方向道路的正确；而如何建立纠错机制，使人民政协能对避免国家发生曲折失误起到一定作用，仍然是值得研究的问题。

三、坚持围绕团结、民主两大主题，积极履行政治协商、民主监督、参政议政三大职能

在65年的历史发展进程中，人民政协形成了团结、民主两大主题和政治协商、民主监督、参政议政三大职能。这一基本规定，奠定了人民政协全部活动的规范和基础。65年的经验告诉我们，人民政协要充分而正确地发挥作用，就必须围绕这两大主题、三项职能做好文章。

人民政协作为中国共产党领导的各党派、各团体、各民族、各阶层、各界人士大团结大联合的爱国统一战线组织，是党和政府联系群众、团结各界的重要桥梁和纽带，是中华民族强大凝聚力的重要实现形式。政协65年来最大的特点和贡献，就在于按照团结和民主两大主题，履行职能、发挥优势，实行

"大团结、大统一、囊括一切代表人物"的方针，坚定不移高举爱国主义、社会主义旗帜，充分调动各方面积极性和主动性、广泛凝聚各方面智慧和力量，积极推进政党关系、阶层关系、民族关系、宗教关系、海内外同胞关系的和谐，共同为实现党和国家奋斗目标而不懈努力。因而，人民政协在国家生活中的地位越来越重要，作用越来越突出，在国内外的影响力越来越大。

政协作为我国政治体制的重要组成部分，是实现社会主义民主的重要形式。人民通过选举、投票行使权利和人民内部各方面在重大决策之前进行充分协商，尽可能就共同性问题取得一致意见，是我国社会主义民主的两种重要形式。前一种可以简称为票决民主，后一种可以简称为协商民主。人民政协是实行协商民主的重要渠道和载体。各党派团体、各族各界人士通过政协组织的会议和活动协商议政，是扩大人民民主、实现人民当家做主的生动体现。65年来，在发展社会主义民主政治，建设社会主义政治文明的进程中，协商民主不断发展和走向完善。党和国家积极运用人民政协这一政治组织和民主形式，使社会主义民主政治建设取得了丰硕的成果。

政治协商、民主监督、参政议政这三项职能，是各党派团体、各族各界人士在中国政治体制中参与国是、发挥作用的重要内容和基本形式。65年来，特别是改革开放和进入21世纪以来，人民政协在履行这三大职能方面，越来越走向程序化、规范化与制度化。

人民政协是政治协商的重要渠道。人民政协通过政协全体会议、常务委员会会议、主席会议、常务委员专题协商会、政协党组受党委委托召开的座谈会、各专门委员会会议、根据需要召开由政协各组成单位和各界代表人士参加的内部协商会议等，对国家和地方的大政方针以及政治、经济、文化和社会生活中的重要问题在决策之前进行协商和就决策执行过程中的重要问题进行协商，并且越来越多地把政治协商纳入决策程序，从而大大提高了党和国家以及各级党委政府重大决策的科学化水平。

民主监督是参加人民政协的各党派团体和各族各界人士通过政协组织对国家机关及其工作人员的工作进行的监督，也是中国共产党在政协中与各民主党派和无党派人士之间进行的互相监督。经过65年的发展，人民政协的民主监督已经发展形成了多种形式，如政协全体会议、常委会议、主席会议向党委和政府提出建议案；各专门委员会提出建议或有关报告；委员视察、委员提案、委员举报、大会发言、反映社情民意或以其他形式提出批评和建议；参加党委和政府有关部门组织的调查和检查活动；政协委员应邀担任司法机关和政府部门特约监督人员等。这类监督，成为我国政治监督体系中的一个重要组成部分。

参政议政作为政治协商与民主监督的拓展和延伸，成为人民政协履行职能的重要形式，也成为党政领导机关经常听取参加人民政协的各民主党派、人民团体和各族各界人士的意见和建议、切实做好工作的有效方式。增加参政议政的职能以来，人民政协对政治、经济、文化和社会生活中的重要问题以及人民群众普遍关心的问题，开展调查研究，反映社情民意，进行协商讨论，通过调研报告、提案、建议案或其他形式，向中国共产党和国家机关提出意见和建议，对提高执政能力和治国理政水平发挥了重要作用。

四、坚持在守正固本与改革创新的辩证统一中发展前进

人民政协在65年的发展过程中，经历了很多变化、发展和进步，大致上可以分为四个阶段。

第一个阶段，从1949年至1954年，是主要代行全国人民代表大会职能、同时发挥民主统一战线作用的阶段。这一阶段的人民政协刚刚初创，其任务和职能处于过渡状态，其组织和工作也刚刚起步。

第二个阶段，从1954年至1966年，是作为政治协商机关存在和发展的阶段。其中1954年全国政协二届一次会议制定的第一部政协章程，正确解决了人民代表大会召开以后人民政协的性质、地位、作用和任务，政协与人大、政府等各方面的关系等问题，为人民政协的发展奠定了重要基础。从第三届开始，政协与人大会议同时举行，全体政协委员列席全国人大会议，奠定了后来两会相互关系的基础。

第三个阶段，从1966年至1978年，是被迫停止工作阶段。10年“文化大革命”期间，人民政协受到严重摧残，被迫停止活动长达12年之久。

第四个阶段，从1978年至今，是在改革开放中不断发展完善的阶段。

1978年2月，全国政协五届一次会议召开，通过新的政协章程。十一届三中全会之后，人民政协进入新的历史发展时期，其职能得到进一步发展和完善，在国家政治生活中的作用越来越大。

人民政协正是在这四个阶段过程中，不断探索，不断发展，逐步走向完善，成为中国特色社会主义事业的重要组成部分。这样一个过程，某种意义上，是一个守正固本与改革创新辩证统一的过程。

一方面，人民政协始终坚持关于人民政协的基本方向、基本原则、基本思路、基本规则。无论中国的社会结构和社会关系发生了什么样的变化，中国共产党一直坚持巩固和发展统一战线的基本理念，一直高度重视和发挥人民政协的作用。特别是改革开放以来，人民政协的地位始终在不断加强，没有受到任何削弱。无论政协的具体工作形式发生什么样的变化，政协作为爱国统一战线组织形式的基本性质没有根本改变，始终坚持走中国特色社会主义的政治发展道路，拒绝照搬西方或其他国家的模式。

另一方面，人民政协又始终随着时代的发展、形势的变化而与时俱进。中国共产党坚持解放思想、实事求是、与时俱进、求真务实的思想路线，坚持改革开放不动摇，坚持政治体制改革不停步。人民政协以改革创新精神推进政治协商、民主监督、参政议政的各项工作，不断推进协商民主的制度化、规范化、程序化，不断推进人民政协的理论创新、制度创新、工作创新。无论是政协的任务、职能，还是组织、机构、工作方式等，都有了很多调整变化和发展创新，从而使人民政协不断适应新形势和新任务的要求，始终保持了旺盛的活力，在坚持和发展中国特色社会主义中发挥了巨大作用。

65年的经验告诉我们，人民政协这一独特的政治组织和民主形式，既需要坚持，保持一定的稳定性，不能轻率放弃和改变，又需要创新发展，不断提高它的科学化水平，始终保持生机和活力。不坚持，就谈不上发展创新；不发展创新，就会停滞、僵化。只有把守正固本与改革创新紧密结合起来，人民政协才能始终在中国特色社会主义政治发展道路上阔步前进，在中国特色社会主义政治体系中发挥应有的作用。

辑十一

世界社会主义史解谜

世界社会主义制度的创立、发展和改革*

世界社会主义共产主义运动是以建立社会主义制度为基本目的的。世界各国无产阶级和广大劳动人民经过不同形式的革命斗争，先后在欧亚一系列国家建立了新型的社会主义制度。从此，这些国家的社会主义共产主义运动便主要以建设社会主义的形式展开，努力把工人阶级长期追求的社会主义理想变为现实。社会主义制度在实践中表现出了强大的生命力，展示了很大的优越性。但作为这种制度具体表现形式的传统体制，也暴露出一些缺陷和弊病。因而，各个社会主义国家，从20世纪50年代初起，都先后走上改革的道路，力图改造传统体制，使社会主义更趋完善。40多年来，社会主义改革的潮流曲折发展，已经经历了三个完善的周期，取得了重大的成果，充分证明了改革的重要性和必要性。但各个国家在改革中也遇到了各种各样复杂的问题，有的甚至发生政局动荡和剧变。尽管如此，社会主义改革潮流正在中国等国家继续奔腾向前，并进入了第四个周期。社会主义的社会制度在改革中正孕育着新的生命和希望。

*本文写于1994年，是与曹长盛、杜康传共同主编的高校国际共运史专业研究生教材《世界社会主义共产主义运动》一书中本人撰写的一章。收入本书时，为避免重复，删去了第三节第四目“社会主义改革的主要规律和经验教训”中关于三大规律的内容。东北师范大学出版社1995年版。

第一节 社会主义制度的创立和发展

一、科学社会主义奠基人对新社会制度的构想

社会主义作为人类理想的社会制度，长期以来为人类的先进志士所向往和注目。马克思、恩格斯创立科学社会主义的理论体系，为人类建立社会主义的社会制度奠定了坚实的思想理论基础。马克思、恩格斯并无意于从理性原则出发来预定未来社会的模式，更不愿意凭空制造一个理想的乌托邦。但他们在考察资本主义历史命运的同时，不能不非常自然地提出以什么样的社会制度来代替资本主义的问题，因此，他们依据历史发展的客观规律，在一些合理的预想，指出了共产党人应该为之奋斗的目标。马克思、恩格斯的构想散见于许多著作中，集中起来，大致有以下几个方面：

第一，他们指出，社会主义社会最基本的特征就是生产资料归全社会占有。解决资本主义社会矛盾的办法，“只能是在事实上承认现代生产力的社会本性”，“由社会公开地和直接地占有已经发展到除了社会管理不适于任何其他管理的生产力”①。所以，“我们的第一个要求是：一切生产资料和生产工具归社会公有”②。他们认为，社会主义社会同现存制度的具有决定意义的差别正在于，在实行全部生产资料公有制（先是单个国家实行）的基础上组织生产。

第二，他们认为，社会主义社会是人们结成平等合作的关系有计划地为全社会进行联合劳动的社会。劳动者作为自由人联合体，“用公共的生产资料进行劳动，并且自觉地把他们许多个人劳动力当作一个社会劳动力来使用”③。社会将“按照统一的总计划协调地安排自己的生产力”④。社会建立了新型的平等互助关系。“代替那存在着阶级和阶级对立的资产阶级旧社会的，

---

①《马克思恩格斯选集》第 3 卷，第 437 页。

②《马克思恩格斯选集》第 22 卷，第 633 页。

③《马克思恩格斯全集》第 23 卷，第 95 页。

④《马克思恩格斯选集》第 3 卷，第 335 页。

将是这样一个联合体，在那里，每个人的自由发展是一切人的自由发展的条件”[①]。

第三，他们设想，社会主义社会个人消费品的分配，在社会总产品作了各项必要的扣除之后，实行按劳分配，即按等量劳动取等量产品。这种分配制度第一次消除了剥削现象，实现了劳动平等和分配平等，但它还不是最理想的分配制度。只有到共产主义社会，才能实现“各尽所能，按需分配”。

第四，他们认为，社会主义社会是没有商品生产和货币交换的社会。“一旦社会占有了生产资料，商品生产就将被消除，而产品对生产者的统治也将随之消除”[②]。“直接的社会生产以及直接的分配排除一切商品交换，因而也排除产品向商品的转化……和随之而来的产品向价值的转化”[③]。既然不存在商品生产和商品交换，作为商品价值表现形式的交换价值和货币也就消失了。

第五，他们认为，社会主义社会将消灭阶级和阶级对立，同时，国家的政治职能将逐步消失。按他们的设想，无产阶级革命将首先建立起民主制度，从而直接或间接地建立无产阶级的政治统治，然后利用这种统治，把全部资本，全部农业、工业、运输业和整个交换都集中到国家手里，彻底消灭私有制。

第六，他们还设想，到社会主义社会，由于物质关系和物质生产发生了根本变化，人们的精神文化和社会生活也必然出现新的特点。人的认识能力、体力和智力将得到充分和自由的发展。他们认为摩尔根的一段话——“管理上的民主，社会中的博爱，权利的平等，普及的教育，将揭开社会的下一个更高的阶段”，是对现代社会提出的直接的共产主义要求。

需要指出，在马克思、恩格斯的著作中，使用“社会主义社会”和“共产主义社会”两个概念的情况是很复杂的。他们对社会主义社会的构想，有的直接指共产主义社会主义的第一阶段，即社会主义社会，有的则可能指共产主义社会，对两者的构想有时并未划出明确的界限。所以，我们也只能在有分有合的意义上来把握这些构想的精神实质。

---

①《马克思恩格斯选集》第 1 卷，第 273 页。

②《马克思恩格斯选集》第 3 卷，第 441 页。

③《马克思恩格斯选集》第 3 卷，第 347—348 页。

经过100多年社会发展过程，特别是20世纪社会主义实践过程的检验，马克思、恩格斯的有些构想是具有普遍意义的科学论断和基本原理，只要搞社会主义，就必须加以遵循。有些构想，是基于一定的历史条件而作出的预测，历史条件变了，这些构想也需要加以改变。还有一些构想，被实践证明是不准确、不切合实际的，没有必要再加以坚持。所以，我们归纳的上述六个方面，仅是指马克思、恩格斯本来的设想，而不是说每一条都是我们今天仍然不能变更的原则。

对我们来说，更为重要的，是学习和坚持马克思主义关于社会主义的科学的方法论思想。事实上，马克思、恩格斯从来没有把他们的构想看作是尽善尽美的图画和静止不动的最终方案。恰恰相反，他们认为，对未来的社会主义社会，只能指出一个大致的轮廓和方向，而不能预先规定好各方面的具体内容，共产党人并不提出任何一劳永逸的方案；社会主义没有固定不变的模式，而是一个不断发展和变革的历史过程，任何完美的社会、完善的国家只能在幻想中存在；必须善于从实际出发运用和发展科学社会主义理论，坚决反对教条主义的态度，反对用一把“万能钥匙”来解释任何历史现象。马克思、恩格斯的这些方法论思想，对社会主义运动具有重要的指导意义。

列宁不仅继承了马克思、恩格斯的科学社会主义理论，而且亲自领导建立了世界上第一个由工人阶级掌握全部政权的国家，在一块广袤的土地上真正开始了建设新社会的探索。经过几年的初步实践，列宁系统地提出了建设社会主义的构想。他认为在经济文化比较落后的国家里，要采取渐进、过渡的方式建设社会主义，要大力发展大工业，为社会主义奠定雄厚的物质基础；要通过合作制引导农民走上社会主义道路；要发展文化教育事业，大力提高劳动人民群众的文化水平。他还特别强调要加强苏维埃政权的建设，反对官僚主义，改进工作作风；要加强党的建设，改善党的领导。列宁的思想，为科学社会主义的理论宝库增添了丰富的内容。

关于社会主义的定位、定性问题，亦即发展阶段和基本特征，列宁先后作出了一些重要的论述。他第一次明确地将社会主义社会与共产主义社会加以区分，将社会主义称作共产主义社会的“第一”阶段或“低级阶段”。同时，还提出了“社会主义最初级形式”“发达的社会主义社会”“完全的社会主义社会”等概念，认为社会主义同样有一个由低级到高级、由不发达到发达的过程。他把社会主义的基本特征概括为生产资料公有和按劳分配，认为“社会主义的目的（和实质）是：把土地、工厂等即全部生产资料变为全社会的财产，取消资本主义生产，代之以按照总的计划进行有利于社会全体成员的生产”[①]。他把发展生产力看作社会主义的本质要求，强调社会主义必须创造出远远高于资本主义的劳动生产率，必须及时地把工作重心转移到经济建设上来。他认为，社会主义新制度“将对经济实行有计划的调节，并且在全国电气化的基础上保证全体人民群众的物质福利”[②]。他具体分析了不同社会制度下合作社的性质和作用，认为在生产资料公有制的条件下，合作社制度就是社会主义制度。他把社会主义与民主联系在一起，认为民主是社会主义的根本标志之一，是社会主义制度不可动摇的政治原则，没有民主就没有社会主义。列宁的这些思想，如同马克思、恩格斯的思想一样，既有普遍性的原则，又有需要随着历史条件的变化而加以调整的内容。

科学社会主义奠基人关于新社会制度的构想，奠定了20世纪社会主义建设事业的思想基础，并对整个社会主义历史进程的发展产生了深远的影响。现在看来，其中的某些内容并不完全符合实际，但其主导的方面，仍然构成了社会主义的基本框架，对社会主义建设事业的指导作用是明显和积极的。

二、社会主义制度在苏联的创立和初步实践

世界无产阶级和广大劳动人民为建立社会主义的新制度进行了长期和艰苦的斗争。而俄国无产阶级由于种种主客观原因，率先取得了十月革命的胜利，从而得以在世界上最先创立了现实的社会主义制度，开始了社会主义制度的初步运行和实践。

十月革命胜利之初，俄国无产阶级立即创立了以苏维埃为基本架构的新型的国家政权和政治制度。全国政权转归苏维埃所有，人民委员会负责承担管

①《列宁全集》第4卷，第229页。

②《列宁全集》第43卷，人民出版社1987年版，第142页。

理国家生活的责任。旧的国家机器被打碎。苏维埃政权先后撤销了旧的行政机关、审判机关，解散了立宪会议，建立了工农法庭、肃反委员会，组建了工农红军和红海军。1918年1月，《被剥削劳动人民权利宣言》正式宣布俄国为工兵农代表苏维埃共和国。同年7月，全俄苏维埃第五次代表大会一致通过了世界上第一部社会主义国家的根本法——《俄罗斯苏维埃联邦社会主义共和国宪法》，正式规定苏俄最高国家权力机关是全俄工、农、红军、哥萨克代表苏维埃代表大会，大会闭会期间的最高权力机关是全俄中央执行委员会。人民委员会作为最高行政机关，总揽苏俄的一切事务，其下设若干人民委员部。凡年满18岁的一切劳动者均享有选举权和被选举权。剥削者没有这种权利。

在经济领域，苏维埃政权首先废除地主、资本家的私有制，进行了初步的社会主义改造：接收了国家银行，颁布了私人银行国有化法令；成立了工厂委员会和全俄工人监督总委员会，对工厂企业实行工人监督制度；全部官营企业被接收，随后私人工厂也被收归国有，实行了全部大工业的国有化；设立了最高国民经济委员会和一些地方的国民经济委员会。通过这些措施，苏维埃政权迅速掌握了国民经济的命脉。在农村，根据土地法令废除了土地私有制，没收地主、皇族、寺院和教堂的土地，实际上实行了土地国有化；颁布土地社会化法令，规定平均使用土地，农民在分配土地后获得了1.5亿亩土地的使用权。

在社会领域，苏维埃政权颁法令废除了一切等级制度和特权；实行男女平等。

经妇女以选举权；规定教会与国家分离、学校与教会分离，废除教会特权；规定俄国各民族完全平行并享有自决权。

经过艰苦的努力，苏维埃俄国实现了重大的社会变革，初步确立了新型的社会政治和经济制度。

但国内外反动势力不甘失败，从1918年上半年开始，对苏维埃政权发动武装进攻。苏维埃俄国遂经历了三年艰苦的国内战争。战争期间，苏维埃政府实行了一整套被称为“战时共产主义”的经济政策和措施，主要内容是：在农村实行国家垄断，禁止商品交易；实行平均主义分配制度；采用国家强制和“军事化”的领导体制；等等。“战时共产主义”属于战争时期的非常措施，并不符合经济建设的客观规律，如果长期实行是有害的。

从1921年开始，苏维埃俄国进入新经济政策时期。新经济政策的主要内容是：

以粮食税代替余粮收集制，农民按其土地、人口、收成或财产状况交纳粮食税，税后剩余的粮食、原料和饲料则全归农民自己支配；实行自由贸易政策，允许进行小工业商品和家产品的私人贸易，并使实物交换转变为以货币为媒介的交换；改变国有化政策，对部分工业实行租让制、租赁制等各种国家资本主义的形式，允许多种经济成分和多种经济形式的存在；改革经济管理的体制和方法，建立中央地方的计划委员会，适当扩大地方和企业权力，运用价值规律和货币、信贷、商业、财政等手段调节经济，对国劳企业实行经济核算制并组建托拉斯，在承认劳动者个人物质利益的基础上，实行劳动报酬级差制度。

政治上，还在十月革命之后，俄国的各民族地区建立了一系列独立的苏维埃共和国，并有自己的宪法。苏维埃俄国承认了这些共和国的独立。国内战争时期，各共和国之间建立了军事政治联盟，后来又发展为经济上的联盟。1922年，各苏维埃共和国提出了成立统一的联盟国家的问题。列宁建议所有独立的苏维埃共和国，其中包括俄罗斯联邦，在自愿联合又保留每个共和国平等权利的基础上，成立苏维埃社会主义共和国，其中包括俄罗斯联邦，在自愿联合又保留每个共和国平等权利的基础上，成立苏维埃社会主义共和国联盟。1922年12月30日，苏维埃社会主义共和国联盟第一次苏维埃代表大会在莫斯科开幕并通过宣言和条约，正式宣告了苏联的诞生。最初参加联盟的有乌克兰、白俄罗斯、外高加索联邦和俄罗斯联邦4个加盟共和国。1924年1月31日，苏联苏维埃第二次代表大会批准《苏联宪法》。根据宪法，一切外交事务、军事、对外贸易、铁路和邮电等各项事务都归联盟中央管辖，而内政、农业、教育、司法、社会保障、卫生等方面，仍由各加盟共和国管辖。加盟共和国的主权只在宪法规定的范围内受到限制，除此之外，每一加盟共和国均独立行使其主权。

1926—1932年，是苏联建立社会主义经济基础的时期。工业化和农业集体化是这一时期两场最大的运动。联共（布）“十四大”提出实行社会主义工业化的方针。1926年4月，制定了工业化的具体纲领。1928— 1932 年实行了第一个五年计划。1927年12月联共（布）“十五大”作出关于农业集体化的决议。1929年秋，开始实行农业全盘集体化。到1932年下半年，62.4%的农户实行了集体化。工业化和农业集体化是社会主义发展的必然要求，但在实际过程中也犯了许多“左”的错误。

从1933年开始，苏联进入国民经济社会主义改造的完成时期。到1937年，苏联完成了第二个五年计划。1938年开始执行“三五”计划。由于工业化的完成，苏联建成了独立的工业体系。其他社会事业也有了很大的发展。

随着工业化和农业集体化的展开，苏联先后在1929—1932年、1932—1934年以及30年代末对经济体制进行了几次较大的改组，逐步实现了国民经济的计划化，除了编制年度计划外，开始实行五年计划制度，计划具有法律效力；形成了人民委员部—总管理局—托拉斯—企业或部—总局—企业的工业管理结构；进一步贯彻经济核算制原则，企业的生产经营活动全部纳入国民经济的计划之中。

1936年，苏联制定了新宪法。新宪法反映了苏联生活和变化，从法律上确认了社会主义社会的社会制度和国家制度。宪法规定，苏联是工农社会主义国家；苏联全部政权属于体现为城乡劳动者代表的苏维埃；苏联的政治基础是劳动者代表苏维埃，经济基础是社会主义经济体系和生产资料的社会主义所有制；在苏联实行“各尽所能，按劳分配”的社会主义原则。苏联的国家权力机关是各级苏维埃。苏联最高苏维埃由联盟院和民族院组成，常设机构是主席团。苏联人民委员会是苏联国家权力的最高执行机关。

至此，苏联的社会主义制度及其相应的政治、经济等体制最终形成。

1939年9月，第二次世界大战爆发。1941年6月，法西斯德国以突然袭击的“闪电战”方式进攻苏联。苏联人民同仇敌忾，以顽强的精神和英勇的斗志，进行了艰苦卓绝的卫国战争。直至1945年进兵东欧，攻克柏林，迫使德国法西斯投降，终于取得了战争的胜利，并为世界反法西斯战争的胜利做出了伟大的贡献。

卫国战争胜利后，苏联人民致力于恢复和发展国民经济。1946—1950年，实施了第四个五年计划，突出解决了三个基本问题：实现战后工业改组；恢复战争年代受破坏企业的生产能力；完成重点新建工程计划。到1950年，苏联在工业产量上超过了第二次世界大战前的水平。1946年，苏联人民委员会改组为苏联部长会议。

苏联是人类历史上第一个社会主义国家，它所从事的是一项开拓性的事业。苏联人民以英勇奋斗和自我牺牲，取得了社会主义建设的巨大成就，这些成就充分显示了社会主义制度的优越性。苏联人民所建立的新型国家政权、社会主义民主、生产资料公有制、按劳分配等制度，为其他国家的社会主义制度建设提供了楷模。当然，苏联制度的缺陷和弊病也产生了很多消极的影响。

三、社会主义制度在欧亚各国的建立、发展及其特点

20世纪社会主义共产主义运动的发展，在世界许多国家都结出了胜利的成果。

特别是欧洲和亚洲和十几个国家，经过共产党人和广大劳动人民的英勇奋斗，利用反法西斯战争胜利造成的条件和基础，先后建立了一批人民民主国家政权，并逐步走上了社会主义道路，使社会主义的新制度在这些国家确立和发展起来。

第二次世界大战结束前后，东欧国家的共产党人，把反法西斯抵抗运动胜利地发展为人民民主革命，先后建立了8个人民民主国家。

南斯拉夫人民主要依靠自己的力量解放了全国。在战争期间，南斯拉夫就建立了反法西斯人民解放委员会，行使人民政权的职能。1945年8月，反法西斯人民解放委员会改组为人民议会，11月，正式宣布成立南斯拉夫联邦人民共和国，1946年2月组成了以铁托为首的新政府。

阿尔巴尼亚人民也是主要依靠自己的力量，于1944年 11 月解放了全部国土。

1945年12月，举行全国第一次普选。1946年1月，正式宣布阿尔巴尼亚为人民共和国。

波兰。1944年7月，苏联红军和在苏联组建的波兰第一集团军进入波兰后，波兰全国人民代表会议和波兰爱国者联盟联合成立了波兰民族解放委员会，并发布纲领，宣告人民政权诞生。1945年3月，波兰全国解放。6月，由

民族解放委员会改组成的临时政府扩大为全国统一的临时政府，波兰人民共和国成立。1947年1月，波兰议会选举后正式组成了新政府。

捷克斯洛伐克。1944年8月，斯洛伐克爆发反对希特勒法西斯的武装起义。

1945年4月，在苏军解放的科息斯成立了由6个政党参加的民族阵线联合政府。5月，布拉格人民举行起义，并在苏军配合下解放了布拉格。1946年5月，举行战后第一次国民议会选举，成立了捷克斯洛伐克共和国新联合政府。

匈牙利。大战期间，匈牙利是希特勒德国的仆从国。1944年5月，匈牙利共产党领导建立了反法西斯阵线，12月，又建立了匈牙利民族独立阵线，成立了临时国民政府。1945年4月，匈牙利全境解放，11月，正式召开第一次国民会议。1946年2月，匈牙利宣布废除君主制，成立人民共和国。1947年8月，举行新的国民议会选举，成立了匈牙利人民共和国政府。

罗马尼亚。大战期间，罗马尼亚是希特勒德国的附庸。1944年8月，罗马尼亚共产党领导武装起义，推翻了法西斯政府。但资产阶级政治势力在新政府中占了优势。罗共继续斗争，于1945年3月成立了民族民主阵线政府。1947年12月，废除君主制，建立了罗马尼亚人民共和国。

保加利亚。大战期间，保加利亚反动统治集团投靠了法西斯轴心国。1944年9月，保加利亚共产党领导人民举行武装起义，推翻了法西斯政权，成立了祖国阵线政府。1945年11月，选出了国民议会。1946年9月，保加利亚举行全民投票，废除君主政体，宣布成立了保加利亚人民共和国。季米特洛夫当选为第一任部长会议主席。

德国情况比较特殊。法西斯投降后，苏、美、英、法分区占领了德国和柏林。

在东部苏联占领区，首先进行了民主改革。1946年，德国共产党与社会民主党合并，成立统一社会党。在统一社会党倡议下，1947年建立了德国人民委员会。1949年9月，美、英、法占领区合并成立德意志联邦共和国。1950年10月，德意志民主共和国举行普选，于11月成立了人民议院和正式政府。

在亚洲，越南、朝鲜和中国人民在共产党领导下，经过长期的革命斗争特别是武装斗争，也先后建立了人民民主政权。

1945年8月，以胡志明为首的印度支那共产党领导八月革命，推翻了帝国主义80多年的殖民统治和上千年的封建专制制度。9月2日，胡志明在河内亭广场发表《独立宣言》，正式宣告了越南民主共和国的诞生。

1945年8月，朝鲜人民抗日武装与苏联红军一道，解放了朝鲜北部领土。南方则由美国军队占领。1946年2月，北朝鲜成立了临时人民委员会，1947年2月选举产生了北朝鲜人民会议，并成立了北朝鲜人民委员会。1948年5月，南朝鲜成立了“大韩民国”。同年9月，朝鲜最高人民会议通过朝鲜民主主义人民共和国宪法，宣告了朝鲜民主主义人民共和国的成立，并组成了以金日成为首相的新政府。

中国人民在中国共产党的领导下，进行了长期的革命斗争。在抗日战争胜利以后，又经过三年多解放战争，于1949年10月推翻了国民党反动派的统治，建立了中华人民共和国。

蒙古人民共和国则早已在1924年11月成立。1946年1月，当时的中国政府宣布承认外蒙古独立。

除此之外，在拉丁美洲，菲德尔·卡斯特罗领导古巴人民经过多年的革命武装斗争，于1959年胜利地进军首都哈瓦那，推翻巴蒂斯塔的反动统治，在古巴建立了新型的革命政府。

老挝人民经过长期的武装斗争，先后取得抗法和抗美救国斗争的胜利。1975年，老挝人民革命党普遍成立各级人民委员会，掌握了全国政权。同年12月，在万象召开首届全国人民代表大会，宣布废除君主制，成立了老挝人民民主共和国。

这样，到70年代中期，除苏联之外，共有14个国家先后在不同时期、不同历史条件、不同国际环境下，以不完全相同的方式，建立了人民民主政权，确立了在共产主义政党领导下的、无产阶级和广大劳动人民在国家政治生活中的统治地位。

人民民主政权还不等同于社会主义的国家制度，但它为最终确立社会主义制度创造了良好而又具有决定意义的条件。季米特洛夫1948年在保共“五大”上曾指出：“人民民主制度就是在工人阶级领导下的劳动人民——绝大多数人民的政权。”“人民民主制度是过渡时期的国家形式，它一定会保证这个国家在通往社会主义的道路上发展。”“也唯有直接在达到社会主义的道路上迈进，人民民主制度才能巩固自己，完成自己的历史任务。”[①]所以，各人民民主国家诞生后，一般都经历了两个历史发展阶段：第一个阶段是完成民主主义革命的任务，即在推翻旧政权、废除资产阶级或封建君主专制制度、消灭法西斯或其他反动势力的基础上，进一步建立健全新型的国家政权机构，整顿社会、经济、文化秩序，保障劳动人民的各项权利，广泛进行土地改革和其他各项民主改革，恢复和发展国民经济，改善人民群众的生活。有的国家，如越南和朝鲜等，还与帝国主义的武装干涉和侵略进行了长期的斗争。第二个阶段是在完成民主革命任务的基础上，进一步实行全面的社会主义改造，向社会主义过渡，逐步建立起社会主义的各项制度，解放和发展社会生产力，开始大规模的社会主义建设。各个国家一般都首先将外国资本或官僚买办资本及封建君主、法西斯势力的财产予以没收，然后颁布法令，对大中企业、矿山、银行、保险、运输等实行国有化，之后再采取不同方式，如赎买等，对中小企业实行全面的社会主义改造，从而建立起生产资料公有制占主体的社会主义经济体系。在农村，在土地改革完成以后，逐步引导农民走集体化道路，建立起各种形式的农业合作社或农场，扩大农村的社会主义成分。在此基础上，在国民经济中建立起新的管理体制，开始实行五年或三年经济计划，掀起了轰轰烈烈的建设热潮。政治上，制定新的宪法和法律，健全社会主义的国家政权机构和政治体制，进一步确立工人阶级及其先锋队共产党的领导地位，确立马克思主义的意识形态在国家生活中的指导地位，并进一步明确国家的社会主义性质和发展方向。

各国民主改革和社会主义改造的时间有快有慢，有先有后，有长有短，方式上也不完全一致，但其最后结果，除了老挝称其尚处于向社会主义过渡阶段外，都普遍建立起了完整的社会主义制度，进入了社会主义的历史发展时期。

这些社会主义国家各有自己的国情，但比较而言，一般都具有以下几个共同的特点：

---

①《季米特洛夫选集》，人民出版社 1953 年版，第 265—267 页。

第一，除少数国家外，一般都是经济文化比较落后的国家。

一方面，这些国家已基本具备了社会主义革命的客观物质基础，走上社会主义道路有其历史的必然性；另一方面，这种物质基础在各国所达到的程度有所不同。有的属于工业较发达的国家（如德国、捷克斯洛伐克），而另一些国家（如波兰、匈牙利、保加利亚、南斯拉夫，亚洲的中国、越南、朝鲜，拉丁美洲的古巴等）基本上都是农业国，生产力不发达，原先的资本主义发展水平不高，或多或少存在着封建残余，人民生活比较贫困。至于阿尔巴尼亚、老挝等，则属于最落后的国家之列。尤其是蒙古、老挝，没有经过资本主义的发展阶段而直接从封建社会或殖民地向社会主义过渡。这种落后状况，给这些国家的社会主义建设带来了一系列复杂的问题。

第二，这些国家的社会主义制度都是经过长期的革命斗争建立起来的，同时，也与一定的外部条件有关。

有的国家早在19世纪就出现了工人运动并建立了社会主义政党，十月革命后则大多建立了共产主义政党。尽管各国党的力量有强有弱，水平有高有低，但无一例外都进行了长期艰苦斗争，经受了非常严峻的考验，其领导骨干非常坚强。有的如中国、南斯拉夫等，在革命斗争时期就建立了人民政权。特别是在反对法西斯和反对帝国主义侵略斗争中，共产党领导人民群众，以武装斗争的形式保卫自己的祖国和民族，用英勇无畏的自我牺牲精神赢得了人民的敬仰。所以，这些国家走上社会主义道路是有其客观的社会阶级和政治基础的。当然，这种向社会主义的历史飞跃又是在特定的历史条件下，即大多是在第二次世界大战或反帝救国斗争取得胜利的基础上实现的，无产阶级的革命斗争与反帝反封建的民族民主革命斗争交织在一起，而反帝反封建的革命斗争特别是反法西斯斗争的胜利，在很大程度上推动和加速了这些国家走上社会主义道路的历史进程，导致了社会主义首先在比较落后国家胜利的客观结果。很多国家在最终取得胜利之时，直接或间接得到了不同程度的外部援助。东欧一些国家是由苏联红军解放的，其人民民主政权是在苏联帮助下建立起来的，因而其革命胜利，在不同程度上借助了外力。这种状况，在当时有其合理性和优越性，但从长远来看，也带来了一些复杂的问题。

第三，这些国家确立的人民民主制度和社会主义制度，曾经具有丰富多彩的形式，但又受到苏联模式的很大影响。

基于现实国情，很多国家都实行了广泛的统一战线组织，团结和联合了各种进步力量；不少国家实行了共产党领导下的多党制，由共产党与其他小资产阶级的或农民的各进步政党共同合作，建立联合政府；在政权结构上，举行了普选；经济上，保留了一定程度上的多种所有制，允许小的私营和个体经济存在，保留了商品经济和一定程度上的市场经济；农村的合作化也并没有达到纯而又纯的程度；等等。特别是中国，更是创造了许多独特的经验，走出了自己独特的道路。但另一方面，由于苏联是世界上第一个社会主义国家，在人们心目中享有较高的威望；苏联对一些国家的解放和建设曾经给予很大的帮助；随着冷战局面的形成，东西方关系紧张并迅速形成两大政治、经济、军事集团，苏联加强对一些国家的控制；加上长期以来唯一可以学习的典范，凡此种种，使欧亚不少国家在创立社会主义制度的过程中受到苏联过多的影响，自觉不自觉地照搬了苏联的模式，形成了过于集中的政治、经济等体制。

四、社会主义制度给人类社会带来的变革

综观20世纪，按照通常的观点，世界上一共有15个国家曾经建立起社会主义社会制度。一般来说，社会主义国家基本的共同点是：在理论上以马克思主义为指导，坚持科学社会主义的原则；在纲领上把实现共产主义作为长远和最高的奋斗目标；在社会上消灭或基本消灭了剥削阶级，劳动人民当家做主；在政治上坚持共产党领导下的工人阶级政权，由人民民主管理社会和国家；在经济上建立了以社会主义公有制为基础的新的经济体制；在文化上以社会主义思想为核心发展科学文化艺术；在对外政策上反对帝国主义，支持世界无产阶级、被压迫民族和被压迫人民争取解放和独立的斗争。当然，事实上，这些国家并不都完全坚持了科学社会主义原则，实际制度、体制的差别也很大。但不管如何，这些国家曾经在欧亚大陆上连成一片，其人口有十几亿，约占当时世界人口的1/3，充分展示了社会主义的气势和规模。除了这些通常被“确认”的社会主义国家外，世界上还约有 9 个国家曾在国际上被认为是由共产主义性

质的政党执政。这些国家曾宣称自己是社会主义国家，或宣称正在走向社会主义。此外，还有一些国家是由民族主义政党执政的，它们曾在宪法上或以其他形式宣布自己要建设社会主义。这样的国家先后约有30多个。虽然世界上曾经号称社会主义的国家五花八门，很难一概而论，特别是很难确认谁是真正的社会主义国家，但这一事实本身恰恰说明了：社会主义曾经有过蓬勃发展的势头，曾经令亿万人民心驰神往，因此，也曾经是一个非常时髦的名词、一杆非常鲜明的大旗。

社会主义，从最初少数先进志士所勾画的用以取代资本主义某种理想，发展为人类社会空前广泛的有亿万人民参加并为之奋斗的群众运动，最后终于成为数十亿人民生活于其中并曾由衷热爱的社会制度，这一历史现象的发生绝不是偶然的。社会主义取代资本主义和前资本主义的各种制度，是人类社会发展史上的一次巨大飞跃。虽然现实中的社会主义存在着许多缺陷和弊病，各个社会主义国家都走过了曲折艰难的道路，但从本质上来说，社会主义的出现毕竟给人类社会带来了巨大的变革。

第一，社会主义对封建的和资本主义的私有制进行了革命性改造，确立了生产资料公有制在全社会的主导地位。

社会主义与其他一切剥削制度的决定性差别表现在所有制上。在封建社会，主要的生产资料归封建地主所有。在资本主义社会，生产资料主要归资本家所有，但在社会主义社会，生产资料公有制构成生产关系的基础。无产阶级在取得政权以后，逐步对封建的和资本主义的私有制进行了社会主义改造。随着社会主义建设事业的发展，通过扩大再生产，又不断扩建和兴建了大批社会主义企业，使公有制成分日益扩大和巩固。这种生产资料公有制的特征是：生产资料属于劳动者公共所有，不再是资本家用于剥削的手段。劳动者成为生产资料的主人，创造了劳动者与生产资料直接结合的基本条件，消灭了人剥削人的制度。

在社会主义条件下，生产资料公有制在国民经济中占主体、主导地位。但公有制的比重和公有制的具体形式，则要视具体的社会历史条件、经济文化的发展程度而定，归根结底取决于社会生产力的发展水平和要求。在公有制占主导地位的条件下，应该允许和鼓励多种经济成分的发展。

第二，社会主义对个人消费品实行按劳分配的原则，从根本上否定了人剥削人的分配关系。

在资本主义社会，资本家掌握消费资料的分配权。劳动者所创造的产品绝大部分归资本家占有，自己所得微薄。但在社会主义社会，劳动的成果归社会所有，分配个人消费品的基本尺度是每个人为社会提供的劳动量。按劳分配，多劳多得，少劳少得，反对不劳而获地谋取社会产品。这一分配原则，是人类历史上分配制度的重大变革。实行按劳分配，使一切劳动者都平等地摆脱了剥削，倡导了劳动光荣的新风尚，有利于调动劳动者的生产积极性，促进社会主义生产和整个国民经济的发展。一切人都要运用自己的体力、智力参加劳动，并据以获得报酬。劳动的性质和劳动者的地位都发生了变化，劳动者不再是为剥削者做苦工，而是为自己、为社会而劳动了。

第三，社会主义消灭了剥削阶级，由无产阶级掌握国家政权，劳动人民的社会政治地位发生了根本的变化。

在以往的各种社会中，不同的社会阶级、阶层和集团基于财产占有的状况而处于不同的地位，国家机器掌握在占人口少数的剥削者手中，大多数人受到压迫和奴役。社会主义消除了生产资料的私人占有制以及与之相伴随的财产占有上的不均衡，从而消除了产生各种不平等现象的最终根源。人与人不再是有产者、无产者的区别。国家不再是少数人的国家，政府不再是少数人的政府，而成为由工人阶级领导实行人民民主专政的国家和政府。国家和政府必须根据最大多数人的利益和愿望制定政策，对全体人民的利益和生存条件实施保障。国家有可能大力发展公共福利事业，如文化教育、科学艺术、卫生保健、社会保险等等。广大劳动人民取得了政治上和社会上的平等地位，享有不断发展的社会主义民主权利，不同程度地参与国家、政府和企业的管理。

第四，社会主义改善了人的生活质量，为较全面地满足人的物质和文化需求，促进人的全面发展创造了新的条件。

任何社会的完善程度归根结底都要以人民的利益、以人的需要的程度为衡量标准。在资本主义社会中，人的生活具有畸形的特点。人与人之间的生活水平很不平衡，人的物质生活与精神生活之间也很不平衡。在存在健康生活方式的同时，充斥着腐朽、丑恶的生活方式。个人至上的价值标准，以及生存危机的严重压力，造成了人的极大的不安全感、不稳定感以及人与人之间关系的冷漠、紧张。与之相对照，社会主义社会虽然也存在着许多社会问题，但从总体上来说，已经极大地改善了人们的生活质量。社会绝大多数成员衣食住行等基本的物质生活需要都得到了保障。社会不断创造条件丰富着人们的文化生活、艺术生活、科学生活、政治生活。人与人之间没有根本的利害冲突，互助合作、助人为乐被普遍接受为社会风尚。国家严格禁止和打击各种社会犯罪活动，制止腐朽生活方式的蔓延。人民群众有较高程度的安全感和稳定感。

归根结底，社会主义是在生产力和生产关系的矛盾运动中、适应于生产力发展要求而诞生的一种新的社会形态和社会制度。社会主义实现的最大变革，就是打破了束缚生产力发展的桎梏，解放了生产力，创造了社会生产力以新的更高速度发展的基本条件。社会主义国家几十年所取得的成就充分证明了这一点。当然，社会主义是一个很长的历史时期，现实中的社会主义国家大都是原先生产力不发达的国家，因而，社会主义从不成熟、不完善、不发达走向成熟、完善、发达，需要经过一个相当长的发展时期。过去相当长一个时期，由于人们思想认识上的片面和执政党的某些失误，社会主义国家的生产力还没有能真正以社会主义制度所允许的速度发展，在某些历史条件下还受到缺陷的经济政治体制的束缚。这种状况，还需要不断地通过改革来加以改变。

社会主义在上述各方面的历史变革，使人类社会的发展出现了新的道路、新的方向、新的面貌。进一步挖掘，我们可以发现，在各种形式的变革下面，还蕴藏着一种社会运行机制的变革。

社会主义，在通常的意义上被理解为一种理论、一种运动、一种制度。但从人类社会发展的整个序列来看，它应该是一种社会形态，一种既区别于资本主义又区别于共产主义的社会形态。任何社会形态，都有其由一定的社会制度和体制所决定了的社会运行机制。这种社会运行机制的状况如何，决定了这种社会形态的生存和发展状况及其所达到的水平，反映着它的衰朽或兴盛程度。

一般来说，每个社会形态都有两种运行机制：一种是动力机制，一种是平衡机制。动力机制，提供和传输着社会运动、发展、变化的能源和能量，亦即动力；平衡机制，维护和保持着社会各部分及各种力量之间的协调、稳定和平衡。一个社会的成熟程度，关键就是要看这两种机制能否有机地结合起来，互相配合，协调稳定地发挥着总体功能。

社会主义是继资本主义之后诞生的一种新的社会形态。社会主义确立了公有制的主导地位，从根本上改变了人与人的社会关系，解放了人为首要因素的生产力，因而带来了社会运行机制的根本变化。这种变化，既表现在动力机制上，又更多地表现在平衡机制上。社会主义基本消除了生产无政府状态，将分散的生产要素组成统一有序的整体，有可能在全社会范围内合理配置资源和组织生产，从而为创造一种新的生产力和前所未有的整体效率提供了最重要的基础。社会主义消灭了剥削和压迫，保障了绝大多数人的利益和社会每个成员的基本生存条件，调动了人的积极性，创造了前所未有的社会平衡，也形成了一种新的具有综合性的发展动力。正是依靠这种新的动力和平衡机制，社会主义才创造了许许多多的人间奇迹。

当然，社会主义的运行机制也并非十全十美的。事实上，现实社会主义的运行机制还存在着很多不容忽视的缺陷。最主要的是长期忽视了社会发展的动力机制；平衡机制由于建立在行政主体的指令手段上，也有着很多弊病。这些缺陷和弊病，都与社会主义国家的体制有关。

第二节 传统社会主义模式的主要特征和历史地位

一、传统社会主义模式形成的社会历史原因

社会主义制度是反映并维护社会主义社会形态或社会结构的各种基本制度的总和。社会主义制度要通过一定的具体实现形式和表现形式，按照一定的结构并在一定的机制基础上运行。这种具体的实现形式、表现形式以及它们的结构体系，就是社会主义体制。社会主义的实际状态及其功能表现，在很大程度上要取决于社会主义的体制。

不同的国家、不同的时期，由于具体条件的不同，社会主义体制也往往有所不同。一定国家一定条件下的体制都会有各自的特点。当这些特点综合而构成某种具有较大稳定性、代表性、示范性的体制类型时，便成为一定的社会

主义模式。

由于历史的原因，苏联在20世纪30年代最终形成的经济、政治、文化等体制成为历史上第一个社会主义模式。这种模式通常也就被称为传统社会主义模式。世界上后来出现的许多社会主义国家，在不同程度上都受到这种模式的影响。正是这种模式的内在矛盾，构成了社会主义改革的现实动因。

在分析任何一个社会问题时，都应依据马克思主义理论的绝对要求，要把问题提到一定的历史范围之内，对每一特殊的历史情况进行具体的分析。苏联的社会主义体制是在一定的历史条件下形成的，它的每一部分内容及其特征都受到各种主客观因素影响的制约。

20—30年代，对苏联社会主义体制的形成有较大影响的历史因素，或者说，传统社会主义模式形成的社会历史原因，主要有以下几个方面：

第一，苏联是世界上第一个社会主义国家，苏联党和人民进行的是开创性的事业。在他们前面，既没有一条成功的社会主义道路，更没有一个现成的社会主义模式，一切都要靠他们自己去实践、去开拓、去创造，所以，不可避免地会遇到许多困难和问题。从没有路的地方走出一条路来，当然既会有令人欣喜的成功，也会有令人痛苦的失败。传统社会主义模式是苏联党和人民开拓、创造的产物，其绝大部分内容是无先例可循的。这种开拓性和创造性决定了它们必然会有利弊两个方面。苏联体制的基本方面，反映了社会历史的客观要求，符合苏联人民的利益和愿望；它的弊端方面，在某种程度上可以归结为探索过程中的失误。作为探索的产物，它应该继续不断地总结经验，纠正失误，消除弊端，使之始终保持创新、发展的态势。反之，如果阻遏这种创新发展，将它凝固化为某种静止不变的模式，就会窒息它的生命。

第二，苏联作为第一个社会主义国家，当时面临的国际环境十分不利。就经济体系而言，它长期处于资本主义的包括之中；在国际政治格局中，它也长期处于孤立的地位。由于社会制度的差异，它同资本主义各国存在着尖锐的矛盾和斗争。尤其是当时帝国主义战争势力的增长、法西斯主义的扩展，使世界政治形势极度不安，战争的危险日益扩大。这种严峻的国际形势造成了苏联党和人民强烈的危机感，并成为他们精神上的一个重负，从而也就成为他们决定国内政策时不能不优先考虑的一个因素。苏联的这种国际环境，虽然与当时苏联的外交政策过于僵硬、未能及时打开对外关系新局面不无关系，但这种环境一旦形成，毕竟是一种不利的因素。苏联在这一时期所形成的政治、经济体制，在很大程度上受到了这种因素的影响。为了跑步前进，缩短与资本主义国家经济发展的距离，免遭挨打的危险，他们不得不更多地采取了一些非常措施，集中更多的人力、物力，从事最关键方面的建设，从而使他们的体制不可避免地打上了集中化的烙印。

第三，苏联的基本国情是传统社会主义模式的最直接、最重要的条件和原因。十月革命前的俄国，一方面，几乎与其他发达资本主义国家同时进入了帝国主义阶段，它的工业发展达到了较高的水平，其产量已居世界第五位，经济发展的主要指标超过了意大利和日本。近代工业产值占本国工农业总产值的42.1%，工业无产者达到1500万人，其集中程度甚至超过了美国。在军事上，它是世界列强之一。在文化上，是世界上文学、艺术、科学的典范。但另一方面，它又是一个资本主义并不十分发达的国家。它的工业基础比较薄弱，经济结构中还保留着农奴制的残余。它的政治制度是资本主义和封建专制主义的混合物。 它的文化教育事业相当落后，3/4的人口是文盲。同时，它还是一个多民族的国家，沙皇专制制度的民族压迫异常深重。十月革命后，俄国的社会制度发生了根本的变化，但是经济结构在短时间内还没有根本改变，经济水平仍然处在中等偏下的程度。小农占人口的大多数。愚昧落后和专制主义的积习渗透于社会生活的各个角落。特别是由于连年的战乱，使原本脆弱的经济岌岌可危，加重了俄国社会的落后程度。这种国情，对苏联社会主义体制的形成产生了最深刻的影响：它一方面激化了加快经济、社会发展速度以便尽快赶上和超过资本主义发达国家的愿望和要求；另一方面又严重阻滞着苏联社会的发展进程，从而在这愿望和现实之间产生了尖锐的矛盾，使苏联的决策者们难以找到两全其美的解决办法。与此同时，旧社会遗留下的各种遗迹，包括愚昧落后的心态、专制主义的传统等等，自觉或不自觉地影响着人们的价值取向和心理偏好，使社会在一个个十字路口总是身不由已地向某个特定的方向走去，从而使新体制的框架中不可避免地灌注着旧事物的汁液。

第四，非科学的思想认识路线使人们在社会实践中常常作出错误的抉择。首先是用教条主义和实用主义的态度对待马克思主义的某些原则和论断，或者是抱住某些观点死死不放，或者是按照自己的意图任意曲解，再为己所用。其次是不能严格地从实际出发，按实际条件和民政部决定的方针政策，而是任主观意志、主观愿望、主观想象办事。再次是思想方法上的片面性，非此即彼、非好即坏，只知其一，不知其二，只顾一面，不顾另面。最后是理论与实际的脱节。理论上清楚的东西，在实际中没有实行；理论上说到的，在实际中做不到。诸如此类非科学的思想认识路线，在当时的苏联领导人，特别是斯大林身上，可以清楚地见到。例如对待社会主义商品经济问题，对待农、轻、重关系问题，对待发展速度和比例问题，对待社会主义民主问题，对待党的集体领导与个人作用问题，乃至对待社会主义与资本主义的关系问题等，都可以见到形而上学的痕迹。在这种非科学的思想认识路线指导下，建立社会主义体制的实践不可避免地会不时出现偏差和失误。

第五，接连不断的党内斗争给苏联的社会主义事业罩上了阴影。在建立社会主义体制的过程中，联共（布）党内曾经出现过多次重大的分歧和斗争。其中主要的有：1923—1924年与托洛茨基反对派的斗争，1925年与季诺维也夫和加米涅夫“新反对派”的斗争，1926—1927年与托—季联盟的斗争，1927—1929年与布哈林的所谓“右倾反对派”的斗争。这些党内分歧和斗争，涉及了许多重大的政治、经济理论问题，对于苏联的社会主义建设具有重大意义。按照马克思主义的态度，应该允许人们有不同意见，展开积极的讨论和争论，以求得思想上政治上的一致。但是联共（布）在处理这些分歧和斗争时，错误地采取了一些过火的措施，有时甚至混淆了分歧和斗争的性质，把任何不同意见都视为异端，把稍有不同意见的同志都当作敌人来对待，结果是严重破坏了党内民主，破坏了集体领导和民主集中制原则，发展了个人崇拜，造成了政治生活中万马齐喑的局面，使苏联社会主义建设的道路、方针、战略发生各种偏差和错误，也使得苏联体制形成过程中不断暴露出来的弊病无人检查、无人医治，日积月累，不断恶化。

第六，斯大林的个人特点也是不可忽视的因素。马克思主义并不把个人品质看成决定历史的力量，但是也不否认在相同的历史条件下，个人的活动及其作风、特点，会对历史发展的方向起重大作用。列宁在1922—1923年曾对斯大林的个人作风表示忧虑，并建议将斯大林调离总书记的岗位。但是联共

（布）没有按列宁的意见采取措施，结果列宁的预言不幸而言中。斯大林个人作风中的缺点恶性发展，乃至对苏联的社会主义事业产生了灾难性的影响。

二、传统社会主义模式的主要特征和利弊双重性

在上述历史条件下形成的传统社会主义模式，亦即苏联体制，表现出一系列较为显著的特征。

在经济体制上，主要特征是：

第一，单一、整齐的生产资料所有制形式。通过十月革命胜利后及战时共产主义时期的国有化措施，通过20—30年代的工业化和农业全盘集体化运动，在整个苏联确立了整齐划一的生产资料公有制形式。公有制包含国家（全民）所有和集体所有两种类型。工业企业绝大部分归国家所有。农村主要是以集体农庄的形式实行集体所有，同时也有部分国营农场。历史上遗留的以及新经济政策时期出现的其他经济成分，特别是个体所有制，基本上都被取消，不允许存在和发展。理论上，认为社会主义国家的公有制形式应该纯而又纯，而且认为国家所有制比集体所有制更先进、更优越，发展方向是从低级公有制形式向高级公有制形式过渡。这种大规模公有制的地位，固然是苏联社会的重大变革，但过于单纯的所有制结构并不符合苏联社会生产力的发展状况和要求，在强制实行单一公有制的过程中，对生产力也造成了一定程度的损害。

第二，高度集中、以条条为主的国家管理体制。国家作为生产资料全民所有制的代表，不仅掌握主要的经济命脉，而且成为经济管理的主体。国家按照部门管理的原则建立了一整套的条条为主的垂直管理系统。从生产、流通到分配的所有经济环节，都由国家各级管理机构统一掌握，决策权主要集中于中央。在生产方面，国家机构不仅为企业规定生产方向、产品数量、品种规格和质量要求，而且规定生产设施的分配和工艺流程，以及各种消耗定额、职工人数和编制等。在产品供销方面，国家机构不仅决定企业生产所需的一切物资来源、数量和取得的方式，而且决定企业产品的销售及其价格。在分配方面，国家机构不仅统一规定各行业、各部门的工资等级，而且为每个企业规定工资基金额。在财政方面，国家机构对企业全面统收统支。总之，是政企不分，国家

机构包揽一切。这种体制，有助于国家集中财力物力办大事，也有利于在全国范围内的综合平衡，但是严重限制了企业的自主性、积极性和灵活性，使企业成为行政机构的附属物。

第三，国民经济高度计划化，排斥市场机制的作用。先是采用年度控制数字的形式制定年度计划，到20年代末以后，开始实行全面的五年计划制度。计划的内容越来越广泛和具体。计划具体法律效力，各地区、各部门、各单位都必须严格执行。工业有计划，农业也有计划。计划渗透到经济生活的各个方面，成为一切经济活动的目标与准则。从上到下的计划委员会系统负责制定整个计划并监督计划的执行。认为计划经济是社会主义的特征，市场经济则是资本主义的特征，两者是截然对立、互相排斥的，因而企业不能去适应市场的情况，也无权自行去市场进行供销。市场机制受到严格限制，不能发挥作用，甚至一度取消集市贸易和商品贸易关系。

第四，以行政手段为主管理经济，经济生活容易受政治和政治斗争的影响。国民经济不是主要以经济手段来调节，而是主要通过国家颁布的政策、决议，通过各种行政手段来组织和管理一切经济活动。成本、利润、税收、信贷、价格等经济杠杆没有得到充分运用。经济生活时常受到政治斗争的干扰，按照政治的要求来决定国民经济的发展速度、方式、途径等问题，许多经济政策违背经济规律。

第五，经济战略上优先发展重工业，按重工业、轻工业、农业的顺序安排国民经济的全局，集中力量争取重工业的高速增长，并选择了以外延为主的发展途径。为集中工业化的资金，采取挤农业、压消费的办法，不惜牺牲轻工业和农业的发展。这种战略，对于加快工业化的步伐，迅速增强国家的物质基础起到了巨大的作用，但也造成了国民经济比例的长期失调。

在政治体制上，主要特征是：

第一，党对国家实行统一领导，以党代政，权力高度集中。斯大林明确宣布，苏联实行一党领导制与“党的垄断”，不允许其他政党分掌权力。在以党为核心的政治体系中，苏维埃、工会、合作社、青年团等，都是党联系群众的“引带”，党是这个体系的主要指导力量。党独揽大权，国家政治体制实际上处于以党代政的状态。权力集中于党。立法、行政等大事，都由党中央作出决定，再在形式上由立法、行政机关批准或贯彻。中央集权最盛时，党政军权力都高度集中于总书记斯大林之后，连中央政治局都成了一个陪衬，重大问题皆由斯大林及其周围圈子里的少数人说了算。这种国家领导体制，固然有利于党对国家实行领导和管理，但也使党陷于大量行政事务中，影响了党的声誉，特别是过于集中的权力极易走向个人的独断专行。

第二，国家权力机构由各级苏维埃组织构成。宪法规定，苏联的一切权力属于城乡劳动者，由各级劳动者代表苏维埃行使。苏联各级国家权力机关为：苏联最高苏维埃，加盟共和国最高苏维埃，自治共和国最高苏维埃，边疆区、州、自治州、市、区、村劳动者代表苏维埃。苏联最高苏维埃由全体苏联人民按普遍、平等、直接选举制，用无记名投票方法选出。它由联盟院和民族院组成，每届任期四年，每年召开两次会议。休会期间，由其常设机构苏联最高苏维埃主席团行使其职权。苏维埃制度和体制是苏联人民的一个创造，是苏联人民民主管理国家的一种有效形式，在苏联政治生活中发挥了积极而重要的作用。但是由于对社会主义民主重视不够，没有正确处理党与政的关系，苏维埃体制所发挥的实际作用逐渐削弱，甚至成为通过或公布联共（布）中央决议的"橡皮图章"，因而没有能使苏维埃体制的优越性充分发挥出来。

第三，政府管理体制实行人民委员会（1946年后改称部长会议）制。政府按部门管理原则实行垂直领导，对社会经济、文化、生活实行严格的行政管理和检查、监督，权力结构是宝塔形，最后集中于中央。政府内部分工细密，机构设置越来越多、越来越细，除部外，还有各专门委员会和管理局，有时还在各地派驻全权代表。这种体制使政府机构成为一个完整统一的系统，便于中央的统一领导，但也容易造成部门林立、机构臃肿、人浮于事、官僚主义等各种弊病。

第四，干部制度系统严密，但缺少活力。在斯大林时期，通过干部工作的实践，在干部的培养、选拔、使用、监督和待遇方面形成了一整套制度和体制，总的作用是积极的。缺陷是在干部的选拔和使用上，虽然曾强调实行选举制，但实际上实行的是自上而下的委派制。绝大多数干部都由上级委派。即便履行选举手续，实际上仍然是上级机关指定候选人，成为变相的委派制。广大党员、群众的选举权、监督权、罢免权没有得到落实，造成干部只向上级负责而不向群众负责的局面。与此同时，没有明文规定干部的使用和任职期限，造成了干部事实上的终身制，使干部队伍难以流动和更新，朝气减少，暮气上升。

第五，民主法制初步建立，但很不完善，人民民主权利没有得到切实保障。苏联宪法规定了人民应享受的最广泛的民主权利，包括劳动权、休息权、享受教育权、物质保证权，以及信仰自由、宗教仪式自由、言论自由、出版自由、集会自由、游行示威和结社自由、不受任意逮捕的自由、住宅和通信不可侵犯的自由等等。所有这些，不分民族、种族，全体公民一律享有。在实践中，苏联也建立了比较完整的司法、检察体系，制定了一些具体法律，使人民民主得到了一定程度的实现。但是由于认识上的偏差和体制上的缺陷，苏联的社会主义民主仍然是很不完备的，很多民主制度没有法律化、制度化。法律没有应有的权威，有法不依，执法不严，党大于法，人大于法。特别是内务部门凌驾于法律之上，享有绝对的权力，无视宪法，为所欲为，酿成了大量极为严重的冤假错案。党的国家的民主生活不健全，造成了严重的个人专断和个人崇拜。

第六，建立有必要的监督制度，但没有能充分发挥作用。十月革命后，列宁为了改善国家机关的工作，根除官僚主义毒瘤，防止党和国家各级领导人滥用权力，建立了工农检查院和联共（布）监察委员会，初步建立了独立的苏维埃监察制度。但在1930年以后，逐渐地削弱了党中央监委会的地位和作用，把它降格为中央委员会领导下的一个机构，由一名中央书记领导，使之失去了参与制定和监督党的决策的权力，失去了对同级党委的监督权。政府的监察委员会和监督小组也都从属于人民委员会和各政府部门。总之，整个监督机构缺乏独立的监督权力，没有发挥有效的约束作用。根本问题是只有自上而下的监督，而没有有效的自下而上的监督。

传统社会主义模式的主要特征最集中地表现在经济体制和政治体制上，但除此之外，还有文化、教育、科技等其他方面的体制和政策。经济体制与政治体制互相渗透、互相结合、互相影响，共同决定了其他方面的体制和政策，并综合构成了传统社会主义模式一套完整而系统的内容。

综上所述，苏联社会主义的体制模式，是特定历史条件下的产物，是在苏联国情各种复杂因素的制约下进行最初探索的结果，因此，并不能说是一个成熟、完善和理想的模式。在它的内部，既有积极性的东西，对苏联社会的发展起了推动作用，又有很多弊端和缺陷，对历史产生了消极影响。这种利弊双重性，构成了传统社会主义模式最深刻的内在矛盾。

三、传统社会主义模式的历史地位和影响

由于传统社会主义模式存在着深刻的利弊双重性，因而它在历史上也产生了积极和消极两种影响。

从积极方面来说，苏联这种体制的基础性质毕竟是社会主义的，所以不可否认它的历史上曾有过巨大的功绩：

第一，这种体制，作为社会主义的框架即组织形式，与社会主义的根本社会制度，如无产阶级专政、社会主义民主、生产资料公有制、按劳分配制度等，有着不可分割的联系。它的形成，既是无产阶级的一个创造，也是社会制度及体制的一个质的进步。作为社会主义根本制度的一种具体表现形式，它在很多方面仍然具有不小的优越性，多多少少仍能反映社会主义的本质。万事开头难，它毕竟是在完全不同于旧社会的基础上，朝着建立更加成熟完善的社会主义体制迈出了第一步。它建立以后，面对国内外复杂、严峻的形势，基本上维持了无产阶级政权的稳固和政局的稳定，为社会主义事业的发展提供了基础和保障。

第二，这种体制，在以战争和革命为主题的时代，在国内外阶级斗争非常严峻的形势下，在经济文化比较落后的国度里，有其一定的必要性和合理性。它有利于最大限度地集中全国有限的物力、财力和以农民为主的劳动力，优先发展重工业，快速实现社会主义工业化；有利于建立社会主义经济基础，迅速发展国民经济，在短期内变农业国为工业国，增强国家的实力和地位；有利于消除贫富悬殊的社会两极分化，实现相对公平、基本均衡的财富分配，使绝大多数民众迅速摆脱饥寒交迫的困境，过上温饱的生活；有利于在复杂的国际环境中，巩固自己的国际地位，挫败西方的武装侵略、外交孤立和经济封锁政策，维护国家的主权和安全。在50年代前的历史时期里，这种体制的社会主义同军事封建帝国主义制度、法西斯制度、危机频仍的资本主义制度、殖民地半殖民地制度、封建半封建制度相比，具有巨大的优越性，因而在人民群众

中有很高的威望和吸引力。

第三，这种体制保证了苏联在20—30年代高速度地发展重工业，在短期内实现了工业化和农业集体化，奠定了社会主义的物质基础。经过几个五年计划的建设，苏联工业有了长足的进步，许多工业部门从无到有，形成了较为完整的工业体系。农业中基本实现了机械化。整个国民经济迅速发展，缩小了与资本主义国家的差距。到1950年，苏联的工业产值比1913年增加12倍。1953年与1913年相比，苏联的国民收入增加12.67倍，而美国只有2.03倍，法国只有0.54倍。苏联经济的迅速发展，与其体制中的某些优越性是不无关系的。人力、物力、财力的集中，对文化、教育、科技事业的发展也有很大的促进作用。苏联在短时期内迅速发展了文化教育事业，普及了十年制教育，办起了许多大学和科研机构，培养了大批知识分子，取得了许多重大科技成果。

第四，这一体制保证了苏联反对希特勒德国的卫国战争的胜利。苏联在工业化过程中，重工业力量得到增强，很大程度上奠定了战胜希特勒法西斯的物质基础。战争爆发以后，高度集中的体制使之能迅速动员全国人力物力转入战时状态，支援前线，进行空前规模的卫国战争。战争初期的几个月内，就有1500多个重要企业和1000万人口从西部转移到东部后方。这种大规模的战略转移，如果没有严密的组织和纪律作为保证是不可想象的。战争期间，苏联的企业生产了大量军火装备，源源不断地运往前线，保证了战争的胜利。苏联能在四年内彻底打败穷凶极恶的德国法西斯，与它的体制也并不是毫无关系的。

第五，这一体制为其他国家的社会主义建设提供了宝贵的经验。苏联体制虽有种种弊端，但毕竟有许多可供借鉴之外。自苏联之后，世界上又有一系列国家建立了社会主义制度。它们如果完全从头开始探索，必然会付出更多的代价，而且也不可能不发生失误。但借鉴苏联经验，可以使新的社会机制较快地形成和运转起来。即使苏联失败的教训，对它们也是一种有益的启示，能够使它们少走或不走弯路。所以，苏联模式作为榜样的作用，本身并不是毫无价值的。根本的总是在于如何学习借鉴：是照抄照搬，还是根据自己的国情加以吸收、改造；是自愿学习，还是强制推行。

苏联的社会主义体制虽然具有历史性的功绩，但远不是一个成熟、完善和理想的模式。它的许多重大的弊端对苏联及其他社会主义国家也产生了消极的影响。这种影响是广泛而深远的。追根溯源，20世纪社会主义的许多重大挫折，尤其是80年代末90年代初苏联的解体和东欧的剧变，都与这种弊端和影响有关，因此，是不能低估的。

第一，达一体制使苏联走上了并非最佳的发展道路。苏联在探索社会主义的过程中，本来有多种方案可选，有多条道路可走。虽然历史不能回复，但我们不妨假设一下：如果在历史的无数个十字路口，苏联作出的不是这种选择，而是另外的选择，比如，假如列宁的“遗嘱”被忠实地执行，假如新经济政策不中止实行，假如对社会主义建设的方针能自由、深入地加以讨论，假如社会主义民主得到切实保障，假如这种体制的集权性质淡化一些……那么，历史又会出现怎样的结果呢？无论如何，较佳甚或最佳选择的可能性是存在的。然而，苏联错过了一次次机会，从而产生了现行的这种体制，而这种体制一旦成形，又成为一种既定条件和规范力量，迫使苏联只能在现有道路上滑行而无法去作出新的选择，从而丧失了更多更好的机会。

第二，这一体制阻碍了社会主义优越性的更大发挥。苏联体制尽管在某些方面也发挥了社会主义的优越性，但是这种发挥的程度与它本来所蕴藏的极大可能性相比，仍然是不成比例的。比如，它远远没有解决好生产者与生产资料最紧密地结合在一起，使劳动群众实际地行使对生产资料的所有权、支配权、管理权的问题；它远远没有发挥出社会主义民主的巨大潜力，使社会生活充分民主化，从而增强人民群众的社会主义积极性，它也远远没有形成较为理想的社会主义经济运行机制，从而使社会主义经济建设取得更为理想的成果。所以，这种体制并不是发挥社会主义优越性的最佳形式。正如工农业产品人格的“剪刀差”一样，它使社会主义内容与形式的背离呈现着不断加大的趋势。

第三，这一体制在经历了特定的历史发展阶段以后，对苏联社会的进步发生了更深刻、更长远、更广泛的阻滞作用。依靠这一体制，苏联的经济和社会生活曾有迅猛的发展，但是这种发展是付出了极为高昂的代价的，而且是缺乏后劲的。从根本上来说，也并不是完全符合社会发展的客观规律的。因而，随着社会生产力水平的提高、科学技术的进步、国际国内环境的变化，尤其是长期掩盖这种体制固有弊病的诸种因素逐渐消失之后，这种体制的代效率、不民主、缺乏动力、运转不灵等现象就明显地暴露了出来，越来越成为阻滞经济发展和政治进步的障碍和包袱。所以，到了50年代初期，党内和社会上长期积累的矛盾已经尖锐化，达到了非对传统的社会主义模式进行改革不可的地步，不改革，就没有出路。

第四，这一体制的弊病降低了社会主义的威信，减弱了社会主义的吸引力。由于苏联是第一个社会主义国家，所以在相当长的时期内，世界上的各种人都是把社会主义与苏联完全画等号的。人们对社会主义的认识和态度，在相当程度上并不是取决于有关社会主义的理论宣传，而是取决于他们所耳闻目睹的活生生的现实。苏联所取得的成就，使一切进步的人们感到振奋，但苏联体制的弊病及其所造成的后果也使人们感到疑惑，甚至失去对社会主义的信任和向往。特别是民主和经济两大问题，一直受到世界人民的密切关注。由于苏联在这两个问题上的严重失误，结果大大降低了社会主义制度的吸引力。这种消极的影响一直延续到今天，仍然未能消除。这不能不说是社会主义事业的严重损失。

第五，这一体制对几乎所有的社会主义国家都造成了严重的损害。苏联的体制是苏联一国在特定的历史条件下建设社会主义的尝试。其他国家可以学习它、借鉴它，但是并不需要也不应该直接搬用和仿效它，更不应该把它当作社会主义的唯一标准和样板。但是过去的几十年中，由于人们思想认识上的片面性，不正确地在社会主义和苏联体制之间画上了等号；由于共产国际高度集中的体制，把苏联抬上了社会主义最高典范、最高标准的位置；由于欧洲九国共产党和工人党情报局采取强制手段，在各人民民主国家推行苏联模式，并把一切与苏联不同的意见和体制都当作异端；由于苏联坚持大党主义大国主义立场，把自己的一切都封为马列主义的正统，非要别人照抄照搬不可……所以，苏联的模式曾长期被奉为至高无上的权威，各个社会主义国家，无论是自觉地还是被迫地、真心诚意地还是半心半意地、长期地还是短期地，都照抄照搬了苏联的模式。不仅学到了长处，也机械地搬用了短处，结果使苏联模式的弊端从一国扩展到了社会主义各国，从而使这些国家都相继产生了与苏联极类似的难题和困难，也先后遭到了不同程度的挫折，延缓了社会主义的发展进程，有的甚至出现了剧烈的社会动乱。苏联体制的这一影响，是极为广泛和深远的。

第三节 社会主义改革的历史进程

一、社会主义改革的理论根据和现实动因

从50年代开始，社会主义国家的社会主义共产主义运动不仅以社会主义建设的形式展开，而且进一步以社会主义改革的形式展开。社会主义改革的潮流由一国到多国、由局部到全局、由表层到深层逐步发展、逐步推进，直至席卷了几乎所有的社会主义国家，成为当代世界一种极为重要的社会历史现象。

社会主义改革的兴起，不仅是马克思主义理论所揭示的社会发展规律的一般要求，而且有着直接和现实的社会历史动因。改革，是社会主义发展的必然要求。

马克思主义认为，社会主义社会是共产主义社会的第一阶段，是社会形态由资本主义发展到共产主义的漫长的过渡历史时期。现在看来，社会主义还可以认为实际上是一个独立的社会形态。

按照马克思主义的辩证发展观，世界上的一切事物都是作为一种发展的过程而存在的。产生、消灭、变化、发展，在这种永恒的过程面前，不存在任何静止的、绝对的或最终的、神圣的东西。这种无限发展的辩证思想，指明了社会主义也像其他事物一样，是一个不断发展和变革的过程。社会主义不但要消灭一切剥削制度和剥削阶级，而且要极大地发展社会生产力，进一步完善和发展社会主义的生产关系和上层建筑，并且在这个基础上逐步使人民达到共同富裕。毫无疑问，这一任务不是一朝一夕就能完成的，社会主义也不是一诞生就能完全成熟的，社会主义是人类历史发展长河中的一个阶段。社会主义自身是一个由低级向高级、由不完善到比较完善、由不发达到比较发达这样不断发展变化的过程。在这个历史过程中，不仅旧时代的很多遗迹需要逐步清除，而且，新的社会制度也需要随着社会生产力的发展，不断完善和健全。正是在这种意义上，恩格斯明确指出："所谓'社会主义社会'不是一种一成不变的东西，而应当和任何其他社会制度一样，把它看成是经常变化和改革的社会。"[①]马克思主义这种彻底的辩证发展观，从根本上指明了社会主义改革的

①《马克思恩格斯全集》第37卷，第443页。

历史必然性。

社会主义通过内在矛盾的运动而向前发展。同其他社会一样，社会主义社会的基本矛盾也是生产力和生产关系、经济基础和上层建筑的矛盾。不过，这种矛盾与以往社会的基本矛盾具有根本不同的性质，因而解决的方式也不同。社会主义社会的基本矛盾不需要通过剧烈的对抗和冲突的形式来解决，而可以通过社会主义的内部力量，通过社会主义制度自身的调整和完善来解决，通过不断、适时、适度地调整生产关系和上层建筑的某些局部和环节，达到生产关系与生产力、上层建筑和经济基础的统一与适应，从而促进生产力的发展，推动社会的不断进步。这种调整可以是经常性的、随时性的，也可以是在某一段时间内比较集中地进行，调整的幅度也可以较大较宽。这后一种调整事实上就构成了社会主义改革。改革的目的是为了消除生产关系和上层建筑中的弊端，特别是集中地表现在体制上的弊病，使社会主义的社会矛盾系统实现内部适应和运态平衡，从而增强社会主义的动力、活力和吸引力。所以，社会主义改革从本质上来说，是生产关系一定要适合生产力性质和上层建筑一定要适合经济基础要求这一客观规律的要求，是这一规律起作用的必然结果；同时，改革又是遵循社会发展规律，解决社会主义社会基本矛盾的根本手段。社会主义的进步离不开改革，而改革则意味着社会主义的日趋进步和成熟。

如果说，抽象的理论演绎已足以从逻辑上揭示改革的必要性与可能性的话，那么，改革的最现实要求，则来源于社会主义的实践本身，来自于传统社会主义模式的内在矛盾和弊病。如前所述，世界上各社会主义国家的经济、政治、文化、科技、教育等体制，大都是按苏联模式建造起来的。这种以高度集中为主要特征的模式，有个深刻的内在矛盾性。随着苏联模式的泛化，这种模式的内在矛盾也就扩展到了各个社会主义国家。经过几十年的建设，这些国家在社会经济文化各方面都取得了很大成就，但其体制上的矛盾和弊病日益明显地暴露出来，并不断产生着消极的影响。这种矛盾，突出地表现在三个方面：

一是经济文化稳步高速增长的潜力和要求与低效僵化的经济体制的矛盾。许多国家的经济缺乏内在动力和活力，劳动生产率远远落后于发达国家，国民经济各部门的比例严重失调，经济增长的速度时常波动，消费品的供应长期不足，人民生活水平的提高不够理想。

二是社会主义民主化的潜力和要求与集权僵硬的政治体制的矛盾。人民的民主权利得不到充分保障，人民的意愿要求缺乏畅通的反映渠道。法制不健全甚至遭到破坏，不少国家都发生过大规模的清洗、镇压事件。行政机构臃肿，官僚主义严重。

三是外来模式与本国国情的矛盾。照抄照搬苏联的一套，其路线、方针、政策等都受到苏联的制约和干预，不仅影响本国的社会主义建设，而且损害国家主权，严重伤害人民群众的民族感情，甚至经常激起群众的不满和抗议或引起国家关系上的对抗。

这三个重要的矛盾，在不同的国家、不同的时期有不同的表现。发展到最尖锐的程度，甚至引起了严重的社会动荡。大量的事实告诉人们，不改革旧的僵化的体制，不冲破传统模式的束缚，社会生产力就不能充分发展，社会主义建设就不能顺利进行，社会主义的优越性就不能充分发挥，社会主义甚至有崩溃和失败的危险，不改革，社会主义就没有出路。正是在改革成为时代要求和人民呼声的情况下，社会主义改革的潮流才逐步兴起，日益高涨。

从认识论的角度看，人们对社会主义的认识不断深化、发展，也要求相应地进行改革。十月革命胜利后不久，列宁就说过，对俄国来说，根据书本争论社会主义纲领的时代已经过去了，今天只能根据经验来谈论社会主义。所谓根据经验，就是根据实践的民政部和结果，来深化、修正、丰富和发展对社会主义的认识。按照马克思主义的认识论、由认识到实践这样多次的反复才能完成。由于社会主义建设是史无前例的事业，所以人们最初对于社会主义的认识有许多不准确、不全面、不成熟甚至错误的地方。特别是关于社会主义的认识有许多是从苏联来的，这些认识已经附加了马克思主义原来所没有的一些东西，甚至在某些方面已经扭曲和违背了马克思主义的原理。当人们在实践中逐步认识到这些错误后，对社会主义的认识必然产生一个新的飞跃；同时，也就必然要求在实践中对过去在未必正确的理论指导下建成的制度或体制加以调整、改革。例如，长期以来，人们一直认为商品经济和市场经济与社会主义是不相容的，因而在实践中总是排斥商品经济，对市场经济更是大加挞伐。但是，在经历了反复的曲折过程以后，我们终于认识到，社会主义经济就是商品经济。今天，又进一步认识到，市场经济并不等于资本主义，社会主义也应该利用市场。当我们的认识产生这种飞跃后，必然要对经济体制进行大的改造，尽力建造社会主义的市场经济。所以，正是这种认识发展的特点、过程，构成了社会主义改革的认识论基础。

社会主义改革也是新科技革命提出的必然要求。当代新科技革命的兴起和发展，对整个人类社会产生了深刻的影响，它不仅促进了生产力的发展，而且使整个经济结构发生了巨大的变化，新兴产业急速壮大。它使科学和管理等知识越来越成为生产竞争和经济竞争的关键，一种产品的知识密集度越高，其经济效益也就越高。它使信息技术与自动控制相结合，使人类的劳动方式发生了革命性变化。它使生产组织和管理体制发生了变革，新的管理方法和管理思想不断涌现，使生产要素的组合越来越趋于科学、合理。

新科技革命给社会主义带来了严峻的挑战。“物竞天择，适者生存”，这对社会主义同样是不留情面的。要么在挑战面前成为强者，要么就被时代淘汰，迎接新科技革命挑战的必要手段依然是改革。新科技革命要求我们的体制能够有效地激发企业与劳动者的进取心、责任感和创造精神；能够吸收当代最新科技成就和管理经验，推动科技进步，实现国民经济基础的根本改造；能够敏锐地感受和跟踪国际市场的变化，不断调整产业结构，增强竞争能力，并善于利用国外各种资源为国内建设服务。同时，新科技革命还要求国家的宏观控制系统，即政府等，更富有效率、精于谋略、善于应变，具有高效灵敏的指挥调度能力。但是，传统社会主义的模式，总体上是以粗放经营为基础的。在工业化初期，国民经济发展以扩大外延、粗放经营为主要形式，靠劳动密集取胜，这时，传统体制还有一定优越性。但在新科技革命飞跃发展的今天，传统体制已经日益显露出陈旧和落后。因此，只有进行改革，科学技术和生产力才能有新的飞跃，社会主义制度的优越性才能充分发挥。在这种意义上，新科技革命的挑战也是社会主义改革的动因之一。

二、社会主义改革兴起和发展的过程

从50年代初至80年代末90年代初，社会主义改革总体上经历了三个发展阶段。随后，改革的情况发生很大的变化，一些国家不再属于社会主义的行列，社会主义改革进入第四个发展阶段。

第一个阶段，从50年代初到60年代前期，是社会主义改革的最初尝试阶段。

在社会主义体制形成的过程中，各国的体制事实上前后都有不少发展变化，但因它处于社会主义体制基本确立前，一般还属于这一体制的形成过程，所以不包括在严格的社会主义改革中的范围之内。由于各国确立社会主义制度和体制的时间先后不一，早至20—30年代，晚至70年代，所以各国改革的开始并没有一个统一的时间标志。但是就社会主义改革潮流的总体而言，其发端则是以南斯拉夫实行自治制度为标志的。1949年12月，南斯拉夫开始建立工人委员会的试点。1950年6月26日，南人民议会通过《工人自治法令》，从而开始了以实行工人自治为内容的改革（1949年5月28日通过的《人民委员会法》，则可以看作是政治体制改革的开始）。从此，比较严格意义上的社会主义改革，即直接针对苏联式的传统社会主义模式所进行的高速和变革，开始在世界上兴起和发展。

在这之后，随着斯大林的去世，社会主义国家的发展出现重要契机。面对斯大林留下的众多难题，苏联以赫鲁晓夫为代表的新领导大幅度地调整内外政策，实际上开始了苏联的改革。匈牙利等一些国家也根据自己的情况，对农业体制等进行了初步的调整和改革。

1956年，苏共“二十大”的召开，不仅将苏联本国的改革推进到全面尝试的重要阶段，而且为其他国家突破苏联模式，寻求本国社会主义道路，进行经济和政治体制改革，创造了有利的外部条件。同年，中国共产党召开第八次全国代表大会，在这前后，中国对社会主义建设道路也进行了初步探索，并在党的领导体制、经济体制等方面进行了一定程度的改革。波兰、匈牙利等国，由于波兹南事件、匈牙利事件等一系列动乱的发生，以极为紧迫的形式，把改革提上了议事日程。至此，社会主义改革的潮流扩展到了一系列国家。

1957年，苏联开始进行工业建筑业管理体制的改革，下放权力，撤销专业部，建立经济区。在这前后，对农业体制、政治体制等也进行了重大的改革。为了寻找经济体制进一步改革的方向，1962年还开始进行了以利别尔曼建议为中心的理论讨论，并相应进行了局部的试验。如果说，南斯拉夫改革是对传统体制最早、最尖锐的冲击，那么，苏联赫鲁晓夫时期的改革，则是当时从堡垒内部对体制进行的最强烈、最广泛、影响最深远的一次冲击。

但是，由于传统体制的弊病已积重难返，旧的习惯思想和保守势力根深蒂固，人们对社会主义发展规律及传统体制的症结的认识尚不深入，加上改革的方式方法和策略指导不够稳妥，有的国家，如苏联，在改革中还犯了不少错误，所以，到60年代前期，大多数国家的改革尝试都不同程度地遇到了挫折。捷克斯洛伐克从1958年正式开始的第一次改革，于1962年被彻底否定；同一时期保加利亚的改革于1963年中止；苏联对传统体制的冲击也没有完全成功，改革的风云人物于1964年被迫退出历史舞台；南斯拉夫的改革从50年代中期起，就不断遇到挫折，被迫处于缓慢渐进的状态；中国，虽然想在社会主义建设中独辟蹊径，却不料逐渐走进“左”的死胡同，“大跃进”的卫星重重坠地，只好进行大幅度的收缩、调整。

改革的尝试，曲折的道路，勇猛的冲击，仓促的退却——这就是50年代初至60年代前期社会主义改革的基本过程。

第二个阶段，从60年代中期到70年代中期，是社会主义改革深入发展的阶段。在这个阶段，社会主义国家的改革掀起了第二次浪潮，并向纵深发展。

1963年，南斯拉夫以通过南解放后的第三部宪法（通常称为《自治宪章》）为标志，将工人自治推进到社会自治阶段，并实行了新经济措施和政治改革。民主德国在其他东欧国家中，最早提出了改革国民经济计划与管理体制的方案。1965年，苏共中央通过《关于改革工业管理、完善计划工作和加强工业生产的经济刺激》的决议，开始了以推行“计划工作和经济刺激新体制”为中心的经济改革。经过七八年时间，整个苏联国民经济基本上采用了新的体制。1973年，苏联又在全国范围内改组工业管理机构，实行两至三级管理制，成立各种联合公司，从而使改革进了一步。与此同时，苏联还在农业体制和发展战略以及政治体制方面作了调整和改革。苏联的改革构成了第二次改革浪潮的一个重要方面。

在这一阶段，经过比较充分的准备，东欧各国大都先后推出了比较全面的改革方案。除南斯拉夫和民主德国外，还有罗马尼亚从1965年开始了第一次改革，匈牙利从1968年起全面实行新体制，保加利亚从1971年起全面推行新经济制度，波兰在70年代实行了新体制新战略。

在这股改革浪潮中，捷克斯洛伐克1968年的“布拉格之春”成为最引人注目的事件。捷克斯洛伐克共产党人制定了著名的《行动纲领》，提出要建立一种十分民主的、适合捷克斯洛伐克条件的社会主义社会新模式。“布拉格之春”时间虽然短暂，但是纲领系统而明确、内容全面而深刻、发展广泛而迅猛的社会主义改革运动，把第二次改革浪潮推向了峰巅。

在苏联、东欧忙于改革的同时，朝鲜、古巴等国也在社会主义建设中进行了自己的探索。而中国，此时正是“文化大革命”时期。名曰“革命”，实是动乱。政治、经济、文化等体制变化虽然惊人，但却是朝一个错误的方向上变化，结果白白地耽误了10年时间，在第二次改革浪潮的底下，转出了一个深深的旋涡。

第二阶段的改革，在不同程度上缓和了旧体制与生产力之间的矛盾，促进了国民经济的改善和发展。在政治上，各国社会主义民主和法制的建设都有加强，领导体制都有所改革。但是，这一阶段改革的成效，总的呈现为由高而低的曲线状态。由于这一阶段的改革还没有从根本上突破传统体制的基本框架，某些方面甚至有所退步；当改革进到一定深度时，由于受传统思想的束缚和各种现实条件的制约，难以有新的更大突破，有的国家的改革甚至再次中止或失败；加上世界经济形势和国际政治形势发生变化，改革的外部环境趋于恶化，因此，进入70年代以后，特别是70年代中期，不少国家的改革遇到困难，国民经济的增长速度减缓。如何进一步把改革深化下去，建立起比较完善的新的社会主义体制，就成为各社会主义国家面临的新的课题。

第三个阶段，从70年代后期至80年代末，是社会主义改革走向全面高涨，又遭受严重挫折的阶段。

1976年，中国结束“文化大革命”。1978年，中国共产党召开十一届三中全会，重新确立马克思主义的思想、政治和组织路线，并确定了对外开放、对内搞活的方针，从而在一个10多亿人口的社会主义大国，吹响了改革的号角。中国的改革从农村开始，迅速发展到城市，成为包含经济、政治、文化、科技、教育等体制在内的全面改革，成为中国的第二次革命。中国的改革气势恢宏，成效卓著，不仅成为第三次改革浪潮的主流，而且将这一阶段的改革推向了高潮。

在这一阶段，原已改革的国家继续把改革推向深入，其他一些国家也不同程度地进入改革的行列或进行一些调整，从而使社会主义改革具有了更大的普遍性并达到了空前的规模。南斯拉夫在70年代将自治制度推进到“联合劳动”阶段，并在政治体制中实行了代表团制。匈牙利改革稳步发展，其成绩最为显著，并逐渐形成了“匈牙利模式”。波兰的曲折和动乱最为明显，但依靠改革，曾一度走出严重的危机。从1986年年中开始，他们进入本国改革的第二阶段，开始对传统的国民经济经营管理体制进行根本性改革。苏联从70年代后期开始，社会处于稳定和渐进发展的状态，甚至陷于停滞状态，所进行的一些改革只限于修补和完善。从1982年底开始，在短短的28个月中，苏联连续有3位总书记去世。当权力交替过程结束后，苏联的改革表现出新的强劲的态势。在戈尔巴乔夫主持下，改革在经济、政治、文化、教育等各个领域全面展开，形成了较大的规模和声势。

在80年代中期前后，世界社会主义改革运动曾一度呈现空前壮阔的景象和气势，但这种态势没有能保持下去，改革的效益逐步递减，国民经济运行状态不佳，社会政治领域出现越来越多的不稳定现象，有的党内发生矛盾甚至领导层的分裂。由于种种原因，1989年东欧国家政局剧变，1991年苏联解体。世界社会主义改革的第三次浪潮遂告结束。

第四个阶段，从1992年开始迄今，是社会主义改革在遭受严重挫折后，在新范围内和新的基础上争取复兴并深入发展的阶段。

由于苏联、东欧发生剧变，苏联和东欧地区的国家，虽然也在“改革”，但其含义和性质已经全然不同，所以，已不能再列入社会主义改革的范围。在现有的社会主义国家中，中国成为改革的主要力量。以邓小平1992年初视察南方的谈话和中共“十四大”为标志，中国的改革开放和现代化建设进入一个新的阶段。随着建设有中国特色社会主义理论的确立，也包括经济体制改革中社会主义市场经济体制目标的确立，改革正在向纵深发展，改革的成效明显。如果中国的改革取得成功，对世界社会主义事业将是一个巨大的贡献。

三、社会主义改革的主要内容及其效果

几十年来，社会主义改革经历了一个从个别国家到多数国家、从局部到整体、从表层到深层这样一个逐步发展和深化的过程。不同时期、不同国家的改革内容是不很相同的。但归纳起来，也有很多基本的共同方面。

在经济体制改革方面，主要有以下内容：

第一，发展多种所有制。许多国家在生产资料所有制上，改变了过去只强调发展国有经济、并急于向单一所有制过渡的片面做法，积极发展私人所有制、混合所有制、社会集团所有制、共同所有制等经济成分，逐步建立以全民所有制为主导的多种经济并存的所有制结构。对国有经济则实行所有权与经营权分开，实行多种经营方式。有的进一步发展股份制、租赁制等经济。

第二，改革经济管理的组织结构。各国从改革一开始就特别注意改革经济管理的组织结构和基层经济单位的组织形式，减少中间管理环节，以消除机构臃肿现象，发展专业化生产，从而提高经济活动的效能。苏联先是废除部门体制，实行地区体制，后来又改变为新部门体制，把条条块块结合起来。70年代以后，建立各种联合公司，组建大型国民经济综合管理机关。许多国家推进企业的联合化、大型化，也有的积极发展中小企业。

第三，扩大企业自主权。绝大多数国家都针对经济体制过于集中的弊病，从搞活企业出发，扩大企业在计划、生产、劳动工资、财务、价格、经营等方面的自主权，发挥企业改进经营管理的主动性和创造性。各国企业自主权的大小及实现方式有所不同，但总体上都逐步向独立的商品生产者过渡，经营自主权越来越大。

第四，改革计划体制。传统经济体制中集中过多、统得过死的弊病，在计划体制上表现得最为突出。所以，各国普遍对计划体制进行改革，减少或取消指令性计划，增加市场调节的因素。计划机构及其职能以及计划指标体系等都发生了变化。进入80年代后，有些国家进一步改革计划经济体制，破除市场经济与社会主义不相容的观点，逐步引入市场经济的机制，使市场所起的作用越来越大。

第五，加强经济核算制。各个国家都是从改善企业的经济核算起步，逐

渐走上改革整个运行机制的道路的。因此，加强经济核算制是经济体制改革一个初始和基础的环节。各个国家一般都将企业或公司作为基本的核算单位，注意增加核算的内容和扩大核算的范围，实行利润提成和基金付费制度，减少企业对国家的依赖。有的推行完全的经济核算制，使企业自筹资金、自我管理、自负盈亏。

第六，改革分配制度，加强物质刺激。各个国家从最初改革起，就把经济效益与各种物质鼓励形式结合起来，以刺激生产单位和生产者的动力。有些单位取消了统一的工资标准。经济组织工资基金的大小，取决于自身经营状况的好坏。职工报酬同企业经营好坏以及本人的劳动贡献逐步建立了紧密的联系。

第七，改革价格体系。一是调整不合理的比价关系，二是改革价格机制，从而使价格准确地反映价值和市场供求关系，发挥其对于生产、消费和流通的调节作用。生产单位逐步成为制定价格的主体，国家通过立法和社会组织进行监督。有的国家实行了混合价格体制。

第八，改革财政、金融、税收体制。各国都调整财政和银行在经济建设中的职能，扩大企业和地方的财权，建立合理的拨贷款制度。完善预算体制，严格财政监督。组建商业银行，加强银行监管和调节作用。扩大基本建设中的贷款比重，使利率成为执行信贷政策、分配资金和调节生产的重要手段。逐步建立新税制，高速税种，统一和简化税制，大部分税种都并入增值税。

第九，改善对外经济关系。适应于经济生活国际化的趋势，许多国家都实行了对外开放政策，大力发展与世界其他国家包括西方发达国家的经济关系。对外贸易迅速发展，对外技术和劳务交流日益活跃，生产领域的国际合作大大加强，高技术产品开发研制和生产实行跨国界的分工和合作，对外文化的交流也有了很大发展。

第十，农业改革。有些国家的改革是从农业起步的。在全面的改革中，农业改革是重要的组成部分。涉及的有农村所有制形式和经济组织的形式问题、农业管理的体系和结构、劳动报酬、农产品价格收购方式、个人副业等问题。其目的是提高农民生产积极性，促进农业经济发展，密切城乡经济联系，巩固国民经济的基础。

在政治体制改革方面，主要有以下内容：

第一，改革党的领导体制和党政关系。大多数国家都先是批判个人崇拜、少数人专权的错误，实行集体领导的制度。在随后的改革中，进一步扩大党内民主，加强党内批评和党内监督，健全党的有关会议制度，保障党员的民主权利。针对党政不分的现象，一些国家实行党政分开，强调党是政治团体，而不是权力机构，规定党政领导不能互相兼职。有些国家根据自己的情况，实行了多党联合执政或多党合作的方式，民主党派的地位和作用有所提高。

第二，扩大社会主义民主。促进政治和社会、经济生活的民主化，是各国政治体制改革的中心内容。南斯拉夫按照其自治理论，逐步建立了代表团制。匈牙利主要扩大公民的民主权利。波兰运用和发展了各种直接民主的形式，如全民投票、公开讨论、社会协商对话等等。保加利亚将国家机关的某些职能转交给社会团体，实行社会主义自治。苏联建立了人民代表大会制度。

第三，改革国家政权和行政管理机构。各国都普遍扩大了国民议会、苏维埃这一类国家政权机关的权力，以法律形式规定了它们的地位，建立了某些常设机构，使它们能更好地履行职责。对政府行政机构，各国一般都根据经济体制改革的要求进行了多次调整，实行简政放权，努力克服官僚主义，使这些机构能成为运转灵活、反应灵敏、科学精干、讲求效率的行政指挥系统。

第四，改革干部制度。各国在这方面采取的措施有：破除干部职务终身制、实行干部任期、任免、轮换等制度，减少任命制，实行选举制、招聘制、竞选制等方式；严格规定干部条件，对干部定期考核，实行奖惩制度；调整领导班子结构，实行干部的专业化、知识化和年轻化；运用多种形式培训干部，逐步形成不同层次、相互配套的培训体系，健全干部培训制度；加强对干部的监督，严肃干部纪律；实行人事立法，逐步使干部制度法律化、规范化。

第五，健全社会主义法制。吸取过去无法可循、有法不依的沉痛教训，各国都普遍加强了社会主义法制建设。首先是加强立法工作，颁布各种立法纲要，制定了大量新的法律，做到凡事有法可依、有章可循，并注意突出法律的保护、组织和调节的职能，减少镇压职能。同时，健全司法制度，加强法律监督，普遍改造了过去的安全部门，建立健全了司法机关。一切党组织都必须在宪法和法律的原则下和范围内活动，国家机关根据法制进行工作，维护国家的法律程序和公民的权利。

除了经济体制和政治体制这两方面最重要的改革外，各国还都普遍在科技体制、教育体制、文化体制等方面进行了改革。

经过几十年曲折复杂的改革历程，社会主义国家的改革都取得了不同程度的成就。概括而言，主要表现在：

第一，改革在一定程度上缓和了生产力与生产关系的矛盾，初步发现了经济体制中最为明显的不合理之处，并适应新技术革命的要求调整了产业结构，从而促进了社会主义经济的发展。

第二，改革在一定程度上改造了旧的高度集权的政治体制，改进了党和国家的领导，促进了政治生活的民主化，加强了社会主义法制，使社会主义朝着高度民主、法制完备、富有效率、充满活力的方向迈出了一大步。

第三，改革使社会主义由一种模式向多种模式发展，结束了苏联模式一统天下的局面，开辟了多种模式竞相探索、百花齐放的新时代。各国人民努力走自己的道路，积累了新的经验。

第四，改革促进了人们的思想解放，打破了很多错误的旧观念的束缚，丰富和发展了马克思主义理论，并且初步形成了马克思主义在实践中酝酿大突破、大发展的时代趋势。

几十年改革在取得成就的同时，也不断遇到很多复杂的问题。特别是从1988年起，各国的经济、社会、政治困难迅速增加。社会矛盾和党内分歧进一步加剧，社会主义改革的效益递减。人们在改革向何处去的问题上陷入犹豫、彷徨状态。社会上的混乱、动荡局面不断出现。尤其令人震惊的是，1989—1991年，苏联、东欧政局发生剧变，执政的共产党被迫下台。改革没有能按预先的期望振兴社会主义。这些国家反而另择道路，滑向了资本主义。

四、社会主义改革的主要规律和经验教训

世界上一切事物都有自身产生和发展的规律。社会主义改革，作为一种重要的社会历史现象和社会运动，也有其内在的规律。这种规律，不管人们是否意识到，它都客观存在着，并且时时发生影响，制约着整个改革的发展

过程。

40多年的改革历史证明，社会主义改革至少有三个主要的规律（为避免与收入本书的《社会主义改革的三大规律及其运行特征》一文重复，将这里的有关内容删去）。

总结40多年改革的历史，至少有以下经验教训必须记取：

1．必须坚定不移地进行改革，把改革作为社会主义发展的动力。社会主义曾经创造出辉煌的奇迹，但在一定的历史条件下，僵化的体制又阻碍了社会主义的发展。不改革，社会主义就没有出路。因此，社会主义国家一定要充分认识改革的必要性和重要性，坚定不移地推进改革，深化改革。特别是在改革遇到困难和阻力的情况下，一定要通过深化改革来寻找出路，决不能犹豫动摇、畏缩后退。一些国家在改革中都不同程度地发生过中止、停滞等现象。改革的停滞实际上也就意味着社会主义发展的停滞。开弓没有回头箭，只要走上改革之路，就一定要下定决心，取得最后胜利。

2．必须从本国的国情出发，确定改革的目标和任务，实现经济运行机制的根本转换，建设具有本国特色的社会主义。社会主义不能照抄照搬，改革也不能照抄照搬。一切都要从本国的国情出发，依据实际情况，走自己的道路。改革的成败，在很大程度上取决于能否找到科学合理高效的社会主义运行机制，并以此为中心实现两种体制的根本转换。找到了这种机制，就可以以此为基础确立本国特色社会主义的目标模式，同时确立改革在不同阶段、不同领域的目标和任务。找不到这种机制，改革就可能成为盲人骑瞎马，出现各种各样的迷惑混乱，甚至导致改革的失败。在经济领域，事实证明，传统的计划体制必须向社会主义市场经济体制转变。只有在社会主义市场经济的运行机制基础上，新型的社会主义大厦才能矗立起来。

3．必须坚持解放思想、实事求是的思想路线，破除各种僵化的观念，坚持和发展马克思主义，以科学的社会主义观和改革理论指导改革的实践。社会主义改革与马克思主义的思想解放运动是相伴而生的孪生姐妹。没有思想解放，就不会有改革。改革的实践证明，长期形成的“左”倾思想，歪曲了马克思主义的某些教条，以及安于现状、因循守旧的惰性习惯，是改革的最大障碍。因此，要改革，就要有勇于开拓的精神、一往无前的勇气，一切从实际出发，实事求是，不断解放思想，破除不正确的观念，提出新的思想、新的观点、新的理论来指导改革的实践，并充实和丰富社会主义的理论宝库。

4．必须遵循改革的整体性协同规律，以经济建设为中心，把经济改革放在首位，同时进行其他各项配套改革。改革作为一个巨大的系统工程，经济改革处于最重要的位置。只有经济改革搞好了，人民生活才能改善，社会才能稳定，其他各项改革才能逐步顺利地展开。如果忽视经济改革，把热点转移到其他改革上，就可能造成很多复杂的问题，甚至使改革遭到失败。同时，经济改革也需要其他改革与之呼应、配套。特别是政治体制改革，要随着经济体制改革的深化而逐步进行，以便为经济体制改革创造良好的政治环境和条件。当然，政治体制改革与经济体制改革要适当保持“慢半拍，浅三分”的关系，切不可鲁莽加快政治体制改革造成政治过热的现象。苏联改革没有处理好经济改革与政治改革的关系，这是它遭到失败的重要原因之一。

5．必须对改革实施正确的战略策略制导，使改革稳步有序地进行。社会主义不改革没有出路，但是乱改革或改乱了也没有出路。社会主义改革的性质及其自觉有序性规律决定了改革必须有领导、有计划、有步骤、有秩序地进行。为此，就必须对改革实施科学的战略策略制导。犹如一枚导弹，不仅在发射前要为它规定要达到的目标及运行的轨道和程序，而且在发射后，还必须实行严格的控制和引导，不断地根据情况的变化，调整它的运行路线和方式，使它最终能准确地击中目标而不是脱离控制、乱飞乱炸。这种制导工作具有很大的战略性、策略性和艺术性。制导战略和策略的正确与否、水平高低，对改革的进程快慢、成败与否起着极为重要的作用。如果制导得当，改革就能顺利进行；如果制导失误，改革就必然出现混乱，甚至有失败的危险。苏联、东欧改革的失败和转向，与其制导的失误是有密切关系的。

6．在改革中必须始终坚持共产党的领导，同时逐步改善党的领导，充分发挥共产党的导向、组织、凝聚、支柱作用。共产党是社会主义事业的核心力量，社会主义的命运是与共产党联系在一起的，同样，改革的命运也是与共产党联系在一起的。改革要靠共产党去发动和推进，要靠共产党集中人民的智慧，在科学论证的基础上，制定尽可能完善的方案，确定适当的目标和任务；要靠共产党组织党员队伍和广大人民群众，统一思想，统一行动，具体实施各条战线、各个方面的改革；要靠共产党运用不同方式和手段，调节社会各个阶层、群体的相互关系，发挥对于整个社会的凝聚作用；要靠广大党员以自己的献身、开拓、模范行动，引导广大人民共同奋斗，提高全社会的道德水平。总之，没有共产党，就不可能有成功的改革，也不可能有社会主义的存在。所以，在改革中必须始终坚持共产党的领导，而不能削弱甚至企图脱离共产党的领导。与此同时，党自身也要不断改革，通过改革来完善党的领导，提高党的领导水平。

7.必须合理调整不同社会阶层的利益关系，维护最广大人民群众的利益，调动人民群众参与改革的积极性。改革不仅是社会经济政治体制和人们行为模式的变换，而且是物质和精神利益在不同阶段人们中的重新分配和组合。改革每走一步，都不可避免地要触及不同方面人们的利益关系，而利益关系调整得如何，又反过来影响改革的进程。因此，为了保障改革的顺利进行，必须高度重视并合理调整各种复杂的利益关系。改革要保障社会长远的根本的利益，同时照顾到群众的眼前利益和实际利益；首先保障绝大多数阶层的利益，同时适当照顾少数人的利益；把所得利益的大小与其对社会的贡献紧密结合起来，多劳多得，少劳少得；要给改革的主要依靠力量以更多的利益和保障，使其成为共产党和改革事业稳固的社会基础。从根本上说，一切改革政策都要从人民的利益出发，使人民得到实惠，受到人民的拥护，吸引人民的参与，密切党与人民的联系。如果忽视了这一点，改革就非失败不可。

8.国内改革必须与对外开放相结合，通过开放，为国内改革和发展创造良好的条件。当今世界是开放的世界，任何一个国家，无论社会制度如何，都不能在与世隔绝的情况下发展自己。只有打开国门，充分利用国内国际两个市场、两种资源，吸收人类一切文明成果，自觉置身于国际市场竞争，才能更快地发展自己的经济，实现社会主义的现代化。开放促进改革，改革离不开开放。当然，在对外开放中，也要正确处理好与外部世界的关系，特别是与西方国家的关系，防止受制于人。对西方国家企图干涉、控制自己国家的行为，必须保持警惕并坚决抵制。

9.必须正确处理改革与发展的关系。改革的目的是促进社会主义经济政治社会文化的发展，而这种发展又有赖于改革的进行，因此改革与发展在本质上是统一的。改革为社会主义注入发展的动力，社会主义则在改革中腾飞发展。但是两者也有不一致的地方。改革侧重于现有体制的调整变革，而发展则侧重现有经济实力的增长和政治、文化的进步。所以，在指导思想上，必须处理好两者关系。一方面，要为改革保持宽松的环境，留有一定的余地，使改革比较顺利地进行，不能把发展的目标定得太高，以免造成经济过热现象；另一方面，改革也要促进发展，使国家的综合国力不断增强，使人民的生活水平不断提高。如果改革不能促进发展，甚至破坏了发展，那么改革就失败了。

10.在改革中必须始终保持社会政治的稳定，防止社会动荡局面的出现。改革是社会主义制度的自我完善，它的性质是一场革命，但它的形式并不表现为疾风暴雨式的群众运动。改革必须有组织有步骤地进行。社会政治稳定是任何改革顺利进行必不可少的条件。几十年来，一些社会主义国家先后发生过多次社会动乱，这些动乱无论出于何种原因，都对改革不利。动乱会造成严重的经济损失，破坏掉改革所需的物质条件；会干扰、转移全社会的注意力，造成社会关系的紧张，阻碍改革的顺利进行；甚至直接破坏社会主义制度，造成社会性质的剧变，给广大人民群众带来严重的灾难。所以，在改革中一定要重视社会稳定问题，采取各种有效和有力的措施，防止社会动荡和动乱局面的出现。

辑十二

人类文明探析

论世界文明的多样性*

美国哈佛大学政治学教授塞缪尔·亨廷顿在美国权威杂志《外交》季刊上发表文章，提出了引人注目的“文明冲突论”。亨廷顿认为，在冷战结束后的世界新形势下，国际冲突的根本原因将不再是意识形态或经济因素。人类的最大分歧和冲突的主导因素将是文化方面的差异，文明的冲突将主宰全球政治。

亨廷顿的“文明冲突论”一出现，立即在国际上引起了广泛关注和争论。我认为，由亨廷顿引发的关于文明冲突的讨论，不仅仅是、也不能停留在到底什么是冷战后冲突的原因和模式上。这场讨论，实质上提出了一个根本性的问题：如何认识和对待世界文明的多样性？更具体地说，世界上各种不同的文明类型应如何处理相互之间的关系？

亨廷顿的文明冲突论提示了国际政治冲突中的文化因素和冷战后国际政治冲突的新特点，这对于我们全面分析国际关系中的复杂现象是有益的。但是亨廷顿并没有能全面揭示世界文明的特质和发展规律，也没有能正确阐明世界各种文明之间的相互关系。长期以来，西方国家的有些人一直持有一种片面和盲目的“西方文化优越论”，并常常以此作为侵略、干涉、压制非西方国家的借口。不管亨廷顿是否意识到，“文明冲突论”如果与“西方文化优越论”结合起来，很可能成为冷战后西方推行霸权主义政治的“理论根据”。对此我们不能不有所警惕。

---

*本文写于1994年10月，发表于1995年1月21日《文汇报》。文章较早论述了世界文明多样性问题，并提出了建立国际文明新秩序的主张。后来在中央领导同志的讲话中，逐渐出现了关于世界文明多样性的论述。现在，尊重世界文明多样性已成为中国外交政策的重要内容和主张。

一、多样性是世界文明的一个基本特质，也是促进世界文明进步发展的一个积极而重要的因素

世界文明发展的历史事实告诉我们，多样性是世界文明的一个基本特质。从古到今的人类社会，从来就没有出现过一个大一统唯一的文明类型。相反，不同区域、不同时期、不同传统的人类社会共同体，总是在社会的生产方式、生活方式和思想方式以及相应的语言、哲学、科学、文学艺术、伦理、宗教、公共机构、国家、政治、法律、技术等文化体系方面，表现出不同程度的独特性。这种独特性并不排斥人类文明的共同性和普遍性。但某些体系较高程度的独特性，却足以构成一些独特的文明类型。英国历史学家汤因比从现存的西欧文明、远东文明、基督教文明上溯到古代，列举了21种文明的类型。虽然他的分类和阐释不能说完全科学，但却毋庸置疑地肯定了世界文明多样性的存在。亨廷顿当然也不否定这种多样性，他认为："村落、地域、族群、民族性、宗教团体，在不同层次的文化特殊性上，都有其独特之处。""尽管文化的界域很少像国界那般鲜明，但是文化的区别却是实实在在的。"他的文明冲突论，实际上就是以不同类型文明的存在为前提的。

问题在于对这种多样性文明的价值评价。世界文明的多样性不仅是一个客观存在的事实，而且是促进世界文明进步发展的一个积极和重要的因素。关于人类起源是多源还是一源，尚难定论，但人类文明的发展却无可置疑是多线条的。每种文明都有其独特的历史发展过程。这种发展并不排斥其他文明的发展，也不必然地以其他文明的衰亡为前提。相反，各种文明的发展可以是并行不悖的。当然，任何文明都不能自我封闭，自我封闭必然导致自身的衰落。事实上，只要有社会生活的联系和交往，不同群体的人类之间就会有文化上的交流和相互影响。随着人类活动区域的扩大，交通和通信工具的改进，人类在经济、文化、社会活动方面的联系日益增多，不同类型文明之间的交流、影响、吸收、融合过程也会越来越广泛，越来越普遍，越来越深入。不管主观上意愿如何，客观上，每一种类型的文明都会从其他文明中汲取养分，同时，也会给其他文明以不同程度的影响。

比如，东方民族的许多重要发明，如阿拉伯数字、指南针、火药和纸等，

曾经给西方文明以决定性的影响。伊斯兰文明与西方长达数世纪的交流，给中世纪欧洲在数学、科学、医药和农业方面的发展打下了基础。到近现代，迅速崛起的西方文明给东方国家以很大影响，而东方文明也仍然以不同方式给西方以一定影响。例如，中医中药这一纯粹中国的东西，如今已受到西方许多人的欢迎。

人类文明，正是在这种多样性的交流、融汇、统一中不断前进的。不同类型的文明，既有其独到的特征和表现形式，又有许多人类共同的东西。经过长期的交流，这类共同的成分越来越多，它们就构成人类文明的共同和基本的财富。如从哲学上看，佛教、基督教、印度教、伊斯兰教、犹太教、锡克教和道教等，都对人类与环境的关系、处理社会关系的准则、婚姻家庭的规范、生活的目标和意义等，提出了许多共同的观点，从而具有某些共同的价值。世界文明的总体内容和价值，正是这种不同文明普遍性和多样性的统一，它既是由各种文明中的共同价值组成的，又是由不同文明色彩纷呈的多样性予以丰富、融汇、促进和发展的。普遍性寓于多样性之中，多样性也离不开普遍性。在多样性中形成和融汇普遍性，这可以说是人类文明发展的一个基本规律。从这个意义上来说，多样性首先是一个积极的因素。

二、正确看待文明类型的差异。各类文明之间既有矛盾、冲突的一面，又有统一、共存的一面

多样性当然意味着差异。不仅有内容、形式的差异，而且就历史的某一个横截面而言，世界上各种文明类型往往有发展水平和程度的差异。但这种差异不能成为评价各文明类型对人类文明所做贡献的唯一标准，更不能成为某一所谓“先进”文明压制甚至消灭所谓“落后”文明的理由。人类文明的发展是不平衡的。在不同的历史条件下，往往有某种文明居于比较领先的地位，但随着历史条件的变异，这种地位往往会由新的其他类型的文明所取代，由此而造成新的历史横截面中新的文明格局。这种变动延续不断，所以历史上先后出现的各种文明类型，很少是始终处于领先地位的。当古埃及文明已相当发达

时，希腊与罗马文明还处于很低的层次。而希腊文明，在古代显然比中欧、北欧的文明更为优越，但随着时间的推移，中欧与北欧文明又超过了希腊文明。一种文明处于衰退状态时，不能否认其历史上对世界文明所做的贡献；一种文明比较先进时，也没有理由妄自尊大，摆出一副舍我其谁的架势。古代巴比伦文明，虽然后来衰落了，但它的文明成就，如创造楔形文字、编制《汉谟拉比法典》、测出圆周率为 3，确定太阴历法并设置闰月等，谁能否认其对人类的贡献？当中国文明经历了五千年的发展历史，并曾长期在世界上处于领先地位时，今日的“美国文明”当时还不知在何处，但又有谁能借这种差异而否认美利坚民族生存、发展的权利？即使在同一时代，无论较为先进的文明类型，还是相对落后的文明体系，都可以对世界文明做出自己的贡献，都有自己值得珍视的精华。后进的文明要向先进的文明学习，并抛弃自己的糟粕，但没有必要妄自菲薄；而先进的文明则要帮助落后的文明，但没有理由以“文明霸主”自居，鄙视其他文明的国家和民族。

不同类型的文明之间有差异，在一定条件下当然会发生摩擦和冲突，由此，也就可能构成亨廷顿所说的“文明的冲突”。这种冲突的深刻性、广泛性和持久性是不能低估的。但应该注意的是，这种“文明的冲突”只是各种文明类型相互关系中的一个方面，而不是其全部方面。各类文明既有矛盾、冲突的一面，又有统一、共存的一面。只讲一面，不讲另一面，是不符合事实的。我们政策的出发点，应该是促进各种文明的相互理解、相互尊重、相互学习、相互吸收，做到共同发展，共同繁荣，而不是有意无意地扩大各类文明之间的矛盾、冲突，甚至排斥、压制某一些文明的发展。

事实上，“文明之间的冲突”如果仅仅限于“文明之间的冲突”，它并不可能造成一种文明“消灭”另一种文明的结果，任何较大类型的文明是不可能被外来文明消灭的。历史上如果有什么文明衰落的话，那主要还在于自身内部的原因；而如果有什么外部力量的作用，那么这种外力只能是“野蛮的暴力”，而不会是“文明的威力”。文明之间的差异可以缩小，但不能打着“传播先进文明”的旗号，去入侵、统治和摧残处于较落后文明状态的其他民族。

三、国际冲突的根本原因是现实的利益矛盾。文明的冲突是其背景之一，但不是根本和直接的原因

历史上，人类各个部族、民族、国家、地区之间曾经发生过无数的战争和暴力冲突。如果从其社会历史根源来分析，当然有文化冲突的因素在内。但严格来说，文化或文明的冲突，只是造成某些战争或暴力冲突的背景之一，而这些战争或暴力冲突的最直接、最主要、最根本原因，还在于利益，在于经济利益或某种程度上国家、民族利益的矛盾，在于某些社会势力追求财富、土地、权力，扩张自身利益的贪欲。历史上发生的许多宗教战争，形式上是不同宗教或教派之间的冲突，文化冲突的色彩很浓，但究其实质，仍离不开物质利益。近现代西方列强对亚非拉广大地区的殖民侵略，往往打着传播文明的旗号，但实际上谁都不难发现它们掠夺财富、抢占市场、剥削和奴役殖民地人民的真实目的。否则，为什么要杀戮那么多土著居民？为什么要将千百万黑人变为奴隶？为什么要向中国输出鸦片，甚至将人类文明的瑰宝圆明园付之一炬？这些强盗般的行径与“传播”文明有何共同之处？战后几十年来苏美之间的对抗，意识形态固然是一个重要原因，但意识形态的背后还是利益的争夺。美国积极推行遏制政策或“超越遏制”的和平演变政策，根本目的还是为了维护自己在世界上的霸主地位。持续多年的阿以冲突，固然是具有不同文化、宗教背景的民族之间的冲突，但谁不清楚他们争夺的焦点是中东的土地、河流，是各自国家的领土范围，是耶路撒冷的归属问题呢？

其实，人类历史上的各种暴力冲突，并不仅仅发生在不同文明类型的民族和国家之间，实际上还大量发生在相同文明类型的国家之间。几百年来，欧洲国家之间的战争频繁发生，但在某种程度上它们都具有共同的文化背景。欧洲君主们互相联姻，在外交文书上常以兄弟相称，但在战场上的厮杀却丝毫也不逊色。所以，亨廷顿也承认，以往的王侯相争、民族国家相争、与意识形态相争衍发的冲突，“大抵是西方文化的内部冲突。冷战如此，两次世界大战如此，较早的17、18世纪乃至19世纪的战争皆如此。”很显然，文明的冲突不是各种暴力冲突的根本和直接的原因，也不是不同文明相互关系的唯一方面。用“文明的冲突”来概括文明类型之间的全部关系并总结各种冲突的模式，是不

全面的。

那么，在冷战结束以后，文明的冲突是否将取代政治冲突、经济冲突而成为国际政治的新的主要模式呢？这要作具体分析。应该承认，亨廷顿指出了今后世界冲突的一个重要的作用因素。这种不同文明类型价值观之间的摩擦会在深层次上制约着不同国家、民族、地区间的政治、经济、外交关系，由发达国家代表的西方文明将会依仗其经济优势不断侵蚀各种非西方文明。这种冲突构成国际政治中一种内在的应力结构，也构成非西方文明面临的一种现实的威胁。但是，文明的冲突一般均表现在不同生产方式、生活方式和思想方式的摩擦和碰撞中，它带有一种潜移默化的特点。如果说在世界政治事务中发生什么外部形式的冲突，那么，可以断言，其主要的原因仍然是基于现实的利益。亨廷顿所划的文化断层线内的各种冲突，可能具有更多的文化背景和“文明冲突”的色彩，这种背景和色彩将会使这些地区的冲突更加复杂、更难以解决。但归根结底，它们仍然不可能超越政治经济的现实利益而真的成为什么纯粹“文明的冲突”。只要现实的利益问题得以解决，一切文明或文化问题的雾纱都会消退。

实际上，正如国际上很多专家指出的，在过去、当今及可以预见的未来，以美国为首的西方国家企图支配其他国家的霸权主义政策，才是世界许多冲突的祸根。美国是世界排名第一的军事大国和军火输出大国。美国自恃财大气粗，盲目地自以为“文明优越”，以世界领导者和世界警察自居，到处指手画脚，无端地干涉别国内政，挑起各民族、国家的内部冲突，动辄进行封锁、制裁。而且蛮横地奉行双重标准，对人一套，对己一套，霸气十足。这种貌似“先进”实质粗野的“文明”，人为地加剧了美中之间的矛盾，造成了不少国家的经济困难和社会灾难，更造成了不少地区的动荡不安。相反，对于那些非西方文明类型的民族和国家来说，尽管它们与西方文明之间存在着深刻的差异和矛盾，但在现有的世界战略格局和力量对比关系下，怎么可能设想它们会主动向西方国家挑起事端、扩大冲突？西方国家有意散布各种所谓“中国威胁”“儒教威胁”“伊斯兰威胁”等传言，完全忽视了客观存在的世界现实，甚至有悖于国际政治的常识。其目的无非是把引发国际冲突或动荡的责任推向别人，借以掩饰自己的霸权主义政策。

四、每一种文明都要加强对外交流，对由此出现的“文明冲突”要具体分析，既不可妄自尊大，也不可妄自菲薄

强调世界文明的多样性，肯定多样性的积极意义，要求尊重这种多样性，并不意味着世界上的各种文明类型都要自我封闭，拒绝与其他文明类型的交流。每种文明都要不断地与其他文明进行信息、能量、资源的流通和交换，才能始终保持旺盛的生命力，否则，就会自生自灭，走上衰退、消亡的道路。

在当今世界上，随着科学技术的迅猛发展、通信和交通工具的日益发达以及经济文化交流的不断扩大，人类社会生活的国际化已经发展到一个新的阶段，世界成了一个小小的地球村。任何国家、任何文明都不可能在闭关自守、与世隔绝的状态下生存和发展。所以，对外开放已是当今世界发展的共同趋势。每一种文明都要加强与其他文明的交流，都要善于向其他文明学习，同时，还要不断抛弃自身落后于时代的东西。在这种过程中，不可避免地会出现不同文明的碰撞和冲突。西方文明对东方文明的影响和侵蚀也必然会加大。对此，我们必须有充分和清醒的认识。对这样的“文明冲突”，要区分不同的情况采取不同的态度。

对确实先进的文明，要大胆接受，对鱼龙混杂而来的糟粕，则要坚决抵制。既不可妄自尊大，也不可妄自菲薄。西方文明实力雄厚，影响巨大，有许多值得我们学习的东西。认真研究学习和借鉴其科学技术、管理方法、市场经济的规则和方法等文明的精华，是我们当前突出的任务。另外，也应该注意，大量的事实已经证明，在世界各国走向现代化的过程中，西方文明并不是一种最健康、最完善、最积极、最有效的文明类型。相反，东方文明固然有其弱点，但在强调集体主义、互助互爱、情感、家庭、秩序等方面的价值、观念，却不断证明其不仅对于经济的现代化，而且对于人类社会的全面进步，特别是创造良好的生活质量、保持人与大自然的和谐平衡、维护社会各个层面的稳定等，都具有不可比拟的积极作用，而这些正是崇尚极端个人主义、自由主义的西方文明所缺乏的。所以，东方国家和民族应该有充分的自信力，相信自己的文明不会被西方同化，而只会在兼收并蓄、融东西方文明精华于一炉之后，焕发出更大的光彩，对现代化建设起更大的促进作用。

五、世界上每一种文明都要学会与其他文明共处，建立国际文明新秩序，是当代世界的一项突出任务

大自然是千姿百态、丰富多彩的。正因为其形态、质地、色彩、运动的多样性，才使得自然的世界充满了生机和活力。同样，人类文明也是千姿百态、丰富多彩的。唯有这种多样性，才促进了人类文明的融汇、发展和进步。世界文明的多样性，不仅是一种客观存在，而且有益于世界文明的进步。所以，世界上每一种文明都要学会与其他文明共处、共存，学会从别的文明吸收养分，而不是自以为优越、高贵，而对别的文明类型的国家和人民指手画脚，横施暴力。亨廷顿似乎为了弥补自己观点的缺陷，后来又发表一篇题为《每种文明必须学会与其他文明共存》的文章。他批评某些西欧人认为世界其他地方的人们也应该“像我们一样”反映了西欧的傲慢，并认为这种想法本身就是引起“文明的冲突”的因素。亨廷顿认为，现代化并不意味就是西欧化，那种设想印度教徒与伊斯兰教徒、俄罗斯人与塔吉克人、日本人与美国人都可以属于西欧规定的一种普遍的文明，这只是脱离现实的想法而已。亨廷顿的这种观点我们是赞同的，因为它比较现实和客观。尊重其他类型的文明，不将自己的意志强加于人，这将是未来世界保持和平与稳定的一个重要因素和条件。在这个意义上，和平共处的原则，不仅在国际政治领域，而且在文明类型关系上，都是适用的。努力建立国际文明的新秩序，这应该是当前及今后在建立国际政治和国际经济新秩序之外又一项突出的任务。

奥林匹克与人类文明*

奥林匹克运动，与人类文明的发展、交流、融合、进步紧密地联系在一起，是人类文明的一个重要载体和组成部分。《北京2008年奥运会申办报告》将“人文奥运”作为2008年奥运会的主题之一，并且宣布，在今后7年中，将相继举办以“奥林匹克运动与人类文明”为主题的高层国际论坛。我们认为，研究奥林匹克运动与人类文明的关系，符合“人文奥运”的精神，对于利用奥运机会，加强世界文明的交流，展示中国文化的神韵，是很有意义的。准备和举办北京2008年奥运会，必须高度重视“人类文明”这个主题词，把“人类文明”的文章做足做好。①

一、奥林匹克运动是人类文明的重要载体

奥林匹克是一种大规模集群性的体育运动组合形式。体能的竞技是它的基本形式，但它的内涵又决不仅仅是竞技。《奥林匹克宪章》的基本原则明确宣布：“奥林匹克主义是将身、心和精神方面的各种品质均衡地结合起来，并使之得到提高的一种人生哲学。它将体育运动与文化和教育融为一体。奥林匹克主义所要建立的生活方式是以奋斗中所体验到的乐趣、优秀榜样的教育价值

---

* 本文写于2002年2月19—20日，发表于《北京大学学报》（哲学社会科学版）2002年5月第3期，并在“人文奥运”研讨会上发言。

①本文引文和有关资料均引自2001年7月30日至8月21日《北京日报》所载北京2008年奥运会申办报告、人民体育出版社1993年出版的《奥林匹克运动》一书。

和对一般伦理的基本原则的推崇为基础的。”这段话再明白不过地说明了奥林匹克与人类文化的关系，说明了它所体现的深刻而丰富的文明内涵。

奥林匹克运动与人类文明的关系主要表现在以下几个方面：

第一，奥林匹克作为一种体育运动，本身就是一种包含着丰富文明内涵的人类物质和文化活动。体育运动以人体的物质形态为作用对象，在科学的训练和锻炼原则指导下，通过一系列有规律的身体运动方式，使人体的解剖结构、生理机能得到积极的生物学改造。因此，它是人类实现自我完善、自我发展的一种重要的物质形式。而且，人的肉体与精神不可分离。在体育锻炼和体能竞技中，人类不断培养、锻炼和表现出积极进取的精神，顽强拼搏的精神、公平竞争的精神、团结友谊的精神，乃至爱国主义和国际主义的精神。奥林匹克运动，通过日常的组织工作和四年一度掀起的奥运高潮，把这种物质文化活动推向极致，使其所蕴含的文明价值得到了大规模的普及和张扬。

第二，奥林匹克作为一种具有哲学内涵的社会运动，包含着极其丰富的文明财富，并推动这种文明的发展和普及。奥林匹克不同于一般的竞技活动。它从创立起，就将体育与文化、教育结合在一起，强调精神文化对于这一运动的重要意义。在长期的发展过程中，它逐步形成了一种作为其灵魂和精神的人生哲学——奥林匹克主义。奥林匹克主义试图通过体育运动与教育和文化的结合，促进人的和谐发展，进而促进一个维护人的尊严的、和平的社会的建立。奥林匹克主义赋予了奥林匹克运动以极强的教育价值和文化价值，使之对人类文明的发展产生了极大的影响。奥林匹克的宗旨是：“通过没有任何歧视、具有奥林匹克精神——以友谊、团结和公平精神互相了解的体育活动来教育青年，从而为建立一个和平的更美好的世界做出贡献”；奥林匹克的格言是：“更快、更高、更强”以及“重在参与”，以最高水准和优秀选手为榜样激励人们奋发、进取、向上；奥林匹克以公平竞争的规则和精神来反对欺诈行为，推广法制精神，净化人类的心灵；奥林匹克以一系列独特而鲜明的象征性标志，如会旗、会歌、会标、奖牌、吉祥物以及其他各种简明洗练的艺术形象等，形象化地展示奥林匹克的价值取向和文化内涵。其中最突出的奥林匹克标志，即蓝、黄、黑、绿、红互相套接的五环，表示五大洲的团结和全世界的运动员在奥运会上相聚一堂。在某种意义上，今天甚至已成为世界和平、民族团结的象征。

第三，奥林匹克将多种文化形式汇聚到一起，集中展示了浓郁的艺术性，创造和表现着一个美的世界。奥林匹克不是一个简单的体育竞技活动，而是集中了各种文化艺术形式在内的综合性社会运动。在奥林匹克运动里，不仅通过体育竞技展示着世界第一流的人体形态美、力量美、运动美、韵律美，而且还通过相关的各种活动展示着一个更加广阔的五彩缤纷的艺术世界。恢宏壮观的建筑艺术，形象生动的绘画、雕塑艺术，旋律起伏的声乐、器乐艺术，文学、诗歌等想象艺术，戏剧、歌舞等综合艺术，等等，无不给人以美的享受。汉城奥运会在不到两个月的时间里，就推出了41项大型文化活动。尤其是每次奥运会气势磅礴、华彩四溢的开幕式、闭幕式等仪式，更是奥林匹克运动奉献给人类文明的一块瑰宝，它以极强的艺术魅力，吸引了全世界几十亿人的注意，把美与欢乐带给了人类。奥运会为艺术家们提供了发挥聪明才智的广阔舞台，促进了各种文化艺术形式的发展。人们在创造美好事物的同时，也陶冶着自身的美的修养和美的情感，从而不仅使人类文明，也使人的内心精神得到了巨大的升华。

第四，奥林匹克的跨地区、跨民族、跨国家性质，促进了世界不同类型文明的接触、交流和融合。人类社会进入工业文明以后，世界各个民族之间的经济、政治、文化等联系日益紧密，交往日益增多，人类的历史逐步从民族的历史走向真正世界的历史。在这种背景下兴起的现代奥林匹克运动，挖掘古代奥林匹克运动的文化成果，顺应了现代人类交往发展的历史潮流，开拓了一条体育国际化的道路。1896年举行的第一届奥运会，就有13个国家的运动员参加。1968年墨西哥奥运会的参加国突破了100个。到2000年悉尼奥运会，则已有200个国家和地区的11000多名运动员和5100名官员参加。四年一次的奥运会，已经成为全世界体育运动员、教练员，甚至新闻记者、体育官员、观光旅游者们相聚欢庆的盛会，实际上是人类有史以来规模最大的国际社会文化活动。由于它采用的是具有普遍价值、超政治、超国界的体育运动形式，因而大大减少了各民族文化交流中的障碍，缩小了各民族文化在空间上和内容上的距离。通过这样一种聚会和交流的形式，融汇各民族优秀体育文化的国际体育文化得以形成和发展，不同肤色、不同语言、不同信仰的人们加深了相互之间的了解和沟通，主办国用最集中、最丰富的形式向世界展示自己最具代表性的文化艺术，世界不同国家和民族的价值观念、文化艺术、生活方式等也得以展开广泛的交流、碰撞和融合。

第五，奥林匹克受惠于现代科学技术，同时又向现代科学技术提出了课题，提供了实验场所，成为促进现代科学技术发展的一个动力。体育是一项运动，但也是一门科学。随着奥林匹克运动的发展，现代体育科学也有了迅猛的发展，运动技术和训练方法有了长足的进步，训练设施和测试技术也不断改进。现代科学技术大大改变了奥运赛场的面貌。从运动员的服装、鞋帽，到训练、竞技使用的器材，从场地的铺设材料，到计时测距装置，都凝聚着现代尖端科技成果的结晶。奥运会的管理工作，大量地运用了控制论、系统论、运筹学等现代软科学理论成果。大型电子信息服务系统，已成为现在每届奥运会不可缺少的神经枢纽。卫星电视实况转播，把奥运信息瞬间传播于世界每一个角落。随着奥林匹克运动的发展，体育运动越来越广泛地成为现代科学技术的直接研究对象。为解决奥运课题而做的努力，促进了信息科学、生物遗传工程、分子生物学、生物物理学、新材料技术、激光技术等高新技术的发展。在一定意义上，奥林匹克运动已成为现代科学技术的一个巨大的实验室，奥运赛场已成为各国展示科技成果的橱窗和进行国际科技交流的盛会。

当然，奥林匹克也并非一切都是美好的。在不同的历史时期，奥林匹克运动也遇到各种反文明力量和行为的挑战。当代，它所遇到的最大挑战之一，就是兴奋剂问题。1960年，丹麦自行车运动员詹森由于服用兴奋剂而死亡，成为奥运史上第一例因服用兴奋剂而丧生的运动员。此后，兴奋剂问题日益突出。据估计，第二次世界大战结束以来，至少有120名著名运动员死于滥用违禁药品。尽管国际社会与使用违禁药品的行为进行了长期的斗争，但这种反文明的行为迄今仍然严重存在，需要人们继续开展不懈的斗争。

二、奥林匹克运动特有的文明引力和张力

奥林匹克运动对于人类文明的发展起着非常巨大的作用。但它这种作用不是机械的、生硬的、由外部力量强行推动的。恰恰相反，它由于以体育运动

作为基本的中介形式，因而，对于人类文明来说，具有极大的包容性、灵活性和多元性，能够最大限度地超越各种自然和人为的藩篱，促进不同类型文明的交流和发展。这种独特的引力和张力，是它作用于人类文明的最大特点和优点之一。认真研究这种文明的引力和张力，对于我们更好地利用奥林匹克促进中华文明和世界文明的发展、交流，具有十分重要的意义。

人类文明发展的历史告诉我们，多样性是世界文明的一个基本特质。自人类文明出现以来，不同区域、不同时期、不同传统的人类社会共同体，总是在社会的生产方式、生活方式和思想方式，以及相应的语言、哲学、科学、技术、文学、艺术、伦理、宗教、政治、法律、公共机构、国家等文化体系方面，表现出不同程度的多样性。其中一些体系化程度较高的独特性状，还足以构成一些独特的文明类型。这种文明类型的多样性，是促进人类文明发展进步的重要因素。随着人类活动区域的扩大，交通和通信工具的改进，人类在经济、文化、社会活动方面的联系日益增多，不同类型文明之间的交流、影响、吸收、融合过程也就越来越广泛，越来越普遍，越来越深入。不管主观上意愿如何，客观上，每一种类型的文明都会从其他文明中汲取养分，同时，也会给其他文明以不同程度的影响。

到当今世界，经济全球化迅猛发展，人类社会生活的国际化也发展到一个新的阶段，世界成了一个小小的地球村。对外开放成了当今世界文明发展的一个普遍趋势。任何国家、任何文明都已经不可能在闭关自守、与世隔绝的状态下生存和发展。每一种文明都要不断地与其他文明进行信息、能量、资源的流通和交换，加强与其他文明的交流。既要充分展示自己文明的内涵和特点，发展精华，弘扬自我，在世界文明的舞台上争取应有的地位；同时，又要善于向其他文明学习，汲取其他文明的优秀成果，不断抛弃自身落后于时代的东西。只有在与其他文明的这种共存、共处中，各种文明类型才能始终保持旺盛的生命力，否则，就会走上衰退、消亡、自生自灭的道路。

在这种文明的交流、沟通、融合中，我们注意到，各种文明类型，既有内涵“质”上的不同，也有外部“势”上的差异。就是说，每一种文明对于外部世界的引力和张力是不同的。比如，很多土著居民的文明在现代社会呈日渐消失的趋势，而以美国为代表的西方文明则表现出咄咄逼人的态势。中华文明是世界上屈指可数的少数几个历史最悠久的文明类型之一，但在当今世界却承受着现代文明的巨大压力。为什么不同类型的文明会具有不同的态势呢？基本原因就在于，任何一种文明除了都有自己不同的内涵以外，还有在与其他文明相处中所表现出的引力和张力。引力，就是吸纳、融汇、同化其他文明的能力；张力，就是向其他文明渗透、扩展，甚至予以同化的能力。这种引力和张力之大小，与内涵的质量有密切的关系，但又并不仅仅是由这种质量决定的。它还有其他种种复杂的原因，如经济后盾，与大众的关联度，传输手段的先进与落后等等。当今美国文化的强势扩张，与它有强大的经济力量作后盾，以及公民自身的参与度高是不无关系的。

奥林匹克运动，之所以对世界不同类型的文明有如此巨大的引力和张力，能够如此广泛地汇聚全世界不同文化背景的人们，在把各种自然和人为的障碍减少到最低程度的情况下促进不同文明的交流和融合，这是由它很多特有的条件和因素决定的。

第一，奥林匹克据以促进文明交流的基本中介形式是体育。体育，无论何种项目，都是通过有规律的身体运动和有规则的比较竞争，达到强身健体和获取愉悦的目的。它对于所有的人类来说，都有积极的意义和强大的心理引力，因而，也能够为所有的人们所接受和欢迎。作为体育运动，具有最大限度的人类无差别性，能够超越任何地理的、民族的、宗教的、政治的、文化的、历史的差别，吸引人类共同参与。奥林匹克运动，正是以体育这种人类最大限度的无差别性为基础，才取得了对世界所有文明的最大的包容性，才拥有了能够使各种文明走到一起的最为中性的基本手段，从而，也才能成为促进人类文明发展和交流的非常有效而重要的载体。

第二，奥林匹克提供了吸引各种文明聚汇的环境、场所和条件。奥林匹克运动，经过多年的发展，已经形成了以奥林匹克主义为核心的思想体系，以国际奥委会、国际单项体育联合会和各国或地区奥委会三大支柱为骨干的组织结构体系和以奥运会为周期性高潮的活动内容体系。这种庞大的综合性体系，是任何其他体育运动体系所不能比拟的。这种体系，特别是四年一度的奥运盛会，以及其他有关的活动，集中了全世界绝大多数体育项目中的顶尖人才，以公平竞争的形式，向世界展示出“更快、更高、更强”的水准。在这里，由于它所具有的广泛性、综合性、规范性、权威性，因此，不仅对于参与者来说具有极大的吸引力，而且对于其他不同类型的人们来说，也同样具有巨大的吸引力。特别是当今世界，借助于先进的通信手段，甚至能把全世界几十亿人吸引到小小的电视屏幕上。这种力量，几乎是世界其他任何力量都无法比拟和抗衡的。因此，奥林匹克，也就成了展示世界不同文明的最好、最大、最广阔的一个舞台。谁不参与，谁就失去了最好的机会；谁不利用，谁也失去了最好的机会。

第三，奥林匹克与现代社会经济和科学技术的结合，大大增强了将文明内容扩张于世界各地和人类生产和生活方式之中的渗透能力。奥林匹克需要大量的经济支持。社会对于奥林匹克的经济投入，不仅促进了奥林匹克运动的发展，也对社会经济本身产生了巨大的推动作用。筹备奥运会期间，要兴建各种体育、交通、市政、通信、服务等基础设施。举办奥运会期间，要组织大量的服务、旅游、商业活动。生产销售各种运动项目所需的服装、鞋帽、器材、仪器、工具等等，以及通过出售奥林匹克门票、专用标志、纪念品等等，带动了许多产业的发展。由于这类经济活动涉及世界绝大多数国家，因而使得大量经济资源在全球范围内流动。所有这些，都不可避免地渗透到很多国家人们的生产和生活活动中去，对各个文明类型的生产和生活方式产生引导、激励作用。与此同时，现代科学技术的应用，大大扩大了奥林匹克在体育、经济、文化等方面的扩张能力。特别是电视转播，1936年，闭路电视第一次被用来转播奥运会实况。1964年东京奥运会第一次进行了卫星电视实况转播。1972年慕尼黑奥运会观看开幕式实况转播的观众达到了10亿人。甚至观众一向较少的冬季奥运会，在1992年也达到了20亿人次。在这类通信手段上出现的形象、文字、风土人情等等，无不对人们产生潜移默化的影响。

三、以举办奥运为契机，推介中华文明，促进文明交流

由于奥林匹克运动与人类文明有着如此密切的关系，并且有着如此强大的文明引力和张力，因此，在当今世界，无论哪一个国家获得举办奥运会的主办权，对这个国家来说，都是一个极大的机遇。这个机遇，不是仅仅对于体

育、对于娱乐、对于经济，更深层次，还在于对于本国的文明发展和进步。从申办来说，申办过程不仅是一个争取主办权的问题，而且是一个城市（乃至影响到一个国家）用世界第一流城市的标准来衡量和要求自己，不断地进行自我改进和完善、提升自己现代化水平的过程。围绕申办而在广阔的国际社会中展开的交往活动，也使得这个国家和城市有机会向世界展示自己的文明水准，改善自己的国际形象。从主办来说，奥运会有世界规模最大、覆盖面最广、囊括31个大项、数百个小项的体育比赛；有包括隆重的火炬点燃传递、盛大的开幕式闭幕式、激动人心的发奖仪式等庆典仪式；有从建筑到园林、从戏剧到歌舞、从绘画到雕塑等文化形式。《奥林匹克宪章》规定“奥运会组委会必须制定一项文化活动计划”，即主办奥林匹克文化节。这已成为奥林匹克运动的重要组成部分。组委会在国际奥委会的同意下，要组织安排充分展示举办国和世界文化特色的文化活动，将音乐、舞蹈、文学、绘画、雕刻、摄影、戏剧、建筑、集邮等各种文化形式汇聚一堂，既是为奥运会增添光彩，也是为本国增添光彩。

正因为如此，任何主办奥运会的国家，都不能不充分利用这个机遇，加强文化交流，大力弘扬自己的文明特色，扩大本国文明在国际上的影响。如1896年，希腊举办第一届现代奥运会时，为筹措资金，一批希腊艺术家以古希腊奥林匹亚竞技为题材设计了8种图案的12枚纪念邮票，构思新颖，别具一格，受到广泛的欢迎，既解决了资金问题，也扩大了希腊作为奥林匹克运动发源地的影响。1984年，洛杉矶奥运会的开幕式，精心设计并连续演奏了共和国战歌、扬基歌、古老的骑士等10首美国历史名曲，配以身穿美国拓荒时代服饰的演员演出精彩的歌舞剧。将不同时代不同风格的流行音乐和舞蹈结合在一起，等于向世界展示了一幅绚丽的美国历史画卷。汉城奥运会的组织者，举行了两次国际雕塑研讨会，从30个国家各邀请一名雕塑名家，到韩国进行创作，修建了一座雕塑公园，展出了奥林匹克大家庭中具有国际水平的雕塑作品。

中国是一个有5000年历史的文明古国，曾经在世界文明的行列中长期居于先进的地位。但到近代，却落后了。中国，作为一个独特的文明类型，理当在当今世界重新崛起，与时俱进，放射出新的光彩，并为人类文明作出自己应有的贡献。为此，需要着重在两个方面努力。一是在自身文明的内涵上，要不断更新、不断发展、不断从现代生活中汲取营养，也不断从其他文明中采集精华，使其焕发青春，重新走到世界文明的前列。二是扩大开放，更多地向世界推介中华文明，让世界人民更多地认识和了解中华文明，加深不同文明之间的沟通和理解，在全世界树立更加良好的中华文明的形象。一个高水平的、具有丰富的现代内涵、又为世界人民所认识和赞同的中华文明的新形象，有利于加强全国人民的团结，增强人民的信心和爱国主义感情；有利于巩固国家政权和社会制度的价值基础，保证国家的长治久安；有利于发展与世界各国的友好关系，扩大中国的国际影响；有利于解决各种分歧和矛盾冲突，促进双边和多边合作事务的发展；有利于扩大对外开放，增强外国政府、企业、投资者、贸易界人士的信心，更好地吸引资金、技术、人才；有利于开拓国际市场，拓展中国商品的销售渠道，扩大市场份额；有利于加强同各个国家间的科学、技术、文化、教育合作和交流，汲取外国文明成果，弘扬中国优秀文化。总之，中国要真正成为一个有世界影响的大国，就要有一个积极的文明发展战略，以各种有效的方式，推动中国文明的进步，扩大中华文明在世界的影响。

为此，我们要以各种方式，大力加强世界范围内的文明沟通和推介工作。而举办奥运会，无疑为我们提供了一个极好的契机和条件。《北京2008年奥运会申办报告》将“人文奥运”与“绿色奥运”“科技奥运”一起，作为北京2008年奥运会的主题，并制定了奥运文化计划，准备在奥运前三年围绕以下主题展开各种文化活动：“2005年——体育与人类——从奥林匹亚到万里长城；2006年——环境与人类——从征服自然到天人合一；2006年——文化与人类——从个体的和谐到社会的发展。”到2008年，组委会将在北京举行大型奥林匹克文化艺术节，使奥林匹克文化活动达到高潮。其中包括一系列展览、文艺演出、大型庆典、火炬接力等。抓住人类文明做文章，我们相信，将能够使高贵典雅的东方神韵与活力四射的现代奥运实现完美的结合，既为奥林匹克精神、也为悠久的中华文明注入新鲜血液。

为了圆满地实现奥运文化计划，使“人文奥运”的理念成为现实，必须进一步加强对于文化、文明问题的认识。科技、绿色、人文三大主题，各有自己的特色，也有密切的内在联系。“人文奥运”，充分体现了以人为中心的思想，既是近代人文主义思潮在现代社会的张扬，更是当今社会发展进步趋势的必然要求。我们要努力将有着丰富内涵的人文精神贯通于“科技”“绿色”之内，贯穿于筹备和举办奥运的各种工作和活动之中。就形式来说，所有的文化活动都要为体育比赛服务；但就其深层和长远的影响来说，各种体育比赛又都是一定程度上在为文化服务。因此要辩证和妥善地处理好文化与体育、文化与教育、文化与科技、文化与环保的关系。要紧紧抓住“交流”和“推介”两个重点，设计文化活动的具体计划，使各项文化活动目标明确，重点突出，效果明显。要提高组织工作的水平，把整个奥运的大系统组织和管理得井然有序，而每个子系统又保持清楚的脉络。“人文奥运”这个子系统，既要有自己的相对独立性，开展好专门的活动项目，又要有机地渗透到其他各个方面和系统中去，使所有的活动内容都体现出高贵典雅的文化精神和文化气息。要充分利用和展示中国最优秀、最有民族特色的文化形式，组织最能代表中华文明水平的文化活动。处理好古代与现代、传统与创新、中国与外国的关系，既保持中华文明的本色，又体现与时俱进的精神。要了解国外人们的文化背景和心理特点，采用最易于为人所接受和理解的方式，充分体现人的情感、人的情趣和人的情意，让各种文化活动和文化形式收到最好的效果。

辑十三

书评选录

珍贵的历史画卷，清新的史学风格[*]

——在李岚清同志《突围》一书出版座谈会上的发言

在改革开放30周年之际，作为党的第三代中央领导集体重要成员的李岚清同志，出版了新著《突围》一书。书中翔实的资料、生动的故事深深吸引了我们。掩卷深思，不仅深受教益，而且很有感慨。

第一，岚清同志这本著作具有重要的史料价值

《突围》一书，以亲身所见、所知、所作、所为，为我们描绘了改革开放之初，我们党和国家如何冲破重重阻力，打开国门，走向世界，充分利用两个市场、两种资源，推动社会主义现代化建设事业的生动画卷。正如《突围》书名所反映的，改革开放作为一场伟大的革命和探索，每前进一步，都要冲破重重阻力。因此，作为最初的开拓者、创业者，其勇气、精神、智慧、才干就格外令人尊敬。把这样一场伟大事业的开拓过程记录和保存下来，也就格外珍贵。改革开放是一幅恢宏的历史画卷，可以从不同的角度、层面，也可以由不同类型的人们来记载、研究。岚清同志是我国对外开放的直接参与者和执行者，后来还是领导者和决策者，亲身经历了我国打开国门的一系列重要事件，对改革开放的深入发展和持续推进作出了重要的贡献。把这样生动、丰富的历史记载下来，对于我们尽可能完整地再现、复原、保存这样一段辉煌的历史，具有极其重要的价值。

---

*本文是2008年12月11日在李岚清同志《突围》一书出版座谈会上的发言，后稍作删改在《光明日报》发表。

中国共产党和中国人民创造了改革开放的历史，当然也应该永久记载和保存这样的历史。岚清同志在书中，既从整体上勾勒了打开国门的主要过程和脉络，又生动地描述了一个个惟妙惟肖的小故事；既介绍了当时中央领导集体和邓小平、李先念、江泽民、谷牧等同志的思想和决策，又叙述了自己亲身参与的许多工作和事件。这些权威的记录，都是再现和研究改革开放非常珍贵的史料，从一个重要的侧面丰富了我们对于改革开放的了解和认识。从这些记录当中，我们可以看到，对外开放是如何必然发生的，很多重大决策是如何作出的，这样那样的困难是如何克服的，人们的思想是如何一步步解放的，令世人欣喜的成绩是如何一点点取得的，进而从根本上来说，改革开放和中国特色社会主义的道路是如何一步步开创的。由于是过来人、当事人的记录，所以，不仅准确、可信，减少了很多远距离观察、猜测的信息失真，而且拥有一种将历史与逻辑结合起来征服人心的强大力量，证明改革开放是决定中国命运的关键抉择，是发展中国特色社会主义、实现中华民族伟大复兴的必由之路。正如江泽民同志为本书题词所说："改革开放是我国发展史上的重大转折。"所以，岚清同志的《突围》一书，不仅在纪念改革开放30周年之时出版正当其时，相信在未来30年乃至更长时间之后再来阅读和研究，一定会更加显示其持久的历史价值。

第二，岚清同志这本著作展示了清新的史学风格

历史是天地万物、人类社会发生、发展和变化的过程。这个过程是不可复制的，更是不可改变的。但如何记录、传承这个历史，却是大有讲究的。岚清同志的《突围》一书，不是编年体和纪传体的史书，而是一本回忆录，但多少也带有一点纪事本末的风格。不管属于什么体裁，都展示了一种清新、生动的史学风格。比较突出的是：

首先，坚守信史原则，力求真实准确。信史，历来是中国史学的传统、原则和追求的目标。真实、准确，是历史著作的生命。在《突围》一书中，我们看到了这种风格的体现。作者除了根据大量文件和历史资料，从整体上概述对外开放的决策和基本过程外，更多的是依据自身的经历，介绍亲身遇到和处

理的一个个事件、故事。每个事件、故事都叙述得井井有条、清楚准确。该书的写作过程共有三步，每一步遵循的都是实事求是的原则。很多事件都查找了当时的文献资料，寻访了当事人，特别是为了核实资料，作者还亲自走访了很多省市。这样的态度令人钦佩。所以，读了感到真实可信。即使作者当时的思想认识已经与当今新的认识大不一样，也不避讳。比如说，在最初与美国通用汽车公司讨论合资经营问题时，美方说合资经营就好比是“结婚”、建立一个共同的“家庭”。作者当时的想法是：你们是资本家，我们是共产党，怎么能同你们搞合资经营呢？结婚更不可思议。你是大资本家，我是共产党员，我能同你“结婚”吗？这种想法，在当时是完全可以想见的。作者毫无避讳地写出来，反而让人感到自然、亲切。

其次，讲述典型故事，读来生动感人。《突围》一书有鲜明的主题和观点，有清楚的线索和逻辑。但这些都不是通过干巴巴的说教讲出来的，而是通过一个个生动有趣的故事让人们体会和感受到的。这些故事，有的充满了生活情趣，读了让人忍俊不禁，再一细想，又发人深思；有的披露了重要史实，读了让人如身临其境，认真琢磨，更知改革开放的艰难；有的包含着深刻的哲理，读了让人心灵激荡，掩卷深思，更加坚定改革开放的决心和信心。小故事连接起大历史，小故事包含着大道理。如，书中讲到作者有一次在雁荡山，看到三个小尼姑在学习高三的语文课本，问她们庵中也学文化啊？尼姑回答：“我们今年高中毕业没有考上大学，因此出家为尼，在这里复习功课，准备明年再考。”作者听了，特别理解她们求学的迫切心情。当时就想，将来国家经济发展了，能让更多青年接受高等教育，于国于民皆是一大幸事。岚清同志后来下大力气推动高等教育的发展，与这样一类亲身体验肯定是有关系的。这样的故事即使今天读来，依然令人难以释怀。至于那些涉及对外开放重大决策的故事，更让人体会到打开国门是多么重要，又是多么需要解放思想；创业的过程是多么艰难，创业者的勇气和智慧又是多么令人钦佩。

最后，全书图文并茂，充满文化情趣。历史，本来是活生生的五彩画卷。但如何通过历史学家的记载，依然保留那种鲜活、丰富的色彩，却是一件很难的事情。岚清同志的著作为我们提供了一个很好的典范。《突围》一书，不仅内容丰富生动，而且语言朴实、隽永。基本的语言风格是口语化的。用生活的语言讲述生活的历史和生活的哲学。在我们几乎听惯了八股讲话、看惯了八股文章的时候，看一看这本著作，真是有一种别样的享受。而且，全书的形式和编排也别具匠心。在文字之间，穿插安排了大量档案文献、领导手迹和人物事件的照片，我数了一下，约有330幅。尤其是，岚清同志近年来学习篆刻，取得丰硕成果。我也数了一下，全书一共安排了44方篆刻的印章，这在其他书籍中是很少有的。特别是为邓小平篆刻的"改革开放总设计师"和"科教后勤部长"两方印章，更是代表了人民的心声。在读书同时，欣赏一下这些富有文化内涵的篆刻作品，真是意趣盎然。

第三，退下来的领导同志写点回忆录，应该是值得提倡的一件好事

在邓小平同志的大力倡导下，我们取消了实际上的领导职务终身制，这是改革开放的一个重要成果，也是中国历史的一个进步。但退下来的同志干什么？怎样转型？这依然是一件需要探索的问题。退出领导岗位后，除了必要的咨询以外，再干预政事，似乎不很合适。但退下来后，什么事情也没有，一下子销声匿迹，好像也不是最好的办法。岚清同志退下来后，将其原有的音乐天赋和修养充分展示出来，着实令国人大吃一惊。因为过去我们很多人根本不知道岚清同志具有这么深厚的音乐功底。整理出版关于教育问题的访谈集，不仅对记录教育发展的历史，而且对总结教育改革的经验，也很有帮助。今天，又撰写出版了《突围》一书，为我们提供了打开国门的信史。这样一类举动，很得体，也很有意义，想必岚清同志的生活也一定很丰富、很充实。我觉得，岚清同志或许是退下来后转型比较成功的一个范例，所以，在老百姓特别是知识分子中得到了很高的评价。

对于我们从事党史工作的部门和同志来说，尤其希望退下来的同志多写一点回忆录。党的历史丰富多彩，但到目前为止，我们还没有能将这个历史完整和准确地记载下来。党史研究还有很多空白、盲区，许多历史的真相还没有得到记载或还原。特别是随着一个个当事老人的去世，很多历史的真相已经成了永远的不解之谜，非常可惜。记载、还原宏大的历史画卷，是需要大量的历

史资料作支撑的。这些资料，光靠干巴巴的文件是远远不够的。它还需要当事人亲历的许多过程、许多思考、许多行动、许多故事。只有将它们有机地整合起来，才能构成一幅比较真实的历史画面。因此，当事人，特别是曾经叱咤风云的领导人，如果能将自己经历的事情真实地记载下来，将是历史的、也是中华民族的宝贵财富。

当然，写回忆录是一件非常复杂的事情。过去做的，有的能写，有的不能写，有的甚至需要永远保密。写不写？写什么？怎样写？都有很多政治的考虑，必须从大局上把握。写的是不是真实可信？也需要高度重视。正因为如此，对领导人的文集、回忆录、传记的写作和出版，有一些必要的规定，必须严格按规定办。但在遵守纪律的前提下，还可以发挥更多的积极性。近年来，退下来的领导同志写回忆录的已经越来越多，这应该看作是中国社会的一个进步，也是中国政治越来越开明的一个表现。事实证明，这些回忆录出版之后的效果是好的，社会各界是喜欢看的。所以，我们期待岚清同志还能有新的作品问世。岚清同志的《突围》，还没有写他担任中央领导之后的历史和故事，我们期望以后能够看到这样的历史和故事。

我们相信，随着中国社会的发展进步，一定能够看到更多像岚清同志《突围》这样读者喜爱的好作品，一定能让改革开放的历史不仅在当代，也在后世焕发出永远不朽的光彩！

卓越贡献和高尚人格的精美画卷*

——评《习仲勋画传》

为纪念习仲勋同志诞辰100周年，学习出版社去年隆重推出了《习仲勋画传》一书。该书以历史照片和文字记述相结合的独特形式，系统反映了习仲勋同志革命、战斗和全心全意为人民服务的一生。全书所展示的习仲勋同志的卓越贡献和高尚人格，不仅令读者肃然起敬，更成为我们锤炼党性、作风和人格的生动教材。

卓越贡献

习仲勋同志是中国共产党的优秀党员，伟大的共产主义战士，杰出的无产阶级革命家，我党我军卓越的政治工作领导人，陕甘边革命根据地的主要创建者和领导者之一。习仲勋同志为中国人民解放事业和新中国成立，为社会主义革命、建设、改革事业，为中国特色社会主义事业，顽强奋斗，建立了不可磨灭的历史功勋。

由于种种原因，许多人对习仲勋同志的一生经历和光辉业绩不很知晓。去年，按照有关规定和规格，中央举办了纪念习仲勋同志诞辰100周年的活动。有关方面出版了一系列书籍、制作播放了《习仲勋》电视文献纪录片等，

---

*本人作为分管党史人物研究和纪念的中央党史研究室副主任，2013年参与筹备了纪念习仲勋诞辰100周年的活动。本文是应学习出版社邀请，以此身份为《习仲勋画传》所写的书评，先后发表在《光明日报》和《百年潮》杂志上。

习仲勋同志的事迹才为更多人了解。我作为有关纪念工作的参与者之一，阅读《习仲勋画传》这本新颖独到的新书，对习仲勋同志的敬意再次油然而生。

习仲勋同志的一生经历波澜壮阔，又跌宕起伏。他13岁入团，15岁转为党员，19岁发动两当兵变，21岁当选为陕甘边区苏维埃政府主席，32岁当选为中央候补委员，33岁任中共中央西北局书记，39岁起先后任中共中央宣传部部长兼政务院文教委员会副主任、政务院秘书长、国务院秘书长、国务院副总理兼秘书长，49岁起蒙冤16年，65岁恢复工作，67岁补选为全国人大常委会副委员长，68岁成为书记处书记，69岁当选为中央政治局委员、书记处书记。习近平同志说："父亲的一生充满传奇色彩，为党和人民建功立业。"仅看这些年龄和任职，就不难看出习仲勋同志的传奇色彩。

对习仲勋同志的贡献，去年10月15日，在纪念习仲勋同志诞辰100周年座谈会上，中共中央政治局委员、全国人大常委会副委员长李建国同志代表中央做了全面的评价。《习仲勋画传》一书，则用一组精练的词组作为每章的标题，清晰、完整而有重点地勾勒了习仲勋同志不懈奋斗和无私奉献的一生：立志存高远、创建根据地、六年关中情、绥德建功勋、解放大西北；主政大西北、勤政中南海、蒙冤十六年、南国春来早、清气满乾坤。尤其在很多关键时刻发挥的作用，不仅展示出习仲勋同志的突出贡献，也成为党的历史上熠熠生辉的亮点。

比如，1933年，习仲勋同志与刘志丹同志等一起，先后创建了以照金、南梁为中心的陕甘边革命根据地，后来又与陕北根据地统一为陕甘根据地（又称"西北根据地"）。这块在土地革命战争后期"硕果仅存"的根据地，后来成为党中央和中央红军长征的落脚点和八路军奔赴抗日前线的出发点，对中国革命的进程产生了深远的影响。

在延安时期，习仲勋同志先后担任关中和绥德地区党政军负责人，为陕甘宁边区牢牢地把守好了南大门和北大门，为陕甘宁边区的巩固和发展，进而为我们党从延安走向全国，做出了特殊的贡献。

习仲勋同志长期主持西北局工作，在夺取西北地区革命胜利、建立和巩固新生人民政权、开始大规模经济建设的过程中，夙兴夜寐、忘我工作，不仅展示了杰出的党政领导工作的才能，而且驰骋疆场，指挥作战，展示了杰出的军事领导的才能。

习仲勋同志在国务院期间，协助周恩来总理工作长达10年，参与国家重大方针、政策、法规的研究和制定，参加重要的国务活动和外交活动。受到周总理的高度称赞，被大家誉为国务院的“大管家”。他曾代表国务院宣读第一次授衔的命令。还几次制止拆除西安古城墙的动议和行为，避免了重要古迹被毁于一旦的命运。

改革开放新时期，在还没有正式平反的情况下，习仲勋同志就受命走马南粤，主政广东，大刀阔斧拨乱反正，推动社会主义现代化建设。特别是提出广东先走一步和创办经济特区的建议，使广东成为中国改革开放的窗口、试验区和排头兵，表现出一个革命家的远见卓识和开拓精神，引领了全国改革开放的历史潮流。

习仲勋同志的卓越贡献，得到党和人民的高度评价。毛泽东同志先后称赞习仲勋：“党的利益在第一位”“一个从群众中走出来的群众领袖”“炉火纯青”“诸葛亮七擒孟获，你比诸葛亮还厉害”“他是一个政治家，这个人能实事求是，是一个活的马克思主义者”。这些印在《画传》封底的评语，清楚表明了习仲勋同志在毛泽东同志心中的形象和地位。

在习仲勋同志诞辰100周年时，李建国同志代表党中央肯定：“习仲勋同志为中国人民解放事业和新中国成立，为社会主义革命、建设、改革事业，为中国特色社会主义事业，顽强奋斗，建立了不可磨灭的历史功勋。他的光辉业绩和卓越贡献，深深铭记在我们心中。”这是客观事实，也是党的认定，更是人民的赞扬和历史的结论。

高尚人格

《习仲勋画传》不仅记录了习仲勋同志的人生历程和卓越贡献，而且以大量事实展示了习仲勋同志的精神风貌和高尚人格。

李建国同志代表党中央强调，习仲勋同志的“革命精神和崇高品格，永远值得我们学习和怀念”。这些精神和品格，主要表现为：始终不渝坚守共产主义理想信念，一生忠于党、忠于人民的高尚品格；始终坚持解放思想、实事求是、与时俱进，一生为党和人民事业呕心沥血的革命精神；始终坚持马克思主义群众观点和党的群众路线，一生热爱人民、心系群众的优良作风；始终保持共产党人的政治本色，一生胸怀坦荡、光明磊落的崇高风范。这四个方面的概括和评价，实事求是，全面准确，集中而深刻地揭示了习仲勋同志在长期革命、建设、改革历程中表现出来的品德和风范。

这些品德风范，在习仲勋同志身上，集中表现为一种高尚的人格。这是《习仲勋画传》留给读者的深刻印象，也是我们近年来研究和纪念习仲勋同志获得的共同感受。

人格是与人品相连的一个范畴。人品，是人在社会生活中表现出来的基本和一贯的品行、品德和品质。而人格，是对人品的一种更高程度的抽象，指的是人的品行、品质、品德经过长期修炼后所达到的一种境界，是体现着一定价值取向、具有一定尊严威望、得到社会积极评价的人的行为格调。人格是人的志趣、性格、能力、心理、气质等的集中表现，是其毕生知识积累、道德修养和意志磨炼的结晶。它反映着一个人的思想觉悟、道德情操、知识涵养、学习精神、工作能力所达到的水准，是对一个人的人品的高度评价。

习仲勋同志的高尚人格，首先表现在实事求是、敢说真话上。习仲勋同志明确表示："实事求是就是最大的党性。"他是这样说的，也是这样做的。特别是在重要历史关头，在"左"的倾向发展和泛滥之时，习仲勋同志都敢于说话，提出自己的真知灼见。延安整风期间，发生"抢救运动"，习仲勋同志从绥德师范发现了问题，很快报告给中央和西北局，建议立即停止"逼供信"，纠正"左"的偏向。1959年至1961年间，习仲勋同志多次深入基层调查研究，发现了很多浮夸风、共产风方面的问题。他坚持实事求是，向中央领导同志报告真实情况。主政广东时，他实事求是分析"逃港潮"问题，积极推行搞活工农业的灵活措施，妥善解决这一难题，推动了广东改革开放的发展。他在很多重要关头挺身而出，发表意见，有很大的政治风险，但他正如中央评价的，"坚持真理、敢讲真话、直言不讳"，体现出刚直不阿、无私无畏的高尚人格。

习仲勋同志的高尚人格，还表现在对人厚道、从不整人上。2001年10月15日，习仲勋同志88岁寿辰，习近平同志因公务未能回家祝寿，便以拜寿信代之。信中说道："从父亲这里继承和汲取的高尚品质很多。"第一个就是"学父亲做人"。"您是为人坦诚、忠厚"，"一辈子没有整过人和坚持真理不说假话，并一以贯之"。历史上，我们党曾经错误地开展过很多党内斗争，也形成了一种随意整人的不良风气。在当时那种环境下，不少人都曾主动或被动地整过人。但纵览习仲勋同志的一生，我们确实没有发现习仲勋同志整过什么人。相反，我们看到的，是习仲勋同志通情达理，为人宽厚，经常替人着想，把责任往自己身上揽，以各种方式保护他人。他爱护干部、平易近人，尊重知识、尊重人才，以至诚之心交友。从宗教领袖、著名少数民族和民主人士到文艺工作者、普通职工，都有他的挚友。

热爱人民、关心群众，也是习仲勋同志高尚人格的重要表现。他始终认为，群众才是真正的英雄，任何时候都不能脱离群众。《习仲勋画传》里引用了1942年西北局高干会议档案中对习仲勋同志所作的一段鉴定："凡是关中的人民，无论大人和小孩都知道他，都喜欢他。有一次，一位团长和他同道走路，见到每一家都对他表示亲热和欢迎，并且丰盛地招待他，很为惊奇和感动。在一个夏天，仲勋走得疲倦了，就随便睡到一家老乡的炕上，那位年老的主人就蹲在他的身旁，亲切地看着他，替他驱着苍蝇。""群众信任他，把他看作是自己人。当群众有疑难时，就说：找仲勋去。"1999年10月1日，习仲勋同志登上天安门城楼参加庆祝新中国成立50周年大会。面对如花似锦的热烈场面，习仲勋同志对前来看望的一位中央领导同志说："我们永远都不要忘记，人民是江山，江山就是人民。"这一由衷的感叹，道出了一个深刻的哲理。

廉洁勤政、家教严格，是习仲勋同志高尚人格的又一个表现。还在陕甘边区苏维埃政府时期，习仲勋同志就把惩治贪官污吏、树立廉洁政风作为政权建设的重要任务。很多人不知道，1958年北京的十大建筑，最初设想里还有一个国务院办公大楼。周总理征询意见，习仲勋同志明确表示不主张盖这座大楼。周总理说："你的意见很好"，"在我担任国务院总理期间，绝对不盖政府办公大楼。"后来，这项建筑计划就取消了。习仲勋同志为政清廉、生活俭朴，穿衣吃饭从不讲究，住房年久失修不让粉刷维修，家具陈旧也不同意更换。对待家庭，他以身作则、严慈相济，言传身教，树立优良家风，悉心教育子女做人做事。齐心同志回忆说："我们的两个儿子从小就穿姐姐穿过的衣服和花布鞋。记得近平因同学笑话而不愿穿女孩子的鞋子时，仲勋总是哄他说：'染染穿一样。'在仲勋的影响下，勤俭节约成了我们的家风。"习仲勋同志在最后日子里多次对儿女说："我没给你们留下什么财富，但给你们留了个好名声！"

习仲勋同志一生达观，豪放。齐心同志记得最清楚的一句话是："战斗一生，快乐一生，天天奋斗，天天快乐。”这句话，还郑重镌刻在陕西富平习仲勋同志的墓碑上。仔细咀嚼这一话语，认真思索习仲勋同志走过的道路，我们不能不由衷地对这位可亲的老人肃然起敬。

精美画卷，生动教材

习仲勋同志的传奇经历、卓越贡献、精神风貌和高尚人格，为编写一本高质量的图书奠定了最坚实的基础。而完整、准确地把习仲勋同志的这一切反映和展示出来，就成为编写习仲勋同志有关图书的一个重要任务。由学习出版社组织编辑出版的《习仲勋画传》，最突出的新颖之处，是采取了“画传”的形式。

首先，《习仲勋画传》用大量珍贵的历史照片来反映习仲勋同志的生平。从2011年开始，主创人员就着手搜集照片，从中遴选出1000多幅。经过精心挑选，最后使用了700多幅。这些照片连贯起来，完整地再现了习仲勋同志在不同历史时期的形象和活动。既比较全面，又突出重点。不少照片非常珍贵。经过加工，又增加了历史的凝重感和沧桑感。这些照片，犹如历史的广角和特写镜头，把习仲勋同志可敬、可亲的形象鲜明地展示在读者面前。既有现场的真实感，又有人物的亲切感，更有历史的厚重感。使我们如同在与习仲勋同志交流、谈心，不自觉地沉浸在历史的回眸和沉思之中。

其次，《画传》又不仅仅是照片，而是还配上了文字。这种文字，不是简单的关于照片的说明，也不是与照片无关的单纯传记，而是把习仲勋同志的传记作了压缩、提炼和精编，又补充了不少其他材料，形成了30万字的文稿。文字传记与历史照片互相融合，构成一体。在文字中全面介绍习仲勋同志的生平，实际上也是对照片作了更加详尽的铺展。图文结合，图文并茂，使习仲勋同志的形象更加生动，内涵更加饱满，视觉冲击力也大大增加。通过这种形式，将读者的视觉感受与心理活动融合到一起，不仅使广大读者得到一种美的享受，更从中得到历史和人格的教益。

最后，在编辑设计上，《习仲勋画传》也作了很多探索和努力。全书把文字和照片有机结合加以编排，以文带“画”，以“画”说文，使读者阅读起来感觉轻松、方便。全书的目录标题都比较形象，有助于将逻辑思维转化为形象思维。为了帮助读者迅速、准确抓住主题、核心和精彩内容，每一章都安排了一篇概述，每一节又有一段导语，每一目的标题下还有一段内容提示。书末配上了习仲勋同志生平年表，可以帮助读者迅速查阅和准确了解重要的历史事实。为了保证质量，出版社还聘请专家润色文字，改进版式设计，进行多遍审校。根据不同的读者和需要，《习仲勋画传》分别出版了8开精装本和16开普及本。所有这些技术措施，都为表达和反映主题发挥了积极作用。

为了编好《习仲勋画传》，各方领导和编创人员做出了巨大努力。中宣部领导始终关心和支持这一选题，多次作出重要指示。学习出版社做了大量组织工作，解决了很多问题。编创人员广泛搜集资料，精心写作文稿，严格筛选照片。特别是沿着习仲勋同志的足迹，奔赴6省49市120多个地点搜集资料。多次征求习仲勋同志亲属的意见，也征求了许多部门、单位的意见。中央文献研究室和中央党史研究室的专家进行了审读。许多地方的党委、政府、党史研究室给予了大力支持。

正是在众多方面和人员的共同努力下，《习仲勋画传》无论内容还是编辑都达到了一个很高的水平。全书结构合理，内容丰富，图文并茂，资料翔实，历史线索清楚，基本史实准确，评述客观准确，语言朴实流畅，照片选用恰当，装帧设计舒展大气，堪称一部全面反映习仲勋同志生平的鸿篇巨制、精品力作。如同一幅精美的历史画卷，我们从中看到了一个真实的、一个曾经不为很多人熟悉的、一个至爱齐天、大道于怀的习仲勋同志。从这幅画卷中，我们不仅看到了习仲勋同志的奋斗历程、思想脉络和历史贡献，而且看到了他的精神境界、品德胆识和人格风范；不仅看到了习仲勋同志的形象和经历，而且看到了他身处其中、毕生参与的中华民族、中国人民和中国共产党艰难而辉煌的奋斗历程。

习仲勋同志去世已经12年了，但历史不会忘记他，人民不会忘记他。《习仲勋画传》的出版再次表明，习仲勋同志的卓越贡献、高尚人格已经成为党和国家的宝贵精神财富，我们将继续不断地从中汲取丰富的营养、智慧和力量。

图书在版编目（CIP）数据

历史的智慧 / 李忠杰著 . -- 北京 : 中国文史出版社, 2018.3

（政协委员文库）

ISBN 978-7-5205-0375-4

Ⅰ. ①历… Ⅱ. ①李… Ⅲ. ①新闻学 – 研究②中华文化 – 研究 Ⅳ. ①G210②K203

中国版本图书馆CIP数据核字(2018)第143062号

责任编辑：卜伟欣

出版发行：中国文史出版社
网　　址：www.wenshipress.com
社　　址：北京市西城区太平桥大街23号　　邮　编：100811
电　　话：010—66173572　66168268　66192736（发行部）
传　　真：010—66192703
印　　装：北京地大彩印有限公司
经　　销：全国新华书店
开　　本：710mm×1010mm　1/16
印　　张：25.25
字　　数：410千字
版　　次：2018年8月北京第1版
印　　次：2018年8月北京第1次印刷
定　　价：72.00元